Upanishads: Los Videntes de los Upanishads

Upanishads Sutras

Published by Upanishads Sutras, 2024.

UPANISHADS: LOS VIDENTES DE LOS UPANISHADS

First edition. May 6, 2024.

Copyright © 2024 Upanishads Sutras.

ISBN: 979-8224159758

Written by Upanishads Sutras.

Tabla de Contenido

No te limites a escuchar, hazlo

INVOCACIÓN

OM, QUE EL DIOS SOL NOS DÉ SU BENDICIÓN.

QUE VARUNA, EL DIOS DEL AGUA, NOS CONCEDA SU BENDICIÓN.

QUE ARYAMA, INDRA, BRAHASPATI Y VISHNU NOS DEN SU BENDICION.

MIS SALUDOS A BRAHMA, LA REALIDAD ABSOLUTA.

OH VAYU, EL DIOS DEL AIRE, SALUDOS ESPECIALMENTE A TI, PORQUE ERES EL BRAHMA MANIFESTADO.

SOLO TE LLAMARE A TI EL BRAHMA MANIFIESTO.

TAMBIÉN TE LLAMARÉ LA VERDAD, TE LLAMARÉ RIT - LA LEY.

QUE ME PROTEJAN. QUE PROTEJAN AL ORADOR.

PROTÉGEME. PROTEGE AL ORADOR.

OM, PAZ, PAZ, PAZ.

Sólo diré lo que sé. Sólo diré lo que ustedes también pueden saber. Por saber entiendo vivirlo. Uno puede saber incluso sin vivirlo, pero tal conocimiento es una carga; uno puede hundirse por ello, pero no puede salvarse por ello. Saber también puede ser vivir. Ese conocimiento nos hace ingrávidos, ligeros, para que podamos volar en el cielo. Sólo cuando el vivir se convierte en saber, crecen las alas, se rompen las cadenas y se abren de par en par las puertas del infinito.

Pero conocer es difícil; acumular conocimientos es fácil. La mente elige lo más fácil y evita lo difícil. Pero el que evita lo difícil también se perderá la religión. Quien quiera evitar no sólo lo difícil, sino también lo imposible, nunca se acercará a la religión.

La religión es sólo para los que están dispuestos a entrar en lo imposible.

La religión es para los jugadores, no para los tenderos. La religión no es un negocio ni un compromiso. La religión es una apuesta.

Un jugador pone en juego su riqueza; la persona religiosa se pone en juego a sí misma porque ésa es la riqueza última.

Quien no esté dispuesto a jugarse la vida nunca podrá conocer los misterios ocultos de la vida. Esos secretos no son baratos. El conocimiento está disponible muy barato; el conocimiento está disponible en los libros, en las escrituras, en la educación, con los maestros. El conocimiento está disponible casi gratis; no tienes que pagar nada por él. En la religión hay que pagar mucho. Ni siquiera es correcto decir "mucho" porque sólo cuando alguien lo apuesta todo se abren las puertas de esa vida. Las puertas de esa vida sólo se abren para los que se juegan la vida. Poner esta vida en juego es la única llave a la puerta de esa vida. Pero el conocimiento es muy barato, así que la mente elige el camino más fácil y barato. Aprendemos cosas -palabras, doctrinas- y pensamos que sabemos. Tal conocimiento sólo aumenta la ignorancia.

El ignorante al menos sabe que no sabe; al menos esa parte de verdad tiene. Pero no se pueden encontrar personas más falsas que las que llamamos entendidas. Ni siquiera saben que no saben. Algo que han oído, algo que han memorizado, les hace pensar que también saben.

Te diré sólo lo que sé, porque sólo en decir eso reside algún valor; porque sólo lo que sé puede, si estás dispuesto, hacer vibrar también las cuerdas de tu corazón con su impacto vivo.

Lo que yo mismo ignoro, y lo que sólo es superficial en mí, tampoco puede ser mucho más profundo en ti.

Sólo lo que ha entrado en las profundidades de mi propio corazón tiene la posibilidad; si cooperas, puede llegar a tu corazón. Incluso entonces tu cooperación es imprescindible, porque si tu corazón está cerrado no hay forma de introducir la verdad a la fuerza en él. Y es bueno que sea así, porque si la verdad puede ser inculcada por la fuerza no puede convertirse en tu libertad, sólo puede convertirse en tu esclavitud. Todas las compulsiones se convierten en esclavitudes.

Así que en este mundo, todo se te puede dar por la fuerza; sólo la verdad no puede ser, porque la verdad nunca puede convertirse en esclavitud. La naturaleza misma de la verdad es la libertad. Así que la verdad es la única cosa en este mundo que nadie te puede dar por la fuerza, que nadie te puede imponer, que no te pueden poner desde fuera como ropa; para lo cual tu voluntad, tu apertura, tu receptividad, tu invitación, tu corazón lleno de gratitud son los prerrequisitos. Si tu corazón se vuelve como la tierra antes de la estación lluviosa cuando está sedienta de agua y desarrolla amplias grietas debido al calor abrasador del verano - como si hubiera abierto sus labios aquí y allá anticipando las lluvias - entonces la verdad entra en ti. De lo contrario, la verdad retrocede incluso desde tu misma puerta. Muchas veces ha vuelto atrás, en muchas, muchas vidas.

No sois nuevos, nada es nuevo en esta tierra; todos sois muy viejos. Os habéis sentado a los pies de Buda y le habéis escuchado, habéis visto a Krishna, también habéis estado cerca de Jesús, pero aun así habéis fallado, porque vuestro corazón nunca estuvo preparado. Los ríos de Buda y Mahavira han fluido junto a vosotros, pero habéis permanecido sedientos.

El día en que Buda estaba a punto de abandonar su cuerpo, Ananda lloraba y se golpeaba el pecho con desesperación. Buda le preguntó: "¿Por qué lloras? He estado cerca de ti el tiempo suficiente...

¡cuarenta años! Y si ni siquiera ha ocurrido en cuarenta años, ¿qué sentido tiene llorar ahora? ¿Y por qué te sientes tan preocupado por mi muerte?".

Ananda respondió: "Estoy muy afligido porque no he podido desaparecer mientras tú estabas aquí.

Si hubiera desaparecido, habrías podido entrar en mí. Durante cuarenta años el río fluyó a mi lado y he permanecido sediento. Ahora lloro porque no sé cuándo ni en qué vida podré volver a encontrarme con este río."

Ustedes no son nuevos. Has incinerado Budas, has incinerado Mahaviras - Jesús, Krishna y todos; estás viviendo después de incinerarlos a todos. Ellos perdieron la batalla contra ti. Eres muy viejo. Has estado aquí desde que la vida es. Ha sido un viaje infinito. ¿Qué nos falta? Es que no estáis abiertos, estáis cerrados.

Te diré sólo lo que yo he conocido. Si puedes abrirte paso, también lo sabrás. Y no es que haya una gran dificultad en ello. Sólo hay una dificultad, y eres tú.

Algunas personas se mueven sólo por curiosidad, como los niños pequeños que preguntan mientras pasean: "¿Cómo se llama este árbol?". Y si no les respondes, enseguida se olvidan de que habían preguntado algo y empiezan a preguntar otra cosa: "¿Por qué está esta piedra aquí tirada?". Preguntan por preguntar y no para saber. No preguntan para saber, preguntan porque no pueden quedarse sin preguntar.

Quien vive de la curiosidad sigue siendo un niño. Si preguntas: "¿Qué es Dios?" con la misma indiferencia con la que un niño preguntaría al ver una juguetería en la carretera: "¿Qué es este juguete?", sigues siendo un niño. Y al niño se le puede perdonar, pero a ti no.

La curiosidad no sirve. La religión no es un juego de niños. Aunque te den una respuesta, no sirve de nada.

El niño se divierte preguntando. Puede preguntar, ésa es su diversión. Incluso si le das una respuesta no está muy interesado en ella. ¿Cuál es el problema?

Los psicólogos dicen que cuando los niños aprenden a hablar por primera vez sólo practican su habla preguntando; igual que cuando un niño aprende a andar por primera vez, intenta de vez en cuando levantarse y andar. Así que los niños repiten la misma frase una y otra vez sólo porque han adquirido una nueva experiencia, una nueva dimensión a través del habla. Así que en esa nueva dimensión están flotando y ensayando: por eso preguntan cualquier cosa, dicen cualquier cosa.

En el mundo de la religión, si tú también preguntas cualquier cosa, dices cualquier cosa, piensas cualquier cosa sin ningún deseo profundo de saber -sólo por curiosidad-, entonces seguirás incinerando algunos budas más; entonces, ¡quién sabe cuántos budas más tendrán que seguir trabajando duro contigo!

La verdad no tiene relación con la curiosidad.

Algunas personas se adelantan un poco a la curiosidad y se vuelven inquisitivas. La curiosidad es un poco más profunda, pero sólo un poco más. La curiosidad tampoco es muy profunda, también es superficial, porque sólo es intelectual. El intelecto es como la sarna: si te rascas un poco, te sientes bien.

Así que el intelecto sigue picándose: ¿Existe Dios? ¿Existe el alma? ¿Existe la salvación? ¿Qué es la meditación? - no es que quieras hacerlo. ¿Qué es Dios? - no es que quieras saberlo, sino sólo para discutirlo, sólo para conversar.... Es un ejercicio mental, un entretenimiento intelectual. Así que la gente sólo habla a lo grande, nunca se juega nada. Si Dios existe o no, no es realmente de su incumbencia; y permanecen intransformados tanto si Dios existe como si no.

Es muy interesante: una persona cree que existe Dios, otra cree que no existe Dios, y las vidas de ambas son idénticas. Si alguien es maltratado, el que cree que hay un Dios se enfada, y el que cree que no hay un Dios, también se enfada. A veces ocurre que el que cree que Dios existe se enfada aún más. El que cree que Dios no existe, ¿cuánto puede hacerte? Como mucho puede maltratarte a cambio, pegarte o matarte. Pero el que cree que hay un Dios puede enviarte a pudrirte en las agonías del infierno. Tiene más formas de enfadarse.

Si creer en Dios o no creer en Dios no produce ningún cambio en la vida de uno, sólo significa que no tiene ninguna relación con Dios, es sólo palabrería intelectual. Tal curiosidad hace de un hombre un filósofo. Sigue contemplando y deliberando, aprende las escrituras, acumula demasiadas doctrinas, es capaz de pensar en todos los pros y los contras, mantiene debates, pero nunca vive.

Si tú también estás lleno de curiosidad, no habrá viaje. Las personas llenas de curiosidad son las que se sientan cerca del hito y preguntan: "¿Cuál es el destino? ¿A qué distancia está el destino?".

Siguen preguntando esto pero nunca se levantan y empiezan a andar.

Sabes mucho. ¿Qué le falta por saber? Lo sabes casi todo: todo lo que Buda, Mahavira o Krishna sabían, tú también lo sabes. Mientras lees el Gita, ¿no sientes que sabes todo esto?

Sí, tú también lo sabes, pero todo esto sólo está en tu cabeza. Su semilla no ha llegado a tu corazón. Y las ideas que sólo están en la mente son como la semilla que yace en una piedra. La semilla está ahí, sobre la piedra, pero no puede brotar. Para brotar, la semilla tendrá que caer de la piedra y buscar la tierra. Y la superficie de la tierra tampoco es adecuada, porque necesita más humedad. Así que tiene que moverse por debajo de la superficie hasta donde haya algo de agua, donde fluya algo de jugo.

Las semillas permanecen en la mente como las que yacen en la piedra. Hasta que no caen en el corazón, la tierra húmeda no está disponible. En el corazón fluye algo de jugo, algo de amor; hay algo de agua allí. Si una semilla cae allí, brota.

Las personas inquisitivas tienen mucho en su interior; todo está ahí, pero es como las semillas que yacen en la piedra. La tierra no está lejos, pero incluso este pequeño viaje les resulta difícil. Tienen aversión a moverse, así que la semilla permanece sentada en la roca. Habrá que emprender este pequeño viaje: que la semilla caiga de la piedra a la tierra, busque un lugar en la tierra, encuentre algo de humedad y se esconda un poco dentro de la tierra.

Recuerda, todo lo que ha de nacer en este mundo necesita un profundo silencio, soledad y oscuridad.

Las cosas que se guardan en la mente se guardan en la luz abierta. Allí no es posible brotar.

El corazón es la tierra húmeda que se esconde dentro de ti. Allí puede brotar algo.

Por eso, los que sólo viven en la inquisición se convierten en eruditos y expertos; conocedores, pero nada brota dentro de ellos: ni nuevo nacimiento, ni nueva vida, ni nuevas flores, nada de nada.

Hay una dimensión más de la búsqueda, la llamamos mumuksha, un profundo anhelo de liberación. Aquí no hay preocupación por saber, la preocupación es por vivir. Aquí no hay preocupación por saber, la preocupación es por ser. La cuestión no es si Dios existe o no, la cuestión es si yo puedo ser Dios. Puede que haya un Dios, pero si no puedo convertirme en Dios, entonces no tiene sentido. La cuestión no es si existe la liberación, la cuestión es si yo también puedo liberarme. Si no hay posibilidad de que yo me libere, entonces aunque haya una liberación en alguna parte no tiene sentido para mí. La cuestión no es si hay un alma dentro o no -puede haberla o no-, la verdadera cuestión es si yo puedo convertirme en un alma.

Mumuksha, el anhelo de liberación, es una búsqueda de ser. Y cuando uno quiere ser, tiene que jugársela. Por eso digo que la religión es cosa de jugadores.

Sólo diré lo que sé, lo que he vivido. Si aceptas ponerlo todo en juego, lo que sea mi experiencia puede convertirse también en la tuya. Las experiencias no pertenecen a nadie; a quien está dispuesto a recibirlas, le llegan. Nadie tiene derecho sobre la verdad, quien está dispuesto a desaparecer la hereda. La verdad pertenece a quien se muestra dispuesto a pedirla, a quien abre las puertas de su corazón y la reclama.

Por eso he elegido este Upanishad. Este Upanishad es un encuentro directo con la espiritualidad.

No hay siddhants, doctrinas, en él; sólo hay experiencias de siddhas, los realizados, en él. En él no se habla de lo que nace de la curiosidad o la curiosidad, no, en él hay consejos para aquellos que están llenos de anhelo de liberación por aquellos que ya han alcanzado la liberación.

Hay algunas personas que no han alcanzado la meta, pero son incapaces de renunciar al placer de guiar a los demás. Orientar es algo muy agradable. En todo el mundo, lo que más se da es orientación, y lo que menos se acepta también es orientación. Todo el mundo da, nadie recibe.

Siempre que tienes la oportunidad de dar un consejo a alguien no la desaprovechas. No es necesario que seas capaz de dar ese consejo; no es necesario que lo que digas lo sepas en absoluto, pero cuando se trata de dar consejos, la tentación o la alegría de ser profesor es muy difícil de superar.

¿Cuál es la alegría de ser profesor? De repente, gratuitamente, estás en el lado de arriba y el otro está en el lado de abajo. Si alguien viene a pedirte un donativo, ¡qué difícil te resulta dar siquiera un céntimo! La dificultad estriba en que tienes que dar algo de lo que tienes. Pero al dar orientación, no tienes ninguna dificultad. Porque, ¿qué dificultad puede haber en dar lo que no tienes? No pierdes nada. Por el contrario, estás ganando algo: estás ganando alegría, estás ganando aumento de ego; hoy estás en posición de guiar, y el otro está en el extremo receptor. Tú estás arriba, el otro abajo.

Por eso digo que, en este Upanishad, no hay placer en dar ningún consejo o guía, más bien hay un gran dolor, porque lo que el vidente de este Upanishad está dando, lo está dando después de conocerlo.

Está compartiendo algo muy íntimo, muy interior.

Las insinuaciones son breves pero profundas. Los golpes son muy pocos, pero mortales. Y, si estás dispuesto, la flecha te atravesará directamente el corazón y no te dejará con vida. Te matará. Por lo tanto, estate atento y alerta, porque este asunto es muy peligroso. Tendrás que perder lo que crees que eres. En él, no hay forma de conseguir nada sin perderte a ti mismo. Aquí sólo los que pierden son los triunfadores.

Por eso también he elegido este Upanishad. Tal como está, puedo decírtelo directamente, no hay razón para traer el Upanishad - pero lo usaré como una excusa, un refugio. Si disparas una flecha directamente, la persona puede escapar; pero si está escondida detrás del Upanishad hay menos posibilidades de que se te escape.

He seleccionado el Upanishad para que no sepas que te estoy apuntando directamente. De esta manera las posibilidades de escapar se reducen al mínimo. Todos los cazadores saben que se caza mejor desde un escondite. Este Upanishad es solo un escondite.

Diré sólo lo que he conocido, pero entonces no hay diferencia entre eso y el Upanishad.

Porque todo lo que el vidente de este Upanishad ha dicho, él también lo ha sabido.

Este Upanishad es la manifestación de los misterios más sutiles de la espiritualidad. Pero si sigo hablando sólo del Upanishad, existe el temor de que la charla se quede en mera charla. Así que las charlas serán sólo un trasfondo, y junto con ellas habrá experimentos. Cualquier cosa que se diga, cualquier cosa que el vidente haya visto, o cualquier cosa que yo diga, y yo haya visto - habrá intentos de volver tu cara, de levantar tus ojos hacia eso. El intento de elevar tus ojos hacia eso será lo principal, la charla sobre el Upanishad será sólo para crear un ambiente. Tales vibraciones pueden crearse a tu alrededor para que olvides el siglo XX y llegues al mundo del vidente de este Upanishad, para que este mundo que se ha vuelto tan feo y sin brillo desaparezca y surjan los recuerdos de aquellos días en los que vivió este vidente.

Una atmósfera, un entorno - el Upanishad es sólo para eso. Pero eso no es suficiente, es necesario, pero no suficiente.

Así que diga lo que diga, si te detienes en oírlo sabré que no lo has oído en absoluto. Quien no emprenda el camino después de oír esto, no creo que lo haya oído. Si crees que lo has entendido sólo con oírlo... ¡no tengas tanta prisa! Si fuera posible entender algo sólo con oírlo, ya lo habríamos entendido hace tiempo. Si fuera posible entender algo sólo con oírlo, no faltarían personas entendidas en el mundo y sería difícil encontrar a un ignorante. Pero el mundo está lleno de ignorantes.

Nada se entiende sólo escuchando. Escuchando sólo cerramos los puños sobre las palabras. No se comprende escuchando, sino haciendo. Así que escucha para encontrar la manera de hacer, no para entender. Escucha para hacer, haz para comprender. No llegues a la conclusión de que sólo por escuchar has comprendido. El eslabón intermedio de la acción es necesario. No hay otro camino. Pero nuestra mente dice: "Ya lo he entendido; ¿ahora dónde está la necesidad de hacer?".

A los destinos se llega moviéndose hacia ellos. Puede que lo hayas entendido todo, que hayas memorizado la ruta completa de tu viaje, que tengas un mapa detallado en el bolsillo; aun así, sin moverse nadie llega nunca a su destino. Pero es posible soñar con haber llegado. Una persona puede estar durmiendo aquí mismo y soñar que ha llegado a cualquier parte. La mente es experta en soñar.

No creas que sólo tú ves esos sueños; incluso aquellos a los que llamas muy inteligentes también siguen teniendo esos sueños. Vuestros santos, vuestros monjes y sannyasins -los que llevan años buscando- no se han acercado ni un milímetro a ninguna parte. Ni siquiera han comenzado su viaje, ¡y han estado buscando durante años!

Toda su búsqueda ha sido circular. En la mente se ha creado un círculo, una especie de remolino. Y en ese remolino se mueven alrededor y alrededor y finalmente todo se pierde - todos los Vedas, los Upanishads, los Coranes, las Biblias, todo se pierde, pero no hay ni una pulgada de movimiento.

Hablaremos del Upanishad, no para que lo entiendas, sino para que te conviertas en el Upanishad. Si al escuchar memorizas algo y empiezas a repetirlo, significa que te he hecho daño; no he demostrado ser tu amigo. Que repitas lo que has oído no tiene ningún valor.

Cuando pueda ver que a ti te ocurre lo mismo que a mí, que tus ojos también se abren, sólo entonces te habrás convertido en el Upanishad.

Entiéndelo así: un poeta canta una canción sobre una flor. Puede haber una gran dulzura, ritmo y música en esta canción -las canciones tienen su propia belleza-, pero por mucho que la canción cante sobre la flor, la canción es sólo una canción, no es la flor, no es la fragancia de la flor.

Y si sólo te conformas con esa canción, entonces te has extraviado.

Este Upanishad es la canción de una flor que aún no has visto. La canción es maravillosa: el cantante ha visto la flor. Pero no te conformes con la canción, la canción no es la flor.

También ocurre que a veces tú también te acercas a la flor, sólo a veces. A veces tú también vislumbras la flor, accidentalmente, de repente, porque la flor no te es ajena, es tu propia naturaleza. Está muy cerca de ti, a tu lado. A veces te toca, a pesar tuyo. A veces la flor te da una visión, una visión como un relámpago. En algún momento entra bruscamente en tu experiencia: sientes que hay algo más en este mundo, que este mundo que conoces no es todo lo que es. En este mundo rocoso hay algo más que no es una piedra, sino una flor, viva y floreciente. Y si lo has visto en algún sueño, o un relámpago en la oscuridad de la noche.... Ves algo y vuelve a desaparecer - así sucede a veces en tu vida.

Ocurre a menudo en la vida de los poetas. A menudo ocurre en la vida de los pintores que un atisbo de la flor se acerca.

Sin embargo, por muy cerca que estés de la flor, por mucho que la hayas visto, esa cercanía no deja de ser distancia. Por muy cerca que esté la flor de ti, la distancia sigue existiendo. E incluso si puedo tocar la flor con mis manos, no es seguro que la experiencia que estoy teniendo sea la de la flor, porque el mensaje llega a través de mi mano. La mano puede dar un mensaje equivocado. No hay certeza de que mi mano dé el mensaje correcto: no hay razón para confiar implícitamente en mi mano. De nuevo, el mensaje que dará la mano será menos sobre la flor y más sobre sí misma.

Si la flor se siente fría, no es necesario que la flor esté fría: quizá mi mano tiene fiebre y por eso la flor se siente fría. El mensaje tiene más que ver con la mano, porque siempre que un mensaje llega a través de un medio es relativo. No se puede estar absolutamente seguro.

Estaba leyendo unas memorias escritas por Popov. Popov era un buscador ardiente. Practicaba disciplinas espirituales con Piotr Dimitrovich Ouspensky. Una vez estaba sentada con Ouspensky y llegó un caballero y le preguntó si Dios existía o no. Ouspensky exclamó: "¿Dios? No, Dios no existe". Ouspensky hizo una pequeña pausa y dijo: "Pero no puedo decirlo con ninguna garantía, porque todo lo que he conocido es a través de un médium. A veces he visto a través de mis ojos, pero no se puede confiar en los ojos. A veces he oído a través de mis oídos, pero los oídos pueden oír mal. A veces he tocado a través de mis manos, pero tampoco se puede confiar en el tacto. Hasta ahora no he visto directamente, nunca he estado cara a cara. Por lo tanto, no puedo decirlo con ninguna garantía. Lo que he conocido hasta ahora no me ha dado ninguna experiencia de Dios. Pero eso no prueba que no exista Dios, sólo te informa de cuáles son mis experiencias. Así que no puedo darte ninguna garantía de que Dios no exista. Pero no abandones tu búsqueda y créeme, sigue buscando por ti mismo".

Siempre que algo sucede a través de un medio no es digno de confianza. Aunque nos acerquemos mucho a una flor, son los ojos los que la ven, las manos las que la tocan y la nariz la que recoge su fragancia: todo ello son experiencias a través de nuestros sentidos. Por eso, a veces un poeta se acerca tanto a esa flor suprema que su eco desciende hasta sus canciones. Pero aun así no es un Buda, ni un Mahavira.

¿Quién es Buda? ¿Quién es Mahavira? Buda es esa conciencia que se ha convertido en la flor misma; incluso esa distancia, la de ver la flor, no existe - la conciencia se ha convertido en la flor.

Sólo convirtiéndose en la flor se puede conocer plenamente lo que es.

Estas son declaraciones de un vidente del Upanishad. Es como una canción sobre una flor. Sigue tarareándola - hay mucha dulzura y un sabor exquisito en ella, pero no es la flor, es sólo una canción. Si te esfuerzas, a veces verás la flor.

La gente viene y me dice: "Había una gran luz durante la meditación, pero la perdí de nuevo. Había una luz infinita, pero volvió a desaparecer. Había una dicha inmensa". Pero, ¿dónde se ha ido ahora?

Ahora vuelven a buscarlo y no lo encuentran.

Un atisbo significa que te has acercado. Pero los atisbos están destinados a perderse. La meditación puede, como mucho, dar sólo un atisbo. Pero no te detengas ahí. No te quedes atascado buscando el mismo atisbo una y otra vez. El único propósito de la meditación es que uno obtenga un atisbo. Luego hay que seguir adelante, hacia el samadhi, hacia la iluminación, para convertirse en la flor misma.

En la meditación es un vislumbre; samadhi es serlo.

No te detengas en los destellos. Son muy hermosos: el mundo entero empieza a parecer rancio - sólo un atisbo de esa flor viva, ese florecimiento que está dentro, y el mundo entero se vuelve insípido y sin sentido. Pero entonces algunas personas se apoderan de los destellos y empiezan a repetirlos y piensan que todo ha sucedido. No, hasta que tú mismo no seas lo divino, no creas que Dios existe.

Puedes serlo, porque ya lo eres. Sólo tienes que abrirte un poco, descubrirte un poco. Estás presente aquí y ahora, sólo que escondido. Sólo hay unas pocas capas de ropa que te cubren -y también son muy finas-, de modo que si lo deseas puedes quitártelas ahora mismo, liberarte de ellas y ser lo divino. Pero tu aferramiento es muy fuerte; aunque las ropas son finas, tu agarre es muy fuerte. ¿Por qué es tan fuerte este aferramiento? El aferramiento es fuerte porque pensamos que estas ropas son nuestro ser, que esto es lo que somos. Aparte de eso, no conocemos ninguna otra existencia.

En este Upanishad habrá indicios de esa existencia que está más allá de estas coberturas. Y junto con este Upanishad meditaremos, para poder vislumbrarlo. Y esperaremos el samadhi, la iluminación, para convertirnos en aquello sin lo cual no hay satisfacción, ni paz, ni verdad.

El Upanishad comienza con una oración. La oración se dirige al universo entero.

QUE EL DIOS SOL NOS DÉ SU BENDICIÓN. QUE VARUNA, ARYAMA, INDRA, BRAHASPATI Y VISHNU NOS DEN SU BENDICION. SALUDOS A BRAHMA.

OH VAYU, SALUDOS ESPECIALMENTE A TI PORQUE ERES EL BRAHMA MANIFIESTO, TE LLAMARE SOLO A TI EL BRAHMA MANIFIESTO; LA VERDAD, EL RIT - LA LEY. QUE TODOS ELLOS ME PROTEJAN A MI Y A MI MAESTRO, EL ORADOR.

El Upanishad comienza con esta oración. El viaje de la religión ha comenzado con una oración. Tiene que ser así. La oración significa confianza y esperanza. La oración significa nuestro sentimiento de ser uno con el universo entero.

Rezar significa: "¿Cómo podría arreglármelas solo?".

Si fuera posible que tú solo pudieras lograrlo, ya habría ocurrido hace tiempo. Pero por ti mismo ni siquiera lo trivial podría lograrse. Habías deseado dinero, no pudiste lograr ni siquiera eso. Habías deseado posición, no pudiste lograr ni siquiera eso. Tuviste todo tipo de deseos, grandes y pequeños, pero ninguno se cumplió. Solo, ni siquiera podías manejar el mundo: ¿sería posible este gran viaje de la verdad solo por ti mismo? Por ti mismo, estás incluso derrotado en el mundo.

Todo el mundo está derrotado en este mundo. Incluso los que parecen victoriosos también están derrotados. Sólo parecen victoriosos ante los demás, pero en sí mismos están totalmente derrotados. Tú también pareces derrotado, pero para los demás pareces victorioso. Hay gente detrás de ti que siente que lo has logrado, que has ganado en la batalla mundana. Pero si miramos dentro del hombre, todos están derrotados.

Este mundo es una larga historia de derrotas. Aquí la victoria simplemente no sucede. Aquí la victoria simplemente no puede ocurrir, no está en la naturaleza del mundo. La derrota es el destino aquí. La derrota no es de cualquier individuo, no de cualquier persona, pero el destino de estar en el mundo es la derrota. Tendrás que aceptar la derrota allí. Nadie gana nunca allí.

No podíamos ganar en el mundo donde todo era una preocupación por cosas insignificantes, donde todo era sólo un sueño - Shankara lo llama maya, una ilusión. Cuando fuimos derrotados incluso en esa ilusión, en ese suceso onírico, ¿cómo podemos esperar vencer por nuestra cuenta en el mundo de la verdad?

La oración significa la realización de una persona que ha sido derrotada en el mundo. Cuando incluso después de intentarlo durante vidas y vidas ha sido derrotado en lo mundano, ¿qué capacidad puede reclamar en los asuntos de lo sagrado y lo absoluto?

De ahí la oración. De ahí que el vidente haya invocado a todo el universo para que le ayude. Ha invocado al sol, ha invocado a Varuna. Todos estos nombres simbolizan los poderes del universo. El sol ha sido invocado en primer lugar porque el sol es nuestra vida. Sin él, no seríamos. Dentro de nosotros, es el sol el que vive, el que arde. Si el sol se apaga allí, nosotros nos apagaremos aquí. El sol es nuestra vida, por eso se le ha invocado.

El vidente dice: SALUTACIONES A VAYU, EL DIOS DEL AIRE - Vayu ha sido saludado especialmente en esta oración - PORQUE TÚ ERES LA MANIFIESTA DE BRAHMA. Es un poco extraño. Piensa un poco. Es muy interesante, porque Vayu es absolutamente inmanifestado; todas las demás cosas son manifiestas. Si el vidente hubiera dicho al sol: "Tú eres el Brahma manifiesto" - radiante, ardiente, caliente, vivo - habría sido comprensible. Pero el vidente no llamó al sol "Brahma manifiesto", se lo dijo a Vayu, a quien no podemos ver en absoluto, que es realmente inmanifestado.

¿Dónde se manifiesta ese Vayu? Sólo inferimos que está, sólo sentimos que está, pero no se puede ver.

¿Dónde está disponible para los ojos? Manifiesto significa aquello que puede ser visto por los ojos. Ahora bien, Vayu no está en absoluto disponible para los ojos. Rocas, montañas, todas son visibles, pero no Vayu. Pero el vidente dice: ¡OH VAYU! SALUDOS A TI, PORQUE ERES EL BRAHMA MANIFIESTO. Lo dijo porque Vayu, el aire, no es visible pero aún así es; no es visto por el ojo, sin embargo está tocando el ojo a cada momento - y la misma es la situación con la verdad suprema. No se ve, pero nos toca a cada instante.

Vayu no se ve porque no tenemos ojos para verlo. Vayu simplemente está ahí. Sin Vayu no podemos existir. Vayu está en nuestro aliento, protegiéndonos, y nuestra propia vida depende de su inhalación y exhalación. Algo que está tan cerca de nosotros, que es nuestra propia respiración, no podemos verlo, porque nuestros ojos son muy burdos. Todo lo que es muy burdo, eso es lo que vemos. Lo que es sutil, no podemos verlo.

Vayu, el aire, es muy sutil. Está presente ante nosotros; está dentro y fuera de nosotros. Está presente en cada célula de nuestro cuerpo, pero no es visible. Por eso se dice: TÚ ERES EL BRAHMA MANIFIESTO - tú eres como Brahma.

Brahma está presente aquí pero no es visible. Y está presente en cada una de nuestras fibras; de hecho, es la fibra y, sin embargo, no vemos rastro de ella. Por eso se ha saludado a Vayu, porque conocemos a Vayu, pero no a Brahma. Se ha intentado un hilo de relación, que Brahma es igual que Vayu, el aire.

"Te llamaré el Brahma manifiesto", dice el vidente, "también te nombraré la verdad y el rit, la ley, porque eres igual que lo que es y no nos es conocido; que nosotros mismos somos y sin embargo a quien no conocemos; que está ahora y aquí desde la eternidad y no nos es conocido. Pero esta búsqueda puede cumplirse, si todos los dioses nos protegen".

Lo que se entiende por dioses es el número infinito de fuerzas vitales desde la eternidad. Y la vida es una vasta red de infinitas fuerzas. Tu existencia es también una vasta red de estas fuerzas sin fin. Dentro de ti se encuentran el sol, Varuna, Indra, Vayu; Agni, el fuego; Prithvi, la tierra; Akash, el cielo - todos se encuentran. Si podemos conocer a un individuo en su totalidad, habremos conocido toda la existencia en forma de semilla.

Todo está en el individuo. Todo se ha unido en él, y en su encuentro existe el individuo.

Así que la oración es para la ayuda de todos estos. Pero, ¿ayudará el sol? Esa pregunta surge. Incluso si se reza, ¿ayudará el sol, o ayudará Vayu, o ayudará la tierra? La cuestión no es la ayuda de la tierra o del sol, sino que hayas rezado, ¡esa es la gran ayuda! Que esto se entienda correctamente.

No viene ningún sol a ayudarte, pero has rezado y eso te afectará a ti, no al sol, porque una mente que reza se vuelve humilde, una mente que reza se vuelve impotente, una mente que reza acepta el hecho de que sola no puede lograr nada; una mente que reza está dispuesta a disolverse y a renunciar a su ego y a la sensación de que puede hacerlo. Y estas cosas dan resultados.

Todo el resultado de la oración depende de ti. La oración no cambia el sol, sino a ti. Y en el momento en que cambias, entras en otro mundo.

Normalmente, cuando rezas piensas que alguien va a hacer algo por ti, y por eso rezas. No, la oración es sólo un recurso. Ciertamente unes tus manos en oración hacia otra persona, pero sus consecuencias suceden dentro de ti - en aquel que ha unido sus manos en oración.

Por eso hay dificultades para entenderlo. Si rezas en presencia de un científico: "¡Oh sol, ayúdame!", los científicos dirán: "¡Qué tontería! ¿Cómo puede ayudarte el sol? ¿Cuándo ha ayudado el sol a alguien?". O rezas: "¡Oh Indra, trae la lluvia!" y él te dirá: "¿Te has vuelto loco?

¿Ha llovido alguna vez a base de rezos?". El científico tiene razón.

Ni el sol ni las nubes ni los vientos te escucharán. Ninguno te escuchará. Pero el hecho de que hayas llamado te transformará. La intensidad de tu llamada creará en ti una intensidad igualmente profunda. Si todo tu ser te llama, te convertirás en una persona totalmente diferente.

Para eso está la oración.

Suficiente por hoy.

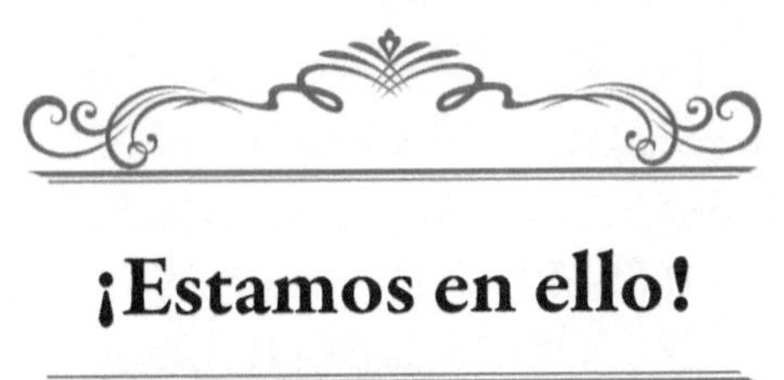

¡Estamos en ello!

INVOCACIÓN

EN LA CAVIDAD DEL CORAZÓN, QUE ESTÁ SITUADA DENTRO DEL CUERPO, VIVE UN ETERNO NO NACIDO.

LA TIERRA ES SU CUERPO, HABITA DENTRO DE LA TIERRA, PERO LA TIERRA NO LO CONOCE.

EL AGUA ES SU CUERPO, HABITA EN EL AGUA, PERO EL AGUA NO LA CONOCE.

LA LUZ ES SU CUERPO, HABITA EN LA LUZ, PERO LA LUZ NO LA CONOCE.

EL AIRE ES SU CUERPO, HABITA EN EL AIRE PERO EL AIRE NO LO CONOCE.

EL CIELO ES SU CUERPO, HABITA EN EL CIELO, PERO EL CIELO NO LO CONOCE.

LA MENTE ES SU CUERPO, HABITA EN LA MENTE, PERO LA MENTE NO LO CONOCE.

EL INTELECTO ES SU CUERPO, HABITA EN EL INTELECTO, PERO EL INTELECTO NO LO CONOCE.

EL EGO ES SU CUERPO, HABITA EN EL EGO, PERO EL EGO NO LO CONOCE.

LA MENTE RAZONADORA ES SU CUERPO, HABITA DENTRO DE LA MENTE RAZONADORA, PERO LA MENTE RAZONADORA NO LA CONOCE.

LO INMANIFESTADO ES SU CUERPO, HABITA EN LO INMANIFESTADO, PERO LO INMANIFESTADO NO LO CONOCE.

LO INDESTRUCTIBLE ES SU CUERPO, HABITA EN LO INDESTRUCTIBLE, PERO LO INDESTRUCTIBLE NO LO

CONOCE.

LA MUERTE ES SU CUERPO, HABITA EN LA MUERTE, PERO LA MUERTE NO LA CONOCE.

ES EL SER MAS INTERNO DE TODOS ESTOS ELEMENTOS, SUS PECADOS SON TODOS DESTRUIDOS, Y ES EL UNICO DIOS DIVINO NARAYANA - EL SUSTENTADOR DE TODOS LOS SERES HUMANOS.

EL CUERPO, LOS SENTIDOS, ETC., SON MATERIA NO-ALMA, Y EL SENTIMIENTO DE 'YO-MISMO' SOBRE ELLOS ES ADHYAS - ILUSIÓN. POR LO TANTO, UNA PERSONA INTELIGENTE DEBE ABANDONAR ESTA ILUSIÓN MEDIANTE LA LEALTAD A BRAHMA - LA REALIDAD ABSOLUTA.

Un pez en el mar sigue siendo un extraño para el mar, no porque el mar esté lejos del pez, sino porque el mar está demasiado cerca. Lo que está lejos se ve, pero lo que está muy cerca se vuelve invisible a los ojos. No es difícil conocer lo lejano, es difícil conocer lo cercano. Y es imposible conocer lo más cercano de lo cercano. Que esto se entienda bien, porque es algo que debe conocerse para el viaje interior.

La gente pregunta dónde buscar a Dios. Preguntan: "¿Cómo hemos olvidado lo que está oculto en nuestro interior? ¿Cómo se ha separado aquello que está más cerca de nosotros que nuestros latidos, que está más cerca de nosotros que nuestra respiración? ¿Cómo se ha olvidado lo que yo mismo soy?". Y su pregunta parece lógica.

Parece que lo que piden tiene validez y que no debería haber ocurrido así.

Si soy incapaz de conocer incluso lo que está oculto en mí, si incluso lo que soy permanece desconocido, entonces ¿a quién más conoceremos, a quién más reconoceremos? Cuando incluso lo cercano se nos escapa de las manos, ¿cómo podríamos alcanzar lo que está lejos? Y no es que sólo hoy se nos haya acercado. Siempre ha estado cerca de nosotros, desde siempre. Ni siquiera por un momento nos hemos separado o alejado de ella. Dondequiera que corramos, corre con nosotros; dondequiera que vayamos, va con nosotros; viaja con nosotros tanto al infierno como al cielo; está a nuestro lado tanto en el pecado como en la virtud. No es correcto decir que está a nuestro lado, porque incluso al estar a nuestro lado hay cierta distancia. En realidad, nuestro ser y su ser son la misma cosa.

Si esto es cierto, entonces es un gran milagro en el mundo que nos hayamos perdido a nosotros mismos, lo cual suena imposible. ¿Cómo puede uno perderse a sí mismo? Ni siquiera es posible perder nuestra sombra, y hemos perdido nuestra alma. ¿Cómo es posible? Pero ha sucedido. Cómo tiene lugar esta pérdida del yo, esa es la esencia de este sutra. Antes de entrar en el sutra, comprendamos sus fundamentos básicos.

Los ojos tienen un límite de visión, un alcance. Si un objeto está fuera de ese alcance, los ojos no pueden verlo. Si un objeto está dentro de ese alcance pero demasiado lejos a ambos lados, los ojos tampoco pueden verlo. Los ojos tienen un alcance de la visión. Lo que se acerca demasiado a los ojos no se puede ver y lo que se aleja demasiado tampoco se puede ver. Más allá de un cierto rango de visión, los ojos no pueden ver: entonces están ciegos. Ahora, tú mismo estás tan cerca que no sólo estás cerca de los ojos, sino que estás detrás de ellos.

Y ese es el problema.

Entendámoslo así. Si estás ante un espejo, a cierta distancia tu imagen es muy clara. Si te alejas demasiado del espejo no habrá imagen. Si te acercas demasiado al espejo, hasta el punto de poner los ojos contra él, no podrás ver tu imagen en absoluto.

Pero aquí la situación es que estás de pie detrás del espejo; por tanto, no hay posibilidad de que haya ninguna imagen tuya en el espejo: los ojos están delante y tú detrás.

Los ojos ven lo que tienen delante. ¿Cómo pueden los ojos ver lo que está detrás de ellos? Los oídos oyen lo que está fuera de ellos. ¿Cómo pueden los oídos oír lo que está dentro de ellos? Los ojos se abren hacia fuera, los oídos también. Puedo tocarte, pero ¿cómo puedo tocarme a mí mismo? E incluso si puedo tocar mi cuerpo, es sólo porque no soy el cuerpo; el cuerpo también es lo otro, por eso puedo tocarlo. Pero, ¿cómo puedo tocar lo que soy, lo que está tocando? ¿Con qué puedo tocar?

Por tanto, las manos lo tocan todo, pero no pueden tocarse a sí mismas. Los ojos lo ven todo, pero no pueden verse a sí mismos. Con respecto a nosotros mismos estamos ciegos, ninguno de los sentidos que conocemos nos sirve de nada. A menos que se abran otros sentidos - algún ojo que pueda ver hacia adentro, hacia atrás, al revés, o algún oído que también se vea afectado por el sonido interno - no hay manera de que podamos ver y oír y conocernos a nosotros mismos. Hasta que eso ocurra, no habrá forma de tocarnos a nosotros mismos.

Lo que está cerca se echa de menos; lo que está más cerca de todo no es posible conocerlo. Por eso el pez no puede conocer el mar.

Lo segundo: un pez nace en el mar, vive en el mar, el mar es su comida, el mar es su bebida, el mar es su vida, el mar es su todo. Luego muere y se disuelve en el mar, pero nunca tiene la oportunidad de conocer el mar porque no tiene ninguna distancia del mar. Un pez, sin embargo, llega a saber lo que es el mar si alguien viene y lo saca del mar. Esto es algo muy contradictorio: el pez llega a conocer el mar cuando está lejos del mar - cuando está luchando por su vida en la arena bajo el sol ardiente, entonces sabe lo que es el mar. Para conocer es necesaria tanta distancia.

¿Cómo podemos conocer a aquél que existía incluso antes de que naciéramos y que seguirá existiendo incluso después de que hayamos muerto? ¿Cómo podemos conocer aquél en el que nacemos y en el que desapareceremos?

Para conocer, es necesaria cierta separación. Por eso el pez no conoce el mar; sólo cuando alguien lo arroja a la orilla llega a conocerlo.

El hombre se encuentra en una dificultad mayor. Lo divino es el océano que nos rodea. No tiene orillas donde puedas ser arrojado, donde puedas empezar a retorcerte de dolor como un pez. Habría sido muy fácil si hubiera tal orilla. Pero no existe tal orilla; Dios es el océano. Por eso los que buscan a Dios como una orilla nunca son capaces de encontrarlo. La orilla sólo está disponible para quienes están dispuestos a ahogarse en el océano de lo divino.

Simplemente no hay orilla, así que no hay forma de encontrarla. ¿Cómo puede haber una orilla? Todo lo demás puede tener una orilla; el todo no puede tener una orilla, porque se necesita algo más para formar la orilla. La orilla de un río está formada por algo distinto del río. La orilla del mar está formada por algo distinto del mar. Pero no hay nada más que Dios que pueda formar la orilla.

El significado mismo de Dios es que no existe nada más que él. Dios no significa alguien sentado en algún lugar del cielo y que administra el mundo desde allí. No, eso son cuentos para niños. Lo que se entiende por Dios es ese elemento aparte del cual no existe nada. Esta es la definición científica de Dios.

Dios significa el todo, el total, todo lo que es. Lo que es no puede tener orilla, porque no queda nada más para formar la costa. Por lo tanto, Dios está en todas partes; no hay costa. El que está dispuesto a ahogarse se salva. El que intenta salvarse, se ahoga.

Estamos en ello. Estamos en lo que intentamos encontrar.

No hay necesidad de llamar a quien seguimos llamando, porque ni siquiera hay tanto hueco que uno tenga que llamar. Por eso Kabir preguntó: "¿Se ha vuelto sordo tu Dios para que grites tan fuerte tu ajan?".

Dios está tan cerca que ni siquiera es necesario llamarle. Incluso si hay silencio en tu interior, también se oirá: está tan cerca. Si tienes que llamar al otro, tienes que hablar. Pero para llamarse a uno mismo, ¿qué necesidad hay de hablar? Sólo se oye a los demás cuando se dicen palabras, pero incluso se oye el propio silencio.

Estar tan cerca es la dificultad. Entiéndase bien: hemos faltado a la verdad porque hemos nacido en ella. Nuestra carne, la médula, los huesos, todo el cuerpo está hecho de ella. Es nuestro aliento, nuestra vida, todo. De muchas maneras, a través de muchas puertas, somos combinaciones de ella, somos su obra. No hay ningún hueco, por lo tanto no hay memoria. Por lo tanto, su recuerdo se ha vuelto imposible. Por eso vemos el mundo, pero la verdad no se ve en absoluto. El mundo está a distancia, hay una brecha entre los dos, por eso surge la pasión por el mundo.

¿Qué significa pasión? Pasión significa un intento de acortar la distancia entre tú y el objeto del que tienes un sentimiento de distancia. No hay pasión por Dios porque no hay distancia entre tú y Dios. O incluso si alguien parece estar buscando a Dios, parece una falsa pasión. La persona parece estar buscando otra cosa en nombre de Dios. Hace de Dios una excusa, pero quiere otra cosa. Tal vez quiere poder, tal vez quiere prestigio, riqueza, posición o cualquier otra cosa.

Un amigo vino y me dijo: "Desde que empecé a absorberme en experimentos de meditación en tus campamentos, me he beneficiado enormemente".

Pregunté: "¿Qué beneficio obtienes?".

Respondió: "Beneficio espiritual no hay, ¡pero beneficio económico ha comenzado!".

¡Muy bien! Dónde está la prisa por lo espiritual, se puede posponer. ¡El beneficio monetario es la necesidad inmediata!

Buscamos algo mientras le ponemos otro nombre. Dondequiera que hayamos puesto la etiqueta Dios, si arrancamos la etiqueta encontraremos otra cosa debajo. Queremos otra cosa. Una persona que quiere otra cosa en nombre de Dios es más deshonesta que la que busca abiertamente los placeres mundanos. Al menos allí hay honestidad, una autenticidad. Una persona dice: "Quiero dinero", otra dice: "Quiero placeres sexuales", otra dice: "Quiero posición, quiero la realización del ego", y hay una que dice: "Quiero a Dios", pero en este deseo de Dios está también su sentimiento de que un día mostrará al mundo que Dios también está en su puño.

Por lo tanto, observa atentamente al buscador de Dios. Si su ego está aumentando, comprende que su búsqueda es para otra cosa; si su ego está disminuyendo, rompiéndose, desapareciendo, entonces su búsqueda es realmente para Dios.

El engreimiento de los sannyasins y de los llamados santos es bien conocido. Incluso el engreimiento de los grandes políticos no tiene nada en contra. Por lo menos la búsqueda misma del político es para ese engreimiento, así que está bien, es un asunto claro, no hay mucho de una fabricación en ello. La diversión de ser algo especial es todo el juego para ellos. Pero para un santo el asunto es diferente. Él dice que busca no ser nada... y luego se convierte en algo. Si dos santos se encuentran, no pueden sentarse en el mismo estrado porque habría problemas sobre quién se sienta dónde, más arriba o más abajo. Así que normalmente los santos simplemente no se encuentran, porque surgen muchos problemas.

Hay un amigo que está un poco loco - loco en el sentido de que intenta organizar encuentros entre santos. Una vez me contó que surgieron grandes problemas. Incluso surgen cuestiones como quién debe juntar primero las manos para saludarse. Una situación difícil. Incluso la gente mundana no parece tan mundana.

Puede que no quieran saludar a alguien con las manos cruzadas, pero lo hacen. En sus mentes pueden pensar que habría sido mejor si el otro hubiera cruzado las manos primero, pero ocultan tales sentimientos; parece poco caballeroso. A algunos santos ni siquiera les parece descortés: estos santos ni siquiera responden a los saludos, han puesto fin a la misma disposición. Sólo dan bendiciones.

Aquel amigo estaba ocupado organizando un encuentro de tal santo con otro. El otro santo le dijo: "Todo lo demás está bien, pero si no le saludo e inmediatamente me da bendiciones, eso lo estropeará todo".

Nuestra búsqueda es de otra cosa. No tiene nada que ver con la religión ni con lo divino. Estamos deseando otra cosa, estamos pidiendo otra cosa, pero somos deshonestos y nos hemos cubierto de pretensiones que son diferentes. Cómo puede empezar la búsqueda de Dios, porque no hay distancia. Si hay distancia, surge la pasión. Si hay distancia, dan ganas de correr. Si hay distancia, surge el deseo de ganar. Si hay dificultades, el ego se interesa: vencer, ganar. Pero en lo que respecta a Dios, no hay distancia. La situación es que Dios ya está con nosotros.

Cuando Tensing y Hillary escalan el Everest, ¿cuál es su alegría? Son los primeros en la historia de la humanidad que han subido al pico más alto. No hay nada más en el Everest. ¡Pero el primer hombre en el Everest!

Se crea historia; el ego encuentra importancia en el acto. Ahora bien, mientras exista el Everest en el mundo, los nombres de Hillary y Tensing no podrán borrarse.

Hasta hace poco había mucha competencia por llegar a la Luna. Es muy interesante saber lo que hemos dejado atrás en la Luna. Los que llegaron a la luna eran cristianos, pero no dejan allí una estatua de Jesús, han dejado la bandera de América. Piensa, las banderas son reales, ¡Jesús es irreal! A los americanos ni siquiera se les pasó por la cabeza llevarse al menos una pequeña estatua de Jesús. Se llevaron la bandera. La bandera es el verdadero ego del hombre. Y si a veces se recuerda el nombre de Jesús, eso también significa una especie de bandera, no significa otra cosa. Cuando se trata de luchar, de mantener la bandera en alto, en esos momentos se recuerda a Jesús, Rama, Krishna, Buda; pero su uso tampoco es más que el de una bandera. También son una bandera en el ego del hombre.

En la Luna, hemos dejado atrás las banderas. El hombre está ocupado deseando encontrar algo que sólo él pueda hacer para que su ego adquiera importancia. Pero si hubieras nacido en el Everest, tendrías grandes dificultades para saber dónde izar la bandera.

El hombre nace en Dios; sólo él es. Tú ya estás ahí, nunca te has ido. Esa es tu tierra en la que ya estás de pie. Por lo tanto, al alcanzar a Dios no hay lugar para ningún ego. El ego no está interesado en ello. Entonces, ¿cómo puede surgir el anhelo o la sed cuando no hay deseo de Dios?

La sed de lo divino surge de una manera muy extraña. Entiéndelo bien, porque no hay otra manera de hacerlo. La sed del mundo surge debido a la distancia. Si la distancia es infranqueable, la atracción se vuelve tremenda. Y es por eso, en el mundo, que siempre que se consiguen las cosas se pierde el interés por ellas, porque se cubre la distancia. Deseabas una mujer, la encontraste; deseabas construir una casa, la construiste; deseabas levantar una aguja de oro en tu casa y la pusiste allí - ¿y ahora qué?

Por lo tanto, todo lo que se consigue pierde valor porque se ha acercado a ti, ya no está lejos. Si está distante y hay dificultades en el camino para que no todos puedan lograrlo, sólo entonces sientes la emoción, la alegría de ello.

La alegría de la riqueza no está en la riqueza misma, sino en la pobreza de muchos otros. Si todo el mundo se hace rico, todo se echa a perder. Ése es el problema en Estados Unidos: la alegría de ser rico es cada vez menor. Los pobres llevan el mismo tipo de ropa que los ricos, conducen el mismo tipo de coches, viven en casas similares. No hay mucha diferencia básica entre ricos y pobres. La diversión de los ricos se está echando a perder. Los ricos se sienten atribulados por ello. Buscan nuevos trucos que sólo ellos puedan disfrutar.

Estamos en Dios, por lo tanto no hay llamada, no hay invitación en ello para el ego; no hay desafío, no hay motivación para el ego. ¿Cómo puede entonces surgir el anhelo de lo divino?

El anhelo por las cosas mundanas surge debido a su distancia y a su desafío y vocación.

El anhelo de Dios surge del fracaso de las cosas mundanas. Que esto se entienda. Cuando has corrido en todas las direcciones y eres derrotado en todas partes; cuando lo has conseguido todo y todo ha resultado inútil; cuando tu búsqueda de las cosas se ha completado, y con la finalización surge su negación, todo llega a cero; entonces sólo surge el anhelo de Dios. Todas las cosas parecen oro desde la distancia, pero todas resultan ser un trozo de barro cuando llegan a tus manos. Cuanto mayor es la distancia, más puro es el oro. A medida que se acerca, se vuelve más impuro. Aún más cerca, y empieza a convertirse en barro.

Está la historia de Midas de Grecia. Hay una gran sátira en ella. Midas fue bendecido con un poder sobrenatural; el regalo de la deidad era que todo lo que tocaba se convertía en oro. Todos somos el reverso de Midas, ¡todo lo que tocamos se convierte en un trozo de barro!

Pero es muy interesante.... Incluso Midas tuvo grandes problemas - ¿cómo puede haber fin a nuestros problemas? Todo lo que Midas tocaba se convertía en oro. Tocó a su esposa, ella se convirtió en oro. Tocó su comida, se convirtió en oro. Cogió un vaso de agua, y antes de que llegara a sus labios se convirtió en oro. ¡Pobre Midas! Tenía grandes dificultades. No puedes saciar tu sed con oro. Por mucho que hablemos de "un cuerpo como el oro reluciente", no obtendremos ninguna satisfacción de un cuerpo así. Por mucho que un amante alabe el cuerpo de su amada como "un cuerpo de oro", debería darse cuenta de lo que ocurre si ese cuerpo se convierte realmente en oro. Si eso ocurriera, se golpearía la cabeza. Sentiría que el cuerpo anterior era mejor.

Entonces Midas se vio en una gran dificultad. Se sintió atraído por el oro por las habladurías de los poetas. ¿Y ahora qué?

Todo se convirtió en oro: ¡su mujer, el agua, la comida! La gente empezó a huir de él. Sus propios hijos empezaron a mantenerse a distancia de él: ¡quién sabe cuándo puede tocarte! Ningún amigo se le acercaba. Midas se sintió muy solo. Era rey y se sentía solo. Sus ministros no se acercaban demasiado a él; se mantenían a una distancia prudencial para poder huir si era necesario. Midas empezó a morirse de hambre. No podía comer ni beber agua.

Empezó a chillar y a gritar: "¡Oh, Dios, retira tu don! ¡Estaba mejor que antes! Esta bendición se ha convertido en maldición".

Midas estaba en tal estado - todo lo que tocaba se convertía en oro. Imagínate cuál sería nuestro estado si todo lo que tocáramos se convirtiera en un trozo de arcilla. La esposa parece hermosa y dorada cuando está lejos. El día del matrimonio, empieza a convertirse en polvo. En cuatro o cinco años se vuelve tan buena como la tierra. Todo se convierte en polvo.

El día que te das cuenta de que correr es inútil, te detienes donde está Dios. El día que te das cuenta de que no has ganado nada corriendo, ya no corres más. Y por no correr, ahora ves lo que antes no veías por correr.

Cuando la mente estaba absorta en correr, se veían cosas que estaban lejos. Cuando la carrera se vuelve inútil, los ojos vuelven a la escena más cercana. Y si la carrera cesa totalmente, los ojos empiezan a ver al revés. Hasta ahora sólo veían hacia fuera, ahora empiezan a ver hacia dentro.

El espejo da la vuelta. Entonces no encuentras nada que merezca la pena ver en el mundo, o que merezca la pena conseguir y buscar en el mundo. Ahora el mundo ya no sigue siendo un deseo. Por eso Buda, Mahavira y los Upanishads han insistido tanto en que la ausencia de deseo es la puerta.

El deseo es una puerta para salir lejos; la ausencia de deseo es una puerta para acercarse.

Comprendamos ahora este sutra:

"Dentro del cuerpo se esconde lo nonato y eterno".

Nunca nace. Está ahí para siempre jamás. Lo eterno y no nacido está oculto dentro del cuerpo, pero el cuerpo no lo conoce. El cuerpo es parte de la tierra; está oculto dentro de la tierra, pero la tierra no lo sabe. En este sutra se repite lo mismo desde diferentes ángulos.

Lo no nacido y lo eterno está oculto en el fuego, pero el fuego no lo conoce. Está oculto en todas partes, pero aquel detrás del cual está oculto no lo conoce porque aquel detrás del cual está oculto es corriendo al aire libre. ¿Te has dado cuenta de esto alguna vez? Si puedes experimentar el funcionamiento interno de tu cuerpo, alcanzarás el samadhi. Sólo has experimentado el funcionamiento exterior del cuerpo: ves un cuerpo hermoso y una emoción recorre tu cuerpo; cada célula de tu cuerpo empieza a correr tras él. Se ve una flor hermosa y los ojos empiezan a correr. Se oye una dulce melodía y los oídos empiezan a correr.

El cuerpo siempre corre hacia fuera. ¿Has experimentado alguna vez el cuerpo corriendo hacia dentro? No, no lo has experimentado. Entonces, ¿cómo va a saber el pobre cuerpo quién está escondido dentro? Donde el cuerpo nunca va, donde el cuerpo nunca mira, nunca oye, nunca explora... ¿cómo puede el cuerpo saber lo que hay dentro? Por eso el cuerpo sigue siendo un extraño para aquel de quien es cuerpo. Todo el correr es hacia fuera, de ahí que en el interior prevalezca la ignorancia. Este sutra es una repetición de lo mismo desde diferentes puertas.

Lo que se oculta en el aire, el aire no lo sabe. La mente no conoce a aquel cuyo cuerpo es. El ego no sabe de quién es el cuerpo. La mente razonadora, lo imperecedero, lo inmanifestado - todos ellos no conocen a aquel cuyo cuerpo son y que está oculto dentro de ellos. Incluso la muerte sigue sin conocer a aquel cuya muerte sucede. Esta afirmación es un poco extraña:

"¡La muerte sigue siendo un extraño del que muere! Nada muere cuando uno muere".

Cuando se produce la muerte, ¿quién muere realmente? Nadie. El cuerpo no muere, porque siempre ha estado muerto. No es cuestión de que muera. El que está oculto dentro del cuerpo es eternamente inmortal.

Tampoco es cuestión de que muera. Sólo se rompe la relación. En la muerte se rompe la relación entre lo muerto y lo inmortal. Pero la propia muerte, incluso después de acercarse tanto, sigue ignorando al que es inmortal.

Cuántas veces hemos muerto, y sin embargo no hemos llegado a conocer hasta ahora que dentro de nosotros está el que es inmortal. La situación misma de este no-conocimiento es que incluso al acercarnos somos incapaces de mirar hacia dentro; nuestra visión continúa enfocándose hacia fuera. Mira a un hombre en su lecho de muerte: sigue mirando hacia fuera. Ni siquiera ahora tiene ganas de mirar hacia dentro. La muerte tira de él y lo arrastra fuera del cuerpo, pero él sigue aferrado al cuerpo, se aferra con más fuerza, más que nunca.

Por eso los ancianos se vuelven feos y los jóvenes parecen bellos. Si lo analizamos en profundidad, la razón no es sólo el cuerpo. El joven no se aferra al cuerpo, sigue confiando en él.

El anciano comienza a aferrarse al cuerpo; y debido a ese aferramiento, nace todo tipo de fealdad.

El anciano empieza a tener miedo: aquí viene la muerte... ahora viene la muerte... la muerte está cerca. Cuanto más teme la muerte, más se aferra a la vida. Y cuanto más se aferra a la vida, más fea se vuelve.

¡Qué adorables son los niños! Simplemente no se aferran en absoluto. No tienen ni idea de que existe vla muerte. Mira a los pájaros y a los animales: por muy viejos que se hagan, tienen el mismo aspecto. Me refiero a esos animales y pájaros que aún no se han estropeado por la compañía del hombre. El hombre lo estropea todo.

Así pues, parece muy extraño que en la selva los pájaros y los animales no parezcan envejecer.

El tipo de vejez que atrapa al hombre no parece atrapar a los pájaros ni a los animales. Permanecen como niños. En algún sentido profundo no son conscientes en absoluto de que la muerte va a llegar, por lo que no se aferran al cuerpo.

La frescura que hay en los niños se debe a que la vida es natural, no hay miedo a la muerte. En la vejez se hace difícil, la muerte se hace más clara. Ahora la vida es un esfuerzo, el anciano vive del esfuerzo. Ahora es consciente de la muerte en cada centímetro del camino. Eso crea una incertidumbre; la tensión crece dentro de él y la ansiedad y la angustia se apoderan de él permanentemente - y eso vuelve la mente fea.

Ni siquiera la muerte llega a conocer al inmortal que se esconde dentro del cuerpo. La única razón de ello es que el fenómeno de mirar hacia dentro sólo se produce cuando mirar hacia fuera se vuelve inútil y carece de sentido. Que esto se entienda correctamente. Muchas veces parece carecer de sentido, pero en realidad no es así. No es que no te des cuenta de que no tiene sentido, sino que te das cuenta. Pensabas comprar un coche y lo has comprado. Cuando no lo habías comprado, soñabas con él por la noche. La noche anterior al día de la entrega, ni siquiera pudiste dormir bien, ¡toda la noche!

Alguien ha escrito sobre su amigo que compró un coche muy bonito, un Ferarri. Era un coche caro. El primer día que lo condujo, el coche estaba un poco rayado.

Aquel amigo no era un niño, era un hombre de cincuenta años; y no era un analfabeto, era profesor en una universidad, y profesor de filosofía. Pero aquel día se le vio llorar, apoyando la cabeza en el hombro de su madre. ¡Sólo porque el Ferarri estaba rayado! El coche era caro. Cuánto debe haber soñado con él. Ese arañazo del coche debió de calarle hondo, hasta el alma, por eso lloró.

Todos lloráis. Ese hombre debió ser más honesto. En la carretera, apoyando la cabeza en el hombro de su madre, se puso a llorar. ¿Pero cuánto durará este estado? En unos días el Ferarri se hará viejo. Al cabo de un mes o dos, este hombre estará sentado en el mismo coche y ni siquiera sentirá en qué coche está sentado. Se aburrirá de este coche, pero no de los coches. Soñará con otro coche. Puede que ahora piense en tener un Rolls Royce o cualquier otro coche. La mente se aburrirá con una mujer o un hombre -pero no se aburrirá con la mujer como tal, o el hombre como tal.

Todos nos aburrimos, pero nuestro aburrimiento permanece ligado a cosas concretas. Pero la realidad misma de este aburrimiento no forma parte de nuestra experiencia. Cuando nos cansamos de una cosa, simplemente seleccionamos otra nueva del mismo tipo y este proceso continúa para siempre.

Esta es la única diferencia entre tú y un buda: te aburres con una mujer pero tu interés continúa en otra mujer. Si te aburres con tu mujer, tu interés continúa en la mujer de otro. Lo que está cerca y disponible se vuelve inútil, pero lo que está lejos mantiene tu interés. Lo que está lejos también se volverá inútil mañana cuando esté cerca de ti. Pero no es posible que todas las cosas se acerquen a uno. Algunas cosas siguen permaneciendo a distancia, por lo que el interés continúa, los deseos siguen corriendo.

Un buda, al aburrirse de una mujer, se aburre de todas las mujeres. Un buda, al vivir en un palacio, ha vivido en todos los palacios. Para un buda, un solo suceso es suficiente. Este es un enfoque científico. Si se ha conocido una gota de agua, entonces se ha conocido todo el mar. Sería un científico loco que siguiera haciendo pruebas en todos los océanos y dijera: "Cuando complete las pruebas de todas las gotas de todos los océanos, haré la afirmación de que el agua está formada por hidrógeno y oxígeno." Somos un tipo similar de entidad loca. Un científico prueba una sola gota, descubre que el agua está formada por átomos de hidrógeno y oxígeno y que H_2O es la ecuación de sus constituyentes, y se acabó el asunto para él. Ahora se conoce toda el agua de todos los mares. Dondequiera que haya agua, incluso en cualquier otro planeta -y los científicos dicen que hay al menos cincuenta mil Tierras como la nuestra en toda la extensión- o en cualquier parte del universo, estará formada por la misma disposición de átomos: H_2O.

Toda el agua se conoce conociendo una gota.

Al comprender el patrón y el comportamiento de un deseo, llega a conocer la naturaleza completa de todos los deseos y se convierte en un buda. Al conocer un deseo, el que ve su futilidad -la futilidad obligatoria- y su fracaso inevitable, sus deseos simplemente caen. Los deseos caen como las muletas de un cojo que se cae de repente. Caminaba con la ayuda de las muletas, no tenía pies para caminar, tenía pies de madera. De repente las muletas se caen y el cojo se desploma: algo similar ocurre cuando las muletas de los deseos se caen. En la vida mundana no hay verdaderos pies para caminar; son artificiales, de madera, hechos de deseos. Los deseos que se caen son las muletas que se caen, y uno de repente se encuentra allí - de donde nunca se había movido, donde siempre ha estado, en su naturaleza básica. Eso es Dios, eso es el alma.

La parte final del sutra lo explica:

LA MUERTE ES SU CUERPO, MORA DENTRO DE LA MUERTE, PERO LA MUERTE NO LA CONOCE. ES EL SER MAS INTERNO DE TODOS ESTOS ELEMENTOS, SUS PECADOS SON TODOS DESTRUIDOS, Y ES EL UNICO DIOS DIVINO NARAYANA.

EL CUERPO, LOS SENTIDOS, ETC., SON MATERIA NO-ALMA, Y LA SENSACIÓN DE "YO-MISMO" SOBRE ELLOS ES ADHYAS - ILUSIÓN. POR LO TANTO, UNA PERSONA INTELIGENTE DEBE ABANDONAR ESTA ILUSIÓN MEDIANTE LA LEALTAD A BRAHMA - LA REALIDAD ABSOLUTA.

Lo último es este sutra.... La carrera tras los deseos se debe a que siempre parece que algún sueño se está cumpliendo en algún lugar lejano. Una persona mira en el desierto, ve un lago de agua cerca del horizonte, corre hacia el agua y al llegar allí descubre que no hay agua, que no hay más que arena, y arena. Pero entonces el lago de agua aparece en otro lugar. A esto se le llama ilusión.

Cuando los rayos del sol se calientan y se reflejan en la arena, la vibración de los rayos crea una ilusión de ondas y olas. Las ondulaciones y las olas son tan continuas que aparece una especie de inmensa superficie reflectante. Si hay un árbol cerca, incluso ese árbol se reflejará en esa superficie, que actúa como un espejo. Cuando desde lejos se ve no sólo el agua, sino incluso los reflejos de las nubes fugaces en el agua, ¿cómo no creerlo? Si también hay reflejos de las hileras de pájaros que vuelan en el cielo en la supuesta agua, y si los árboles cercanos también se reflejan en el agua, se confirma tu confianza en la existencia del agua. No sólo se ven las olas, también se ven los reflejos en las olas. Pero a medida que te acercas los reflejos dejan de aparecer, y al llegar al lugar no encuentras más que arena.

Adhyas, o ilusión, significa ver lo que no existe. Shankara amaba mucho esta palabra y para los Upanishads es muy fundamental. Adhyas significa proyección, ver lo que no existe: lo que se ve no está realmente ahí, lo estás proyectando desde dentro. Tú eres la causa de la proyección.

Un rostro te parece bello: ¿esa belleza está ahí o la estás proyectando?... porque mañana el mismo rostro puede parecerte feo. Puede que ayer no te pareciera bello. Hoy, de repente, tu ojo divino se ha abierto y el rostro ha empezado a parecerte bello. A tus amigos todavía no les parece bello.

Se dice que Laila no era hermosa, sólo que a Majnu le parecía hermosa. Todo el pueblo estaba preocupado, y la gente intentaba persuadir a Majnu: "Eres un ingenuo; había muchas otras chicas más hermosas en el pueblo, estás innecesariamente obsesionado con Laila". Majnu respondió: "Si quieres ver a Laila, tienes que tener los ojos de Majnu". Esto es adhyas, ilusión. La cuestión no es Laila sino los ojos de Majnu. La cuestión no es de lo que se está viendo sino de quien la está viendo. Así que Majnu dijo: "Mira con mis ojos, entonces podrás ver a Laila". No hay duda de que con los ojos de Majnu ella se verá hermosa. Si fuera posible tomar prestados los ojos de Majnu, entonces Laila se te aparecería tan hermosa como se le aparecía a Majnu.

Los ojos son también un tipo de gafas. Los colores de las gafas se proyectan en los objetos que se ven. Todos tus sentidos están proyectando. Estás creando un mundo a tu alrededor. Tu mente no es sólo receptora, también es creadora. Estás creando un mundo a tu alrededor - de belleza, de fragancia, de esto, de aquello.

Este mundo no es como tú lo ves. Depende de ti. Si tú cambias, el mundo también cambia. Un joven ve un mundo, un anciano ve otro y los niños ven otro. ¿Cuál es la diferencia? El mundo es el mismo. Pero los niños no tienen los mismos ojos que el joven. A los niños les sigue interesando recoger piedras y guijarros. Les basta con el colorido de las cosas. El joven dice: "¡Tíralas! ¿Qué hay en ellas? ¿Qué valor tienen?". Para un joven, el dinero se ha convertido en algo valioso. Ha empezado a comprender el valor del dinero. Ahora ya no sirve recoger piedras y guijarros. Ya no sirve correr detrás de las mariposas.

Los niños atrapan mariposas, les parecen celestiales. El joven toma a los niños por ignorantes, pero cuando el hombre se hace viejo, sus sentidos se cansan, sus experiencias se vuelven acre y amargas y siente como si tuviera la boca llena de una especie de insabor. Ahora incluso los jóvenes le parecen niños. Para él, los jóvenes corren detrás de diferentes tipos de mariposas.

Sólo ha cambiado el tipo de mariposas, pero no las mariposas como tales. Los ancianos siguen diciendo, explicando, que son mariposas, pero ningún joven les hace caso. Ellos mismos no habían escuchado a sus padres y abuelos. Hay una razón para no escuchar, y es que tienen ojos diferentes. Si el joven recibe los ojos de un anciano verá lo mismo. Y recuerda, lo interesante es que si el anciano vuelve a recibir los ojos del joven, olvidará todas esas experiencias; olvidará toda esa sabiduría de la que hace gala; el mundo volverá a ser colorido para él.

He oído decir que un presidente del Tribunal Supremo de Estados Unidos fue a París cuando era joven y se casó. Después de treinta años, cuando se hizo viejo, y después de que sus hijos también se hubieran casado y hubieran visitado París, el presidente del Tribunal Supremo vino de nuevo a París con su esposa. Se llamaba Peare. Vio París y le dijo a su mujer: "Ya no es el mismo París. Su colorido ha desaparecido. Hermosos eran aquellos días en París cuando vinimos por primera vez. Todo era incomparable; ¡París era diferente!". Su mujer le respondió: "Perdona, lo has olvidado. La primera vez que vinimos Peare era diferente, París sigue siendo la misma. Si puedes ver París con los ojos de un joven, sigue siendo la misma. ¿Cómo puede cambiar París?" La gente cambia y su visión cambia.

Si el mundo parece cambiado con el cambio de tu visión, comprende bien que lo que habías visto y creías que era sólo adhyas, una ilusión. Fue creado por tus proyecciones, no era el mundo tal como es. ¿Existe alguna manera de ver el mundo sin tus proyecciones? Si la hay, sólo entonces se vería el mundo tal como es.

Las proyecciones son ilusiones. Por lo tanto, recuerda, ver no significa sólo ver con los ojos.

Ver significa tal estado cuando todas tus proyecciones cesan, cuando no tienes puntos de vista. Cuando no tienes tus ojos individuales para imponer condiciones, cuando no tienes emociones ni deseos que proyectar, entonces sucede la visión.

Mira el desierto cuando no tengas sed: entonces el desierto no podrá engañarte. El engaño se produce por la sed. Quieres agua, y cuando no la consigues el deseo se hace más intenso.

Y cuando el deseo es demasiado intenso, tu mente se vuelve loca y quiere creer incluso en aquello que en realidad no existe.

Pero hay un estado en el que cesan todas las visiones y surge la visión. ¿Cuándo cesan las visiones? Las visiones cesan sólo cuando cesan todos los deseos, porque cada visión es un juego de tus deseos, una extensión de tus deseos.

El sutra dice: EL CUERPO, LOS SENTIDOS, ETCÉTERA, SON TODOS MATERIA NO-SOUL, Y EL SENTIMIENTO DE 'YO-MISMO' SOBRE ELLOS ES ILUSIÓN. POR LO TANTO, UNA PERSONA INTELIGENTE DEBE ABANDONAR ESTA ILUSIÓN MEDIANTE LA LEALTAD A BRAHMA, LA REALIDAD ABSOLUTA.

A TRAVES DE LA ALLEGANCIA A BRAHMA - lealtad al yo.

Nuestra lealtad es siempre hacia el otro, hacia alguien más, no hacia nuestro propio yo. Corremos detrás de otras cosas, no hacia nuestro propio centro. Siempre vamos a otra parte, evitando el único lugar que está en nuestro interior.

La lealtad a Brahma significa que la carrera de los deseos se ha ido, la persona ha llegado a su yo. Ha llegado al lugar donde no hay mente, ni sentidos, ni cuerpo, sino sólo conciencia pura. Al arraigarse allí, todas las ilusiones se hacen añicos de inmediato; entonces no hay mundo, sino sólo Brahma, la realidad absoluta.

Cuando hablo en hindi, muchas personas no lo entienden, pero también pueden aprovechar esta ocasión. Los que no entienden hindi deben cerrar los ojos y escuchar sólo el sonido.

Deben sentarse en silencio como si estuvieran meditando. Y muchas veces la verdad que uno no comprende a través de las palabras llega a comprenderla simplemente escuchando el sonido.

Cuando hablo en inglés, los amigos que no lo entienden no deben pensar que no les sirve de nada. Deben cerrar los ojos y meditar en el sonido de mis palabras sin intentar comprender el idioma. No hay necesidad de intentar comprender un idioma que no conoces. Siéntate en silencio, vuélvete como un ignorante y medita sobre el impacto del sonido.

Simplemente escucha. Esa escucha se convertirá en meditación y será beneficiosa.

La verdadera cuestión no es la comprensión, sino volverse silencioso. Escuchar no es lo importante, lo importante es hacer silencio. Muchas veces lo que ocurre es que lo que has entendido se convierte en una barrera, y es bueno escuchar algo que no entiendes en absoluto; entonces el pensamiento no puede interferir. Cuando algo no se comprende, no hay forma de que los pensamientos se muevan; simplemente se detienen.

Por lo tanto, escuchar a veces el viento que pasa entre los árboles, el canto de los pájaros, el sonido del agua corriente es mejor que escuchar a los videntes y sabios. Los verdaderos Upanishads están fluyendo allí, pero no los entenderás. Y si lo haces y te limitas a escuchar, tu intelecto pronto se aquietará porque no es necesario. Y cuando tu intelecto se aquieta, eres transportado al lugar que estás buscando.

Suficiente por hoy.

El testigo y la ilusión

CONOCERSE A SÍ MISMO COMO SAKSHI PRATYAGATMA, EL ALMA INTERIOR TESTIGO, DEL PROPIO INTELECTO Y DE TODAS SUS DISPOSICIONES, Y ADQUIRIR LA DISPOSICIÓN DE QUE "ESO SOY YO", RENUNCIANDO A LA PRETENSIÓN DE "MÍO" SOBRE TODAS LAS COSAS.

RENUNCIANDO A SEGUIR A LOK, LA SOCIEDAD, RENUNCIA TAMBIÉN A SEGUIR AL CUERPO.

RENUNCIANDO A SEGUIR LAS ESCRITURAS, RENUNCIA TAMBIÉN A LA ILUSIÓN DEL ALMA.

ENRAIZADO EN SU PROPIA ALMA, Y A TRAVÉS DE LAS TÉCNICAS, DE LA ESCUCHA Y DE LA AUTOEXPERIENCIA, EL YOGIN LLEGA A CONOCERSE A SÍ MISMO COMO EL ALMA DE TODO Y SU MENTE SE ANIQUILA.

SIN DAR OPORTUNIDAD AL SUEÑO, A LAS CONVERSACIONES DE LA SOCIEDAD, AL SONIDO, AL TACTO, A LA FORMA, AL GUSTO Y AL OLFATO -LOS OBJETOS DE LOS SENTIDOS- Y AL OLVIDO DEL ALMA, CONTEMPLA EL ALMA DENTRO DE TI.

¿Cómo se puede entrar en esa verdad suprema, cómo se puede conocer ese misterio supremo que está tan cerca y, sin embargo, sigue siendo desconocido; que está siempre con nosotros y, sin embargo, se ha perdido? ¿Cómo podemos alcanzarlo, cómo lo ha alcanzado alguien alguna vez? En estos sutras está la explicación de esa ciencia, el proceso de ese camino.

Entendamos primero algunas cosas sobre la ilusión. Ilusión significa ver lo que no es. Verdad significa ver lo que es. Todo lo que vemos es ilusión, porque nos implicamos en lo que vemos; nuestra experiencia no es objetiva, sino subjetiva. Lo que está ahí fuera no nos llega tal como es.

Nuestra mente lo distorsiona, lo embellece, lo adorna, lo poda, lo agranda o lo empequeñece y lo transforma en muchas, muchas formas.

El mayor cambio y la ilusión más profunda es que nos asociamos con todo, con lo que en realidad no estamos asociados en absoluto. En cuanto nos asociamos, la realidad se pierde y la proyección onírica empieza a parecer cierta. Por ejemplo, llamamos a una cosa "mía", "mi casa"... la casa que estaba ahí cuando nosotros no estábamos y que seguirá estando ahí cuando nosotros ya no estemos.

Algo que puede ser antes de que yo sea y que seguirá siendo después de que yo no sea, que no desaparece con mi desaparición, ¿cómo puede ser "mío"? Si muero en este momento, mi casa no se derrumba ni desaparece, de hecho ni siquiera sabrá que he muerto, entonces ¿qué tipo de asociación puede haber entre esa casa y yo? ¿Cuál es la relación? Mañana otra persona vivirá en esa misma casa y la llamará "mía". Ayer vivía en ella otra persona y la llamaba "mía".

¿Quién sabe cuántas personas han pegado su yo en esa casa y han muerto? Pero ese "yo" nunca se pega a la casa, y esa casa no pertenece a nadie; la casa se pertenece a sí misma.

En este mundo todo pertenece a sí mismo. Si podemos entender esto correctamente, seremos capaces de romper las ilusiones fácilmente.

Hay un terreno. Lo llamas "mi campo" o "mi jardín". Si no es hoy, mañana habrá reivindicaciones sobre la Luna: Estados Unidos dirá que es "nuestra", Rusia dirá que es "nuestra". Hasta ayer, la Luna no pertenecía a nadie; simplemente era. Simplemente se pertenecía a sí misma. Pero ahora alguien reclamará la luna y tarde o temprano habrá luchas y enfrentamientos.

Hasta ahora el sol se pertenecía a sí mismo, pero mañana también podrá ser reclamado.

Dondequiera que el hombre pone sus pies, lo etiqueta con su "yo". La naturaleza no acepta sus etiquetas, pero otros seres humanos tienen que hacerlo, de lo contrario habrá confrontación. Los demás tienen que aceptar las etiquetas porque quieren poner sus propias etiquetas a las cosas. Así que la casa pasa a ser de alguien y el terreno pasa a ser de otro. ¿Por qué estamos tan impacientes por pegar esta etiqueta del "yo" en alguna parte? El afán se debe a que cuantos más lugares y cosas lleven esta etiqueta o nuestra firma, mayor será el círculo de lo "mío" y mayor será el "yo" que se desarrolle en nosotros.

El "yo" es tan grande como el número de cosas que llevan su etiqueta. Si alguien dice que tiene un acre de tierra, ¿cómo puede ser su "yo" tan grande como el de otra persona que dice: "Tengo mil acres de tierra"?

Con la expansión de lo "mío", el "yo" siente que se agranda. Si la expansión del "mío" disminuye, el "yo" también se encoge. Así que cada ladrillo del "yo" está hecho de "mío". Así, cuantas más formas tenga de decir "mío", más alto se elevará el palacio del "yo". De ahí que toda nuestra vida permanezcamos en una sola carrera: a cuántas cosas podemos pegar nuestras etiquetas y decir: "Es mío". Al hacerlo, mientras seguimos etiquetando las cosas, un día morimos y allí donde habíamos puesto nuestras etiquetas, otra persona empieza a pegar las suyas en las cosas que habíamos llamado "mías".

Las cosas se pertenecen a sí mismas, no a ninguna persona. Pueden utilizarse, pero no puede haber propiedad.

La propiedad es una ilusión, y mientras los usamos deberíamos tener un sentimiento de gratitud porque estamos usando algo que no nos pertenece. Pero cuando decimos "mío", todo sentido de gratitud desaparece y se crea un nuevo mundo de "mío". Eso incluye el dinero, la posición, el prestigio, la educación y todo lo demás. Para estas cosas puede estar bien, pero lo más sorprendente es que también se incluyen cosas que no tienen nada que ver con el "yo". Decimos: mi religion, mi dios, mi deidad, mi templo - con los que el 'yo' no puede tener relacion alguna. Y si puede, entonces no hay posibilidad de liberarse del mundo. Si la religión también puede ser mía y tuya, si Dios también puede ser mío y tuyo, entonces no hay esperanza; ¿dónde encontraremos entonces una salida de "lo mío"? Si Dios también cae dentro de su jurisdicción, entonces no queda espacio en ninguna parte para que el "yo" se vaya. Pero ponemos la etiqueta de "mío" en templos y mezquitas y también en Dios.

Allá donde va el hombre llega con su "mina". Intenta comprender las implicaciones: El "yo" en realidad se hace más grande a través del "mío", pero cuanto mayor es la extensión del "mío", mayor es la infelicidad.

El aumento del yo es el aumento de la infelicidad, porque el yo es una herida. Y cuanto mayor es el yo, mayor es la zona vulnerable a la herida, de modo que se le puede infligir más daño. Es como alguien que tiene una herida física grande que tiende a lastimarse de vez en cuando; cualquier movimiento que la persona hace, la lastima. La herida es grande, su área es grande, y cualquier pequeño roce se convierte en una herida. Cuanto mayor es el yo, mayor es la herida y mayor es el dolor.

Con la expansión del "mío", el "yo" se expande. A medida que crece el yo, crece también el dolor. Por un lado uno siente que la felicidad va en aumento, por otro lado la infelicidad también va en aumento.

Cuanto más aumentamos esta felicidad, más aumenta la infelicidad, y entre las dos se produce una ilusión. Donde no hay posibilidad de decir "mío", allí también seguimos diciendo "mío" falsamente, sin sentido. Esta mano que llamas "mía", este cuerpo que llamas "mío", tampoco son tuyos.

Cuando tú no eras, incluso entonces los huesos, la piel, la sangre de esta mano existían en alguna parte; y existirán incluso después de ti. Los huesos de tu cuerpo han sido huesos de muchos otros cuerpos anteriores. La sangre de tu cuerpo ha fluido en el cuerpo de algún animal ayer y en algún árbol el día anterior. ¿Quién sabe cuánto tiempo, cuántos billones y trillones de años, ha durado el viaje?

Incluso cuando no lo seas, ni una sola partícula de tu cuerpo será aniquilada. Todo existirá. Fluirá en otros cuerpos.

Entiéndelo así: el aliento que acabas de inspirar, hace un momento estaba dentro de la persona sentada a tu lado. Hace un momento lo llamaba "mi aliento", y un momento después ya no le pertenece, ha pasado a ser de otra persona.

La vida no acepta que nadie la reclame y sigue fluyendo a cada instante. Pero nosotros seguimos reclamando. Esta ilusión de reclamar es la ilusión más profunda del hombre.

Así que cada vez que una persona dice "mío", está cayendo en la ignorancia. Este sutra es para romper esta misma ilusión.

No sólo la tierra no es mía, la casa no es mía, el dinero no es mío; ni siquiera el cuerpo es mío. Tu cuerpo está formado por los átomos de tus padres. Esos átomos existían antes que tú, y llegan a ti después de un largo viaje. Antes de tus padres, estaban en los cuerpos de sus padres. Estos átomos han realizado un largo viaje de millones de años; ahora constituyen tu cuerpo.

Ese cuerpo también es un campo, una tierra en la que estás arraigado, pero tú no eres él. Tú no eres el cuerpo, estás separado de él.

Este sutra dice que el hombre no sólo no es el cuerpo, sino que va más allá y dice que el hombre ni siquiera es la mente, porque la mente también es una acumulación.

¿Tienes un solo pensamiento que pueda ser tuyo, que puedas decir que es tuyo? No hay ninguno.

Algunos han venido de la tradición, otros de las escrituras, otros de escuchar a alguien, otros de tu lectura - han venido de una u otra fuente externa. Si buscas la carta astral de cada uno de tus pensamientos, si observas el viaje de cada uno de tus pensamientos, descubrirás que no tienes ni un solo pensamiento propio, todos son prestados; te han llegado de alguna parte.

Ningún pensamiento es original, todos son prestados. Pero incluso un pensamiento es "mío".

Recuerda que ni siquiera una respiración puede llamarse "mía"; el pensamiento es un asunto mucho más sutil. Profundizando cada vez más en este análisis, ¿a dónde se llega? ¿A dónde han llegado los Upanishads? ¿A dónde llega Buda? ¿A dónde llega Mahavira? Continuando este análisis, utilizando la negación: "Yo no soy esto, yo no soy esto"; cuando al final no queda nada por negar, cuando no queda nada sobre lo que pueda siquiera pensar si es mío o no, eso que queda incluso entonces.... Cuando ya no queda nada que cortar, cuando todas las relaciones están rotas y no queda nada que aún pueda romperse, eso que permanece incluso entonces es lo que los Upanishads han llamado sakshi, el testigo.

Hay un gran mundo a mi alrededor, no es el mío. Me encojo y me acerco: este cuerpo no es mío.

Descendiendo más profundamente en ella - la mente no es mía. Entonces, ¿a quién puedo llamar "yo"? ¿O no hay nada en mí a lo que pueda llamar "yo"? ¿Soy o no soy? Si elimino todo lo "mío", ¿qué es lo más puro que queda en mí? Sólo queda una cosa que no se descarta; no hay forma de descartarla.

En Occidente había un filósofo llamado Descartes, un pensador profundo. Decidió no aceptar nada hasta encontrar la verdad de la que no se puede dudar, así que se puso a reflexionar. Trabajó mucho y sintió que todo era dudoso. Se puede decir "Dios es", pero se puede dudar de ello. Dios puede ser o no ser, pero siempre se puede crear una duda. "Existe el cielo", "Existe la liberación": todo puede ponerse en duda. Descartes dijo: "Sólo creeré en algo de lo que no se pueda dudar, no en algo que se pueda probar o argumentar a favor, no. Algo de lo que no se pueda dudar, algo que sea inevitable, indudable... sólo entonces lo aceptaré".

Buscó y buscó. Sin embargo él también se detuvo en un punto. Negó a Dios, el cielo, el infierno y todo lo demás, pero se atascó en un punto: "¿Soy o no soy?".

Descartes dijo: "De esto no se puede dudar, porque aunque yo diga 'no soy', también se necesita que yo pueda decir esto". Es como una persona que está en casa y que responde a quien le llama: "He salido", o "Ahora mismo no estoy en casa. Vuelve dentro de un rato y entonces puede que me encuentre contigo porque para entonces estaré de vuelta en casa". El hecho de que diga esto será la prueba de que está en casa. Así que el hecho de mi existencia es indudable. Esto está claro, que soy. Aunque lo que soy no está tan claro.

¿Soy un cuerpo, una mente o qué? Esto no está tan claro.

Esto es lo que buscan los Upanishads. Uno tras otro se elimina todo, igual que se quita una capa tras otra de una cebolla. Si sigues pelando una cebolla, finalmente no quedará nada de ella en tu mano. Una cebolla no es más que capas sobre capas de piel -ropa sobre ropa- y no se encuentra nada si se sigue desnudando. Es como si alguien hubiera hecho una muñeca de tela y le quitáramos las telas una a una. Si se quita la primera capa, queda al descubierto la segunda; si se quita la segunda capa, queda al descubierto la tercera; y así sucesivamente, hasta que por fin se han quitado todas las capas de tela, y ya no queda ninguna muñeca, sólo una nada en la mano.

Así que la mayor búsqueda del hombre es descubrir si él también no es más que una acumulación de muchas, muchas capas que podemos ir pelando y al final no tenemos nada en la mano. Si seguimos negando y diciendo: "Yo no soy el cuerpo", "Yo no soy la mente", "Yo no soy esto", "Yo no soy aquello", puede que resulte ser la historia de la cebolla y al final no quede nada de lo que uno pueda decir que "Este soy yo".

Pero los Upanishads dicen que, aunque sea así, es necesario conocer la verdad; aunque sea cierto que no hay nada en el interior, merece la pena conocerlo, porque el resultado de conocer la verdad es muy significativo.

Sin embargo, al buscar profundamente, al final se descubre que no, que el hombre no es sólo una acumulación de ropa, que el hombre no es sólo capas sobre capas sobre capas, que hay algo dentro de las capas que es diferente. Pero sólo llegamos a saberlo cuando al quitarnos todas las capas llegamos a nuestro interior. Ese elemento que permanece al final es llamado por los Upanishads sakshi, el testigo.

Esta palabra sakshi es muy hermosa y muy valiosa. Toda la filosofía, el genio y la sabiduría de Oriente están implícitos en esta pequeña palabra. Oriente no ha aportado al mundo otra palabra más importante que sakshi, el testigo.

¿Qué significa sakshi? Sakshi significa el vidente, el testigo. ¿Quién es el que experimenta que "yo no soy el cuerpo"? ¿Quién es el que experimenta que "Yo no soy la mente"? ¿Quién es el que sigue negando que "no soy esto, no soy esto"? Hay un elemento de ver, de mirar, del observador dentro de nosotros que ve, que observa todo.

Este vidente es el sakshi, el testigo. Lo que se ve es el mundo. El que ve es lo que yo soy, y lo que se ve es el mundo. Adhyas, la ilusión, significa que el que está viendo se malinterpreta a sí mismo como todo lo que se ve. Esto es la ilusión.

Tengo un diamante en la mano: Lo estoy viendo. Si empiezo a decir que yo soy el diamante, eso es una ilusión. Esta ilusión tiene que romperse y uno tiene que llegar, finalmente, a ese elemento puro que es siempre el vidente y nunca es lo visto. Esto es un poco difícil. Aquel que es el vidente nunca puede ser visto, porque ¿por quién será visto? Puedes ver todo en el mundo excepto a ti mismo. ¿Cómo te verás a ti mismo? - Porque se necesitarán dos para ver, uno que ve y otro que es visto. Podemos cogerlo todo con un par de pinzas, excepto las propias pinzas. Ese esfuerzo fracasará.

Puede parecernos desconcertante que, si las pinzas lo agarran todo, ¿por qué no pueden agarrarse a sí mismas?

Lo vemos todo, pero no somos capaces de vernos a nosotros mismos. Y nunca podremos. Cualquier cosa que puedas ver, debes saber que no eres tú. Por lo tanto, ten por seguro que todo lo que eres capaz de ver no eres tú. Si eres capaz de ver a Dios, entonces una cosa es cierta, que tú no eres Dios. Si has visto luz dentro de ti, una cosa es concluyente, que tú no eres luz. Si tienes una experiencia de dicha dentro de ti, una cosa está determinada, que tú no eres dicha. Lo que sea que hayas experimentado, tú no eres eso. Tú eres aquello que experimenta.

Por lo tanto, sea cual sea tu experiencia, estás más allá de ella. Por lo tanto, será útil entender un punto difícil aquí, que la espiritualidad no es una experiencia. Todo en el mundo es una experiencia, pero no la espiritualidad. La espiritualidad es alcanzar aquello que lo experimenta todo, pero que nunca se convierte en una experiencia. Siempre sigue siendo el experimentador, el testigo, el vidente.

Te veo: tú estás a un lado, yo estoy al otro. Tú estás ahí, el que está siendo visto; yo estoy aquí, el que está viendo. Son dos entidades.

No hay manera de dividirse en dos para que una parte vea y la otra sea vista. Incluso si fuera posible dividirse, entonces la parte que vería sería yo mismo, la parte que sería vista no sería yo mismo. El asunto está acabado.

Este es todo el proceso o metodología de los Upanishads: neti, neti - ni esto ni aquello.

Todo lo que puedas ver, di que no eres eso. Todo lo que puedas experimentar, di que no eres eso. Puedes seguir retrocediendo, hasta que no quede nada que pueda ser negado o eliminado. Llega un momento en que se pierden todas las escenas. Llega un momento en que se abandonan todas las experiencias, ¡todas!

¡Recordadlo todos! La experiencia del sexo se abandona, por supuesto, las experiencias de la meditación también se abandonan. Se abandonan las experiencias del mundo, del amor y del odio, se abandonan también las experiencias de la dicha y de la iluminación. Sólo queda el vidente puro. No hay nada que ver, sólo el vacío permanece alrededor. Sólo queda el observador y el cielo vacío a su alrededor. En el medio está el vidente, el observador, que no ve nada porque todo lo que podía ser visto ha sido negado y eliminado. Ahora no experimenta nada. Ha eliminado todas las experiencias de su camino. Ahora permanece solo, el que experimentaba.

Cuando no hay experiencia, no hay visión; no hay nada visto y no hay objeto que ver, y sólo queda el testigo. Resulta muy difícil expresar en el lenguaje lo que realmente sucede porque no tenemos otra palabra en nuestro idioma que "experiencia", por lo que lo llamamos "autoexperiencia" o "autorrealización". La palabra experiencia no es correcta. Decimos "experiencia de la conciencia" o "experiencia del Brahma, lo absoluto", pero ninguna de estas expresiones es correcta, porque la palabra experiencia pertenece a ese mismo mundo que hemos eliminado. La palabra experiencia sí tiene un significado en el mundo de la dualidad, donde también existía "lo otro". Aquí no tiene ningún significado. Aquí sólo queda el experimentador, el testigo.

La búsqueda de este testigo es espiritualidad.

Recuerda: la búsqueda de Dios no es espiritualidad. En los antiguos sutras del yoga no se habla de Dios, ni siquiera se menciona. No era necesario. Más tarde, incluso cuando los sutras mencionaban a Dios, lo llamaban un medio en el camino de la espiritualidad y no una meta. Se dice que Dios es útil en la práctica espiritual, en la búsqueda espiritual, por lo tanto es bueno aceptarlo, pero es sólo un medio, un dispositivo, eso es todo.

Buda y Mahavira también negaron a Dios. Inventaron nuevos dispositivos. Este dispositivo no es necesario, decían. Si Dios no es más que un dispositivo, entonces otros dispositivos servirán también para el propósito.

Pero tanto Buda como Mahavira no pueden negar sakshi, el testigo. Pueden negar a Dios, pueden negar todo lo demás, pero cuando se trata de sakshi, es religión. Si no se menciona al testigo, entiende bien que todo el asunto no tiene nada que ver con la religión. Todo lo demás es secundario. Todo lo demás puede ser útil, puede no ser útil, puede haber diferencias de opinión sobre todo lo demás, pero no respecto al testigo.

Por lo tanto, si algún día en este mundo se crea una ciencia de la religión, no se mencionará a Dios, el alma o Brahma. Todos estos son asuntos locales -algunas religiones creen en ellos, otras no-, pero el sakshi se mencionará sin duda porque no es un asunto local.

No puede haber religión sin testigo. Así pues, sólo el testigo es la base científica de todas las experiencias religiosas, de toda búsqueda y viaje religiosos. Y es sobre esto y alrededor de este sakshi que giran todos los Upanishads. Todos los principios y todos los indicadores sirven para señalar al testigo.

Intentemos comprenderlo un poco mejor. No es difícil entender el significado de la palabra testigo, pero es algo complejo en la práctica real.

Nuestra mente es como una flecha, afilada por un extremo. Habrás visto una flecha: no puede ser lanzada por sus dos extremos, una flecha sólo irá en una dirección. No puede viajar en direcciones opuestas simultáneamente, sólo irá hacia su objetivo en una dirección.

Así pues, cuando la flecha está en el arco y luego se dispara, hay dos aspectos a tener en cuenta: cuando abandona el arco en el que estaba puesta, empieza a alejarse de él; y empieza a acercarse hacia el blanco, donde antes no estaba. En un caso, la flecha estaba en el arco y a lo lejos, en un árbol, había un pájaro. La flecha estaba todavía en el arco y aún no había atravesado el pájaro.

Entonces la flecha abandona el arco, empieza a alejarse de él y a acercarse al pájaro. Y entonces llega el estado en que la flecha ha atravesado al pájaro; el arco permanece vacío y la flecha está en el pecho del pájaro.

Esto es lo que hacemos con nuestra conciencia todo el tiempo. Cada vez que la flecha de nuestra consciencia nos abandona, el arco interior queda vacío y la flecha, al alcanzar el objeto, se apega a él. Un rostro te pareció hermoso, la flecha de tu conciencia se libera. Ahora esa flecha no está dentro de ti, la consciencia no está dentro de ti. La conciencia se alejó y se apegó al bello rostro.

Hay un diamante tendido en el camino; la flecha se suelta del arco. Ahora la conciencia no está dentro de ti, ahora la conciencia se mueve y, alcanzando el diamante, atraviesa su corazón. Ahora tu conciencia está con el diamante y ya no está dentro de ti. Ahora la conciencia está en otra parte. Así que todas las flechas de tu consciencia han alcanzado y atravesado otro lugar - y otro lugar, y otro lugar. Ya no tienes conciencia dentro de ti, siempre está saliendo. Una flecha sólo puede ir en una dirección, pero la consciencia puede ser bidireccional, y cuando eso ocurre, se experimenta el testigo. La flecha de la consciencia puede ir en ambas direcciones; puede tener dos filos.

Cuando tu consciencia es atraída hacia algún lugar, si puedes manejar sólo esto, entonces un día el testigo sucederá dentro de ti. Cuando tu atención es atraída hacia afuera - digamos que una mujer joven y hermosa pasó o un hombre joven y hermoso pasó, tu conciencia fue atrapada allí y ahora te has olvidado completamente de ti mismo, la conciencia ya no está dentro. Ahora no eres consciente, ahora te has vuelto inconsciente porque tu consciencia ha viajado a otra persona, ahora tu consciencia se ha convertido en la sombra de esa persona u objeto - ahora ya no eres consciente.

Ahora, si puedes hacer esto: viste a alguien hermoso, tu conciencia fue atraída hacia allí. Si en ese mismo momento puedes ser consciente del arco interior desde el que se ha disparado esta flecha, si puedes ver simultáneamente ambos - la fuente desde la que la consciencia está disparando y el objeto al que la consciencia se dirige - si ambos pueden entrar en tu atención simultáneamente, entonces experimentarás por primera vez lo que significa el testigo. Hay que encontrar la fuente de donde surge la conciencia y de donde sale disparada.

Vemos un árbol: vemos sus ramas, su follaje, sus hojas y flores, sus frutos, pero no somos capaces de ver las raíces. Las raíces están ocultas en la oscuridad. Pero el árbol se nutre de las raíces. Tu consciencia se expande y viaja por todas partes, se crea un gran árbol del mundo, pero la fuente de donde emana la consciencia, esa consciencia oceánica permanece desapercibida. Lo que hace falta es que las raíces también se vean al mismo tiempo, que tanto las raíces como el árbol se vean simultáneamente.

Entiéndelo así: cuando estoy hablando, tu conciencia está en mis palabras. Haz de esto una flecha de doble punta... puede llegar a serlo ahora mismo, en este mismo instante. Cuando estoy hablando, no sólo escuches lo que estoy diciendo, también permanece consciente simultáneamente de que estás escuchando. El orador es otra persona, está hablando; yo soy el oyente, estoy escuchando. Si aunque sea por un momento, ahora, aquí, puedes hacer ambas cosas simultáneamente -escuchar y recordar al oyente, este recuerdo interior de "estoy escuchando"- entonces no hay necesidad de repetir las palabras. Si repites las palabras "estoy escuchando", no serás capaz de escuchar al mismo tiempo, te perderás lo que he dicho.

No hay necesidad de formar las palabras por dentro: "Estoy escuchando, estoy escuchando". Si hicieras eso, estarías sordo durante ese período de tiempo a lo que yo estaba diciendo. En ese momento en que escucharas tu propia voz diciendo: "Estoy escuchando", no oirías lo que yo estaba diciendo.

Es una experiencia simultánea de escuchar lo que digo y ser consciente de que estás escuchando. La sensación, la realización, la experiencia de que tú eres el que escucha es el segundo aspecto.

Conseguir ser consciente del segundo aspecto es difícil. Si lo consigues, tomar conciencia del tercer aspecto es muy fácil.

El tercer aspecto es el siguiente: si el que habla es A, el que escucha es B, entonces ¿quién es el que está experimentando a ambos, tanto al que habla como al que escucha? Ese es el tercero, y este tercer punto es el testigo. No puedes ir más allá de este tercero. Este tercero es el último punto. Y estos son los tres puntos del triángulo de la vida: los dos son el objeto y el sujeto, y el tercer punto es el testigo de estos dos, el experimentador de estos dos, el vidente de estos dos.

Ahora podemos entender el sutra.

CONOCERSE A SÍ MISMO COMO SAKSHI PRATYAGATMA - EL ALMA INTERIOR TESTIGO, DEL PROPIO INTELECTO Y DE TODAS SUS DISPOSICIONES, Y ADQUIRIR LA DISPOSICIÓN DE QUE "ESO SOY YO", RENUNCIANDO A LA PRETENSIÓN DE "MÍO" SOBRE TODAS LAS COSAS.

El buscador, el explorador de esta verdad, el aspirante a la liberación, habiendo experimentado que "yo soy el testigo" y nunca un hacedor, que "yo soy siempre un testigo" y nunca el complaciente, abandona el sentimiento de 'minidad' y el deseo sobre todo. Continúa retrocediendo en su interior hasta ese punto más allá del cual ya no es posible retroceder.

DEJAR DE SEGUIR A LOK, LA SOCIEDAD.... Un hombre así deja de seguir a la sociedad. La palabra lok significa la sociedad, la cultura, la civilización, la gente que te rodea, la multitud.

Dejar de seguir a la sociedad antes de tener la experiencia del testigo también es peligroso; porque con la sociedad están asociados su moral, sus reglas, regulaciones, limitaciones, organización y disciplina. Así que la sociedad ciertamente se convertirá en el amo para aquel que aún no es su propio amo.

Alguien tiene que controlar a quien no es su propio maestro; se necesita cierta disciplina, de lo contrario todos los sistemas se volverán locos, se volverán anárquicos. Pero el que ha experimentado su propio ser, el que ha experimentado su testimonio, es él mismo su amo en este mundo.

Es muy interesante que aquel que abandona todo dominio sobre todo se convierte en su propio amo; y aquel que sigue acumulando todo tipo de dominio, sólo indica que aún no tiene dominio de sí mismo. Esto significa que aquel que está ocupado haciendo esfuerzos para tener más casas, más tierras, un reino, esto y aquello - una cosa es cierta, que todavía no se pertenece a sí mismo, porque para aquel que adquiere su reino interior, todos los demás reinos se vuelven insípidos y sin valor. El que adquiere su reino interior no tiene ningún deseo de ningún otro reino.

Incluso si tiene un reino exterior, se vuelve inútil. Si su deseo por el reino exterior es fuerte, sólo indica que no tiene ni idea del maestro interior, el testigo; está intentando sustituirlo. No hay amo en el interior, así que a través del dominio de las cosas está tratando de convencerse a sí mismo de que es un amo: "¡Mira! ¡Tengo tanta tierra, tanto dinero, tantas posesiones!". De este modo, intenta crear en sí mismo la confianza de que: "¿Quién dice que no soy un maestro? Soy dueño de muchas cosas". Este dominio es falso, porque nadie es nunca un amo de las cosas en este mundo.

Bhartrihari renunció a su reino: abandonó su reino, se fue a un bosque y comenzó a meditar profundamente. Más tarde, ocurrió un hecho muy interesante. Estaba sentado cerca de la boca de su cueva; de repente, un jinete llegó por el camino que pasaba por delante de la cueva. Casi simultáneamente apareció otro jinete desde la otra dirección y las espadas se desenvainaron al instante para librar una batalla mortal. Bhartrihari no podía entender este repentino suceso. Cuando apuntaron sus espadas hacia algo que había en el camino, Bhartrihari vio que allí había un diamante. El primer jinete afirmó que él había visto el diamante primero, por lo que era suyo. El segundo jinete dijo: "¿Ves el filo de mi espada? ¿Ves la fuerza de mis brazos? ¿Qué importa quién lo vio primero? El que está en condiciones de ser el dueño, es el dueño. Naturalmente, ¡yo soy el dueño!".

Se entabló una batalla mortal y en unos instantes las cabezas de ambos jinetes rodaban por el suelo; los dos cuerpos empapados en sangre yacían en el suelo, y el reluciente diamante yacía donde lo habían visto.

Bhartrihari pensó en lo extraño del incidente. El diamante, cuya propiedad habían reclamado ambos jinetes y que había perecido, ni siquiera sabría lo que había ocurrido a su alrededor, por su culpa.

¿Y quién sabe qué más podría haber ocurrido en el pasado alrededor de este mismo diamante? Y el diamante sigue ahí tirado. Muchos más pueden perecer por ello en el futuro, y el diamante seguirá ahí tirado, despreocupado.

Los esfuerzos por dominar las cosas son un indicio de que la persona que lo hace no tiene dominio sobre sí misma. Cuando una persona comienza a experimentar al testigo, se convierte en su propio maestro. Su deseo de dominio disminuye. Ya no quiere convertirse en el amo de nadie ni de nada, porque ahora sabe que simplemente no hay forma de convertirse en el amo del otro. Permíteme repetirlo: "No hay forma de convertirse en amo del otro".

Si un marido se cree dueño de su mujer, está loco. Si una mujer se cree dueña de su marido, su mente necesita tratamiento médico. Nadie puede ser el amo de nadie, porque cada uno nace como su propio amo. En la naturaleza misma de las cosas, el dominio de cada uno está oculto dentro de uno mismo. En ningún caso puede ser revocado. Y a menos que sea revocado, ¿cómo puede alguien más convertirse en su amo?

Por lo tanto, sucede algo muy interesante. El marido piensa: "Yo soy el amo". La esposa se ríe interiormente y sabe: "Yo soy el amo". Por eso hay fricción las veinticuatro horas del día. Esa fricción se debe precisamente a eso, a que en cada momento hay que decidir quién es el amo, quién tiene el poder. No hay certeza. Nunca hay certeza. Puesto que no hay certeza ni siquiera en relación con las cosas, no puede haber certeza en absoluto en relación con los individuos. No puede haber dominio ni siquiera sobre un diamante, ¿cómo puede haber dominio sobre un individuo vivo?

Aquel que es testigo abandona todo tipo de dominio porque se ha convertido en su propio amo. El dominio que puede ser, se convierte en el suyo; el dominio que no puede ser - no se molesta en caer en esa locura. En tal estado deja de preocuparse por la sociedad; la deja porque ahora no hay control sobre él, él es su propio controlador. Ahora puede caminar sobre sus propios pies, ahora puede caminar en su propia luz, ahora ya no necesita ninguna luz prestada.

RENUNCIANDO A SEGUIR A LOK, LA SOCIEDAD, RENUNCIA TAMBIÉN A SEGUIR AL CUERPO.

No sólo deja de seguir a los demás, a medida que profundiza en la comprensión del testigo, abandona también la esclavitud del cuerpo. Entonces no hace las cosas porque el cuerpo se lo dice, ahora hace lo que quiere y el cuerpo le sigue como una sombra.

Ahora mismo tu cuerpo no te sigue como una sombra; al contrario, tú sigues al cuerpo como su sombra. El cuerpo te dicta hacer cosas o no hacerlas, y tú tienes que actuar en consecuencia.

El cuerpo es el amo, y tiene sus propios indicadores que te controlan.

Está destinado a ser así, porque quien no es su propio amo, la sociedad será su amo, su biología será su amo. La sociedad es el grupo de seres humanos que nos rodea, y nuestro cuerpo está conectado con la tierra, con la naturaleza. Quien se convierte en su propio maestro se libera de los sistemas de la sociedad y también de su biología. Entonces el cuerpo no le dice: "Haz esto"; entonces se mueve por sí mismo y el cuerpo le sigue.

El fenómeno de que el cuerpo te siga es muy valioso. Ni siquiera podemos concebir cómo el cuerpo puede seguirte. Sólo cuando el cuerpo tiene hambre... incluso si es el cuerpo de un Mahavira, él también sentirá hambre sólo cuando el cuerpo tenga hambre primero; y es sólo cuando el cuerpo indica su hambre que Mahavira saldrá en busca de comida, mendigando comida. Entonces, ¿cómo puede el cuerpo seguir a uno? ¿Significa que de repente Mahavira dirá: "Tengo hambre", y el cuerpo tendrá hambre?

¿Cuál es el significado del seguimiento corporal? Es una alquimia profunda. Ciertamente, el cuerpo no tendrá hambre a menos que Mahavira esté de acuerdo. Sea lo que sea lo que le ocurra al cuerpo, sea lo que sea lo que sienta, sólo podrá transmitírselo a Mahavira cuando éste esté dispuesto a escucharle. Es Mahavira quien decide que ayunará durante un mes. Si decides que vas a ayunar un día, durante veinticuatro horas seguirás comiendo en tu mente, porque el cuerpo protestará: "¿Quién es el maestro? ¿Sin consultarme... ayuno? Yo me encargo". El cuerpo seguirá enviando el mensaje las veinticuatro horas del día: hambre, hambre, hambre; y toda tu conciencia estará cubierta por el hambre. Normalmente el cuerpo no te molestará mucho si simplemente no puedes comer, aunque sea durante todo un día, pero una mañana tomas la decisión de que no comerás ese día, ¡y...!

Ocurre algo muy interesante que merece la pena destacar. Si tomas tus comidas diarias a la una de la tarde, normalmente tu cuerpo no reportará hambre hasta cerca de la una. Pero si una mañana temprano te levantas a las seis y decides que hoy vas a ayunar, tu mente empezará a comer desde las seis de ese día. El cuerpo debería haber esperado al menos hasta la una. Pero no, el cuerpo ha recibido la pista de que estás intentando establecer tu dominio.

La una es un asunto lejano, tu cuerpo comenzará a agitarse desde la mañana. Nunca antes había sucedido así, solías sentir hambre sólo alrededor de la una, pero hoy comenzará a suceder desde la mañana.

El dominio del cuerpo es antiguo, miles y miles de vidas. Y quienquiera que sea el maestro, nadie quiere renunciar al dominio tan fácilmente.

Si Mahavira dice que ayunará durante un mes, el cuerpo se vuelve silencioso durante un mes, no comunica ningún mensaje de hambre hasta entonces. El cuerpo sigue, lo que significa que no informa. Sólo después de un mes informará si tiene hambre o no; durante todo el mes permanecerá en silencio. ¿Pero qué significa esto? ¿Sucederá a través de la práctica? Si sigues practicando todos los días, igual que haces ejercicio a diario, si sigues practicando el ayuno todos los días, ¿se formará poco a poco un hábito? No, no caigas en esta falacia. No es una cuestión de práctica y hábito, es una cuestión de la experiencia del testigo.

Si la experiencia del testigo está ahí, si un Mahavira decide ayunar no sólo durante un mes sino incluso durante un año.... El cuerpo puede convertirse sólo en un esqueleto de huesos, y morir, y estar acabado, pero no necesitará enviar ningún mensaje a Mahavira. No se atreverá a comunicar a Mahavira el mensaje de que tiene hambre. No es asunto del cuerpo enviar el mensaje. Se trata de decidir de una vez por todas quién es el amo. Mientras el cuerpo sabe que es el amo, ejerce el dominio, pero una vez que se experimenta el testigo, el dominio del cuerpo desaparece inmediatamente. La ley interior simplemente cambia. El cuerpo empieza a seguirte. Y entonces hay experiencias únicas.

Después de Mahavira han ayunado miles de personas -tantos monjes jaina se dedican al ayuno-, pero el ayuno de Mahavira fue único. ¿Has mirado el cuerpo de Mahavira, su estatua? Si pones los cuerpos de estos monjes jaina frente al de Mahavira sabrás a lo que me refiero. ¿Dónde está la diferencia? Los cuerpos de los monjes están continuamente informando del hambre, no sólo a ellos sino incluso a ti.

El cuerpo de Mahavira no reporta ningún hambre - ni a Mahavira ni a ti.

Es muy difícil encontrar un cuerpo tan bello como el de Mahavira. Ese hermoso cuerpo está diciendo que ahora alguien se ha convertido en el maestro interior y el cuerpo no tiene capacidad de perturbar. Ahora el cuerpo no puede decir nada como: "Haz esto" o "No hagas aquello". Ahora no le importa al cuerpo; ahora todo está en manos del conocedor interior. Ahora cualquier cosa que decida, cualquier cosa que decida hacer, las decisiones están en sus manos. Puede vivir si lo desea, puede morir si lo desea, pero el cuerpo no puede interferir. El cuerpo sólo le seguirá como una sombra.

RENUNCIANDO A SEGUIR A LOK, LA SOCIEDAD, RENUNCIA TAMBIÉN A SEGUIR AL CUERPO.

RENUNCIANDO A SEGUIR LAS ESCRITURAS, RENUNCIA TAMBIÉN A LA ILUSIÓN DEL ALMA.

Así uno va abandonando: la sociedad, el cuerpo, el seguimiento de las escrituras. Para aquel que es testigo, todas las escrituras carecen de sentido. Esto es un poco complejo. Podemos decir esto de la manera opuesta tambien, que para el que es el testigo, las escrituras tambien se vuelven significativas. Y esto es lo mismo. La razon por la que es lo mismo es que mientras no te hayas convertido en testigo, ninguna escritura puede ser significativa para ti. Puedes aprenderlas de memoria, puedes haber aprendido todos los Vedas de memoria, pero no tienen sentido porque el significado no está en las palabras sino en la experiencia.

La experiencia no es tuya. Puedes seguir repitiendo la palabra testigo como un loro, pero incluso mientras la repites no hay ningún testigo dentro que pueda estar escuchándola.

Hasta que seas testigo todas las escrituras son inutiles. Pero parecerán tener sentido hasta que tengas tu propio conocimiento. El dia que tengas tu propio conocimiento, tu mismo te convertiras en la escritura.

Cuando tú mismo te has convertido en la Escritura, ¿para qué te sirven ahora las Escrituras?

Así, el día en que las escrituras cobran sentido, también se vuelven inútiles. Ahora sabes lo que las escrituras expresan. ¿Qué valor tienen ahora las escrituras? Has llegado a tu destino, el viaje se ha completado, así que ¿para qué sirve el mapa que llevabas hasta ahora? Ahora puedes tirar el mapa. ¿Qué vas a hacer con él?

Buda solía decir que cuando alguien cruza un río en una barca, en el momento en que ha cruzado el río la barca ya no sirve para nada. La persona deja la barca allí y sigue su camino. Pero Buda contó la historia: Sucedió una vez que cuatro idiotas cruzaron un río en una barca. Al cruzar el río, levantaron la barca y empezaron a llevarla sobre sus cabezas. La gente del pueblo les dijo: "Hemos visto a mucha gente cruzar el río, pero todos dejan la barca allí, en el río. ¿Qué estáis haciendo?".

Ellos respondieron: "¿Cómo vamos a dejar el barco que nos ha sido tan útil? No somos tan tontos".

Ahora estaban atascados. La barca les había ayudado a ir más allá del río, pero ahora ¿cómo ir más allá de la barca? Así que empezaron a llevar la barca a todas partes. Ahora era imposible deshacerse de la barca.

No pienses que esas personas sólo existieron en el pasado. Puede que hayan muerto, pero sus hijos están ahí y siguen llevando el barco. Dicen: "Nuestro padre solía llevar esta misma escritura y nosotros también la llevaremos. El padre de nuestro padre también hizo lo mismo; así que qué podemos hacer ahora, estamos indefensos". Esto siempre ha estado sobre las cabezas de nuestros antepasados, así que nosotros también lo llevaremos sobre nuestras cabezas.

Además, esta escritura es una especie de barca, y cuántos sabios han podido cruzar gracias a estas barcas."

El día en que uno se experimenta a sí mismo, ya no queda nada que aprender de las escrituras, y esto también es cierto, ese día las escrituras también cobran sentido. Es entonces cuando llegamos a saber que lo que está escrito en las escrituras es correcto. Esto parecerá una afirmación paradójica: el día que uno sabe de primera mano que lo que dicen las escrituras es correcto, a partir de ese día las escrituras se vuelven inútiles, y uno las abandona. El verdadero viajero espiritual abandona todas las escrituras.

Y lo último que se dice en los Upanishads es milagroso. Sólo Buda reunió tanto valor y dijo: "Yo tampoco soy un alma". Este sutra de los Upanishad es maravilloso. Contiene toda la esencia de lo que dijo Buda. Finalmente, RENUNCIANDO A SEGUIR LAS ESCRITURAS, RENUNCIA TAMBIÉN A LA ILUSIÓN DEL ALMA.

Entonces ni siquiera dice: "Yo soy el alma".

"Yo no soy la sociedad", aquí es donde empezó la cosa. Fue más profundo cuando dijo: "No soy el cuerpo, no soy la mente". Ahora este es el último salto. "Ni siquiera soy el alma". ¿Qué significa esto? Significa que ahora será una tontería por mi parte crear límites para mí mismo.

Cuando decimos: "Yo soy el alma", mi alma y tu alma se convierten en entidades diferentes. Cuando digo: "Yo soy el alma", me convierto en un individuo, y todo el universo se separa de mí. Esta última ilusión también desaparece, la de que estoy separado, soy un individuo. Entonces desaparecen todas las distancias y todas las fronteras entre el universo y yo. La gota se convierte en el océano. ¿Cómo puede la gota decir siquiera: "Soy una gota"? La gota se ha convertido en el océano.

Al final, cuando todo ha desaparecido, incluso la idea de que "soy un alma" cae -¿y qué significa esto? Esto no significa que no haya alma. Significa que "yo soy Dios". Ser un alma no es suficiente. Es una declaración muy difícil. Siempre que se hace esta declaración, surgen problemas.

Al-Hilaj Mansoor declaró a los mahometanos: "Yo soy Dios". Inmediatamente lo mataron. Dijeron: "¡Qué cosa tan pecaminosa estás diciendo! ¡Qué pecado estás cometiendo! ¡Tú y Dios! Por muchas alturas que alcances, por muy gran siddha, el realizado, que llegues a ser, no puedes ser Dios, porque ser Dios significa lo último. El hombre está hecho de tierra... y Mansoor habla de vuelos tan elevados... no, no es posible".

Así que cortaron a Mansoor en pedazos miembro por miembro. Mientras Mansoor era descuartizado, se reía.

Alguien de la multitud le preguntó: "¿Por qué te ríes?". Mansoor respondió: "Me río porque ya he dicho, desde el principio, que yo no soy lo que esta gente está descuartizando. ¿A quién creen que están cortando? Ya he dicho: "Oh, tontos, yo no soy lo que estáis cortando". Sólo cuando pude decir eso, supe que soy Dios".

Hasta su último aliento, de la boca de Mansoor resonaron en toda la atmósfera las palabras: "Ana'l haq, ana'l haq", que significan: "Yo soy Dios, yo soy la verdad".

Había un faquir llamado Sarmad. Los sufíes lo miran con gran respeto. Es uno de esos pocos elegidos que se pueden contar con los dedos de la mano. Aurangzeb, el rey mogol de la India, se quejó de que Sarmad decía cosas extrañas. Hay un mantra de los mahometanos: "Nadie es Alá excepto Alá, sólo hay un Alá". Pero Sarmad sólo repetía la mitad del mantra: "Nadie es Alá, Nadie es Alá". Esto cambió todo el significado. Significaba que no hay ningún Alá. ¡Era un asunto muy serio!

Aurangzeb convocó a Sarmad y le dijo: "¡Te llamas a ti mismo un faquir sufí, un amante de Dios! y sigues repitiendo 'No Alá'. Esto es demasiado".

Sarmad respondió: "Sólo he llegado hasta aquí. Aún tengo que recorrer el resto del territorio. Estás diciendo el mantra completo 'Nadie es Allah excepto Allah, sólo hay un Allah'. Aún no he alcanzado la experiencia del mantra completo. Déjame avanzar más, despacio, despacio quizás pueda alcanzarlo. Pero hasta ahora solo puedo decir eso. Y no estoy dispuesto a mentir. Hasta ahora solo he sabido esto: "Nadie es Allah". La parte restante '... excepto Alá, sólo hay un Alá' aún no la he entendido. Espera un poco, estoy trabajando en ello. Si has entendido el mantra completamente, dilo".

Sin duda fue un pecado; y este hombre era ateo. ¿Cuántas personas más se han echado a perder por él? Sarmad tenía un gran prestigio en Delhi. Millones de personas tocaban los pies de este hombre que decía: "Nadie es Alá". Esto se llama un milagro - cuando alguien dice: "No hay Alá", ¡y millones de personas ven a Alá en él!

Así ha sucedido. Así ocurrió con Buda, así ocurrió con Mahavira, así ocurrió con Sarmad. Mahavira afirmó: "No hay Dios", y millones de personas le llamaron bhagwan, el bendito. Buda dijo: "No hay ni Dios ni alma", y millones de personas se postraron a sus pies y le pidieron que les indicara el camino, y cómo llegar a ese lugar donde no hay alma ni Dios.

Aurangzeb dio a Sarmad tres días para corregir su error y empezar a repetir la declaración completa del mantra, de lo contrario sería decapitado.

Sarmad dijo: "¿Cuál es la garantía de los tres días? Puede que esté vivo, puede que no lo esté, y puede que no tengas la oportunidad de decapitarme. Tampoco es seguro que dentro de tres días pueda alcanzar el mantra completo - y mientras no alcance yo mismo la verdad de todo el mantra, no voy a repetirlo como tú quieres. Sólo diré algo si es mi experiencia. Así que es mejor que me decapites ahora".

Se dice que Sarmad dijo además: "También es posible que al ser decapitado se complete el viaje que me queda, la última parte que no he podido conocer hasta ahora. Tal vez sea mi cabeza el obstáculo".

Es dudoso que Aurangzeb lo hubiera entendido. De todos modos, los emperadores y la inteligencia no tienen mucha relación. Aurangzeb hizo decapitar a Sarmad ese mismo día. En Jama Masjid, en Delhi, Sarmad fue decapitado. Y cuando su cabeza cayó en los escalones de Jama Masjid y empezó a rodar por los escalones, se oyó que había dicho: "Nadie es Alá excepto Alá, sólo hay un Alá".

Miles y miles de testigos lo oyeron.

Aurangzeb se arrepintió mucho, pero ya era demasiado tarde. Cuando preguntó a los discípulos de Sarmad, éstos se rieron y dijeron: "Sarmad nos dijo: 'Mientras yo sobreviva aunque sea mínimamente, ¿cómo puede hablarse de la segunda parte del mantra? Alá estará el día en que yo no esté. Esta cabeza es un pequeño estorbo. Es bueno si se corta. Es muy amable de Aurangzeb cortársela. Lo habría hecho yo mismo, pero me habría llevado tiempo. Aurangzeb está haciendo el trabajo más rápido.'"

Cuando una persona se disuelve por completo, ni siquiera dice que tiene alma. Entonces cae hasta la última ilusión. Mientras no sepas que eres Dios, sabe bien que la ilusión aún sobrevive. Mientras no tengas la experiencia misma, "Yo soy Brahma, lo último", comprende bien que la ignorancia aún prevalece - y ve descartándola. Libérate de la sociedad, libérate del cuerpo, libérate de las escrituras y, finalmente, libérate también de ti mismo.

ENRAIZADO EN SU PROPIA ALMA, Y A TRAVÉS DE LAS TÉCNICAS, DE LA ESCUCHA Y DE LA AUTOEXPERIENCIA, EL YOGIN LLEGA A CONOCERSE A SÍ MISMO COMO EL ALMA DE TODO Y SU MENTE SE ANIQUILA.

La mente puede suprimirse, aunque incluso eso es difícil. La mente puede ocultarse, aunque incluso eso es difícil. Pero la aniquilación de la mente es lo último que puede lograrse.

Aunque tu mente se aquiete, vuelve a inquietarse al día siguiente. Surge una y otra vez; revive una y otra vez. Brota una y otra vez; de algún modo, su semilla permanece. Por mucho que meditemos, recemos y recordemos el nombre de Dios, en un momento parece que todo va bien y al siguiente parece que todo está patas arriba; a veces parece que el destino ha llegado, que éste es el lugar, y luego todo se pierde.

Todo este juego se parece al de las serpientes y las escaleras al que juegan los niños. Hay escaleras y serpientes. Subes por las escaleras y de repente llegas a la boca de una serpiente e inmediatamente caes a un nivel inferior. Y así sucesivamente: subiendo, bajando. Algo similar ocurre con la mente. A veces uno siente que ha escalado, que todo está bien, perfectamente bien;

uno siente que ha llegado. "Así que esto es de lo que han estado hablando los santos -este es el lugar, este es el estado- ¡y no lo había entendido hasta ahora!". Pero justo cuando te acuerdas de los santos, caes en la boca de la serpiente y te dejas caer de cabeza para descubrir que estás donde habías empezado. Sientes que aquellos santos debían de estar diciendo mentiras o: "Probablemente aluciné; sólo imaginaba que todo estaba bien, pero en realidad todo está mal".

A mi alrededor tengo constantemente una multitud de personas que han estado subiendo escaleras y bajando por la boca de la serpiente. Un día vienen y me dicen: "¡Qué maravilla, qué fantástico! Ahora sí que no queda nada por hacer". Y a la mañana siguiente vuelven, abatidos.

Contra cada escalera te espera una serpiente.

Muchas veces sentirás que la mente se ha ido para siempre, y volverá de nuevo. Tendrás vislumbres.

Aunque desaparezca sólo durante un rato, tendrás un pequeño atisbo de más allá de la mente. Aunque se aparte de tu camino durante un rato, se crea un espacio; el cielo se despeja, se ha abierto una ventana y ves las estrellas en el firmamento. Pero esto no dura mucho. Un yogui se convierte en siddha, el iluminado, cuando la mente se aniquila. La mente se aniquila cuando uno experimenta que: "Ni siquiera soy un alma". ?? Mientras sienta que "es cierto, no soy el cuerpo, no soy la mente, pero soy el alma", mientras quede algún apoyo para mi "yo", mi mente sobrevivirá en su forma de semilla. Mientras quede cualquier soporte, incluso el del alma, mi mente permanecerá en su forma de semilla. Cuando caiga una gota de lluvia, la semilla se abrirá, brotará y empezará a crecer hasta convertirse en un árbol.

Sólo cuando ya no permanezco, cesa la mente. Es fácil renunciar al dinero, es fácil renunciar a la posición, es fácil renunciar al apego al cuerpo, es fácil renunciar al apego a la mente, pero la tarea más difícil es romper el apego con mi propio yo, con mi propia individualidad, con mi propia existencia. Pero tan pronto como se rompe, la mente se aniquila.

Sariputta vino a Buda. Le preguntó a Buda: "¿Cómo puedo liberarme?". Buda dijo: "No vengas a mí, vete a otra parte - porque yo no puedo liberarte, sólo puedo liberarte de este 'tú'".

Buda dijo además: "'Yo' nunca me libero. Uno se libera del 'yo'. Así pues, si buscas tu liberación, vete a otra parte. Pero sí, si quieres liberarte de ti mismo, has venido al lugar adecuado. Yo te liberaré de ti mismo. Así que no preguntes cómo te liberarás. No sobrevivirás en tu liberación. Deberías preguntar cómo liberarte de este "yo" - cómo liberarte de este "yo"."

Por eso Buda no eligió la palabra moksha, liberación. Eligió la palabra nirvana. Con la palabra moksha, hay un sentimiento de "mi". Al menos esto permanecerá, el alma permanecerá - y sentado en siddhashila, el asiento del liberado, uno disfrutará de la liberación. La misma persona, el mismo hombre que tenía una tienda aquí, ahora sentado en el asiento del liberado en el mundo de la liberación, ¡está disfrutando allí!

Este interés permanece al acecho en tu mente, que permanecerás. Pero, ¿qué hay en ti que merezca la pena conservar? ¿Y qué hay en ti que merezca la pena salvar? ¿Has pensado alguna vez en ello? ¿Has pensado alguna vez qué tienes que valga la pena guardar para la eternidad? ¿Qué clase de fragancia tienes que podrías decir que debería permanecer para siempre? ¿Qué clase de melodía tienes que quisieras hacerla inmortal? ¿Qué hay en tu personalidad que quisieras que permaneciera para siempre?

No parece haber nada de eso dentro de ti.

Buda dice: "Esto también es una especie de deseo, una lujuria por la vida - que uno debe sobrevivir, sin ninguna razón en absoluto. No parece haber ninguna razón para que sobrevivas. ¿Qué hay en ti que, si te salvas, pueda ser beneficioso para el mundo? No hay nada".

Entonces, Buda dice: "No, esta palabra liberación no es correcta"; y eligió la palabra nirvana.

Este sutra es un sutra para el nirvana. Nirvana significa la extinción de la lámpara. Cuando se apaga una lámpara, ¿puedes decir adónde ha ido la llama? La llama no va a ninguna parte, simplemente deja de ser, desaparece, simplemente se funde. Ahora no podrás encontrar esa llama apagada en ninguna parte. En ningún lugar de todos los mundos, en ningún lugar del vasto infinito podrás localizar esa llama extinguida. Se ha fundido, se ha fundido tan completamente que no puede ser llamada de vuelta desde el infinito. Se ha adentrado tan profundamente en lo informe que ya no puede adoptar forma alguna. Se ha aniquilado.

Por eso Buda dice que tú también te aniquilarás, igual que se apaga una lámpara. De ahí que eligiera la palabra nirvana. Dice: "Alcanzarás el nirvana, no moksha sino nirvana. La llama que parpadea débilmente en ti se extinguirá".

Esto parece ser algo muy aterrador. ¿Cuál es, entonces, el propósito de todo esto? ¿Para poner más aceite en la lámpara y mantener la llama encendida? ¿Cuál es realmente la esencia? Pero Buda dice que cuando te hayas aniquilado, sólo entonces sabrás lo que eres. Y cuando hayas desaparecido, sólo entonces sabrás que no estás perdido: lo has ganado todo, te has convertido en todo.

Así que el alma también se deja caer.

SIN DAR OPORTUNIDAD EN NINGÚN MOMENTO AL SUEÑO, A LAS CONVERSACIONES DE LA SOCIEDAD, AL SONIDO, AL TACTO, A LA FORMA, AL GUSTO Y AL OLFATO -LOS OBJETOS DE LOS SENTIDOS- Y AL OLVIDO DEL ALMA, CONTEMPLA EL ALMA DENTRO DE TI.

Todo sigue cayendo. El sueño cae, la inconsciencia cae. Nos hemos olvidado de nosotros mismos - a esto los Upanishads lo llaman sueño. A este olvido de nosotros mismos, de quiénes somos, a este desconocimiento de la verdad de que "yo soy Dios", los Upanishads lo llaman sueño. El día en que este sueño no nos posea ni por un momento, ese día no habrá forma de que la inconsciencia se apodere de nosotros. Cuando este humo ya no nos rodea, estas nubes ya no rondan y el cielo se vuelve inmaculado y claro y la oscuridad debida a las nubes nunca desciende, entonces hay un recuerdo constante.

Recuerdo no es la palabra adecuada. Todas las palabras son incorrectas para expresar lo que los Upanishads quieren decir. Pero uno no puede hacer nada. No hay otro camino que usar las palabras.

No es correcto decir "recuerdo", porque la palabra recuerdo implica también algo pasado y olvidado. El recuerdo constante implica algo que nunca se olvida.

Sucedió una vez: había un místico en el Tíbet llamado Naropa. Mucha gente solía acudir a él y se quedaban perplejos, porque era bien sabido que estaba totalmente fundido en lo divino y nunca oyeron a Naropa recordar jamás el nombre de Dios. Sus discípulos preguntaban a menudo a Naropa: "La gente dice que estás fundido en lo divino, pero ¿cómo es que nunca recuerdas a Dios?". Se dice que Naropa respondió: "¿Cómo voy a recordar si nunca olvido? El día que empiece a recordar a Dios, sabed que Naropa ha caído. El día que recuerde, el día que pronuncie el nombre de Dios, comprenderás que Naropa ha caído, que ha olvidado y se ha dormido. Cuando no me duermo, cuando nunca olvido a Dios, ¿cómo voy a recordar entonces?".

En tal estado se entra en esa cueva absolutamente secreta que está dentro de todos nosotros.

Suficiente por hoy.

Reflejos en un espejo

ESTE CUERPO ESTÁ HECHO DE LOS EXCREMENTOS DE TU MADRE Y DE TU PADRE Y ESTÁ LLENO DE EXCREMENTOS Y DE CARNE. POR LO TANTO, ALÉJATE DE ÉL, COMO DE UN CHANDAL, EL HUMILDE INTOCABLE, Y CONVIÉRTETE EN BRAHMA, LA REALIDAD ABSOLUTA, SÉ PLENO.

¡OH BUSCADOR DE LA VERDAD! CONOCIENDO LA UNIDAD DEL ALMA Y EL ALMA SUPREMA, AL IGUAL QUE LA UNIDAD DEL GHATAKASH, EL CIELO DENTRO DE UNA VASIJA, Y EL MAHAKASH, EL CIELO SIN VASIJA, SÉ SIEMPRE PACÍFICO.

CONVIRTIÉNDOTE EN EL AUTO-ILUMINADO, AUTO-CREADO, SUSTENTADOR DE TODO Y EL ALMA ETERNA BRAHMA, LA REALIDAD ABSOLUTA, DEJA CAER EL SENTIDO DE TU CUERPO Y TAMBIÉN DEL CUERPO UNIVERSAL, COMO SI ESTOS FUERAN CONTENEDORES DE EXCREMENTOS.

INVIRTIENDO EL SENTIDO DEL EGO QUE HA CONTROLADO EL CUERPO EN EL SIEMPRE DICHOSO YO CONSCIENTE, ABANDONA EL CUERPO BURDO Y SÉ TU ALMA SOLITARIA INMORTAL.

¡OH INOCENTE! AL IGUAL QUE UNA CIUDAD PUEDE VERSE REFLEJADA EN UN ESPEJO, YO SOY ESE BRAHMA, LA REALIDAD ABSOLUTA, EN QUIEN SE VE EL REFLEJO DE ESTE MUNDO - SABIENDO ESTO, OH SIN PECADO, SIÉNTETE REALIZADO.

Conocemos el cuerpo sólo desde fuera. Del mismo modo que una persona puede recorrer un palacio, ver la forma exterior y la belleza de sus muros y concluir que eso es todo el palacio, nosotros vemos nuestro cuerpo sólo desde fuera.

El cuerpo no es sólo lo que se ve desde fuera. Al ver el cuerpo desde dentro, uno se libera inmediatamente de él. La forma del cuerpo que se ve desde fuera es sólo la cubierta. La realidad del cuerpo se ve desde dentro, tal y como es.

Buda solía enviar a sus discípulos a los campos de cremación para que vieran los cadáveres, los huesos, los cráneos, así es el cuerpo. Todo está cubierto por la capa de piel, de lo contrario te repugnaría y no sería posible tener tanta lujuria, tanto apego y el sentimiento de "mi-dad" por él. Intenta alguna vez visualizar el cuerpo desde dentro, entonces serás capaz de comprender este sutra. Ve alguna vez a un hospital, observa al cirujano realizando operaciones en el quirófano; lo que verás dentro del cuerpo, esa es la realidad.

Este sutra es muy útil para la meditación. Que te quede muy claro que en este sutra no hay ninguna condena del cuerpo. La religión no está interesada en condenar nada, ni en alabar nada.

A la religión sólo le interesa conocer como es.

Por eso, cuando se dice que el cuerpo es un conjunto de carne, huesos, sangre, médula, excrementos, etcétera, recuerden que no hay intención de condena alguna. No es un intento de deshonrar el cuerpo; el cuerpo es simplemente así. Todo el asunto es sólo una revelación de los hechos tal como es el cuerpo, nada más.

Este sutra dice: ESTE CUERPO ESTÁ HECHO DE LA EXCRETA DE TU MADRE Y PADRE Y ESTÁ LLENO DE EXCRETA Y CARNE. ALÉJATE DE ÉL, COMO DE UN CHANDAL, EL HUMILDE INTOCABLE, Y CONVIÉRTETE EN BRAHMA, LA REALIDAD ABSOLUTA, SÉ PLENO.

Las palabras chandal y sudra son muy valiosas. La antigua psicología india dice que quien cree ser el cuerpo es un sudra. Sudra significa el que ha creído ser el cuerpo; brahmán significa el que ha sabido ser el Brahma, el absoluto. No se es brahmán por haber nacido en una familia brahmán, ni se es sudra por haber nacido en una familia sudra. La condición de sudra y de brahmán no tiene nada que ver con casas o familias; sudra es un estado del ser, y brahmán también.

Todos nacen como sudras, sólo unos pocos mueren como brahmanes. El mundo entero es sudra. Sudra significa, todas aquellas personas en el mundo que viven creyendo ser el cuerpo. Es muy difícil encontrar un brahmán. No es difícil nacer en la casa de un brahmán, pero ser un brahmán es difícil.

He oído que Uddalaka dijo a su hijo Shvetaketu: "Vete al ashram de un vidente y vuelve después de convertirte en brahmán". Shvetaketu dijo: "Pero yo ya soy un brahmin, soy hijo de un brahmin".

Uddalaka dijo entonces a su hijo, con cariño pero con firmeza: "Nunca ha ocurrido que por el mero hecho de nacer en nuestra casa una persona se convierta en brahmán. En realidad nos hemos convertido en brahmanes. Así que vas al ashram de un maestro y vuelves habiéndote convertido en brahmin. ¿En qué parte del mundo se ha recibido la condición de brahmán de un padre? ¡Se recibe de un maestro! Y en nuestra familia nunca ha habido un brahmán nominal, siempre nos hemos convertido realmente en brahmanes. Vete y vuelve cuando te hayas convertido en brahmán".

Este sutra dice: aléjate de tu cuerpo como si te alejaras de un chandal o un sudra.

No es que uno tenga que alejarse, en el momento en que uno comprende que es suciedad apestosa, que es excremento, que es carne, sangre y médula - tan pronto como uno se da cuenta de esto, alejarse comienza por sí mismo. Somos atraídos, somos arrastrados allí donde pensamos que hay fragancia. Empezamos a alejarnos, nos repugna, de allí donde sentimos que hay hedor. Nuestra inclinación a estar cerca del cuerpo se debe a nuestra ignorancia del mismo. No tenemos ni idea de lo que nuestro cuerpo es en realidad.

Así que visualiza el interior de tu cuerpo. Conviértete en tu propio cirujano y abre tu propio cuerpo. La piel no es muy gruesa, ¡es fina! Hemos desarrollado tanto apego a todas las cosas que se esconden detrás de esta piel, y empezamos a vivir de una manera como si eso fuera todo lo que hay en nuestro ser. Así que nos apegamos a ella, nos atamos a ella.

Si empiezas a darte cuenta de la realidad exacta de tu cuerpo descubrirás que el alejamiento ya ha comenzado -no tienes que alejarte, el alejamiento comienza por sí mismo. Entonces, si tenemos que volver a identificarnos con el cuerpo, eso requerirá un esfuerzo. Pero nuestro apego al cuerpo sólo significa una cosa, y es que nunca hemos mirado al cuerpo desde dentro.

Conocemos nuestro cuerpo viéndolo en un espejo. Pero lo que se ve en el espejo es la cubierta exterior del cuerpo. Sería muy bueno que algún día la ciencia desarrollara una máquina -como la máquina de rayos X- que, si uno se para frente a ella, muestre todo el interior del cuerpo tal como es: huesos, carne, médula, excrementos y todo. Una máquina así será muy útil.

Una vez que llegues a conocer la situación real del interior de tu cuerpo, descubrirás inmediatamente que se ha desarrollado una distancia entre tu cuerpo y tú mismo; todos esos puentes de conexión se habrán derrumbado, todas las identificaciones habrán desaparecido y la brecha empezará a aumentar. Los videntes de los Upanishad han intentado crear ese ojo a través del cual puedas vislumbrar el interior - detrás de la piel, detrás de tu propia piel.

La verdad es liberadora. Si llegamos a conocer la verdad de nuestro cuerpo, nuestra mente empieza a liberarse de él. La falta de verdad es esclavitud. Todo lo que no conocemos en su realidad se convierte en una esclavitud.

¡OH BUSCADOR DE LA VERDAD! CONOCIENDO LA UNICIDAD DEL ALMA Y DEL ALMA SUPREMA, AL IGUAL QUE LA UNICIDAD DEL GHATAKASH, EL CIELO DENTRO DE UNA VASIJA, Y DEL MAHAKASH, EL CIELO SIN VASIJA, SÉ SIEMPRE INDIVISIBLEMENTE PACÍFICO.

Cuando se ve la futilidad del cuerpo y se comprende su inutilidad, el cuerpo se siente como un montón de inmundicia y pus. Y cuando la distancia del cuerpo comienza a aumentar, entonces sólo la cercanía con Dios comienza a desarrollarse. Cuanto más cerca se está del cuerpo, más lejos se está de Dios; cuanto más lejos se está del cuerpo, más cerca se está de Dios. Cuanto más fuerte es nuestro vínculo con el cuerpo, mayor es la distancia de esa conciencia sin cuerpo. Cuando el vínculo se hace menor y cuando la distancia con el cuerpo empieza a crecer, esto sólo tiene un significado: que la cercanía con el alma está aumentando.

El alma es un polo y el cuerpo el otro: estamos entre los dos. Cuando estamos demasiado cerca del cuerpo, estamos lejos del alma; cuando empezamos a alejarnos del cuerpo, nos acercamos al alma. Por eso el acto de alejarse del cuerpo se ha tomado como un proceso de meditación. Esto también fue muy malinterpretado. Cuando las escrituras indias fueron traducidas por primera vez a lenguas occidentales, la gente pensaba que estas escrituras eran enemigas del cuerpo. Pero no es así. Son sólo dispositivos. Conociendo la realidad del cuerpo, nuestra conciencia se mueve inmediatamente hacia el viaje interior. Al darse cuenta de la verdad real sobre el cuerpo, la conexión con el cuerpo se afloja. Para aflojar esa conexión, es necesario intensificar esta realización.

Reflexiones sobre la muerte, contemplación de las realidades del cuerpo, descubrir las realidades del cuerpo y verlas claramente: estos son métodos de meditación. A través de ellos, una persona comienza a moverse hacia su interior. Y ese movimiento se produce fácilmente, no requiere ningún esfuerzo. Si quieres moverte hacia dentro sin comprender el cuerpo, será muy difícil, porque la mente seguirá interesada en el cuerpo y vinculada a él.

Uno de los bhikkhus de Buda pasa por una aldea. Es muy apuesto, y la meditación ha añadido una dignidad, una gracia a su belleza. El silencio se ha cristalizado en su interior y sus rayos emanan de sus ojos y de su rostro. Un aura de luz le ha adornado. Una prostituta muy famosa lo ve y se enamora de él. Rabindranath Tagore ha escrito un hermoso poema sobre este acontecimiento.

Esa prostituta acude a él y le pide al bhikkhu que descanse una noche en su palacio. El bhikkhu responde: "No hay ninguna regla al respecto, así que no rechazaré tu invitación. Iré, pero aún no es el momento adecuado. Cuando se te revele la verdadera realidad de tu cuerpo, entonces vendré.

Ahora mismo estás equivocado. El día que despiertes a la realidad, vendré".

La prostituta no podía entenderlo. El significado mismo de prostituta es aquel que no entiende otro lenguaje que el lenguaje del cuerpo. Así que no pienses que sólo porque una mujer es la esposa de alguien, no es una prostituta. Si sólo entiende el lenguaje del cuerpo, es una prostituta. Mientras no se comprenda el lenguaje del alma, nadie podrá elevarse por encima de la prostitución. Y no pienses que la palabra prostituta se aplica sólo a las mujeres; no, se aplica también a los hombres.

Sólo se entiende el lenguaje del cuerpo; todas las transacciones se realizan a nivel corporal. Toda la mente se centra únicamente en el cuerpo, el propio cuerpo es el comercio: esto es todo lo que significa la palabra prostituta.

El bhikkhu dijo: "Ciertamente vendré, pero sólo cuando se te revele la realidad de tu cuerpo".

La prostituta dijo: "¿Estás loco? Este es el momento para que vengas, mientras soy joven y estoy en la cima de mi belleza. Mi cuerpo nunca estará en mejores condiciones".

El bhikkhu respondió: "La preocupación no es por lo mejor, la preocupación es por lo real. Cuando tu cuerpo manifieste su realidad, entonces vendré".

La prostituta dijo: "Soy incapaz de entender lo que dices. Por favor, aclártamelo.

El bhikkhu dijo: "Cuando ya nadie venga a ti, entonces vendré yo, porque en ese momento tu cuerpo mostrará su realidad. Entonces el cuerpo parecerá desde fuera lo mismo que es realmente por dentro. Ahora mismo no se ve igual por fuera que como es realmente por dentro. Así que cuando nadie venga a ti, entonces vendré yo".

Pasaron muchos años, y la prostituta envejeció, la lepra se había extendido por todo su cuerpo, todos sus miembros habían empezado a marchitarse, y la gente la arrojó fuera de la aldea.

Eran los mismos que solían rondar su puerta. La misma gente que se moría por entrar en su palacio, que se consideraba afortunada y agradecida incluso por verla de lejos. La misma gente que la echó del pueblo.

Era una noche oscura sin luna. Tenía un dolor agonizante y sed. No había nadie ni siquiera para ofrecerle un vaso de agua. Aquella noche llegó el bhikkhu; le puso la mano en la cabeza y le dijo: "He venido. Ahora tu cuerpo está en su estado real, ahora nadie se acerca a ti. Ahora el cuerpo exterior se ha vuelto igual que el interior. Ahora la distancia entre el exterior y el interior ha desaparecido, la ilusión que mantenía la piel ya no existe. Ahora la suciedad interior y el pus se manifiestan también fuera; ahora eres el mismo por dentro y por fuera. Ahora he venido. Este es el día en que había prometido que vendría cuando dije que cuando nadie más viniera a ti, vendría yo".

El bhikkhu dijo además: "Por lo que a mí respecta, ya en aquel primer encuentro pude ver en ti lo que ahora se ha manifestado. Sí, entonces no podías verlo. Podía haberme convertido en tu huésped incluso aquel día, no había ninguna dificultad, pero tu ilusión habría aumentado: "Ahora incluso los bhikkhus han comenzado a ser mis invitados". No tuve ninguna dificultad, podría haber venido ese primer día, porque pude ver tu cuerpo tal como es hoy. Lo que ahora puede ver todo el pueblo, yo lo había visto aquel día".

Pero aquella prostituta, ahora tendida en las afueras del pueblo, no miraba su cuerpo. Con los ojos cerrados, seguía recordando aquellos días en que tenía un cuerpo hermoso, en que tenía dignidad y vivía con orgullo en el pueblo.

Incluso en la vejez la gente reflexiona sobre sus días de juventud. Cuando el cuerpo se manifiesta en su verdadera forma, siguen tapándolo con la mente. Cuando ni siquiera la piel puede ocultar su vejez, cierran los ojos y se deleitan rumiando el pasado.

Cuando un anciano se deleita pensando en su juventud, morirá como un sudra. Y cuando incluso un joven ve la vejez en su cuerpo antes de que realmente ocurra, morirá como un brahmán. Cuando incluso un moribundo lleva la lujuria por la vida, sabe bien que es un sudra. Cuando incluso en la cima de la juventud alguien comienza a ver su muerte, comprende que el brahmin está naciendo en él. Y es necesario que esta realidad del cuerpo sea vista por nosotros, para que las ataduras se aflojen y podamos volvernos hacia donde está la conciencia.

¡OH BUSCADOR DE LA VERDAD! CONOCIENDO LA UNICIDAD DEL ALMA Y DEL ALMA SUPREMA, AL IGUAL QUE LA UNICIDAD DEL GHATAKASH, EL CIELO DENTRO DE UNA VASIJA, Y DEL MAHAKASH, EL CIELO SIN VASIJA, SÉ SIEMPRE INDIVISIBLEMENTE PACÍFICO.

Simplemente aléjate del cuerpo y mira hacia ese mahakash. Ese mahakash, esa vasta existencia, está muy cerca.

Si una vasija de barro está en el suelo y le damos la vuelta y la ponemos boca abajo, y si entonces la vasija mira hacia arriba, sólo verá su cuerpo de barro, no el cielo. Si se mantiene boca abajo, aunque la vasija mire hacia arriba, ¿qué verá? Sólo verá su propia base, su propia capa de barro, su cuerpo, pero no el cielo. Entonces colocamos la maceta al revés, con la cara hacia el cielo. Entonces, cuando mire hacia el cielo, podrá ver: "Yo no soy el cuerpo". Ahora la vasija también podrá ver: "El pequeño cielo que está dentro de mí es el mismo cielo que está fuera; y entre los dos no hay ninguna brecha, somos inseparables. Soy yo quien se ha expandido en el cielo de arriba, y es el cielo de arriba el que ha bajado hasta mí - en ninguna parte hay ningún obstáculo, ningún límite, ningún muro en medio."

Algo parecido ocurre cuando miras hacia tu cuerpo; eres como una vasija dada la vuelta: sólo ves el cuerpo. Cuando te alejas de tu cuerpo, te conviertes en una vasija al revés: ahora miras hacia el cielo. Cuando una persona se aleja del cuerpo, inmediatamente se enfoca hacia el cielo y ve por primera vez que no hay ni un grano de diferencia entre ella y esta vasta existencia que se extiende a su alrededor. Se ha convertido en la vasta existencia, la vasta existencia le ha tendido la mano.

¡OH BUSCADOR DE LA VERDAD! CONOCIENDO LA UNICIDAD DEL ALMA Y DEL ALMA SUPREMA, AL IGUAL QUE LA UNICIDAD DEL GHATAKASH, EL CIELO DENTRO DE UNA VASIJA, Y DEL MAHAKASH, EL CIELO SIN VASIJA, SÉ SIEMPRE INDIVISIBLEMENTE PACÍFICO.

En cuanto se ve esta unidad, se produce la paz.

¿Cuál es, en realidad, la inquietud? ¿Cuál es nuestra inquietud? Nuestra inquietud es que somos demasiado grandes y estamos aprisionados en lo diminuto. Nuestra inquietud es como la de una persona a la que le han hecho ponerse ropa de niño y no puede moverse libremente, se siente restringida. Y además, si esa ropa es de hierro, ¿cuánto mayor será la dificultad? Nuestra dificultad es similar.

Somos grandes -no sólo grandes, sino inmensos- y estamos aprisionados en un cuerpo pequeño. La casa es pequeña y el residente es muy grande. Se siente incómodo por todas partes; en todas partes parece haber un límite y en todas partes inconvenientes. No parece haber ningún lugar por el que uno pueda salir.

Y la dificultad se ha multiplicado porque lo que creemos que es nuestra casa es nuestra prisión. Estamos ocupados decorándola, amueblándola y acondicionándola. Estamos arreglando la decoración de oro y plata dentro de la prisión, estamos embelleciendo y ornamentando las paredes de la prisión - y esta es la misma prisión en la que estamos atrapados. Estamos mirando hacia las paredes, no hacia la puerta.

Será así, porque te vuelves hacia lo que te atrae. La cara está hacia donde está la atracción y la espalda está hacia donde está la repulsión. Mientras estés identificado con el cuerpo, estarás de cara a la pared. Y en el momento en que haya repulsión hacia el cuerpo, habrás encontrado la puerta.

En tu cuerpo también hay una puerta. Pero esa puerta sólo la verás cuando desaparezca tu atracción por el cuerpo. Esa puerta en el cuerpo se llama corazón. Lo que tú llamas corazón es el órgano que late cerca de los pulmones. No hay ninguna puerta allí, eso es sólo un arreglo para bombear la sangre. Esto no es el corazón.

El corazón, en el lenguaje del yoga, es el nombre de esa puerta donde de repente te encuentras parado cuando te has alejado del cuerpo, cuando no tienes interés en siquiera mirar el cuerpo - cuando no queda atracción hacia el cuerpo y el infinito nace en ti. Es aquí donde está la puerta, donde la vasija se abre hacia el cielo.

Hay muchos tipos de puertas en tu cuerpo, pero sólo las conoces cuando llegas a ellas, no antes.

Mira a un niño pequeño: un niño no sabe que hay una puerta sexual en su cuerpo. Pero cuando el niño crece y se convierte en un hombre joven, de repente un día se dará cuenta de esa puerta. A través de esa puerta sexual puede entrar en el mundo, que también es una puerta para salir del cuerpo. Y, recuerda, esta es la razón por la que hay tanto anhelo de sexo. Gracias a él somos capaces de fluir fuera de nuestro cuerpo por un momento, pero sólo por un momento. Por un momento nos olvidamos del cuerpo y nos ahogamos en la naturaleza.

Una de las puertas del hombre es hacia la naturaleza -hacia abajo- y la otra es hacia la piedad -hacia arriba-.

Cuando nuestra mente está llena de deseo sexual, estamos más cerca del cuerpo. Y cuando estamos más cerca del cuerpo, entonces se abre la puerta por la que entramos en el mundo de los otros cuerpos. Cuando estamos desinteresados y lejos del cuerpo, entonces se abre la puerta por la que entramos en el mundo de las almas. Ambas puertas están en el cuerpo.

En el cuerpo está la puerta que conduce hacia la materia y también en el cuerpo está la puerta que conduce hacia la piedad. Pero el desinterés por el cuerpo no sucederá sólo por pensar así. Si sigues sólo pensando que el cuerpo es sólo carne, huesos y médula y nada más, esto no ayudará; pensar sólo indica que no sabes - y por eso estás pensando.

Muchas personas se repiten a sí mismas durante vidas: "¿Qué hay en el cuerpo?". Pero saben que hay algo en el cuerpo, de lo contrario, ¿por qué la necesidad de esta autosugestión, de lo contrario, dónde está la necesidad de repetir esta sugerencia a ti mismo? Sólo intentan persuadirse a sí mismos, a sus mentes, de que no caigan en lo que dice el cuerpo porque no hay nada en él. Pero, ¿quién es esta mente que se está involucrando en el cuerpo? - Son ellos mismos. Y el interés de la mente por el cuerpo se mantiene, por eso necesita ser persuadida.

Este sutra no está pensado para la persuasión. No lo repitas; no empieces a cantarlo sentado con los ojos cerrados. Este sutra es para la revelación. Comprendiendo este sutra, intenta buscar dentro de tu cuerpo con los ojos cerrados para ver si es verdad, como dice el sutra, que este cuerpo no es más que huesos, carne y médula.

No te lo creas sin más. Creerlo será peligroso porque empezarás a repetirlo. No, explóralo, búscalo. Tal vez el vidente esté simplemente bromeando, tal vez esté diciendo una mentira. Lo que los videntes hayan dicho no es para que lo creas, sino para que lo conozcas a través de tu propia búsqueda.

Busca dentro de ti. Busca a tientas tus huesos. Presiona tus dedos en tu carne y siente. Tócate el cráneo y siente lo que hay allí. Intenta conocer tu cuerpo desde todos los ángulos. El día en que este conocimiento sea completo.... ¿Y por qué retrasarlo? - puede suceder hoy. Ya te han dado tu cuerpo, pero nunca te has molestado en explorarlo, nunca te has molestado en examinarlo.

Pero el comportamiento del hombre es tan increíble que tal vez se le pueda perdonar.

Conozco médicos cuya educación y estudios se centran en los huesos, la carne y la médula, pero también ellos están igualmente encaprichados con el cuerpo. Que un médico se encapriche del cuerpo es un milagro. Significa que su ceguera es inigualable e inexplicable. Como cirujanos, cortan y diseccionan cuerpos en sus mesas de operaciones y, sin embargo, como Majnu, siguen cantando canciones en alabanza a Laila. Esto es un verdadero milagro; la producción de amuletos, etc., desde el aire por Satya Sai Baba no es un milagro en absoluto. El milagro es que un médico, que diariamente abre el cuerpo y conoce toda la carne, la médula y los excrementos, que cierra sus fosas nasales para que el olor apestoso del interior del cuerpo no entre en su respiración, que está familiarizado con cada hueso y cada vena del cuerpo y sabe que no hay nada en el cuerpo que pueda llamarse bello, también se vuelva loco de deseo por el cuerpo de alguien.

Sucedió algo muy interesante.... Le estaba contando todo esto a un médico, que es mi amigo. Me dijo: "Ahora, mientras me cuentas esto, recuerdo un incidente. Una vez estaba operando el vientre de una mujer. Cuando lo abrieron, sentí náuseas por todo lo que vi allí; era muy inquietante. Mientras todo esto ocurría", me dijo el médico -es un hombre honesto-, "paralelamente, mi atracción por la hermosa enfermera que estaba a mi lado también se afirmaba. El estómago abierto estaba allí, delante de mí, y yo pensaba en cómo completar la operación lo antes posible, ya que más tarde iba a ver una película con esta enfermera."

¡Así es la mente del hombre! Somos tan hábiles para engañarnos a nosotros mismos. Este hombre también hará lo mismo. Pronto saldrá del quirófano, cogerá la mano de la enfermera y olvidará por completo lo que, en realidad, es una mano.

Así que un hombre normal puede ser perdonado - pero lo digo sólo en comparación con el médico. De lo contrario, ningún hombre puede ser perdonado, porque tenemos nuestro propio cuerpo y tampoco hemos sido capaces de familiarizarnos con ese cuerpo. ¡Y la gente sale en busca de su alma! Incapaces incluso de familiarizarse con su cuerpo, salen en busca del alma.

La gente me pregunta: "¿Cómo llegar al alma?". Ten la amabilidad de conocer primero bien el cuerpo. Primero familiarízate con lo que está tan cerca de ti. Y conocerlo se convierte en una escalera para elevarse hacia el alma, porque quien se familiariza con el cuerpo se desidentifica de él; y quien se aleja del cuerpo se enfrenta al alma - su apertura es hacia el alma. Y cuando el cielo se encuentra con este ghatakash, este pequeño cielo dentro de la vasija, lo que sucede entonces se llama paz.

Permanecer aprisionado en el cuerpo es la causa del malestar, y experimentar ser uno con lo omnipresente, el vasto espacio fuera del cuerpo-prisión, es el advenimiento de la paz. Nadie ha alcanzado la paz sin encontrarse con lo último. Por lo tanto, todos los demás intentos de alcanzar la paz fracasarán. A lo sumo, sólo puede haber más o menos inquietud. A veces más inquietud, a veces menos; eso es todo. Lo que tú llamas paz no es más que menos agitación; nada más que eso, sólo agitación normal.

Cuando hay disturbios normales, la gente dice que todo está en paz, que todo va bien. Cuando los disturbios aumentan un poco, uno se siente preocupado.

Los psiquiatras dicen que todo su negocio es mantener a la gente normalmente anormal, normalmente loca.

Hay dos tipos de locos en el mundo -de hecho sólo hay dos tipos de personas como tales- uno, los anormalmente locos, que tienen que ser recluidos en manicomios; y los normalmente locos, que están sentados en casas, oficinas y tiendas por todas partes. La diferencia entre los dos tipos es sólo de grado de locura. Cualquiera del segundo tipo puede en cualquier momento saltar bruscamente de su tienda al manicomio. No hay ninguna dificultad en ello, es sólo una cuestión de aumento de grado.

Y varias veces al día te acercas mucho al manicomio. Cuando estás lleno de ira - sólo por unos momentos te has vuelto loco. En ese momento no hay diferencia entre tú y una persona loca. Harás las mismas cosas que hace un loco. La única diferencia es que esto te ocurre de vez en cuando, esta locura tuya ocurre sólo ocasionalmente, mientras que la locura de otra persona se ha asentado, simplemente no la abandona, se ha vuelto estacionaria. Tú eres un poco líquido en tu locura, sigue fluyendo. Otra persona se ha solidificado en ella, se ha congelado como el hielo.

Los psiquiatras dicen que todo su trabajo consiste en hacer retroceder a los que han ido un poco demasiado lejos en su locura y traerlos de vuelta junto a la multitud normalmente loca. Dicen que no pueden hacer nada más que eso; que de alguna manera, mediante persuasiones y seducciones, tratamientos y terapias, posiblemente en un año o dos, como mucho, podemos devolverlos a sus tiendas u oficinas de donde salieron. Se les permite sólo esa cantidad de locura que no interfiere con el trabajo diario que están haciendo.

El desasosiego se ha convertido en nuestra naturaleza. Y es natural que sea así porque sólo hay un significado de ser pacífico: cuando tu río de vida cae en el océano de la vida, en ese momento de encuentro hay paz.

Sin encuentro con la vida universal, no hay paz.

CONVIRTIÉNDOTE EN EL AUTO-ILUMINADO, AUTO-CREADO, SUSTENTADOR DE TODO Y EL ALMA ETERNA BRAHMA, LA REALIDAD ABSOLUTA, DEJA CAER EL SENTIDO DE TU CUERPO Y TAMBIÉN DEL CUERPO UNIVERSAL, COMO SI ESTOS FUERAN CONTENEDORES DE EXCREMENTOS.

No sólo hay que renunciar a este cuerpo, sino también a este vasto cuerpo que vemos como el universo.

El hombre es una forma en miniatura del universo. Existe este cuerpo que lo rodea, y dentro de él está la llama inmortal del alma. Del mismo modo, el cuerpo de la totalidad es este universo, y dentro de él se oculta Brahma, el alma universal. El sentido de este cuerpo tiene que ser abandonado, pero incluso el sentido de este vasto cuerpo universal esparcido por todas partes tiene que ser abandonado también - se vuelve sin sentido también.

Cuando una persona se desidentifica de su cuerpo, experimenta su alma. Intenta comprender esto con claridad.

Cuando una persona abandona el apego a su cuerpo, entonces la luminosidad que llega a sus ojos por primera vez es la de su propia llama, su propia alma; es la del ghatakash - el cielo dentro de la vasija. Y cuando alguien se libera incluso del cuerpo universal del todo, lo que experimenta entonces es el de la llama de Brahma, el absoluto.

Esta es la única diferencia entre el alma y el alma universal. Alma significa, que experimentaste solo la pequeña llama. Alma universal significa, ahora estás de pie frente al súper sol. Estando libre del propio cuerpo uno experimenta el alma, estando libre del cuerpo universal uno experimenta el alma universal. Pero la diferencia es sólo de grado. Así que para aquel que ha llegado hasta el alma no hay obstáculos, no hay impedimentos para él; puede dar fácilmente el segundo salto también.

INVIRTIENDO EL SENTIDO DEL EGO QUE HA CONTROLADO EL CUERPO EN EL SIEMPRE DICHOSO YO CONSCIENTE, ABANDONA EL CUERPO BURDO Y SÉ TU ALMA SOLITARIA INMORTAL.

El significado de sannyas es que nuestro rostro permanezca constantemente hacia el cielo. El grihastha, el cabeza de familia, de vez en cuando vislumbra el cielo con esfuerzo, pero pronto vuelve de nuevo a su hogar, el cuerpo.

Ten claro el significado de grihastha; grihastha significa aquel que sigue volviendo a su cuerpo.

La palabra griha, la casa, no se refiere a la casa en la que vives, se refiere a la casa -el cuerpo- con la que naces. Y aquel que se establece en esta casa es un grihastha.

A veces también vislumbra el cielo, pero siempre vuelve al cuerpo. A veces la vasija mira hacia arriba, pero pronto vuelve a bajar, se queda atascada de nuevo. Permanecer boca abajo se ha convertido en su hábito. Y a causa del hábito, permanecer boca abajo parece ser lo correcto, a causa del hábito, el hábito de muchos años.

Si a una persona se le hace permanecer de cabeza desde que nace y se le educa en la misma postura, si un día se le pide que se ponga de pie de la manera correcta -sobre las piernas-, preguntará por qué se le hace ponerse de una manera incorrecta. Naturalmente, porque ya se ha acostumbrado a estar de pie sobre la cabeza.

He oído.... Hay una pequeña tribu en Sudamérica; es una tribu de unas trescientas personas que viven en la cima de una pequeña colina, y en esa colina hay un tipo de mosca cuya picadura deja ciega a la gente. Todas esas trescientas personas de la tribu son ciegas. Todos los niños nacen con vista, pero se quedan ciegos a los tres meses, porque para entonces la mosca ya les ha picado. Por lo tanto, nadie en esa tribu sabe siquiera que existe algo parecido a la vista. ¿Cuánto puede saber un niño de tres meses sobre los ojos? Antes de los tres meses se queda ciego. Y todos los demás ya están ciegos.

Ahora bien, si por casualidad algún niño crece con la vista intacta, los médicos de esa tribu seguramente tacharán a ese niño de anormal y harán que le operen los ojos. Tal operación para destruir los ojos parecería algo completamente normal. Dirán: "¿Existen los ojos? ¿Quién ha tenido ojos alguna vez? Nadie. Este caso es sin duda un error de la naturaleza". Destruir los ojos mediante una operación se convertirá en una necesidad absoluta. Ser ciego es natural para ellos; se ha convertido en un hábito.

Lo que somos ordinariamente, aparece como natural. Pero no es necesario que sea natural. Trata de entender esto.

Un hábito puede parecer tu naturaleza, pero el hábito no es la naturaleza. ¿Cuál es la diferencia entre ambos? Hábito significa algo que hemos estado haciendo y que, por tanto, seguimos haciendo. Naturaleza significa algo que seguirá ocurriendo aunque dejemos de hacer todo lo que hacemos; es algo que no es necesario hacer.

Es nuestro hábito de vida tras vida estar atados al cuerpo, un hábito de incontables vidas. No es nuestra naturaleza, así que una vez que tengas la experiencia correcta de la verdadera naturaleza, este hábito se romperá. Uno puede seguir teniendo vislumbres, pero eso no cambia nada. Un atisbo es como un relámpago que sucede de repente y luego la oscuridad se asienta de nuevo, entonces nos asentamos de nuevo en el viejo hábito.

Un sannyasin es aquel que toma la decisión: "Ahora romperé la identificación de la mente con la casa, el cuerpo, y mantendré continuamente la conciencia del cielo abierto. Y mi esfuerzo continuará incesantemente -sentado, moviéndome, en vigilia e incluso en sueño- para que en la medida en que pueda lograrlo sea consciente de que mi mente no se identifica con el cuerpo, de que mi alma sigue fluyendo en el vasto océano de la totalidad."

Y cuando digo "fluye constantemente", no me refiero sólo a las palabras. Cuando hagas este experimento, experimentarás que en realidad fluyes constantemente. Del mismo modo que mirarás hacia el alma, sentirás que te vacías continuamente, que como el Ganges caes en el océano.

Este recuerdo debe ser continuo.

¡OH INOCENTE! AL IGUAL QUE UNA CIUDAD PUEDE VERSE REFLEJADA EN UN ESPEJO, YO SOY ESE BRAHMA, LA REALIDAD ABSOLUTA, EN QUIEN SE VE EL REFLEJO DE ESTE MUNDO - SABIENDO ESTO, OH SIN PECADO, SIÉNTETE REALIZADO.

Igual que un reflejo se ve en un espejo.... Pero el reflejo que se ve en el espejo no es la realidad; la realidad es el espejo en el que se ve el reflejo. ¿Eres consciente de que cuando te miras en un espejo, ves el reflejo y no el espejo? Cuando estás ante un espejo, ¿te has encontrado alguna vez viendo el espejo? No, siempre ves tu cara, no el espejo. Y la cara que no está ahí en el espejo se ve y el espejo que está ahí no se ve.

Si se puede hacer un espejo en el que no se vea el reflejo de tu cara, no te darás cuenta de que hay un espejo. Como se ve tu cara, deduces que hay un espejo. El espejo sólo se deduce porque puedes ver tu cara; por tanto, sólo se ve la cara, no el espejo.

Sí, si hay algún defecto en el espejo es otra cuestión. Cuanto más impecable, más puro sea el espejo, menos se verá. Si podemos hacer un espejo absolutamente perfecto, no se verá en absoluto.

Toda la historia del Mahabharata sucedió por la fabricación de un espejo tan impecable. Era sólo una broma, pero la broma resultó ser muy costosa. Duryodhana y todos sus hermanos eran hijos de un ciego, así que les gastaron una broma. De todos modos, la broma no era de buen gusto, porque una broma que puede herir a alguien es más violencia que una broma.

Los Pandavas habían construido un nuevo palacio y habían invitado a sus primos-hermanos a verlo. En aquella casa se habían instalado espejos absolutamente perfectos; los espejos eran tan perfectos que no se veían como espejos. De modo que si se colocaba un espejo frente a una puerta, la puerta aparecía en el espejo y el espejo en sí no podía verse. El pobre Duryodhana, al intentar atravesar tales puertas, se golpeó la cabeza contra los espejos y cayó al suelo. Draupadi vio esto y se rió: esa risa dio origen a todo el Mahabharata. Fue la venganza de aquella risa.

En cierto modo no era una cosa tan seria, pero a veces incluso una pequeña risa puede hacer aflorar tanta violencia. La sátira detrás de la risa era profunda: "Eres el hijo de un ciego, así que, naturalmente, ¿cómo puedes ver? Tiene que ser así, porque eres hijo de un ciego". De ahí la risa: "Estás destinado a caer, hijo de ciego: ¡estás viendo puertas donde no las hay!".

Se habían utilizado espejos completamente impecables, por lo que se ve el reflejo en el espejo, pero no el espejo.

El vidente dice: ¡Oh INOCENTE! AL IGUAL QUE UNA CIUDAD PUEDE VERSE REFLEJADA EN UN ESPEJO, YO SOY ESE BRAHMA, LA REALIDAD ABSOLUTA, EN QUIEN SE VE EL REFLEJO DEL MUNDO - SABIENDO ESTO, OH SIN PECADO, SÉ PLENO.

El alma que llevamos dentro es un espejo limpio e impecable; el mundo entero se ve reflejado en él. Así que corremos para apoderarnos del mundo, pero no vemos el espejo en el que el mundo se ve reflejado.

Si se ve un diamante, un Kohinoor, se corre tras él. Sin embargo, ni siquiera te planteas averiguar quién es ese en quien se refleja el diamante, el que lo está viendo. ¿Qué es ese espejo dentro de mí que refleja el diamante hasta lo más profundo? La luna se ve en el cielo. ¿Quién refleja la luna en mi interior?

Hay un espejo giratorio dentro de nosotros que sigue reflejando el mundo entero en él. Mientras corres para atrapar el mundo, intentas atrapar los reflejos. El día que empiezas a ser consciente del espejo has entrado en el mundo de la verdad. Y el que ve el espejo no se encapricha con los reflejos. No significa que ya no haya reflejos en el espejo; no, seguirán formándose, pero se abandona la insistencia por atraparlos.

Y un espejo nunca se contamina con reflejos. No importa en cuántos mundos hayas estado vagando, tu espejo siempre ha permanecido puro e inocente. Compréndelo bien. Por eso se dice en el sutra: "¡Oh inocente!" Se dirige a ti: "¡Oh, inocente!". Incluso tú sospecharás que el vidente probablemente ha cometido algún error al dirigirse así a ti. "¿Yo? ¿Llamarme inocente?" Pero no, se dice con una razón. Por muchas faltas que ocurran, el espejo siempre permanece puro e inocente.

Puedes poner cualquier cosa delante de un espejo -incluso excrementos apestosos- y lo reflejará. Pero, ¿crees que el espejo se ha contaminado con ese hedor? No, quita los excrementos que pusiste ante él, y el espejo será el mismo de siempre, no quedará ni rastro de esa suciedad en el espejo.

Así que han pasado muchas cosas delante de tu espejo, pero sólo pasan delante de él, nada entra dentro de él. Nada puede entrar en él. Por eso se ha dicho: "Oh inocente."

Esta es una diferencia fundamental entre el cristianismo y el hinduismo. El cristianismo te pide que dejes de cometer pecados, el pensamiento hindú te pide que sepas que ya eres inocente. El cristianismo dice: "Borra todos los pecados, abandona todas las malas acciones"; el pensamiento hindú dice: "¿Qué hay que borrar? Tú eres un espejo; sólo tienes que saber esto y todo estará borrado, entonces ya eres puro e inocente".

Es la misma cosa. Aunque uno se dedique a borrarlo todo, en el momento en que todo lo malo se haya borrado de delante del espejo, el espejo parecerá puro - ya lo era. Así que también se puede empezar desde este extremo.

También existe la misma diferencia entre el pensamiento jaina y el hindú. Es algo muy interesante.

El énfasis de los Jainas también radica en la eliminación de los pecados; eliminar todos los pecados, para que cuando todos los pecados sean eliminados puedas ver el espejo puro - aunque el espejo era puro en primer lugar. El pensamiento hindú enfatiza: ¿Por qué hacer esfuerzos sin sentido para eliminar los pecados? Simplemente date cuenta de la verdad de que eres un espejo, entonces aunque los pecados sigan permaneciendo ante el espejo, sigues siendo inocente, sin pecado. Por lo tanto, tanto los jainas como los cristianos siempre han pensado que el pensamiento hindú es un poco peligroso, ya que no deja mucho espacio para sus conceptos de moralidad, pecados y virtudes.

Es peligrosa. Cuanto más profunda es la verdad, más peligrosa es; porque cuanto más profunda es la verdad, más poderosa se vuelve. Y en el poder está el peligro. Si cae en manos de la gente equivocada, entonces hay un gran peligro. A menudo, las personas equivocadas buscan el poder, por lo que cae en sus manos. Pero el pensamiento hindú es muy, muy profundo. Todo el asunto es que tu conciencia interior es sólo un espejo. Cualquier cosa que tengas dentro, está fuera de tu conciencia. Nada ha entrado nunca dentro de tu conciencia, aunque parezca que ha sucedido.

Si pones algo delante de un espejo, aparece tan dentro del espejo como lejos de él. Es una simple ley de los rayos de luz y su relación: cuanto más lejos esté una cosa del espejo, más dentro del espejo aparecerá. Así que toma nota de un principio muy interesante: cuanto más dentro de ti parezca estar algo, debes saber que más lejos de ti está. Si algo parece ser totalmente interior, puedes estar absolutamente seguro de que no puede haber nada más exterior que eso. Sucede a menudo que la gente dice: "Este amor está muy dentro de mí". Significa que es algo que está muy lejos de ti.

Cuando dices que el amor de alguien ha entrado muy profundamente en tu corazón, debes saber que estás intentando tocar algo que está muy lejos de ti. Significa que alguien está lejos de ti y, por lo tanto, se está viendo profundamente dentro de tu espejo.

Las cosas que están más cerca parecen menos profundas, y las que están lejos parecen más profundas en el espejo. De nuevo, no es necesario que si una cosa aparece profunda en un espejo, el propio espejo sea realmente igual de profundo en su interior. Incluso en un pequeño lago la luna parece tan profunda dentro del lago como lo es lejos en el cielo, y el lago no es tan profundo como eso. ¿Qué profundidad tienen tus espejos? Pon un espejo en el suelo y la luna aparecerá en él tan profunda como su distancia en el cielo.

Por profundas que sean las reflexiones en tu interior, en realidad nunca penetran. Nunca ha entrado nada en ti, no puede. Sólo parece entrar porque hay un espejo dentro. Nuestra conciencia es un espejo, el espejo más puro, tan puro que .... Porque por muy puro que sea el cristal, sigue siendo cristal; tanta materia hay ahí. ¡Pero la conciencia más pura!

Aunque hagamos un espejo de aire, tampoco será tan puro como el espejo de la conciencia. Si hacemos un espejo de aire, y algo se refleja en él, saldremos en busca de ese reflejo a través del espejo, porque el espejo no nos obstruirá de ninguna manera. Es un espejo de aire; simplemente pasarás a través de él.

El espejo de la conciencia es mucho más puro porque la conciencia es el fenómeno más sutil del mundo. Es la energía más sutil. El mundo entero se refleja en ella.

El vidente dice: "¡Oh inocente! Así como los reflejos se ven en un espejo, así aparece el mundo dentro de ti. Sabiendo esto - reconociendo que 'Yo soy Brahma, que Yo soy el espejo, no aquello que se refleja sino aquello en lo que todo se refleja' - siéntete realizado."

Sencillamente, no hay más realización que ésta. Mientras uno no reconozca la pureza de su conciencia, no se sentirá realizado. Puede seguir haciendo cualquier cosa, puede seguir logrando cualquier cosa, pero todos esos logros serán inútiles. Todo lo que se haga se deshará; todo el correr será tan bueno como dibujar líneas en el agua - desaparecen incluso antes de que haya terminado de dibujarlas. Puede seguir dibujando esas líneas una y otra vez, pero seguirán desapareciendo.

Al final de la vida, en el momento de la muerte, las personas que han estado buscando reflexiones se dan cuenta de que han estado trazando líneas sobre el agua. Todo desaparece: toda la reputación, todas las posiciones, toda la riqueza, todas las acumulaciones, todo desaparece. En el momento de la muerte se descubre que todo era un gran error, que uno estaba trazando líneas sobre una piedra de granito pero en realidad estaba trazando líneas sobre el agua. Pero sólo se descubre cuando ya no se puede hacer nada al respecto.

Pero si se puede saber hoy, si se puede saber ahora, entonces algo es posible; trazar líneas sobre el agua puede llegar a su fin. Y una persona que decide dejar de trazar líneas sobre el agua entra en un mundo diferente, un mundo en el que nada muere jamás.

Hay un mundo de muerte, hay otro mundo de lo inmortal. Quien se aleja de la muerte alcanza lo inmortal.

Suficiente por hoy.

Déjate llevar y vuela

SÓLO UNA PERSONA LIBRE DE AFERRARSE AL EGO ALCANZA LA AUTO-NATURALEZA.

POR LO TANTO, VOLVIÉNDOSE INMACULADAMENTE LIMPIO COMO LA LUNA LLENA, UNO SE VUELVE SIEMPRE DICHOSO Y AUTO-LUMINOSO.

AL CESAR EL SENTIDO DEL HACER, CESAN TODAS LAS ANSIEDADES. AL CESAR LAS ANSIEDADES, CESAN TODOS LOS DESEOS. LA CESACIÓN DE LOS DESEOS ES LA EMANCIPACIÓN - Y ESTO SE LLAMA JEEVANAMUKTI, LIBERACIÓN MIENTRAS SE VIVE.

VIENDO TODO, EN TODAS PARTES, EN TODAS DIRECCIONES, COMO BRAHMA, LA REALIDAD ABSOLUTA - EN LA MADURACIÓN DEL SENTIMIENTO DE TAL BUENA VOLUNTAD CESAN LOS DESEOS.

NUNCA DESCUIDES TU LEALTAD A BRAHMA, LA REALIDAD ABSOLUTA, PORQUE ESA ES LA ÚNICA MUERTE - DICEN LOS QUE ESTÁN BIEN ARRAIGADOS EN BRAHMA.

AUNQUE SE APARTEN, LAS ALGAS NO PIERDEN TIEMPO EN VOLVER A CUBRIR EL AGUA.

DEL MISMO MODO, AUNQUE UN SABIO SE DESVÍE DE SU LEALTAD A BRAHMA AUNQUE SÓLO SEA POR UN MOMENTO, LAS ILUSIONES LO CUBREN.

En este sutra se dicen muchas cosas valiosas, no sólo valiosas sino también originales.

SÓLO UNA PERSONA LIBRE DE AFERRARSE AL EGO ALCANZA LA AUTO-NATURALEZA.

Esto revela una verdad muy profunda. El ego no se ha apoderado de ti, eres tú quien se ha apoderado del ego. El mundo no se ha apoderado de ti, eres tú quien se ha apoderado del mundo.

Los sufrimientos no se aferran a ti, son tus propias creaciones. Los sufrimientos no te persiguen, no han tomado ninguna resolución para darte problemas, vienen a ti sólo por tu propia invitación.

Normalmente no pensamos así. Pensamos, ¿por qué hay sufrimientos? ¿Por qué existe esta angustia mundana? ¿Por qué existe este ciclo de nacimiento y muerte? ¿Por qué me atormenta este ego? ¿Cómo liberarme de él? Constantemente este pensamiento corre dentro de nosotros: ¿Cómo liberarse de él? Todos os habréis encontrado alguna vez con esta pregunta: ¿cómo liberarse de él? - de lo contrario os habría sido imposible venir aquí.

Pero este sutra te decepcionará enormemente, porque dice que la cuestión misma de liberarse no se plantea porque el ego no te retiene, el mundo no te detiene en modo alguno, tus nacimientos no te han invocado, todo se debe a tu propia voluntad. Así que es erróneo preguntar: "¿Cómo liberarse de todo esto?". Lo correcto es preguntar: "¿Cómo, de qué manera y con qué truco, me estoy aferrando a toda esta miseria y problemas?".

No hay que plantearse la cuestión de liberarse de todo esto. La pregunta debería ser: ¿Cuál es nuestra metodología, cuál es el patrón con el que nos aferramos a los sufrimientos? Seguimos aferrándonos a los sufrimientos, y con nuestras propias manos seguimos imponiéndonos más mundos, más nacimientos, más encarnaciones. La pregunta debería ser: ¿Por qué seguimos creando más y más extensiones y cielos de deseos? Esto es lo que hay que comprender.

Esto tendrá varios significados implícitos. Uno de ellos será que la liberación no es un logro que deba alcanzarse. Ciertamente hay que perder el mundo, pero no hay que alcanzar la liberación. Si estás dispuesto a abandonar el mundo, descubrirás que tu liberación ya se ha producido. Ya eres libre, pero te las has arreglado para permanecer en la esclavitud a través de grandes auto-trucos.

Si has visto cómo se captura a los loros en la selva, lo entenderás. Se ata una cuerda a través de dos soportes. En el momento en que un loro viene y se sienta en la cuerda, inmediatamente cuelga boca abajo porque la cuerda ha girado debido a su peso. Ahora el loro siente que está atrapado. El loro colgado boca abajo siente que está atrapado, mal atrapado, sus patas están enredadas, ahora no hay forma de escapar. Es el loro el que se agarra con fuerza a la cuerda, la cuerda no le sujeta en absoluto.

Pero lo que siente el loro también parece lógico: "La cuerda que me ha puesto boca abajo, me ha cogido, ¡debe estar sujetándome!".

Así que el loro se queda colgado. Intenta enderezarse de todas las maneras posibles para poder salir volando, pero no lo consigue porque la cuerda es muy ligera en comparación con el peso del loro, así que por mucho que lo intente, siempre vuelve a su posición invertida. Así, cuanto más lo intenta, más se convence de que simplemente no hay forma de liberarse.

Si el loro lo entendiera, podría soltarse y salir volando en el mismo momento. Pero primero intenta sentarse erguido. Incluso si deja el agarre en su posición invertida, puede volar porque la cuerda no lo ha atrapado. Pero el loro nunca ha volado boca abajo; siempre que ha volado lo ha hecho de pie. Sólo conoce una forma de volar. Piensa que tal vez volar tenga alguna relación inevitable con la posición erguida sobre dos patas.

¿Cómo va a entender el loro colgado boca abajo que también puede volar aquí y ahora, y que no está atrapado en absoluto? Pero como está colgado boca abajo, teme que si se suelta de la cuerda caerá al suelo y morirá. Por eso se agarra con fuerza a la cuerda. Y por muy tarde que llegue su cazador, encontrará al loro allí colgado.

La conciencia del hombre está más o menos en la misma situación. Nadie te ha atrapado. ¿Quién está interesado en atraparte? Este mundo no tiene ningún interés en retenerte. ¿Cuál podría ser el propósito, qué lograría el mundo reteniéndote? No, nadie está interesado en atraparte.

Te has atrapado a ti mismo. Pero hay algunas ilusiones que te dan la idea de que eres atrapado por otros.

La mayor ilusión es que te creas tan valioso que el mundo entero esté interesado en atraparte. Es egoísta sentir que todas las miserias se precipitan sólo hacia ti; que tantas miserias te prestan tanta atención; ¡que todos los infiernos han sido creados sólo para ti! Todos son sólo para ti, y tú estás sentado en el centro. Como si toda esta disposición cósmica siguiera corriendo sólo para ti, ¡y tú no fueras más que un loro colgado boca abajo de una cuerda!

Pero las razones de la creación de esta ilusión son más o menos las mismas que las del loro.

En cuanto nace un niño, se suceden muchos acontecimientos trágicos. Son inevitables, por eso ocurren. Un niño humano nace como el más indefenso de todos los animales de este mundo. Ningún otro animal nace tan indefenso. Los hijos de otros animales pueden andar y correr y pueden salir en busca de su comida poco después de nacer, pero un niño humano necesitará veinticinco años después de nacer para estar preparado para salir en busca de su propia comida... ¡veinticinco años!

Un niño humano es el más débil de todos los animales al nacer. Los biólogos dicen que algo ha ido mal en alguna parte. Dicen que para un nacimiento maduro, el niño humano debería permanecer en el útero durante veintiún meses. Pero la hembra humana es débil, no puede mantener al niño tanto tiempo en su vientre.

Así, según algunos biólogos, toda la raza humana es un aborto. Ningún niño humano nace completamente desarrollado, todos nacen parcialmente desarrollados. En cambio, los hijos de todos los animales nacen plenamente desarrollados.

Pero para el niño humano este nacimiento parcialmente desarrollado es tanto una bendición como una maldición. En este mundo no hay nada unilateral, todo tiene siempre dos caras. Es una desgracia que el niño humano sea débil, pero esto también es una bendición porque es debido a esta debilidad que el hombre se hizo superior a todos los demás animales. Hay algunas razones profundas para ello. Porque el niño humano nace muy débil -necesita una gran ayuda, de lo contrario no sobrevivirá- sólo para proporcionar esa ayuda surgió la unidad de la "familia", de lo contrario no habría necesidad de una familia.

En los animales no hay vida familiar porque no es necesaria. Un niño humano simplemente morirá sin una familia, de ahí la madre, el padre y la sagrada institución de la familia. Todo nace de esa debilidad del niño. Sobre la base de la familia nació la sociedad, la nación y todo el entramado de la civilización. Y como el niño humano nace indefenso, no posee los instintos básicos. El niño animal nace y llega con inteligencia - lo justo para vivir su vida. Pero el niño humano no llega con esa inteligencia; si lo dejamos desatendido morirá. No hay forma de que sobreviva. Por eso hay que educar al niño humano.

Ningún niño animal necesita entrenamiento. A un niño humano hay que enseñarle. No viene preparado con nada, todo hay que enseñárselo. Por eso hay escuelas, colegios y universidades. Estas son instituciones nacidas debido a esta debilidad humana. Tenemos que impartir toda la educación, todo; hay que enseñar una cosa tras otra. Hay que hacer un gran esfuerzo, ¡y aún así no hay certeza de que el niño aprenda! Así, todos los mecanismos de educación y condicionamiento se desarrollan debido a la debilidad del niño humano. Este sutra tiene alguna relación con esta realidad.

Como el niño es indefenso, los padres tienen que prestarle mucha atención. Debido a esta atención, el niño siente: "Soy el centro del mundo, el mundo entero gira a mi alrededor".

Un niño llora un poco y la madre acude corriendo. Un niño se pone un poco enfermo y el padre acude inmediatamente junto con un médico. El niño pequeño sabe que todo se mueve a su mínima orden. Un leve ruido, un leve llanto, un leve indicio de problemas llama a toda la familia a su servicio. Y para el niño la casa es el mundo entero, no conoce otro mundo. Así que se crea una ilusión natural en la mente del niño: "Yo soy el centro del mundo, todos los arreglos son sólo para mí, todo está sucediendo sólo para mí, todo el mundo está mirando sólo hacia mí."

Esta ilusión se instala profundamente en nosotros, y entonces durante el resto de nuestras vidas seguimos viviendo con la suposición de que somos el centro. Esto produce un dolor tremendo; por eso duele el ego, porque no es verdad, no eres el centro del mundo. El mundo funciona muy felizmente sin ti. No se enfrenta a ningún obstáculo por tu ausencia. Pero en algún rincón de tu mente sigues sintiendo: "Yo soy el centro". Y siempre estás esperando que este mundo acepte que tú eres el centro.

Esta es la búsqueda misma del ego.

El sutra dice: SÓLO UNA PERSONA LIBRE DE SUJECIÓN AL EGO... aquella que está preparada para abandonar ese concepto de ego que ha crecido y se ha profundizado desde la infancia... ALCANZA LA AUTO-NATURALEZA.

Esto es inevitable; esta creación del ego desde el mismo nacimiento del niño es inevitable. Es un mal inevitable. Pero quedarnos atascados ahí y no seguir adelante destruye toda nuestra vida porque entonces nos quedamos privados de conocer esa entidad que está oculta dentro de nosotros. Sólo podremos conocerla cuando abandonemos nuestro ego. ¿Por qué? ¿Por qué en la religión se hace tanto hincapié en dejar caer el ego? El énfasis se debe a que aquel que se siente el centro del mundo permanece privado de conocer su propio centro. Ese hombre vive creyendo que un centro falso es su centro. Un hombre que cree que es el centro de los ojos de los demás nunca se molesta en buscar si en realidad tiene algún centro propio, y así nace un pseudo centro. Este pseudo centro depende de los demás, y por lo tanto sólo se obtiene la infelicidad del ego.

Cuando dices: "Eres un buen hombre", estás reforzando mi ego. Mañana, si me dices: "No, ha sido un error, no eres un buen hombre", acabas de retirar el ladrillo que habías prestado a mi ego y con el que había construido el castillo; entonces está a punto de derrumbarse.

El ego se crea a través de los ojos de los demás, a través de las ideas de los demás; el ego depende de los demás. Y recuerda, lo que depende de los demás no puede ser tu centro. Por eso nos preocupamos demasiado por quién dice qué, quién dice cosas buenas de nosotros y quién dice cosas malas.

Vino a verme un amigo que me dijo: "Este es mi problema"... está aquí presente... dijo: "Este es precisamente mi problema, que alguien dice algo, una cosa pequeña, una cosa bastante insignificante, y yo estoy tan dolido que no puedo dormir en toda la noche". Por ejemplo, dijo: "Había ido a una tienda a comprar material. Quería comprar material, pero no me gustó lo que me enseñó el tendero. El tendero me dijo: 'Déjalo. Cuando vi tu cara por primera vez supe que no comprarías nada'. Aquella noche no pude dormir, intentando averiguar por qué el tendero hablaba así".

Nuestro ego depende de lo que digan los demás. La gente que nos rodea contribuye a nuestro ego o nos quita parte de él. Por eso estamos todo el tiempo preocupados por lo que la gente dice o piensa de nosotros. Ese es nuestro capital. Recoger las opiniones de los demás contribuye a nuestro orgullo, pero ¿cuál es la fiabilidad de las opiniones de los demás? Sus opiniones están en sus manos. Hoy puede que la extiendan a nuestro favor, mañana puede que no. Hoy pueden tener una buena opinión de nosotros, mañana pueden tener una mala - y tienen sus propias motivaciones.

Ese tendero tenía sus propias motivaciones. Le dio un golpe al ego.

Ahora bien, podrían haber pasado dos cosas. Una era que este hombre podría haber comprado el material, sólo para guardar las apariencias aunque sólo fuera por eso. Y habría sido mejor que lo hubiera comprado, porque al menos se habría ahorrado toda una noche de insomnio. Pero entonces otra preocupación se habría apoderado de la mente: "¿Por qué compré la tela que no quería?". Y todos ustedes han comprado muchas cosas que no querían comprar, pero en muchas ocasiones su ego les empuja a hacerlo.

En Occidente, los vendedores están siendo sustituidos poco a poco en las tiendas por vendedoras. Ya no hay vendedores, sólo vendedoras. Ya no tiene sentido mantener la palabra vendedor. Cuando un cliente masculino entra en una tienda para comprar un par de zapatos y una hermosa vendedora se le acerca, le calza un par de zapatos con sus propias manos, le ata los cordones con cuidado y añade sonriendo: "¡Hermoso!

Este par queda tan bonito en tus pies", ahora, por mucho que ese par de zapatos le pellizque, es su compulsión comprarlos. Tendrá que comprarlos. Ahora ya no es cuestión de zapatos, ahora se compra otra cosa, los zapatos son sólo una excusa.

Todos hemos comprado muchas cosas que nunca quisimos. Toda nuestra vida es una colección similar de cosas, y el ego es la colección total de todo esto. Hemos robado el brillo de los ojos de los demás, lo hemos juntado todo y eso se ha convertido en nuestra luz parpadeante. Pero siempre son los otros los amos, cualquier día que quieran pueden retirar el soporte.

Ni siquiera el mayor de los líderes es más grande que sus seguidores. No puede serlo, porque todo su liderazgo está en manos de otros. Hoy se lo han dado, mañana se lo pueden quitar.

Por lo tanto, por grande que sea un líder, es un seguidor de sus seguidores. Tiene que seguirlos.

Tiene que observar en qué dirección van los seguidores, luego corre y se pone delante de ellos.

Tiene que marcar la dirección del viento, la dirección de sus seguidores, y toda su pericia está en entonces correr y ponerse al frente. Y por eso, todo el tiempo, todos los días, el líder va cambiando sus declaraciones. Tiene que cambiar. Eso es lo que se llama tener en cuenta las opiniones de los seguidores. Tú has recibido tu ego de ellos. Tu prestigio, posición, todo lo que has recibido de ellos - es todo prestado. Y todo lo que es prestado, no eres tú. Tú estabas ahí antes de recibir todas estas cosas. Cuando la muerte te arrebate todo esto, tú seguirás ahí.

Has creado un centro falso, y si te has tomado a ti mismo como este centro, ¿por qué entonces vas a buscar tu centro real? Has dado por sentado que este es el centro real.

¿Cuál es tu imagen ante tus propios ojos? Es una imagen creada por otros. Son otros los que la han creado: alguien le ha dado color, alguien le ha dibujado los ojos, alguien le ha dibujado los pies, y eso es todo lo que eres. Pero esto es sólo una imagen de papel, una pequeña lluvia lavará todos sus colores. Pero esta situación nace de lo inevitable de la vida.

Los psicólogos dicen que un niño toma conciencia primero de los demás, no de sí mismo. Naturalmente, cuando un niño abre los ojos, ve a su madre. ¿Cómo puede verse a sí mismo? Ve al otro, al "tú", no al "yo". Poco a poco su conocimiento se amplía. Ve a su padre, a sus hermanos y hermanas, a la familia, y así aprende poco a poco a experimentar al otro. Y es en contraste y en relación con este otro como empieza a experimentar su "yo".

Es muy interesante observar que la experiencia del "yo" no es la primera. Yo soy, pero no me experimento primero a mí mismo, sino primero a los demás. Naturalmente, cuando experimento primero a los demás, entonces el "yo" que crearé se basará en las opiniones de estos otros.

Por lo tanto, dicen los psicólogos, un niño que ha recibido amor de la madre y el padre y ha recibido el aprecio de la familia tiene un sentimiento de amor propio. Pero un niño que no ha recibido ningún amor de los padres, ningún aprecio de la familia - una especie de personalidad patética se desarrolla en él, porque si las personas a través de las cuales el niño se dio cuenta por primera vez de su "yo" no expresaron su alegría y felicidad por él, el "yo" de ese niño se vuelve pobre e indigente para siempre.

No recibió el alimento.

Los psicólogos dicen que al niño que se cría sin su madre le falta algo que nunca podrá compensar, porque su primera experiencia del "yo" queda paralizada. La persona de la que debía nacer esa primera comprensión de "quién soy", el "tú" del que debían venir los primeros atisbos del "yo", nunca estuvo allí para dar esos atisbos. Esa persona nunca estuvo allí para reflejar las experiencias de dignidad, respeto, orgullo, honor y amor.

Si una madre no hubiera bailado en su interior al nacer su hijo, si una madre no estuviera desbordante de alegría y si todo su ser no estuviera emocionado por todas partes, entonces el "yo" de ese niño en particular permanecerá lisiado para siempre. Sufrirá mucho. Tendrá que buscar muletas. Tendrá grandes dificultades.

Obtenemos nuestra primera experiencia del "yo" de los demás, y seguimos obteniéndola de los demás todo el tiempo. Lenta, lentamente acumulamos opiniones, aprobación, certificados, puntos de vista de otros, un prestigio y un respeto de la sociedad. Permanecemos colgados de este centro falso, mientras que nuestro centro real está oculto detrás de él.

Tú no puedes ser lo primero, el yo es lo primero, otra cosa es que sólo lo conozcamos mucho más tarde. Cuando nace un niño, nace con su yo, con su alma. Pero ese centro permanece oculto y se crea otro nuevo. Entonces nos aferramos a este nuevo centro. Lo hacemos porque no conocemos ningún otro centro, y tenemos miedo de que si soltamos este centro podemos quedar colgados en el aire, y si no tenemos cuidado podemos perdernos. Tememos que todo se vuelva patas arriba, caótico. Por eso nos aferramos a él como el loro a la cuerda, por miedo a caernos y hacernos daño.

También seguimos aferrándonos a este "yo" porque no vemos nada más que pueda servirnos de apoyo.

Nos movemos sobre su apoyo y nos agarramos fuerte para que no se nos escape de las manos. Esto trae miseria porque no es el verdadero centro.

Esta situación nuestra es como la de una persona que nace con un tesoro, pero que, por error, piensa que está enterrado en una zanja y sigue cavando en su busca infructuosamente.

Nuestro centro real es un emperador; nuestra alma es pura dicha y un tesoro. Pero este "yo" es una zanja falsa en la que, por mucho que cavemos, no encontraremos tesoro alguno. Cavando allí nunca podremos llegar a nuestra propia naturaleza. Por eso dice el sutra SÓLO UNA PERSONA LIBRE DE AFERRARSE AL EGO ALCANZA LA NATURALEZA PROPIA. ¿Qué hay que hacer entonces?

Gurdjieff era un místico extraordinario. Cuando su abuela estaba en el lecho de muerte, le preguntó: "¿Tienes alguna experiencia vital y alguna conclusión que creas que vale la pena transmitirme?".

Su abuela le dijo entonces algo muy extraño. Le dijo: "Si puedes recordar una cosa a lo largo de tu vida, será suficiente. Esto es: Nunca hagas nada como otros lo hacen - nunca hagas ningún trabajo como otros lo hacen, siempre trata de hacerlo diferente". Más tarde, Gurdjieff desarrolló toda una filosofía en torno a ello y formó "La ley de lo contrario": hacer siempre las cosas de forma diferente a los demás.

Gurdjieff hizo un gran esfuerzo por aplicar este consejo y nació en él una persona única, porque no hacer nada como los demás trae tremendos resultados. El primer resultado es que, como el ego sólo se alimenta cuando uno hace las cosas como las hacen los demás, naturalmente no hay nada que alimente tu ego. Al contrario, la gente se reirá de ti.

Gurdjieff ha dicho: "Mi abuela me dijo: 'Estoy cerca de mi muerte y nunca sabré si seguiste mi consejo o no. Así que hazme una demostración antes de morir'. Había una manzana cerca de su cama; me la dio y me pidió que me la comiera, pero asegurándose de que no me la comiera como hacen los demás."

Este niño Gurdjieff debió encontrarse en una gran dificultad: ¿qué hacer? Pero los niños son muy inventivos. Si los padres no mataran completamente su inventiva habría muchos inventores en el mundo. Pero las invenciones parecen ser peligrosas, porque cualquier cosa nueva trae malestar.

Gurdjieff cogió la manzana y, acercándosela al oído, primero trató de oírla, luego acercándosela a los ojos la miró, la besó y la tocó con los ojos cerrados, luego bailó sin dejar de sostenerla entre las manos, saltó y corrió, y después se comió la manzana. Su abuela dijo: "Estoy satisfecha".

"Más tarde", dijo Gurdjieff, "esto se convirtió en un principio en mi vida: no hacer nada como los demás, sino aportar algo de originalidad propia". La gente se reía de él y le llamaba loco. Decían: "¿Qué clase de hombre es éste? ¿Qué hace, oír una manzana con las orejas?".

Gurdjieff dijo: "No me había dado cuenta entonces, pero otro resultado fue que ya no me preocupaban los demás. Lo que otros dicen o lo que opinan de mí, o lo que otros piensan de mí - esta preocupación simplemente desapareció; simplemente me quedé solo, absolutamente solo en esta tierra.

Debido a esto", escribe Gurdjieff más adelante, "no tuve que pasar por ese sufrimiento por el que pasan todos los demás. Nunca se creó un falso centro dentro de mí y nunca tuve que hacer ningún esfuerzo para destruir mi ego. Nunca se formó en primer lugar".

¿Qué hay que hacer? Deja de preocuparte por los demás. Te observo por la mañana cuando meditas. Estás meditando, pero una idea permanece al acecho: "Alguien debe estar observándome... ¿qué dirán los demás?".

Hoy mismo ha venido a verme un amigo. Me dijo: "Digas lo que digas, lo haré solo. Pero hacerlo aquí delante de tanta gente...." No habrá ningún beneficio en hacerlo solo. No habrá ningún beneficio, porque los beneficios de la meditación son multidimensionales. Tu valor de volverte loco delante de tanta gente simplemente derriba tu ego. Tu comportamiento infantil delante de tanta gente de repente te saca de tu ego y te lanza a tu centro. Esto no sucederá en tu soledad.

En soledad, todo el mundo es cantante en su cuarto de baño. Y todo el mundo puede hacer muecas en el espejo en la soledad de su cuarto de baño, no sólo los niños, sino también los adultos. Esas historias, por suerte, no las cuentan los espejos. Pero estas cosas no tienen ningún valor y no son de ninguna ayuda, ¡de ninguna ayuda!

Deja de preocuparte por los demás, deja de pensar en las opiniones de los demás; empieza a reducir tu ansia de atención de los demás. La búsqueda de la atención de los demás es el alimento del ego. La atención de los demás es comida, el ego se nutre de ella. Por lo tanto, cuanta más gente te preste atención, más jugoso te parecerá, más sentirás que eres algo. Pero si nadie te presta atención, estás en una casa y nadie te mira....

Gurdjieff experimentaba con sus discípulos. Él y sus treinta discípulos vivían en una casa grande, y les dijo que vivieran allí de tal manera como si los otros veintinueve no existieran. No debían hablar con nadie, no debían hacer ningún signo, ningún gesto que pudiera crear alguna comunicación. Incluso si uno se cruzaba con otra persona, debía recordar que allí estaba solo, que no había nadie más en la casa. A sabiendas o sin saberlo, nadie debía hacer nada que pudiera indicar la presencia del otro. Si alguien pisaba a otro, no debía disculparse, porque no había nadie más. Incluso si por error de alguien una brasa del fuego caía sobre la mano de alguien, nadie debía pedir perdón, porque no había nadie más presente allí. Nadie debía siquiera expresar con los ojos: "Lo siento".

Gurdjieff pidió a estos treinta discípulos que permanecieran así durante tres meses. Veintisiete discípulos huyeron después de algún tiempo, sólo tres permanecieron hasta el final, pero esos tres se transformaron en personas totalmente diferentes.

¿Cuál era el objetivo de este experimento? Comprendámoslo. Es muy fácil no prestar atención a los demás, o no disculparse, ¡incluso si le das una patada a alguien! Esto es muy fácil, no tiene ninguna dificultad.

Así es como siempre queremos que sea. Pero esto no es lo importante. Entonces, ¿qué significado tiene este experimento?

Recuerda, su significado es profundo y oculto. Gurdjieff te había pedido que no prestaras atención al hecho de que hay alguien más presente, pero también que comprendieras bien que los demás tampoco te prestarán atención a ti. Ahí es donde está la trampa. No prestarás atención a los demás, estás solo; los demás no te prestarán atención, son veintinueve. No recibirás la atención de otras veintinueve personas, durante tres meses, ¡en absoluto!

Todas las transacciones son mutuas. Yo te doy atención, tú me das atención. Es un negocio. Yo satisfago tu ego, tu satisfaces el mio. Pero en este experimento el intercambio cesará en ambos extremos.

¿Por qué huyeron aquellos veintisiete discípulos? Muchos de ellos dijeron más tarde: "Sentíamos que nos asfixiábamos, que íbamos a morir, que nos ahogábamos".

En realidad no se les estaba ahogando la garganta, era la garganta de su ego la que se les estaba ahogando. Pensaban: "¡Tres meses! ¡Y no habrá comida para nuestros egos! Cuando salgamos de aquí estaremos vacíos". Aquellos tres valientes discípulos que se quedaron, al cabo de tres meses salieron como personas totalmente diferentes. ¿Qué había cambiado en ellos?

Ouspensky era uno de esos tres discípulos que habían permanecido durante el experimento. Más tarde dijo: "Este hombre Gurdjieff era asombroso, porque en tres meses.... No teníamos ni idea de que se trataba de un dispositivo para matar nuestros egos. Habíamos pensado que el experimento se llevaba a cabo para traer paz y silencio a nuestras mentes. Ni siquiera se nos dijo que nuestros egos serían asesinados. Al cabo de tres meses, era como si no existiéramos; sólo quedaba nuestro ser. No surgía el "yo" en ninguna parte de nosotros".

El día en que no surja en ti ninguna melodía del yo, ese día estarás ante tu verdadero yo. Ese yo real se llama alma. Y naturalmente entonces tu individualidad se vuelve inmaculadamente limpia como la luna llena - siempre dichosa y auto-luminosa.

La luz ya existe allí, la dicha ya existe allí, sólo es cuestión de un pequeño salto de tu yo al alma. La limpieza inmaculada ya está ahí, nunca ha sido perturbada.

Otro sutra importante, igualmente original y maravilloso.... Las palabras muchas veces ocultan el verdadero significado y no se ve. Y como esas palabras son familiares se hace difícil profundizar en ellas.

Todos habréis oído estas palabras antes, ninguna de ellas es desconocida, pero su disposición aquí es totalmente desconocida.

AL CESAR EL SENTIDO DEL HACER, CESAN TODAS LAS ANSIEDADES. AL CESAR LAS ANSIEDADES, CESAN TODOS LOS DESEOS. LA CESACIÓN DE LOS DESEOS ES LA EMANCIPACIÓN - Y ESTO SE LLAMA JEEVANAMUKTI, LIBERACIÓN MIENTRAS SE VIVE.

AL CESAR EL SENTIDO DEL HACER, CESAN TODAS LAS ANSIEDADES.... Todos queremos destruir las ansiedades. ¿Quién es el hombre que no quiere liberarse de las ansiedades? Pero no queremos liberarnos de ser el hacedor. Queremos liberarnos de las ansiedades, pero no queremos liberarnos del hacedor, y la ansiedad es la sombra del hacedor. Una persona que piensa: "Estoy haciendo esto", no puede salvarse de la ansiedad. La ansiedad seguirá acumulándose sobre él. Cuanto más piense "estoy haciendo", más ansioso se volverá.

Los pueblos de Oriente han inventado ingeniosos artificios. Uno de ellos era sentir: "Yo no estoy haciendo, Dios está haciendo". Esta era una técnica de meditación. La técnica era: "Ni siquiera una hoja del árbol se mueve sin el permiso de Dios". No hay nada parecido en la realidad. Si Dios tuviera que dar permiso a cada hoja, ya se habría vuelto loco. Imagina decirle a cada hoja: "Ahora muévete, ahora para".

No, no existe tal Dios en ninguna parte que mueva y detenga cada una de las hojas. Pero esta afirmación no tiene nada que ver con Dios de todos modos, es simplemente una técnica de meditación, un dispositivo, porque una persona que cree que "Ni siquiera una hoja se mueve sin su permiso", lentamente comienza a abandonar la noción de "Yo estoy haciendo". "Él es el hacedor", cree un hombre así, "Yo no soy nada en absoluto. A lo sumo soy un instrumento. Si me hace moverme, me muevo; si me hace caminar, camino; si me hace levantarme, me levanto".

Pensar que todo sucede a través de Dios y que sólo somos marionetas en sus manos ha permitido que se produzca un gran fenómeno en este mundo: la gente de Oriente se ha liberado totalmente de la ansiedad. La época libre de ansiedad que ha conocido Oriente no se ha conocido en ningún otro lugar de la Tierra, y la época cargada de ansiedad que está conociendo actualmente Occidente tampoco se ha conocido antes en ningún otro lugar. Pero la causa tiene el mismo origen. En Occidente Dios se convirtió en una entidad dudosa, el concepto de destino perdió todo su significado.

No digo que el concepto de destino sea correcto, pero el dispositivo en el concepto de destino de que "Todo está sucediendo según el destino", terminó en Occidente. Ni Dios sobrevivió, ni el destino, ni el destino - toda la responsabilidad recayó en el hombre. "Estoy haciendo. Lo que estoy haciendo, lo estoy haciendo". El "yo" permaneció porque no hay forma de negarlo.

Da igual que Dios sea o no sea, pero si puedes dejar de lado a tu hacedor en favor de Dios -aunque no lo sea-, empieza a tener un efecto en ti: te liberas de la ansiedad.

En Occidente, la ansiedad se ha agravado. Los psicólogos estadounidenses afirman que tres de cada cuatro personas están mentalmente enfermas... ¡tres de cada cuatro! ¡Cuánto tiempo puede esa cuarta persona permanecer inafectada en medio de estas tres! Estas tres intentan por todos los medios ahogar a la cuarta. Es una gran cifra si tres de cada cuatro personas se han vuelto mentalmente perturbadas y enfermas. ¿Cuál es la razón?

Oriente nunca ha producido tantos locos como Occidente.

En Occidente la locura va en aumento y poco a poco se da por supuesta. Incluso Freud acabó aceptando, tras toda una vida de investigación sobre la mente, que no había forma de curar al hombre; el hombre seguirá más o menos loco. Aceptó su incapacidad. Y si Freud acepta su incapacidad es muy significativo, porque este hombre dedicó cincuenta años de su vida a explorar la mente humana y ha investigado profundamente. Dice que no hay manera de que el hombre se vuelva completamente sano.

Pero Freud no es consciente de que en esta tierra han vivido personas plenamente sanas y también han vivido sociedades plenamente sanas. Pero esas sociedades tenían conceptos totalmente diferentes. El más profundo de esos conceptos era: "Yo no soy el hacedor." Habían encontrado un dispositivo: el hacedor es Dios, el destino, el destino - alguien más. "Yo sólo soy un instrumento y soy como una hoja: me muevo cuando me mueven, no me muevo cuando no me mueven, gano o pierdo cuando me hacen ganar o perder. No estoy en ninguna parte".

Esto tuvo un doble efecto. Uno era que cuando no eres el hacedor, no hay razón para preocuparse por nada. Entonces se acepta tanto la derrota como la victoria. Cuando la victoria no es obra tuya, no te crea ego; y como la derrota tampoco es obra tuya, no te quita el sueño, ni te invade la ansiedad, ni te duele el corazón. Y también ocurre otra cosa más interesante: si otro gana no hay envidia en tu mente por ello, porque si él ha ganado no es su logro, fue la voluntad de Dios que sucediera así. Ni él es más grande por haber ganado, ni nosotros somos más pequeños por haber sido derrotados. Todo es voluntad de Dios.

Un estado mental muy pacífico se desarrolla si el sentimiento de ser un hacedor cae. Para ello no es necesario creer en Dios. Buda lo abandonó sin creer en Dios, Mahavira lo abandonó sin creer en Dios. Esto es un poco más difícil. Si uno tiene que dejar al hacedor sin creer en Dios, uno tiene que profundizar mucho su testimonio. Permanece como un observador; cualquier cosa que ocurra, permanece como un observador. Si hay derrota, sólo observa que estás presenciando la derrota; si hay victoria, sólo observa que estás presenciando la victoria. Ni pierdes ni ganas, sólo eres testigo. Cuando amanece, eres testigo de que ha amanecido; cuando anochece, eres testigo de que ha atardecido. Cuando llega la oscuridad de la noche, eres testigo de que ha llegado la oscuridad. Cuando sale el sol y hay luz, eres testigo de que la luz ha llegado.

Sigues siendo un observador en tu propio lugar, ya sea de día o de noche, ya sea felicidad o infelicidad, ya sea derrota o victoria. Así, cuando una persona se instala en la observación, el hacedor se disuelve; el hacer ya no sigue siendo tuyo. Ya no eres el centro del hacer, te conviertes en el centro del ver, del presenciar, del saber. El hacer sigue sucediendo a tu alrededor en la existencia.

Mahavira dice: "Mi estómago está hambriento, lo observo; una espina me atraviesa el pie y el pie está dolorido, lo observo; el cuerpo se enferma, ha llegado una enfermedad, lo observo". Incluso en el momento de la muerte, Mahavira seguirá observando que el cuerpo se está muriendo. Usted no será capaz de ver que el cuerpo está muriendo, usted sentirá que está muriendo. Si has sido el hacedor durante toda tu vida, entonces también tendrás que morir. Cuando lo hayas hecho todo, ¿a quién puedes dejar el acto de morir? Quien reniega de la vida, también reniega de la muerte. Quien ha observado la vida como testigo, también observa la muerte como testigo.

Si muere el hacer, es decir, si desaparece el hacedor, mueren las ansiedades. La segunda afirmación es una verdad aún más profunda que ésta:

AL CESAR LAS ANSIEDADES, CESAN TODOS LOS DESEOS.

Parece como si hubiera algún error en este sutra. En las escrituras siempre se dice: cuando mueren los deseos, muere toda la ansiedad. Y esto es lo que puede que hayas oído también, que si no hay deseo, no hay ansiedad. Este sutra dice justo lo contrario. Dice: si cesa la ansiedad, cesan los deseos. A la muerte del hacer muere la ansiedad, y a la muerte de la ansiedad mueren los deseos. ¿Por qué?

Has observado alguna vez que cuando estás más ansioso estás más lleno de deseo, que cuando estás más tenso surge más en ti el deseo sexual, porque con el sexo esa tensión puede liberarse y uno puede volverse más ligero. Cuando tu mente está en cólera, entonces también el deseo sexual surge más en ti. Cuando tu mente está en un estado alegre y dichoso, el deseo sexual es menor. Si la mente está total y constantemente en un estado dichoso, simplemente no habrá deseo sexual. Hay razones para ello. Cuando la mente alcanza un cierto límite de tensión debido a cualquier cosa, el centro sexual funciona como una válvula de seguridad, es una válvula de seguridad. Cuando la ansiedad aumenta y se vuelve excesiva, cuando no eres capaz de tolerarla y fluye tanta energía por tu cuerpo que te intranquiliza, tu cuerpo encuentra la manera de expulsar esa energía.

El centro sexual es una válvula de seguridad. Dondequiera que funcione cualquier energía, tiene que haber válvulas de seguridad.

La naturaleza ha hecho lo mismo.

Cuando se calienta una estufa de queroseno a presión, hay que prever algún dispositivo para que, si se introduce demasiado aire, se libere la cantidad excesiva. Cuando se hacen instalaciones eléctricas en casa, hay que prever fusibles para que, si entra un exceso de corriente en un circuito, el fusible se queme, desconectando el flujo de electricidad. El fusible no permite que pase por él más de una determinada cantidad de energía. En cuanto empiece a circular demasiada corriente, el fusible se quemará por el exceso de energía que intenta pasar y todo volverá a estar seguro.

El cuerpo tiene una válvula de seguridad biológica a través del centro sexual. Siempre que se acumula un exceso de energía en el cuerpo y crece el malestar y la ansiedad se apodera de ti, hay una lucha en tu interior, entonces es necesario que, o bien te conviertas en testigo y todo este problema disminuya, o la segunda posibilidad es que la energía fluya fuera de tu cuerpo y te debilites. Entonces, bajo la influencia de esa debilidad, todos estos problemas se calman, porque uno necesita fuerza incluso para que los problemas continúen.

Por lo tanto, a menudo se da el caso de que las personas débiles son personas amables. Esto no significa que en realidad sean personas amables, todo lo que significa es que no poseen la energía necesaria para hacer el mal.

¿Ha observado alguna vez que las personas gordas suelen ser alegres, muy sociables y no suelen ser pendencieras? ¿Por qué? Si le preguntas a un fisiólogo, te dirá que una persona gorda no puede pelear; si lo hace, será golpeada, de ahí que se vuelva tan sociable porque no puede permitirse eso de pelear. Si lo intenta, será golpeado. Así que siempre están sonriendo. Esta sonrisa significa, nada de peleas, por favor; todo está bien, no hay necesidad de entrar en peleas.

Un gordo no puede huir. Y en una pelea sólo hay dos alternativas: o luchas o huyes, y él no puede hacer ninguna de las dos cosas. Así que se vuelve no pendenciero. Pero eso no significa que haya trascendido la lucha. No, en el hombre todo reside en lo más profundo, y es útil tomar conciencia de estas cosas.

Así pues, siempre que estés lleno de ansiedad, infelicidad y miseria, surgirá el deseo en tu mente. O te conviertes en testigo, en cuyo caso la energía que está enredada en la ansiedad se liberará y, cabalgando sobre ella, emprenderás el viaje hacia arriba.... O bien, si no puedes convertirte en testigo, la energía que te inquieta, que ha creado en ti una agitación ciclónica, se liberará a través de la válvula de seguridad del centro sexual; te debilitarás y sentirás que te has vuelto más ligero, aliviado.

Freud ha descrito el sexo como un tranquilizante natural, una droga calmante. El hombre vuelve a casa cansado y agotado de todo el día de problemas de todo tipo y sumido en ansiedades. Si es capaz de liberar la energía a través del sexo, se duerme plácidamente por la noche.

Esta es la razón por la que las mujeres no se interesan mucho por el sexo, porque muy pronto se dan cuenta de que sólo funcionan como una válvula de seguridad para el hombre. Pronto descubren que no hay amor ni nada por el estilo en ello, todo es instrumental. Pronto se dan cuenta de que poco a poco se han convertido en un instrumento para este hombre, a través del cual él libera su energía y se duerme. Y a menudo ocurre que después del coito el hombre se da la vuelta y se duerme, mientras que la mujer se queda llorando porque para ella no puede haber mayor insulto que ser utilizada como una cosa.

Un número incontable de mujeres vienen y me dicen que no tienen ningún interés en el sexo. La razón no es su falta de interés, sino que el hombre las ha utilizado como un objeto y su interés se ha agriado. De hecho, la realidad es justo la contraria: las mujeres son más sexuales que los hombres, tienen más energía para el sexo. Pero no parecen sexuales, sino bastante desinteresadas por el sexo. Su actitud hacia el hombre parece ser: "Vale, coge lo que quieras y ya está. Un problema menos para mí". Pero no parecen tener más interés que éste. La razón de esto no es que no tengan ningún deseo sexual en su interior, sino porque tienen un sentimiento de dolor por ser utilizadas como una cosa. Les duele ser tratados como una cosa y no como individuos. Pero todo esto trae otros resultados.

Un hombre es capaz de liberar su energía a través del sexo, pero ¿qué se supone que debe hacer la mujer? Así que las mujeres se vuelven pendencieras, regañonas, dominantes. Ellas liberan su energía por estas otras vías las veinticuatro horas del día, porque el dispositivo de la válvula de seguridad sexual no funciona para ellas, y llegan a pensar que este dispositivo es sólo para los hombres.

Esto es algo muy paradójico. Las mujeres deberían ser más dulces, pero no sucede así; deberían ser más gentiles, pero no sucede así; deberían ser más armoniosas, pero no sucede así. ¿Cuál es el problema? En algún lugar está ocurriendo algún error en las disposiciones naturales. Y el error es que lo que podría haber sido la salida natural de sus energías está bloqueado y han perdido interés en ello. Convertirse en testigo es arduo, así que todas esas energías siguen dando vueltas en su interior y salen de diferentes formas.

A la mujer se le caen los utensilios de las manos, normalmente tiene que ser vajilla de porcelana, por lo que se cae y se rompe.

En esta ruptura, sus energías están teniendo una salida. Puedes preparar un grafico completo de tales eventos para averiguar tu mismo cuando tales cosas suceden mas en tu casa. E inevitablemente descubrirás que se rompen más durante los días en que las energías de la mujer no se liberan - entonces a través de tantos métodos como la ira, la tensión, etc. la mujer arrojará su energía.

Cuando hay gran ansiedad de la mente, ésta corre hacia la complacencia de los deseos. Por lo tanto, este sutra dice que cuando mueren las ansiedades, mueren todos los deseos. Este es un sutra muy antiguo y único. Y es ahora cuando los psicólogos son capaces de descubrirlo. Si te liberas de la ansiedad, tus deseos se volverán muy débiles. Si te liberas completamente de la ansiedad, tu mente ni siquiera se moverá hacia los deseos. Los deseos se vuelven inevitables para liberar la tormenta cuando surge dentro de ti más allá de cierto límite. Cuando no hay tormentas de esa intensidad, los deseos se vuelven muy débiles. Pero la energía no se debilita; los deseos se debilitan, pero la energía sigue acumulándose.

Todo se transforma a partir de cierto límite. El agua se transforma en vapor cuando se calienta hasta cien grados. Al acumular cien grados de calor, el agua se convierte en vapor. Cuando tu semen, tu energía, continúa acumulándose en tu interior hasta cierto punto -sin que ocurra ninguna tormenta y sin que surja la necesidad de arrojar inútilmente la energía-, entonces, de repente, cuando la acumulación de energía alcanza cierto nivel, que es como el punto de los cien grados, comienza a subir hacia arriba en lugar de fluir hacia abajo.

Has observado: el agua fluye hacia abajo y el vapor sube hacia arriba.

El agua, cuya naturaleza es fluir hacia abajo, de repente a cien grados de temperatura se convierte en vapor y empieza a subir hacia arriba, hacia el cielo.

Este es el fenómeno que ocurre también dentro de ti: hay un punto, un nivel, un punto de evaporación en el que se produce la evaporación. Cuando la energía se acumula hasta ese punto, de repente descubres que lo que antes fluía hacia fuera ha empezado a fluir hacia dentro, lo que hasta ayer era un pecado se ha convertido en una virtud, y lo que hasta ayer parecía un enemigo, no hay mayor amigo que él -todo esto llega a realizarse.

LA CESACIÓN DE LOS DESEOS ES LA EMANCIPACIÓN.

Cuando no hay deseo, estás liberado. Y uno puede liberarse mientras vive, no hay necesidad de liberarse después de morir. El que no puede liberarse en vida no debe esperar que lo conseguirá al morir, porque uno muere igual que vivía. Como viviste, así morirás; nada diferente va a suceder al morir. La muerte es la culminación última de la vida. Sólo para un jivanamukta, el que ha conocido la liberación ahora y aquí, la muerte se convierte en liberación también viviendo.

VIENDO TODO, EN TODAS PARTES, EN TODAS DIRECCIONES, COMO BRAHMA, LA REALIDAD ABSOLUTA - EN LA MADURACIÓN DEL SENTIMIENTO DE TAL BUENA VOLUNTAD CESAN LOS DESEOS.

NUNCA DESCUIDES TU LEALTAD A BRAHMA, LA REALIDAD ABSOLUTA, PORQUE ESA ES LA ÚNICA MUERTE - DICEN LOS QUE ESTÁN BIEN ARRAIGADOS EN BRAHMA.

AUNQUE SE APARTEN, LAS ALGAS NO PIERDEN TIEMPO EN VOLVER A CUBRIR EL AGUA.

DEL MISMO MODO, AUNQUE UN SABIO SE DESVÍE DE SU LEALTAD A BRAHMA AUNQUE SÓLO SEA POR UN MOMENTO, LAS ILUSIONES LO CUBREN.

Por lo tanto, es necesario mantener una conciencia constante. Perder la conciencia, aunque sea por un momento, no es suficiente.

Permanecer consciente es necesario hasta el momento en que no quede ni la más pequeña cantidad de algas o hierba en el interior. Cuando todas las algas y la hierba se queman en su forma de semilla, entonces no hay necesidad de permanecer consciente, porque la conciencia en esa etapa se convierte en tu propia naturaleza.

Suficiente por hoy.

La vida es una oportunidad

QUIEN HA ALCANZADO LA UNIDAD CON BRAHMA, LA REALIDAD ABSOLUTA, MIENTRAS VIVE, PERMANECERÁ ASÍ INCLUSO DESPUÉS DE ABANDONAR EL CUERPO. POR LO TANTO, ¡OH INOCENTE! DESPIERTA Y LIBÉRATE DE TODA ELECCIÓN EN LA DUALIDAD.

CUANDO UNO VE EL ALMA NO-DUAL A TRAVÉS DE NIRVIKALPA SAMADHI - EL DESPERTAR SIN ELECCIÓN - ESE ES EL MOMENTO EN QUE EL NUDO DE LA IGNORANCIA EN EL CORAZÓN SE DISUELVE COMPLETAMENTE.

CONSOLIDANDO LA MISMIDAD, DEJANDO CAER LA YOIDAD, ETCÉTERA, EXISTEN CON INDIFERENCIA HACIA ELLOS, COMO CON LAS OLLAS Y LA ROPA, ETCÉTERA.

TODOS LOS TÍTULOS - DESDE BRAHMA EL DIOS CREADOR, HASTA UNA PIEDRA - SON FALSOS. POR LO TANTO, ARRAIGADO SÓLO EN EL ALMA, VE TU PROPIA ALMA EN TODAS PARTES.

YO MISMO SOY BRAHMA - EL DIOS CREADOR; YO MISMO SOY VISHNU - EL DIOS SUSTENTADOR; YO MISMO SOY SHIVA - EL DIOS DESTRUCTOR; YO MISMO SOY INDRA - EL JEFE DE TODOS LOS DIOSES; YO MISMO SOY ESTE UNIVERSO, Y YO MISMO SOY TODO. NO HAY NADA MAS QUE YO MISMO.

Lo que vale la pena lograr en la vida sólo se puede lograr durante la vida. Pero mucha gente sigue esperando hasta después de la muerte. Mucha gente piensa que cómo se puede alcanzar la verdad, lo divino, la liberación mientras se está todavía en el cuerpo, en la vida, en el mundo. Sin embargo, lo que no se puede alcanzar durante la vida no se puede alcanzar nunca.

La vida es una oportunidad para alcanzar logros, tanto si la empleas en recoger guijarros como en alcanzar lo divino. La vida es una oportunidad completamente neutral. La vida no te dice lo que tienes que conseguir. Si coleccionas guijarros, acumulas cosas sin valor o malgastas tu vida en aumentar e inflar tu ego, la vida no te lo impedirá. O puedes dedicar tu vida a alcanzar la verdad, el ser y las profundidades últimas de la vida; entonces tampoco la vida se opondrá a que lo hagas.

La vida no es más que una oportunidad neutra: puedes utilizarla como quieras. Pero muchas personas han hecho arreglos para engañarse a sí mismas. Piensan: "La vida es para los placeres mundanos". Han creado tales divisiones: "La vida es para bhoga, indulgencia". Pero entonces sólo queda la muerte para el yoga, la unión con lo divino. Pero la muerte no es una oportunidad. Que esto se entienda correctamente. La muerte es el fin de toda oportunidad.

¿Qué significa la muerte? Su significado es que ya no queda ninguna oportunidad. La vida es una oportunidad, la muerte es el final de la oportunidad. Por lo tanto, no se puede lograr nada a través de la muerte, porque para lograr cualquier cosa debe haber un lapso de oportunidad.

Pero nos hemos dividido: decimos que la vida es para la indulgencia. Pero cuando la vida se agote, entonces... entonces el yoga. Hemos creado todas estas historias que pronuncias en los oídos de la persona moribunda en el momento de la muerte - cuando ni siquiera será capaz de escuchar. Cuando las personas vivas no escuchan, ¿cómo podría una persona muerta o moribunda escuchar un gayatri mantra, o recitar el nombre de lo divino, o el canto "Rama, Rama"?

Esa persona no pudo oír el mantra gayatri en toda su vida, y aunque lo oyó no lo escuchó, y aunque lo oyó no lo captó.... Esa persona en el momento de la muerte - cuando todos los sentidos fallen; cuando los ojos no vean, los oídos no oigan, las manos no toquen; cuando la vida esté desapareciendo de vuelta a su fuente - ¿será capaz de oír gayatri? No, no será capaz de escuchar.

Pero entonces, ¿por qué la gente sigue diciendo esas cosas a sus oídos? Hay un secreto en ello. El moribundo es incapaz de oír nada, pero los vivos que se lo dicen tienen la seguridad de que en el momento de su muerte alguien se lo dirá, y el objetivo se alcanzará. Por eso se han inventado historias de este tipo.

Estas personas deshonestas han inventado historias. Dicen que una persona se estaba muriendo y tenía un hijo llamado Narayana, uno de los nombres de dios, y gritó en voz alta "Narayana" para llamarlo. Al oír esto, el dios Narayana, que está en el cielo, fue engañado. Pensó que le estaban recordando.

El moribundo llamaba a su hijo, tal vez para aconsejarle en sus últimos momentos sobre cómo hacer mercado negro o cómo llevar una doble contabilidad. Pero debido al malentendido del dios Narayana, el moribundo fue al cielo. Él mismo se sorprendió de cómo había llegado allí. Pero su pronunciación del nombre de Narayana en el momento de su muerte había logrado el milagro. No, las cosas no se pueden manejar tan barato. Y un Narayana, que puede ser engañado tan fácilmente, también será sólo un Narayana falso.

Los engaños no funcionan en la vida real; otra cosa es que puedas consolar tu mente con esas ideas.

La muerte es el fin de las oportunidades. Entiende bien este significado. La muerte no es otra oportunidad para hacer algo. La muerte es el fin de todas las oportunidades; no podrás hacer nada. Simplemente no hay manera de hacer nada en la muerte. Hacer significa vida, así que lo que haya que hacer, hay que hacerlo durante la vida.

En este sutra se han utilizado algunas palabras hermosas.

QUIEN HA ALCANZADO LA UNIDAD CON BRAHMA, LA REALIDAD ABSOLUTA, MIENTRAS VIVE, PERMANECERÁ ASÍ INCLUSO DESPUÉS DE ABANDONAR EL CUERPO.

Sólo aquel que ha conocido su yo durante su vida permanecerá como Brahma, el último, cuando su cuerpo caiga. Alguien que ha sabido durante toda su vida que él es el cuerpo, quedará inconsciente al morir - quedará totalmente inconsciente. Muy pocas personas mueren conscientemente. La muerte ocurre en una especie de sueño, en un estado inconsciente. No eres consciente mientras mueres, de lo contrario serías capaz de recordar tu muerte anterior. Lo que ocurre en la inconsciencia no permanece en la memoria. Por eso la gente no sabe que ha nacido muchas veces y que ha muerto muchas veces, porque siempre que morían estaban inconscientes. Y quien muere inconsciente nace inconsciente, porque el nacimiento y la muerte son dos polaridades de la misma cosa.

Una persona muere aquí, éste es un extremo del fenómeno; luego la misma persona entra en un útero en algún lugar, ése es el otro extremo. La muerte y el nacimiento son dos caras de la misma moneda.

Quien muere inconsciente nace inconsciente. Por lo tanto, ni siquiera sabes que has muerto antes. Tampoco sabes de tu nacimiento. Esta noticia de tu nacimiento también te la dan otros. Si no hay nadie que te diga que has nacido, no tendrás ningún recuerdo propio de que has nacido. Es muy interesante. Que has nacido es definitivo. Puedes haber muerto antes o no, pero el hecho de que ahora has nacido es definitivo, pero ni siquiera tienes memoria de ello.

Esto también lo has oído de tus padres, de otros.

La noticia de tu propio nacimiento es un rumor para ti, no tienes ninguna prueba de ello. No hay ningún recuerdo de ello en tu conciencia. ¿Cuál puede ser la razón de ello? Naciste; el nacimiento es un gran acontecimiento, y no tienes conocimiento de este gran acontecimiento.

Recuerda, quien no conoce su nacimiento tendrá grandes dificultades para conocer su muerte mientras agoniza. Están interconectados. La muerte ha ocurrido muchas veces, pero tú has muerto inconsciente. Deja la muerte a un lado; estás durmiendo todos los días, el fenómeno del sueño está ocurriendo todos los días, pero ¿sabes que justo antes de que llegue el sueño estás perdiendo la consciencia? ¿Tienes conciencia de encontrarte con el sueño? Cuando el sueño desciende, ¿eres capaz de verlo descender? Hasta el momento del sueño eres capaz de notar cualquier cosa; todavía estás despierto, el sueño aún no ha descendido. Y en el momento en que desciende el sueño estás perdido. En el mismo momento en que desciende el sueño pierdes la consciencia.

Si no eres capaz de permanecer consciente ni siquiera en sueños, ¿cómo vas a permanecer consciente en la muerte?

La muerte es un sueño muy profundo, el sueño más profundo: es muy difícil permanecer consciente en él. Morirás inconsciente. Y en esa inconsciencia, quienquiera que esté recitando el gayatri mantra, quienquiera que esté cantando "Rama, Rama", no sabrás nada de ello. Y esta inconsciencia es realmente necesaria.

Sólo se liberan de esta inconsciencia aquellas personas que se liberan de su identificación con el cuerpo. ¿Por qué? Si un cirujano te opera en el estómago, tendrá que dejarte inconsciente porque sentirás tanto dolor que no podrás tolerarlo. Gritarás, llorarás, chillarás y temblarás, y será casi imposible llevar a cabo la operación. El dolor será tanto que incluso puede volverse loco, su mente nunca volverá a ser normal. Por eso el cirujano primero te anestesia y te deja inconsciente, y luego te opera. Te cortan el cuerpo, pero no lo sabes. Y como no lo sabes, no sientes el dolor.

Entiéndelo bien. El dolor no se experimenta por el dolor, se experimenta por el conocimiento. Cuando el cirujano está operando, el dolor está ahí, pero la única diferencia es que tú no lo sabes. El cirujano te abrirá y sacará cosas no deseadas, pero tú no lo sabrás. Sólo conocerás el dolor cuando recuperes la consciencia. Y cuando lo sepas, experimentarás el dolor. En tu inconsciencia, aunque te corten un miembro tras otro, aunque te corten en pedazos, no lo sabrás.

Sin embargo, el cirujano está haciendo una pequeña operación, mientras que la muerte es una operación muy grande. No hay operación más grande que la muerte. El cirujano se limita a cortar un miembro o dos, pero la muerte tiene que cortar y separar tu cuerpo de ti. No puedes mantenerte consciente en una operación tan grande, por lo que la muerte ha utilizado para siempre la anestesia natural. Tan pronto como la muerte se acerca caes inconsciente. En esa inconsciencia se produce la mayor operación del mundo, la separación de tu cuerpo de tu alma.

Pero una persona puede morir sin quedar inconsciente. La naturaleza permite morir conscientemente a una persona que ha llegado a saber que no es el cuerpo. ¿Por qué? Porque entonces, cuando el cuerpo está siendo cortado, él no se identifica con el cuerpo. Puede observar desde la distancia porque sabe que algo más está siendo cortado: "No estoy siendo cortado, lo estoy observando, sólo soy un testigo". Cuando se cristaliza tal comprensión, la naturaleza da a esa persona la oportunidad de morir conscientemente. Pero esto ocurre en una fase mucho más tardía. Primero hay que aprender a dormir conscientemente, y eso también viene después; primero hay que aprender a ser consciente estando despierto.

Quien es consciente mientras está despierto aprende poco a poco a dormir conscientemente. Quien vive conscientemente, un día muere conscientemente. El que muere conscientemente es capaz de saber que se ha hecho uno con Brahma, la realidad última. Pero primero uno tiene que saber esto en la conciencia oculta dentro de su propio cuerpo. Entonces un día esta vasija exterior también se rompe y el cielo interior se funde con el vasto cielo.

Quien muere conscientemente pasa por experiencias maravillosas. La muerte no le parece un enemigo. La siente como una amiga. La muerte se siente como una gran unión con lo divino, con lo vasto. Quien muere conscientemente también puede nacer conscientemente. Quien nace conscientemente, su vida es totalmente diferente porque no repite una y otra vez las mismas cosas que ha repetido muchas veces antes. Todo eso se vuelve tonto y sin sentido para él.

Su vida se convierte en algo nuevo, su vida entra en nuevas dimensiones. Y su testimonio es continuo; quien fue testigo en el momento de nacer, quien fue testigo en el momento de una muerte anterior, sigue siendo testigo durante toda su vida.

Así, en una sola muerte puedes morir plenamente consciente, y en un solo nacimiento puedes ser plenamente consciente; a partir de entonces cesa el ciclo de nacimiento y muerte. A partir de entonces desapareces del mundo de los cuerpos.

Para este fenómeno de desaparición, en la India hemos ideado una palabra muy hermosa: kaivalya.

Esta es una palabra maravillosa. Kaivalya significa: "Estoy solo. Sólo yo soy y no hay nada más; sólo yo, sólo la conciencia, sólo el alma, nada más; sólo el observador, sólo el testigo, nada más; todo lo demás es un juego, todo lo demás es un sueño. La verdad es sólo la conciencia testigo. Sólo el observador es la verdad, lo visto no es la verdad". Kaivalya es el nombre que se da a esta experiencia.

Entendamos esto un poco. Fuiste niño, luego te convertiste en joven y después en viejo. La infancia se fue y llegó la juventud, la juventud se fue y llegó la vejez. Esto significa que no eres más que un cambio constante. Ni la infancia permanece, ni la juventud, ni la vejez - todo cambia. Pero, ¿hay algo dentro de ti que no cambie? Eras miserable, luego te volviste feliz; eras feliz, luego te volviste miserable; eras pacífico, luego te volviste no pacífico; eras no pacífico, luego te volviste pacífico - todo cambia. Eras rico, te volviste pobre; eras pobre, te volviste rico: todo cambia. Pero, ¿hay algo dentro de ti que no cambie?

Si no existe tal cosa dentro de ti, entonces simplemente no estás ahí en absoluto. Entonces, ¿qué sentido tiene que estés ahí? ¿Quién enhebrará entonces tu infancia, tu juventud y tu vejez, como el hilo de un collar? Un collar es un collar sólo cuando sus cuentas están ensartadas en un hilo. Si no hay cuerda dentro para enhebrarlas todas juntas y sólo están las cuentas, entonces no sólo el collar no estará ahí, sino que todas las cuentas estarán dispersas.

Tu infancia está ahí como una cuenta, tu juventud está ahí como una cuenta, tu vejez está ahí como una cuenta, pero ¿dónde está el hilo en el que se enhebran? ¿Dónde está ese factor de continuidad?

Y ese factor de continuidad es la verdad. Todo lo demás cambia. La definición de la India es que todo lo que cambia, lo llamamos sueño. Que esto se entienda correctamente.

Tenemos nuestra propia definición de la palabra sueño. Lo que cambia, lo llamamos sueño, y lo que nunca cambia, lo llamamos verdad. Así que la infancia pasa, como un sueño; la juventud pasa, como un sueño; la felicidad va y viene, la infelicidad va y viene; igual que los sueños desaparecen, todo sigue desapareciendo. Por eso, dicen los videntes de la India, es un vasto sueño que se extiende a tu alrededor.

Hay dos tipos de sueños. Un tipo son los sueños personales, los que ves mientras duermes por la noche. El otro tipo es el sueño común, el que ves mientras estás despierto durante el día.

Pero no hay diferencia entre los dos, porque ambos son cambiantes. Los sueños de la noche son falsificados por la mañana, y los sueños de la vida son falsificados por la muerte. Llega un momento en que todo lo que se veía se vuelve inútil. ¿Existe entonces alguna verdad? Pero incluso para la existencia de los sueños tiene que existir la base de la verdad. Incluso para el cambio tiene que haber alguna base que no cambie, de lo contrario el cambio no es posible. ¿Dónde está esa base? Está dentro de nosotros. El sutra del sabio dice: ser testigo es la base.

Viste tu infancia; la infancia ha cambiado pero el vidente que hay en ti no ha cambiado. Luego vino la juventud y la viste; luego la juventud también se fue pero el que la vio no ha cambiado.

Es el mismo vidente que vio la infancia, que vio la juventud, que vio la vejez; que vio el nacimiento, que vio la muerte; que vio la felicidad, que vio la infelicidad; que vio el éxito y el fracaso. Todo cambia, sólo el que sigue viendo, el que sigue experimentando todo, no cambia.

Es a este vidente a quien conocemos como el alma; es la verdad. Conocer a éste, el inmutable, es kaivalya.

Kaivalya se experimenta el día en que una persona, separándose de todos los sueños, separándose de todas las cuentas, llega a conocerse a sí misma como el hilo que las atraviesa a todas; el día en que llega a saber que "Esta conciencia ininterrumpida, este espíritu testigo, esto es lo que soy; sólo soy esta conciencia". Cuando tal realización se convierte en una experiencia cristalizada - no un pensamiento sino una experiencia; no una palabra sino una realización - llamamos a tal persona la que ha alcanzado kaivalya. Ha conocido lo que vale la pena conocer, ha alcanzado lo que vale la pena alcanzar. Y habiendo logrado sólo eso, lo logra todo; y habiendo perdido sólo eso, lo pierde todo.

Intentamos atrapar los sueños, pero incluso antes de tenerlos agarrados se pierden y nuestro puño queda vacío. Por la noche vemos que somos emperadores; por la mañana nuestras manos están vacías. En la vida vemos que nos hemos convertido en esto, nos hemos convertido en aquello; en el momento de la muerte nuestras manos están vacías.

Quienquiera que hubiéramos tenido como nuestro -sobre quien hubiéramos cerrado el puño- desaparecía como desaparece el aire del puño. El puño se cierra y el aire desaparece de él. Todo resulta ser un sueño.

Recuerda, nuestro propio significado de "sueño" es sólo este, que dondequiera que haya cambio, no hay verdad.

¿Qué es lo que no cambia y es uniforme? Sigues buscando en este mundo y en ninguna parte encontrarás esa verdad uniforme y no cambiante. Sólo cuando busques dentro de ti encontrarás en el observador esa continuidad, esa integridad que es uniforme. Eso se conoce como kaivalya. Si conoces ese uno mientras vives, entonces al morir, al abandonar el cuerpo, se experimenta la unidad con Brahma, la realidad absoluta.

POR LO TANTO, ¡OH INOCENTE! DESPIERTA Y LIBÉRATE DE TODA ELECCIÓN EN LA DUALIDAD.

¿Cómo podremos conocer el uno? El proceso es: estar vacío de todo vikalpa, de toda elección en la dualidad.

También vale la pena entender esta palabra vikalpa. Vikalpa significa todas las cosas que tienen sus opuestos - esos opuestos son los vikalpa. Por ejemplo, la felicidad, su opuesto es la infelicidad. Si quieres felicidad, también tendrás infelicidad. Tendrás que soportarla. Ese es el precio que hay que pagar por la felicidad. Si quieres amor también tendrás que encontrar odio, ese es el precio. Si quieres el éxito, el fracaso también te llegará; es la sombra del éxito, viene con él. Vikalpa significa el mundo de la dualidad, en el que todo está dividido en dos partes; si deseas una, también estarás enredado en la otra. No hay forma de salvarse de esta situación.

La única manera de salvarse de ella es renunciar a ambas, volverse sin elección. Eso significa que dondequiera que haya dualidad no elijas, abandona toda elección.

Entiéndelo un poco más, porque es un asunto que cala muy hondo. Dondequiera que haya una posibilidad de dos - ¡siempre que...! Si quieres paz, seguirás atrapado en la falta de paz. Esto es un poco difícil de entender. Podemos entender las dualidades de felicidad e infelicidad, éxito y fracaso, respeto y falta de respeto; pero yo digo paz y sin paz también.

Es lo mismo, una cuestión de dualidad. No sólo esto: si quieres la liberación, seguirás cayendo en la esclavitud porque la dualidad es la misma aquí también, los opuestos se enfrentan aquí también, la posibilidad de elección es la misma. Así que una persona que dice que quiere la liberación, quedará atrapada.

La liberación llega a quien no elige entre dualidades; la paz pertenece a quien no elige entre dualidades, a quien no pide paz. Quien dice: "Paz o confusión, no voy a elegir entre las dos", ese hombre se vuelve pacífico. La flor del amor florece en la vida de quien no elige amor contra odio; quien dice: "Ni quiero amor ni odio, soy indiferente a ambos; pido perdón por ambos, no quiero entrometerme en ninguno de los dos".

La flor del amor florece en la vida de una persona así.

Dondequiera que haya dualidad, dondequiera que haya vikalpa - la opción - dondequiera que haya la posibilidad de elegir, no elijas. Pero siempre elegimos. Y somos incapaces de comprender que nuestra elección es el enredo mismo. Cuando eliges la felicidad también has elegido la infelicidad, la infelicidad ya ha llegado, la infelicidad también ya ha entrado por tu puerta. ¿Por qué?

Comprende el proceso. Deseo la felicidad: este deseo implica varias cosas. Una, implica que ahora soy infeliz. Sólo quien es infeliz desea la felicidad. ¿Por qué desearía la felicidad una persona feliz? Sólo pedimos lo que no tenemos, no pedimos lo que ya tenemos. Por eso nadie pide infelicidad, porque todo el mundo ya la tiene. La gente pide felicidad porque no la tiene. Así que el día que dices que quieres la felicidad has dejado clara al menos una cosa: que eres infeliz.

En segundo lugar, sea cual sea la felicidad que pidas, si no la consigues caerás en una infelicidad más profunda, y no hay ninguna garantía de que la consigas. Y si la consigues, también caerás más tarde en la infelicidad, porque ahora sabes cuántos sueños habías organizado en torno a ella y ninguno se cumplió.

Toda la felicidad parece estar en la distancia, en el futuro, pero a medida que te acercas desaparece.

Mientras la felicidad no es tuya es felicidad, cuando se convierte en tuya se convierte en infelicidad.

La felicidad está en la distancia. La felicidad no está en las cosas, está en la distancia, está en tu esperanza, está en tu espera. Cuando llega, o a medida que se acerca, empieza a desaparecer, y para cuando está en tus manos se convierte en infelicidad.

Ni la felicidad ni la infelicidad son inherentes a nada. Cuanto mayor es la distancia, mayor aparece la felicidad; cuanto más se acerca, mayor es la infelicidad. Se trata de una trampa muy compleja. Todo lo que acercamos, empieza a engendrar infelicidad. Cuanto más pedimos la felicidad.... Primero, no la obtendrás, porque nada se recibe pidiendo; y cuando no la obtengas, te sentirás frustrado. En segundo lugar, aunque la consigas, también te encontrarás con el fracaso, y te rodeará el vacío de que todos tus esfuerzos han sido inútiles, nada se ha conseguido realmente; uno se apresuró, trabajó duro, ¿y todo lo que se recibe es esto? Lo que parecía tan resplandeciente desde la distancia.... Cualquier música a distancia suena celestial.

Si eliges, te enredarás en el mundo. El mundo está en elegir, la liberación está en no elegir. Simplemente no elijas. Cuando llegue la felicidad, acéptala; cuando llegue la infelicidad, acéptala, pero no elijas: "Quiero esto". Quien no plantea ninguna exigencia en este mundo se libera de este mundo.

Deja que esto se hunda un poco más en ti. Aquel que no pide nada del mundo no puede ser atrapado por el mundo. Si pides algo a este mundo, estás atrapado. Si obtienes lo que le pides al mundo, estás atrapado. Si no lo obtienes, también estás atrapado. Estás atrapado por el mero hecho de pedir, no tiene nada que ver con obtenerlo o no.

Los pescadores atan el cebo a sus anzuelos. Sólo ese pez estará a salvo del anzuelo, que no abrirá la boca en absoluto. El pez que abrió su boca está enganchado. Un pez abrirá su boca sólo por la carnada; ningún pez es tan tonto como para abrir su boca por el anzuelo. Todos los peces abrirán la boca por el cebo, y por eso un pescador se sentará a esperar después de poner su sedal en el agua. El pez queda atrapado por el cebo.

Todo el mundo desea la felicidad, y el anzuelo de la infelicidad surge de la felicidad. Todo el mundo desea respeto, y el gancho de la falta de respeto aparece del mismo respeto. Todo el mundo quiere paz, y la misma paz se convierte en confusión. Piensa en el pez que no escoge ninguno de los dos, ni el cebo ni el anzuelo, que simplemente pasa nadando indiferente ante el cebo. Es imposible atrapar a este pez.

Sé en el mundo como este pez que no elige, que no pregunta. Entonces no puede haber esclavitud para ti, no puedes estar atrapado.

Convertirse en sannyasin significa renunciar a toda elección de opciones. Así que recuerda, sannyas no es una elección contra el mundo. Y aquellas personas que han dado a sannyas un significado de estar en contra del mundo permanecerán enredadas en el mundo.

Hay gente que dice: "Sannyas va contra el mundo; y nosotros estamos en el mundo, ¿cómo podemos tomar sannyas? Tomaremos sannyas cuando renunciemos al mundo". Su sannyas es también una dualidad.

Sannyas y el mundo para ellos son dos lados, opuestos. Dicen que si eligen el mundo, ¿cómo pueden elegir también sannyas? O si eligen sannyas, ¿cómo pueden elegir también el mundo?

Si sannyas también es una dualidad, entonces todo el significado de sannyas se pierde. El significado mismo de sannyas es volverse no-dualista. Ahora no elegimos. Se acepta lo que sucede, no se exige lo que no sucede. Tal estado de ser es sannyas. Entonces puedes ser un sannyasin en cualquier lugar.

Entonces sannyas es un estado del ser, no una elección alternativa.

Este sutra dice:

POR LO TANTO, ¡OH INOCENTE! DESPIERTA Y LIBÉRATE DE TODA ELECCIÓN EN LA DUALIDAD.

El despertar sólo se produce cuando uno se vacía de toda elección en la dualidad.

CUANDO UNO VE EL ALMA NO-DUAL A TRAVÉS DE NIRVIKALPA SAMADHI - EL DESPERTAR SIN ELECCIÓN - ESE ES EL MOMENTO EN QUE EL NUDO DE LA IGNORANCIA EN EL CORAZÓN SE DISUELVE COMPLETAMENTE.

Hay dos tipos de despertar. Uno es savikalpa samadhi, el despertar elegido. Es el despertar sólo en el nombre. Savikalpa samadhi - el despertar elegido - significa que alguien eligió volverse pacífico. Entiéndelo bien.

A menudo esto es lo que la gente elige primero. Cuando el mundo les hiere demasiado, se sienten perturbados, inquietos, y entonces piensan en alcanzar la paz a través de la meditación. Eligen la paz contra la agitación. Empiezan a encontrar la paz a través de la meditación, pero en el fondo de esta paz permanece oculto el rostro de la falta de paz. Esa alternativa siempre estará presente, porque en primer lugar has elegido la paz contra la confusión. No puedes liberarte de lo opuesto a lo que has elegido, seguirá estando presente. A lo sumo, lo que puede ocurrir es que el lado que has elegido salga vencedor y el lado que no has elegido se quede en el fondo, pero no puede ser destruido.

La elección nunca puede sacar a uno de una dualidad, la dualidad permanecerá ahí. Puedes elegir, pero por el mismo hecho de elegir su opuesto permanece presente. Así que puedes incluso llegar a ser pacífico, pero tu paz estará sólo en la superficie. Tu paz estará en la superficie y la confusión permanecerá oculta en tu interior. Y siempre tendrás miedo de que la confusión estalle en cualquier momento. La semilla de la agitación permanecerá y el miedo a que brote también permanecerá.

Por eso la gente huye del mundo, porque en el mundo tiene miedo de la agitación que permanece oculta en su interior, susceptible de estallar en cualquier momento si alguien la incita un poco.

Una persona que huye hacia la jungla no está huyendo de ti, está huyendo de la confusión que esconde en su interior. Si parece que huye de ti, es sólo por miedo a que saques a la luz la capa interna de su confusión.

Un marido que huye hacia la jungla no está huyendo de su mujer, sino del celibato que se ha impuesto a sí mismo. La sexualidad sigue oculta en su interior, porque quien ha entendido el celibato como algo contrario a la sexualidad no puede liberarse de las semillas de la sexualidad. Quien elige permanecerá atado a lo opuesto.

El significado mismo de elegir es que estamos eligiendo en contra de algo. Y aquello contra lo que hayamos elegido continuará siguiéndonos. Independientemente de lo que hayamos dispuesto en la superficie, debajo de ella está presente aquello contra lo que hemos elegido, porque eso también forma parte de ella.

De hecho, hemos dividido la vida en dos partes -una que hemos elegido y otra que no-, cuando ambas son partes integrantes. ¿Adónde irá la parte que no hemos elegido? Permanecerá con nosotros. Y entonces tendrás miedo de que si estás con gente, si tienes una familia, un negocio, y estás en el mercado, la parte que está oculta dentro de ti saldrá a la luz a la menor investigación de alguien. Por lo tanto, ¡huye! Huir a un lugar donde nadie pueda hacernos ver lo que está oculto en nuestro interior. Pero eso no lo destruirá. Uno puede vivir en el Himalaya durante mil años, pero el día que regrese al mercado descubrirá que esos mil años han sido en vano. El mercado volverá a incitar lo que está oculto dentro y saldrá a la luz.

El despertar voluntario significa que te has vuelto silencioso por elección propia.

El despertar sin elección significa que has abandonado toda elección. Sólo el despertar sin elección -que significa que uno no divide las cosas en dos partes- es un despertar. El despertar con elección no es más que un engaño del despertar. Pero uno llega primero al despertar sin elección; uno elige sannyas frustrado por el mundo. Es natural, atormentado por el mundo uno elige sannyas.

Lo segundo sucederá sólo cuando uno se canse también de sannyas, cuando uno experimente que como dos opuestos cualesquiera, sannyas y el mundo son también dos partes de la misma sinfonía. Ese dia el verdadero sannyas florecera. Ese dia uno no elegira. Ese dia uno dejara de elegir como tal. Ese dia uno entendera, "En la eleccion esta el mundo, y por lo tanto ya no elijo.

Ahora, lo que sucede, lo acepto; lo que no sucede, no me preocupa.

Ahora estoy dispuesto, de cualquier manera que la existencia se preocupe por mí, estoy dispuesto.... Ahora no hay ninguna voz mía en contra de la existencia. Ahora si la infelicidad viene, lo correcto está sucediendo. Si viene la felicidad, está sucediendo lo correcto. Ahora no me separo y digo que debe suceder sólo de cierta manera. Ahora no tengo expectativas, exigencias ni pretensiones propias. He renunciado a las pretensiones".

El día en que uno renuncia a sus pretensiones se produce el despertar sin elección. Ese día no habrá ataduras para ti en este mundo. Incluso si el mundo entero se convierte en un grillete y se aprieta alrededor de tu cuerpo como un pulpo, no habrá esclavitud, porque aceptas eso también, está bien.

Si alguien pone cadenas en mis manos, recuerda que las cadenas no son una atadura porque el que las pone en mis manos lo crea así, es una atadura sólo si yo creo que es una atadura. Puede ser una atadura sólo si yo creo que lo es. Todo dependerá de mi creencia. Puedo extender mis manos hacia delante y pedir que me pongan las cadenas en las manos.

Hay un acontecimiento muy interesante y encantador en la vida de Ramakrishna. Desde su infancia, Ramakrishna fue una persona con una mente atraída hacia lo divino. Le resultaba difícil llegar a casa si tenía que pasar por un templo. Bailaba allí, se tumbaba en las escaleras del templo y, si alguien pronunciaba el nombre de Rama, entraba en una especie de trance. Así que los miembros de su familia pensaron que este muchacho no viviría una vida mundana, no había tal esperanza.

Sin embargo, era deber de sus padres, cuando alcanzó la mayoría de edad, preguntarle si quería casarse.

Le preguntaron: "Rama" -su verdadero nombre de pila era Gadadhar- "¿quieres casarte?". Habían pensado que Ramakrishna se negaría. Pero Ramakrishna estaba encantado con la pregunta y dijo: "¿Qué es el matrimonio y cómo es? Por supuesto que lo haré". Los padres se quedaron estupefactos. Habían pensado que el muchacho era de naturaleza sannyasin y que no se casaría, pero ¿qué es esto? Empezaron a buscar una novia.

Se seleccionó una novia, que era bastante joven aún, tenía entre ocho y diez años menos que Ramakrishna. Ramakrishna fue a ver a la muchacha. Los miembros de su familia también le acompañaron.

La madre de Ramakrishna le había guardado tres rupias en el bolsillo por si las necesitaba para algo.

Sin embargo, el pueblo de la novia no estaba muy lejos. A Ramakrishna le dieron ropa nueva y lo acicalaron para la ocasión. Al llegar a la aldea vio a la muchacha; era muy hermosa. Ramakrishna puso las tres rupias a sus pies y le tocó los pies. Todos los que vieron lo que ocurría se avergonzaron y dijeron: "¿Estás loco? Va a ser tu esposa, ¡y le estás tocando los pies! ¿Y por qué le has regalado esas tres rupias?".

Ramakrishna dijo: "Parece tan encantadora como mi madre". Ramakrishna sólo conocía un amor, el amor de la madre. Dijo: "¡Es tan encantadora, como mi madre! Sólo la llamaré 'madre'. ¿Qué diferencia hay si también es esposa?".

Más tarde se casaron, pero Ramakrishna siempre se dirigía a Sharda como "Madre" y seguía tocándole los pies. Y cuando llegaba el día del culto a la diosa madre Kali, Ramakrishna sentaba a Sharda en un trono y la adoraba. Decía: "Cuando existe la madre viva, ¿qué necesidad hay de un ídolo?". Tener una esposa no era una esclavitud. Nunca la vio como una esclavitud. Simplemente extendía sus manos y le quitaba los grilletes.

Todo depende de tu actitud. La infelicidad es infelicidad porque la rechazas y deseas la felicidad. La infelicidad se debe a que deseas su opuesto, de lo contrario, ¿qué es la infelicidad? La infelicidad está oculta en tu demanda de lo opuesto. ¿Qué es la infelicidad?

La falta de paz se debe a que deseas la paz.

Nuestro mundo está en nuestra elección.

Este sutra dice: Quien se vuelve sin elección ve el alma no dual, porque aquel que no elige en el mundo exterior -ni felicidad ni infelicidad, ni amor ni odio, ni el mundo ni la liberación, ni la materia ni Dios-, que simplemente no elige, con quien toda elección ha cesado, alcanza inmediatamente su interior.

Es en la elección donde la conciencia se atasca. Nos atascamos en lo que elegimos. Cuando uno simplemente no elige, se destruye todo bloqueo; se rompe su contacto con la orilla y comienza su contacto con la corriente media, se funde con la corriente interior.

Aquel que alcanza la falta de elección ve el alma, y entonces el nudo de la ignorancia en el corazón queda completamente destruido.

CONSOLIDANDO LA MISMIDAD, DEJANDO CAER LA YOIDAD, ETCÉTERA, EXISTEN CON INDIFERENCIA HACIA

ELLOS, COMO CON LAS OLLAS Y LA ROPA, ETCÉTERA.

Entiende también esta palabra udasin, indiferente. Udasin, indiferente, no significa permanecer udas, triste. Udasin significa vivir despreocupado, vivir sin propósito. La palabra udasin ha hecho mucho daño. Hay una secta de sannyasins udasin. Permanecen en una tristeza autoimpuesta porque piensan que udasinata, indiferencia, significa udasi, tristeza.

La indiferencia no tiene nada que ver con la tristeza; la relación sólo está en el sonido de las palabras.

Indiferente significa: "No tomo decisiones. Pase lo que pase, que pase". No udasi, tristeza, sino udasinata, indiferencia. Todo está bien, cualquier cosa que ocurra está bien". Es como si uno viviera en una casa -los ejemplos tomados en este sutra son vasijas, ropas, pertenencias, etc. en la casa- y uno entrara y saliera de la casa con facilidad. Si una olla está tirada por ahí, está tirada por ahí, no hace falta fijarse en ella. Si la ropa está colgada en la casa, está colgada; uno pasa junto a estas cosas, no necesita prestarles especial atención.

Del mismo modo, dentro de nosotros cuelgan nuestros egos, junto con la infelicidad, la felicidad, las agonías y ansiedades, los recuerdos de felicidad e infelicidad - todos ellos yacen allí dentro de nosotros. Son como enseres domésticos internos: ollas, vasijas, ropa, etc. Pasa a través de ellos de manera que todo esté bien, sea lo que sea, está bien. No hay necesidad de prestarles atención, no hay necesidad de elegir entre ellos, no hay necesidad de ser atraído por una cosa y repelido por otra - esto es lo que se entiende por indiferencia.

Una persona indiferente es muy alegre, no está triste. Pero ten en cuenta el significado de ser alegre.

Estar alegre significa que ya nada le perturba y, por lo tanto, la flor interior comienza a florecer; ya nada le molesta y, por lo tanto, permanece en la dicha dentro de sí mismo.

Si te impones la tristeza a la fuerza, nunca podrás estar alegre. Hay que volverse indiferente. Inténtalo experimentando....

Vas caminando por una carretera: decide permanecer indiferente ante todo lo que te encuentres durante cinco minutos. Entonces qué casa es bonita, cuál no, todo es lo mismo. Luego, quienquiera que pase, fuera rico o pobre, respetable o de mala reputación, líder político o ladrón...

quienquiera que fuera, tú no tienes nada que ver. Pasó una mujer hermosa, pasó un hombre apuesto, el vestido de alguien era elegante... a ti no te concierne ninguno de estos asuntos. Camina por la calle durante cinco minutos como si estuviera totalmente vacía, o como si estuvieras atravesando una jungla y no hubiera nada que te atrajera. Inténtalo -simplemente permanece indiferente- e inmediatamente te darás cuenta de que la carretera ha perdido todo su significado. Su significado estaba en tus apegos interiores.

En unas memorias que Vidyasagar ha escrito, cuenta que una tarde salió a pasear y vio a un caballero mahometano que caminaba delante de él. Él también salía a pasear todos los días. De repente, un criado vino corriendo - Vidyasagar caminaba justo detrás - y le dijo a aquel amigo mahometano: "¡Mir Sahib! Tu casa está ardiendo, por favor, ven rápido". Mir Sahib respondió: "Ya voy". Pero seguía caminando al mismo paso; el mismo movimiento de piernas, los mismos pasos sin prisa; nada cambiaba en él. Al oír la noticia del incendio, incluso Vidyasagar cambió la velocidad a la que caminaba, su respiración se hizo más rápida. Pero Mir Sahib siguió caminando con la misma indiferencia.

El criado, desconcertado, volvió a decir un poco más alto: "¿No lo has oído? Tu casa está ardiendo". Mir Sahib respondió: "Lo he oído", y siguió caminando con la misma despreocupación. Vidyasagar se acercó y le dijo: "¿Qué haces? ¿Entiendes lo que dice el criado, que tu casa está ardiendo?". Mir Sahib dijo a Vidyasagar: "Está bien, pero ¿qué puedo hacer ahora que la casa está ardiendo? ¿Por qué debería estropear también mi paseo? Y tengo esta oportunidad: si puedo continuar mi paseo sin que me lo impida el hecho de que mi casa esté ardiendo, saborearé la indiferencia.

La casa está en llamas, de acuerdo, pero caminaré de la misma manera que caminaba antes de que la casa estuviera en llamas. Si cambio mi forma de andar aunque sea ligeramente, eso será un cambio en mi conciencia... así que está bien".

Y Mir Sahib siguió caminando por el mismo camino.

Vidyasagar ha escrito además que él y el criado de Mir Sahib corrieron hacia la casa en llamas, dejando a Mir Sahib con su paseo. "Nos habíamos alterado mucho y al llegar a la casa ayudamos a apagar el fuego". Vidyasagar dice que aquella noche no pudo dormir bien. Pero por la actitud imperturbable de Mir Sahib que había visto ese día, está muy claro que Mir Sahib debió de dormir tranquilo también esa noche. ¿Qué diferencia habría? Una persona cuya velocidad al caminar no era diferente, ¿cómo podría haber alguna diferencia en su sueño?

Indiferencia significa una actitud neutral. Cualquier cosa que ocurra está bien, se acepta; hay un estado de talidad, no hay elección de ningún tipo. La inquietud no es causada por el hecho de que la casa esté en llamas. Trata de entenderlo, la inquietud es causada por la expectativa de que: "Mi casa no debe estar en llamas". Hay una expectativa oculta de que tu casa no debería estar ardiendo. Puede que ni siquiera seas consciente de ello, está oculto en la mente inconsciente, que tu casa no debería haber estado en llamas. Así que cuando la casa se incendia, esa expectativa interna se rompe y eso perturba tu andar, perturba tu conciencia. Pero aquellos que no tienen expectativas de ningún tipo, y pase lo que pase no tienen ninguna actitud e insistencia en contra de ello, su conciencia no se desestabiliza. Esta inmovilidad de la conciencia es udasinata, la indiferencia.

TODOS LOS TÍTULOS -DESDE BRAHMA, EL DIOS CREADOR, HASTA UNA PIEDRA- SON FALSOS. POR LO TANTO, ARRAIGADO SÓLO EN EL ALMA VE TU PROPIA ALMA EN TODAS PARTES.

Todas las posiciones, todos los títulos y todas las reputaciones son falsas y artificiales. Ya sea una piedra tirada en el camino o el dios instalado por nosotros arriba en el cielo, todos son inútiles.

Permanece atento sólo a lo que no es falso, permanece absorto sólo en ese testimonio. Así, aunque seas una piedra, permanece absorto en el mismo testimonio, y aunque seas Brahma, el dios creador, permanece absorto en el mismo testimonio. Entonces no será necesario elegir entre ser una piedra o Brahma, porque el testimonio es uno y el mismo. Si eres pobre, permanece absorto en el testimonio; si te haces rico, permanece absorto en el testimonio. Entonces la pobreza y la riqueza no supondrán ninguna diferencia para ti, porque dentro de ti fluirá la misma corriente de testimonio.

Todos los títulos son inútiles. Todo lo que se recibe del exterior es inútil. Sólo lo que se consigue desde dentro tiene sentido. Pero nada más que la conciencia testigo se alcanza desde el interior. En todas las condiciones, en todas las situaciones, sigue viendo el alma que reside en tu interior.

YO MISMO SOY BRAHMA - EL DIOS CREADOR; YO MISMO SOY VISHNU - EL DIOS SUSTENTADOR; YO MISMO SOY SHIVA - EL DIOS DESTRUCTOR; YO MISMO SOY INDRA - EL JEFE DE TODOS LOS DIOSES; YO MISMO SOY ESTE UNIVERSO, Y YO MISMO SOY TODO. NO HAY NADA MAS QUE YO MISMO.

La misma actitud kaivalya - el que experimenta esta conciencia, el que conoce este presenciar, "el otro" desaparece de él. El otro ya no está ahí, sólo soy yo, todo es mi propia extensión. Porque el día que llego a conocer mi propia conciencia, también llego a saber que tu conciencia no está separada de la mía. Mientras sólo conozca mi cuerpo, tú estás separado de mí, porque mi cuerpo está separado y tu cuerpo está separado.

Entiéndelo así. Hay una lámpara de barro ardiendo, hay otra lámpara de plata ardiendo, y una tercera lámpara de oro está ardiendo. Ahora bien, si estas tres lámparas miran a sus cuerpos de barro, plata y oro, entonces las tres son diferentes. La lámpara de plata mirará hacia abajo a la lámpara de barro y la lámpara de oro mirará hacia abajo tanto a la lámpara de plata como a la de barro. Pero si alguna de estas tres lámparas experimenta la llama - "Yo soy la llama"-, ¿podrá esa lámpara decir a las otras lámparas: "Tú eres diferente de mí"? No, porque ahora verá a las otras lámparas también como llamas. Ahora para esta lámpara los cuerpos han dejado de tener sentido, ya sean de arcilla, plata u oro. Ahora sólo tiene sentido la llama, que no es ni arcilla, ni plata, ni oro, sino simplemente una llama. Para la lámpara que ha experimentado que es la llama, todas las lámparas del mundo se han vuelto una con ella: "Ahora, dondequiera que haya llama, soy yo".

Mientras veamos los cuerpos, estaremos separados. Pero cuando hemos visto al testigo interior, que es nuestra llama eterna, todos nos volvemos uno e inseparables. Entonces, el testigo que se esconde dentro de ese pájaro que vuela cerca del árbol, ese también soy yo. Y el testigo escondido dentro de Brahma, el creador del mundo y el controlador del mundo, ese también soy yo. Entonces el que mendiga en la calle también soy yo y el emperador sentado en el trono también soy yo.

Una vez que la experiencia de la llama interior ha comenzado, las formas pierden sentido; entonces el cuerpo, la materia, pierden sentido, sólo la llama cobra sentido.

Otra cosa interesante es que, tanto si la lámpara es de barro como de oro, no hay diferencia en la llama. ¿Tiene una lámpara de barro una llama de barro? o una lámpara de oro una llama de oro? No, no hay diferencia - la llama es una llama, la misma en todas partes. El cuerpo no supone ninguna diferencia para la llama. Es la misma llama que brilla en el más ignorante que en Buda. Pero Buda lo sabe y el ignorante no. ¿Y cuál es realmente la diferencia en conocer? Buda ha dejado de preocuparse por la forma exterior de la lámpara y ha descubierto la llama interior; el ignorante sigue influenciado por la forma exterior -en el cuerpo de arcilla, plata u oro- y aún no ha sido capaz de conocer la llama interior. Pero la llama está ahí.

Es "Yo" extendido en todo - tal realización es adhyatma, espiritualidad.

Hay que mencionar dos o tres cosas importantes. El primer día os pedí que os mantuvierais alegres, contentos y risueños; que os rierais todo lo que pudierais, incluso sin motivo alguno.

Pero una cosa que había omitido a sabiendas. No te he pedido que no te rías sin motivo mientras hablo. Esta parte la había omitido a sabiendas. Quería descubrir que esas tres o cuatro personas inteligentes que seguramente han venido aquí, se reirían incluso mientras estoy hablando. Y debido a su risa, se verían privados de entender lo que estoy diciendo y obstaculizarían a los demás también. Y mi deducción no es incorrecta.

Tres o cuatro personas inteligentes están aquí. Una o dos de ellas son del Punjab. Solía oír que la gente del Punjab tiene un poco más de inteligencia, pero nunca lo había creído. Ni siquiera ahora lo creo, aunque esos dos amigos punjabíes se esfuerzan por hacérmelo creer. Está bien, pero nunca pensé que en su compañía dos o tres gujaratis harían lo mismo. No esperaba mucha inteligencia de los gujaratis, pero están compitiendo con los punjabíes.

¡Incluso en la idiotez hay competencia! Y recuerda, siempre es fácil irse a un extremo, pero la cuestión es quedarse en el medio. O la gente se sentará manteniendo sus caras y rasgos como cadáveres, o empezarán a expresar alegría de forma idiota. Eso tampoco es alegría.

Si haces ruidos fuertes sin motivo mientras estoy hablando, no tienes ni idea de lo que estás haciendo. Sólo estás atrayendo la atención de la gente, diciéndoles que tú también estás aquí. Eso no es mostrar sabiduría y no va a beneficiar a tu meditación de ninguna manera. Cuando estoy hablando, es el momento de que te quedes en silencio y en silencio, dejando a un lado todas las actividades de tu mente, para que lo que estoy diciendo pueda penetrar en ti. Si estoy diciendo algo y te ríes a carcajadas sin ninguna razón, lo que estaba entrando será expulsado por la fuerza de tu risa. Lo has echado fuera. Así que muévete con cuidado. Si no te mueves pensativamente nunca serás capaz de profundizar.

La segunda cosa: ayer había enviado instrucciones de que sólo durante la meditación de la mañana puedes desnudarte completamente si te apetece - es útil. Pero no es útil en absoluto durante el kirtan de la tarde, el canto devocional y la danza, y la meditación de la noche. Para mi, ni la ropa ni la desnudez tienen ninguna importancia - toma nota de ello. Muchas veces se malinterpreta. Muchas veces se piensa que tal vez estoy diciendo que si te desnudas alcanzas la liberación. No es tan fácil, de lo contrario todos los pájaros y animales ya se habrían liberado. Y si la liberación sólo se retiene por llevar ropa, entonces no hay mucha dificultad en liberar al mundo entero desnudándolo. No, no es tan fácil ni tan barato.

Cuando digo que en algún momento durante la meditación, si sientes que tu ropa te está obstruyendo -en los movimientos de tu cuerpo, en la expresión- quítate la ropa; entonces la desnudez será de ayuda. Pero puede haber algunos tontos, de hecho los hay... algunos tontos se aferran a la ropa, y algunos tontos empiezan a aferrarse a la desnudez. Piensan que ahora que están desnudos no hay nada más que hacer. Así que veo a una o dos personas que no hacen ningún paso de la meditación, sólo se quedan desnudas y piensan que es suficiente.

No va a pasar nada por desnudarse. Y no hago hincapié en la desnudez. Ambos énfasis son iguales. Algunas personas piensan que si te quitas toda la ropa de tu cuerpo, tu vida está acabada; y otras piensan que si te quitas toda la ropa, lo alcanzas todo - sus mentes también conceden un gran valor a la ropa. Los tipos son similares. Las personas cubiertas por la ropa y los monjes desnudos son similares, sus mentes son las mismas. No hay gran diferencia entre los dos. Ambos creen que la ropa es importante.

No te digo que te quites la ropa porque estando desnudo alcanzarás la liberación. Desnudo ya estás - bajo tu ropa estás desnudo. ¿Qué diferencia va a haber si estás desnudo sin tu ropa o estás desnudo dentro de tu ropa?

Cuando te permito que te quites la ropa, significa que siempre y cuando, durante la meditación, sientas la utilidad de quitarte la ropa, cuando tu energía corporal despierte, cuando tu bioenergía despierte debido al martilleo profundo de tu respiración y sientas que la ropa te está obstaculizando de alguna manera, sólo entonces quítate la ropa, de lo contrario no tiene sentido hacerlo. Y no hay ninguna necesidad de quitarse la ropa en el kirtan de la tarde, ni hay ninguna necesidad de hacerlo en la meditación de la noche. Y si alguien persiste durante el kirtan de la tarde o la meditación de la noche haremos que sea expulsado del campus.

En la meditación matutina tiene una base científica. Cuando hay una respiración profunda y la energía corporal comienza a surgir vigorosamente, la ropa puede crear un obstáculo. Entonces está bien quitarse la ropa. Y luego, durante el segundo paso de esta meditación, en el que te estoy diciendo que abandones todo tipo de supresión y que no te abstengas de hacer nada que a tu cuerpo-mente le apetezca hacer, si te apetece quitarte la ropa, hazlo. Pero no es necesario en el kirtan o en la meditación nocturna.

No hagas de la desnudez una doctrina; la desnudez es un recurso.

La tercera cosa: algunos sannyasins occidentales, hombres y mujeres, podrían estar bañándose desnudos en el pozo, y entonces algunos amigos indios se agolpan allí para verlos. No seas tan tonto. Si quieres bañarte desnudo, hazlo. Pero cuando otra persona se está bañando desnuda y tú vas a mirarla, sólo estás demostrando tus numerosas actitudes reprimidas y enfermas.

Hay dos tipos de locos. Un tipo de locos son los que quieren ver desnudos a los demás; y también hay otro tipo de locos que quieren mostrarse desnudos a sí mismos. La psicología tiene diferentes nombres para las enfermedades de todos estos locos. En Occidente, hay muchos casos en los tribunales contra esas personas que de repente se exponen ante alguien. Se les llama exhibicionistas. Dos o tres amigos así han llegado aquí; toda su alegría parece ser que los demás vean sus cuerpos. Y normalmente se trata de personas cuyos cuerpos no merecen ser vistos. Si fueran dignos de verse, la gente vendría a ellos para ver sus cuerpos. Aquellos cuyos cuerpos no son dignos de verse son las personas que permanecen desnudas en una multitud; nadie va a verlos, pero piensan que al menos de esta manera alguien puede verlos. Esas personas con esas enfermedades no tienen razón de estar aquí.

Y luego hay algunas personas que se dedican a mirar a otras cuando están desnudas.

También están enfermos. Si te gusta alguien, si estás enamorado de alguien y hay una intimidad tan estrecha, entonces la ropa se cae por sí sola y están desnudos. Pero en ese amor no se sienten desnudos, se sienten más cerca, la obstrucción de la ropa ha desaparecido. Pero ir y mirar a alguien que está desnudo y con quien no tienes intimidad amorosa es muy sucio y mezquino y sólo habla de tu enfermedad oculta.

Cuando venía hacia aquí, conmigo en el coche iba un sannyasin inglés, Vivek. Cuando el coche se detuvo en una esquina, vinieron cuatro o cinco burros y se pararon junto al coche. Le pregunté a Vivek si en Inglaterra había burros más grandes que éstos o si eran iguales.

Ella respondió: "Un poco más grande". No le dije nada más, porque sólo estaba bromeando. Pero ayer me informaron de que la gente se agolpa cerca del pozo cuando la gente se baña. Así que hoy voy a decirle que se equivocaba, que es difícil competir con India, que los burros son más grandes en India.

La cuarta cosa: después de los treinta minutos de meditación, cuando te pido que te quedes quieto, que estés en silencio, entonces si no eres capaz de quedarte quieto y en silencio sólo significa que no estás haciendo ninguna meditación, sólo estás histérico. Comprende claramente esta diferencia. Cuando yo digo: "Respira rápida e intensamente durante diez minutos", tú debes ser tu propio maestro y ser capaz de hacerlo. Cuando digo: "Vuélvete loco durante diez minutos", debes tener la maestría para volverte loco también - estás siendo loco con decisión, la locura no se apodera de ti. Estás expulsando las supresiones de tu interior, a tu voluntad. Y cuando digo: "Haz el sonido martilleante de 'Hoo-Hoo' durante diez minutos", lo estás haciendo - no debe apoderarse de ti, de lo contrario te has convertido en un esclavo. Y cuando digo: "¡Detente por completo!", el que no puede detenerse es un histérico. Significa que el asunto no está bajo su control, ahora es incapaz de detenerlo; sigue gritando, sigue llorando. Significa que el llanto le ha dominado.

Esto no sirve. Esa persona está enferma, no está meditando.

Meditación significa que debes establecer tu maestría. Y si este dominio no puede establecerse, entonces no habría diferencia entre la histeria y la meditación. Así que cuando yo diga "¡Para!", debes parar inmediatamente. Incluso un momento de retraso muestra que has perdido tu dominio y que lo que estabas haciendo en ese momento se ha convertido en el amo. Si estabas gritando, te ha atrapado y eres incapaz de detenerlo. Si gritar te atrapa y eres incapaz de dejarlo, entonces no serás capaz de entrar en paz.

El dominio te conduce a la paz.

Hay tres o cuatro personas que simplemente no paran incluso después de que les haya pedido a todos que paren.

Piensan que han profundizado tanto en la meditación, ahora cómo pueden parar. ¡No han entrado en meditación! Y si esto se repite hoy pediré que los saquen, porque necesitan tratamiento médico, no meditación. Y después de treinta minutos, cuando pienses que ahora viene la tos o algo parecido, por favor, no te confundas. La tos es un fenómeno infeccioso. Una persona tose, y luego le siguen de cinco a diez idiotas. La tos de la primera persona puede haber sido genuina, pero las otras cinco o diez personas simplemente le siguen. ¿Te diste cuenta de que anoche también dejó de toser? ¿Cómo es posible? Cuando te pedí que ni siquiera tosieras, ¿cómo paró? Porque era falso.

Tampoco está permitido toser. Intenta experimentar con ello; no morirás por no toser durante diez minutos. No tienes ni idea de cuántos trucos juega tu mente. La mente dice: "Una tos muy fuerte está forzando su camino, toseré sólo ligeramente". Has conseguido entorpecerla ligeramente, pero has tosido. Pensaste: "Pero, ¿qué puedo hacer? - toser es compulsivo". No, no es compulsiva.

¿Os dais cuenta de que cuando hablo aquí durante hora y media no toséis ni una sola vez, y cuando os pido que guardéis silencio durante diez minutos, de repente os invade la tos? Si la tos fuera auténtica, debería haber estado presente en la misma proporción durante todo el período.

Pero no es así. Usted está sentado en una sala de cine, y no habrá tos durante tres horas.

¿Qué ocurre realmente? Entonces vas a un templo y la tos se apodera de ti. ¿Hay gérmenes de la tos en el templo o qué? Toser en una sala de cine se puede entender, allí ciertamente hay gérmenes en abundancia. Pero ocurre en el templo, donde todo está impecable, limpio.

La razón es psicológica. Esta tos que te viene no es física, es mental; ¡detente!

¡Basta ya! ¿Qué puede ir realmente mal en diez minutos? Como mucho puedes morir... aunque nunca se ha oído que alguien no haya tosido durante diez minutos y haya muerto por ello. Uno puede haber muerto por toser durante diez minutos, pero nunca por no toser durante diez minutos. Por favor, sé amable, déjalo por completo. Sé un cadáver durante esos diez minutos.

Cuando diga "¡Alto!", detente por completo; quédate quieto. De lo contrario, todo es inútil. La energía surge pero no tiene la oportunidad de trabajar en ti; y tú, habiéndola disipado felizmente en toses y cosas por el estilo, vuelves a casa. Luego vienes a decirme que no ha pasado nada. Has tosido, ¿no es suficiente? Vienen a decirme que la meditación no les sucedió y yo sé que estuvieron tosiendo todo el tiempo. ¡Ahora se culpa incluso a la pobre meditación!

Establece un poco de dominio. Cuando digo: "Silencio", debe haber aquí un silencio como de gotas de alfiler, como si no hubiera ni una sola persona, como si todos hubieran desaparecido. Sólo entonces los resultados....

Además, cuando empiece a hablar en inglés no puedes levantarte. Siéntate donde estás. Compórtate al menos con cierta comprensión.

Cuando hablo en hindi, los que no lo entienden se sientan tranquilamente. Y cuando empiezo a hablar en inglés, los que no entienden inglés simplemente se levantan y se van. Esto indica una gran impaciencia e idiotez. Hay unos cincuenta amigos occidentales aquí. También están aquí sentados y escuchando. Fíjate en sus caras. Cuando hablo en hindi, mírales a la cara. Parece que entienden más que tú. ¿Por qué?

No entienden el idioma en absoluto, pero tienen mucha paciencia: "Puede que no seamos capaces de entender, pero se está diciendo algo importante; así que sentémonos en silencio y escuchémoslo". No son capaces de entender, pero este silencio de una hora será sin duda beneficioso. No podrán entender, pero ser pacientes durante una hora no es más que meditación. Pero tan pronto como empiezo a hablar en inglés, ustedes se levantan y se mueven. Esto significa que ni tienes paciencia, ni esperas en silencio, ni te preocupas por las molestias que causas a los demás.

¡Por favor, piensa!

Un poeta amigo mío, un poeta urdu, había estado en Suecia. Me contaba que cuando recitaba sus poemas en urdu nadie le entendía, pero miles de personas se quedaban sentadas en silencio.

Me dijo: "Me sorprendió mucho. Había pensado que nadie vendría a escucharme o, si lo hacían, se marcharían pronto". Entonces les preguntó: "Vosotros no entendéis el idioma, así que ¿cómo podéis estar sentados tan silenciosamente mientras yo recito?". Ellos respondieron: "Es cierto que no entendemos lo que dices, pero cuando recitas con tanto sentimiento sí entendemos tus ojos, tus gestos, los movimientos de tus manos, y sabemos que se está diciendo algo muy significativo y profundo.

Así que, al menos, podemos mostrar esa cortesía para no molestarte en ese sentimiento, en ese estado tuyo".

Así que esto no sirve. Por la noche, veo a algunos forasteros venir aquí, y en cuanto empiezo a hablar en inglés empiezan a marcharse. Esta noche nadie podrá irse así. Si alguien se levanta para irse cerca de ti, pídele inmediatamente que se siente. Y si siguen marchándose, a partir de mañana por la noche no les permitiré entrar aquí. Anunciaré antes de empezar a hablar en hindi que aquellos que quieran marcharse durante la parte en inglés deben hacerlo ahora.

Hay que dar a la vida una disciplina, un orden, de lo contrario no ocurrirá nada.

Suficiente por hoy.

Tú eres el nudo

LA ILUSIÓN DE QUE LAS COSAS ESTÁN EN EL ALMA ES UN FENÓMENO IMPUESTO.

DEJÁNDOLO CAER, UNO MISMO ES EL BRAHMA PERFECTO, NO DUAL Y SIN ACCIÓN - LA REALIDAD ABSOLUTA.

EL MUNDO QUE APARECE COMO UNA COSA DIFERENTE DEL ALMA ES CASI FALSO.

¿DÓNDE ESTÁ LA DIVISIÓN EN UNA ENTIDAD PURA, SIN FORMA Y SIN ÓRGANOS?

EL ALMA CONSCIENTE ESTÁ LIBRE DE LAS NOCIONES DE VIDENTE, VER Y LO VISTO, ETCÉTERA. ES INMUNE Y COMPLETAMENTE LLENA COMO EL OCÉANO EN EL MOMENTO DEL DILUVIO.

AL IGUAL QUE LA OSCURIDAD SE DISUELVE EN LA LUZ, LA CAUSA DE LA ILUSIÓN SE DISUELVE EN LA REALIDAD ABSOLUTA SIN PARANGÓN QUE NO TIENE ÓRGANOS - ENTONCES, ¿DÓNDE ESTÁ LA DIVISIÓN EN ELLA?

LA REALIDAD SUPREMA ES UNA SINGULARIDAD; ¿CÓMO PUEDE HABER DIVISIÓN EN ELLA? EL ESTADO DE SUSHUPTI - SUEÑO PROFUNDO SIN SUEÑOS - ES DICHOSO; ¿QUIÉN HA VISTO DIVISIONES EN ÉL?

En este sutra se ha planteado una cuestión muy importante. Esta pregunta ha estado surgiendo en la mente del hombre durante siglos, desde el tiempo infinito - ¿cómo liberarse de este mundo en el que estamos enredados, este mundo en el que nos hemos visto envueltos por el dolor y la angustia? ¿Y qué es en realidad este mundo y cuál es la naturaleza de esta oscuridad en la que estamos ahogados y perdidos?... porque sin conocer su naturaleza, no puede haber forma de liberarse de él.

De lo que uno quiera liberarse, tendrá que conocerlo bien. La esclavitud es creada por nuestra ignorancia. Por lo tanto, si la esclavitud ha de abrirse y aflojarse, sólo a través del conocimiento pueden abrirse los nudos.

Un día, cuando Buda llegó en medio de sus discípulos, llevaba en las manos un pañuelo de seda.

Los discípulos se sorprendieron, porque Buda nunca llevaba nada en la mano cuando venía a dirigirse a sus discípulos. Entonces se sentó ante ellos y ató un nudo en el pañuelo, luego un segundo nudo, luego un tercero: cinco nudos, uno sobre otro. Luego preguntó a sus discípulos: "Cuando vine aquí con este pañuelo no había nudos en él, y ahora hay cinco nudos. Ahora os pregunto si ha cambiado algo en el pañuelo o si sigue siendo el mismo pañuelo con el que vine".

Ciertamente, los discípulos debieron de tener dificultades. Es incorrecto decir que el pañuelo ha cambiado, porque el pañuelo sigue siendo exactamente el mismo. Hacer nudos en un pañuelo no supone ni un ápice de diferencia en la naturaleza del pañuelo: lo grande que era y lo que era sigue siendo lo mismo. Pero tampoco es correcto decir que el pañuelo no ha cambiado en absoluto, porque antes era un pañuelo abierto y ahora está cubierto de nudos. No cabe duda de que se ha producido un gran cambio.

Un discípulo se levantó y dijo: "Estás haciendo una pregunta muy difícil. El pañuelo casi ha cambiado".

Compréndelo un poco, porque esta palabra casi aparecerá pronto en el sutra y entonces será imperativo que la entiendas. "Casi ha cambiado" significa que ha cambiado y que no ha cambiado. Ha cambiado si nos fijamos en el cuerpo del pañuelo, y no ha cambiado si nos fijamos en la naturaleza del pañuelo. Ha cambiado si nos fijamos en su cuerpo. No ha cambiado si nos fijamos en su alma. Se ha producido un cambio externo debido a los nudos, pero no ha cambiado por dentro. La forma y la figura han cambiado. No ha cambiado si nos fijamos en su naturaleza real, pero ha cambiado si nos fijamos en su sentido práctico, porque el pañuelo que estaba abierto puede utilizarse como pañuelo, pero el pañuelo que tiene cinco nudos no puede utilizarse como pañuelo. Ni siquiera puede llamarse pañuelo, porque "pañuelo" es el nombre de una utilidad.

Recuerde que cuando damos un nombre a algo, en realidad estamos nombrando una utilidad. El lenguaje nos obliga a utilizar el mismo nombre incluso cuando la utilidad no existe. Por ejemplo, un abanico: cuando uno se abanica con él cuando hace calor, se llama abanico. Pero cuando el abanico no se utiliza y se guarda, no debe llamarse abanico. Un abanico significa algo que ya está siendo utilizado para abanicar, que está funcionando actualmente como un abanico. Pero cuando está en reposo, cuando no está abanicando el aire, no debe llamarse ventilador.

Las piernas son algo con lo que se camina. Pero cuando no caminas, no deberían llamarse piernas. El nombre debería ser el de la función, el de la acción. Pero el lenguaje se volvería demasiado difícil: un nombre distinto para la pierna que camina, un nombre distinto para la pierna que no camina... todo sería demasiado complicado; así que, de alguna manera, seguimos adelante.

Así pues, la palabra ventilador tiene dos significados implícitos. Por un lado, un abanico que ya está abanicando el aire y, por otro, un abanico que puede abanicar el aire, que tiene el potencial de abanicar el aire. Utilizamos la misma palabra en ambos sentidos. Un pañuelo tiene usos: se puede atar algo con él. Pero un pañuelo que está atado en sí mismo, ya no se puede atar nada más en él.

Buda dijo: "Quiero hacer una pregunta más, y es: si quiero desatar este pañuelo, ¿qué debo hacer?". Diciendo esto, Buda empezó a tirar del pañuelo desde ambos extremos; los nudos se hicieron aún más pequeños y apretados.

Un discípulo gritó en voz alta: "Perdona, pero lo que estás haciendo va a hacer que los nudos se aprieten aún más y que sea casi imposible desatarlos."

Buda dijo: "Una cosa está clara ahora, que el pañuelo no puede abrirse haciendo cualquier cosa. Yo estoy haciendo algo, pero tú dices que eso empeora la situación. Entonces, ¿qué habrá que hacer para abrir el pañuelo?".

Un discípulo respondió: "En primer lugar, tendremos que saber cómo se han hecho los nudos. Mientras no se comprenda la naturaleza de los nudos, no será posible deshacerlos. Así que primero tendríamos que ver cómo están atados los nudos. La manera de deshacer el nudo es justo la inversa de la manera de hacer el nudo. Y mientras no sepamos la manera en que se hicieron los nudos, es mejor no hacer nada que hacer algo, porque al hacer algo las complicaciones pueden aumentar y los nudos pueden apretarse más, haciendo que la solución sea más problemática."

En nuestra conciencia también hay nudos. Y la situación es exactamente la misma: no hemos cambiado en absoluto y, sin embargo, hemos cambiado. Nuestra naturaleza es exactamente la misma que la del Brahma supremo, pero hay algunos nudos en nosotros. Y mientras estos nudos no se deshagan, no podemos ser esa naturaleza última que no tiene nudos.

Los jainas han dado un nombre a Mahavira que es muy hermoso. El nombre es: nirgrantha, el sin nudos. Siempre que Buda se refiere a Mahavira lo llama nirgrantha natputta, ese hijo de la familia Natha, ese muchacho nacido en la comunidad Natha, que se volvió sin nudos; cuyos nudos fueron cortados, abiertos.

Esta palabra nirgrantha es muy valiosa. Brahma, el absoluto, no tiene nudos, y nosotros estamos llenos de nudos - esa es la única diferencia.

Pero, ¿cómo se hicieron los nudos y qué son? Es necesario comprender su naturaleza. Este sutra trata sobre la naturaleza de los nudos. Entendamos este sutra, hay algunas pistas muy valiosas en él.

LA ILUSIÓN DE QUE LAS COSAS ESTÁN EN EL ALMA ES UN FENÓMENO IMPUESTO.

DEJÁNDOLO CAER, UNO MISMO ES EL BRAHMA PERFECTO, NO DUAL Y SIN ACCIÓN, LA REALIDAD ABSOLUTA.

Cuando se hace un nudo en un pañuelo, éste no está separado del pañuelo. ¿Has visto alguna vez un nudo solo sin el pañuelo? ¿Has visto alguna vez un nudo solo sin cuerda? ¿Has visto alguna vez un nudo puro, un nudo solo? Siempre que haya un nudo, estará en algo, nunca puede estar solo. Esto demuestra claramente que un nudo no puede estar separado de aquello de lo que está hecho. Si no puede existir por sí mismo, ¿cómo puede imponerse desde fuera?

No, el nudo no viene de fuera. E incluso en el pañuelo el nudo no estaba allí hasta que se ató. Así que es una cuestión muy interesante. El nudo no puede venir de fuera, nadie ha visto nunca un nudo solo, no existe nada parecido. Siempre está en algo, nunca está solo. Y el propio pañuelo no tenía nudos hace un momento, no llevaba ningún nudo. Entonces, ¿de dónde ha salido el nudo? ¿De dentro del pañuelo? ¿Cómo puede venir de dentro del pañuelo, si hace un momento no había rastro de él en el pañuelo? No ha venido de fuera, porque en el exterior nunca se encuentra ningún nudo. Ni ha venido de fuera ni ha venido de dentro; el pañuelo se lo ha impuesto a sí mismo, el pañuelo lo ha creado. Creado significa que no estaba en la naturaleza del pañuelo, lo ha conseguido.

El mundo es un logro nuestro; lo hemos creado con gran esfuerzo, mediante muchos artificios. El nudo no existe en alguna parte de la existencia, el pañuelo se lo ha impuesto a sí mismo con gran esfuerzo.

Todo lo que aparece en la conciencia es una imposición. Todo lo que se experimenta en el interior es una imposición.

Como hablábamos antes, las cosas se presentan ante un espejo y se reflejan en él. Si el espejo comete el mismo error que nosotros, pensando que son esos reflejos, estará en el mismo problema que nosotros. Pero el espejo no comete ese error, aunque otras cosas parecidas a los espejos -placas fotográficas o películas fotográficas- sí lo cometen.

Una película oculta dentro de una cámara y un espejo son similares. La imagen se forma tanto en el espejo como en la película de la cámara, pero el espejo no capta la imagen, mientras que la película sí. Por lo tanto, cualquier imagen que se forme en una película es capturada por ella, y debido a esta captura la película se vuelve inútil. Ya no puede formarse ninguna otra imagen sobre su superficie, está llena.

Un espejo nunca está lleno. Por muchas imágenes que se formen en él, siempre permanece vacío. Las imágenes van y vienen, el espejo sigue desprendiéndose de ellas. La renuncia del espejo es continua. Va dejando ir sus indulgencias, nunca se aferra a ellas. Tu rostro se ve en el espejo y éste lo deja ir. En cuanto te alejas, el espejo te ha olvidado, como si nunca te hubieras presentado ante él.

La conciencia del hombre es como un espejo y la mente del hombre es como una película fotográfica. La conciencia interior del hombre es como un espejo, nada se pega a ella. Pero el hombre tiene otro mecanismo llamado mente - la mente es como una película, todo lo que se refleja en ella queda atrapado por ella.

De hecho, si la mente no capta las cosas, pierde su utilidad. Por eso decimos que una buena memoria es algo valioso. La sociedad, la educación, todo se basa en un buen sistema de memoria. ¿A quién pertenece esa buena memoria? Pertenece a la mente que se aferra a las cosas.

La mente es un mecanismo como una película. Va reteniendo como una película; todo lo que se le pone por delante, lo retiene. Lo que no sirve para nada también lo retiene; lo que es inútil, basura y sin sentido, también lo retiene. Lo que no se necesita en absoluto se retiene. Una película no puede elegir. Todo lo que se expone a ella, no puede elegir qué retener, qué no retener. Todo lo que se le pone por delante lo atrapa.

Tu mente no para de atrapar cosas: no tienes ni idea de la cantidad de desorden que acumulas durante el día. Los psicólogos dicen ahora que tu mente no capta sólo aquello de lo que eres consciente, también capta aquello de lo que no eres consciente. Por ejemplo, estamos sentados aquí, yo estoy hablando y tú me estás escuchando. Ni siquiera eres consciente de que un pájaro ha trinado y se ha ido volando, ni de que ha sonado un claxon en la carretera; no tienes ni idea de todo eso, pero la mente también se está apoderando de todo eso. Si más tarde te preguntan si ha pasado un pájaro mientras escuchabas la charla, puedes decir que no lo recuerdas en absoluto. Sin embargo, si le hipnotizan y luego le preguntan qué otras cosas habían ocurrido, admitirá ambas cosas: que el pájaro había pasado volando y que también sonó el claxon en la carretera.

Los psicólogos lo llaman memoria subliminal. Detrás de la mente consciente se esconde la mente subconsciente, que está absorbiendo cosas todo el tiempo, incluso aquellas de las que no eres consciente. Mientras duermes por la noche, tu subconsciente también absorbe y sigue absorbiendo incluso lo que ocurre en el exterior.

Le sorprenderá saber que los últimos descubrimientos científicos revelan que un niño acumula recuerdos incluso en el vientre materno. El niño va recogiendo impresiones de todo lo que ocurre en el exterior. El yoga ha reconocido esto desde la antigüedad, que todo lo que le ocurre a la madre, o a su alrededor, el niño lo capta y su crecimiento se ve influido por ello. Y la ciencia occidental está cada vez más cerca de reconocerlo.

A medida que crece nuestro conocimiento, las cosas se vuelven más complejas. Ahora los psicólogos dicen que a los cuatro años el niño ha reunido el cincuenta por ciento de sus conocimientos. ¡El cincuenta por ciento! El conocimiento total que tendrá cuando muera a los ochenta años, el cincuenta por ciento lo ha adquirido a los cuatro años; el cincuenta por ciento restante se adquiere más tarde.

Desde el punto de vista del conocimiento, has completado la mitad de tu vida en cuatro años; ¡te has vuelto medio viejo! Pero el yoga dice que cuando comprendamos lo que el niño recoge mientras está en el vientre materno, tal vez la situación sea incluso diferente. Tal vez el niño reúna un mayor porcentaje en el propio útero, pero el propio niño no tiene memoria, todo es subliminal; está ahí en su mente.

Los gobiernos occidentales están muy preocupados por ello, porque la información es captada por la mente subconsciente y este fenómeno puede ser explotado, y peligrosamente explotado. Los anuncios en el cine que dicen fuma tal o cual cigarrillo, o usa tal o cual jabón, o haz esto, haz lo otro... todo esto sigue teniendo que mostrarse en la pantalla. En esta visualización, sigue habiendo una resistencia sutil. Como sabes que se trata de un anuncio, no te dejas influenciar tanto como es posible. Una mujer hermosa con una pastilla de jabón en la mano que te dice que el secreto de su belleza reside en ese jabón... todo el mundo sabe que no es algo que se pueda creer. Sin embargo, a fuerza de repetirlo, funciona y te atrapa.

Pero ahora se ha descubierto la publicidad subliminal. Ahora, "Utilice el jabón de tocador Lux" no será visible en la pantalla. La película que has ido a ver continuará y en algún momento de ella, en un instante, en la milésima parte de un segundo, pasará el anuncio del jabón de tocador Lux. Tus ojos no podrán captarlo porque pasará muy deprisa, pero tu mente sí lo captará.

Esto es peligroso. Los gobiernos de muchos países están pensando en prohibirlo, porque es demasiado peligroso. Ni siquiera eres consciente de ello, ni siquiera has sido capaz de leerlo, ni siquiera has percibido que algo más ocurría entre las imágenes de la película. Estabas ocupado viendo la película, y entre dos secuencias de la película ha pasado un anuncio en un instante.

Tras muchas investigaciones, se ha llegado a la conclusión de que una de cada mil personas tendrá un leve indicio de que algo ha sucedido, de que algo más estaba allí en medio, pero tampoco estará muy segura de ello. Las novecientas noventa y nueve restantes no tendrán ni idea de ello, estarán felizmente allí en sus asientos y su subconsciente lo captará. Esto es peligroso.

Esto significa que alguien puede ser candidato a un escaño en unas elecciones y sus anuncios pueden aparecer de esta manera en las películas, y tú irás a votar a esa persona sin ni siquiera darte cuenta de por qué lo estás haciendo. Esto es peligroso. Se puede hacer un mal uso de ello. Los gobiernos dictatoriales pueden hacer un mal uso de ello porque puedes ser víctima de ello muy fácilmente.

Pero la mente está captando cosas todo el tiempo, captándolo todo. Miles de sugestiones están siendo captadas a cada momento, todas se están acumulando. La mente es como una película, o como una cinta en un magnetófono; sigue acumulándolo todo. Y en la mente de todo el mundo hay unos setenta millones de células, y cada célula puede almacenar millones y millones de unidades de información. Un hombre, con una vida suficientemente larga, puede memorizar todos los libros de todas las bibliotecas del mundo. Es cuestión de que la vida sea lo suficientemente larga; por parte de la mente no hay ningún problema. La mente tiene una película suficientemente larga, es la vida la que se queda corta. Si a un hombre le quedan cien o doscientos mil años de vida, en este cráneo tan diminuto caben todas las bibliotecas del mundo.

La mente acumula. Es una coleccionista. No hay mayor acumulador que la mente. Todas las cajas fuertes son demasiado pequeñas, y todos los ricos son pobres comparados con la acumulación que puede tener la mente.

Detrás de esta mente se esconde la conciencia. Esa conciencia está inmaculadamente limpia como un espejo, no se aferra a nada. Cualquier cosa que se le ponga por delante, la ve; cuando el objeto se aleja, se acabó para ella: el espejo vuelve a estar limpio y vacío. Tanto si se trata de una luna reflejada en la conciencia, como de una espina o una flor, tanto si se trata de un rostro bello que se enfrenta a ella como de un acontecimiento feo, sólo se ve en la conciencia durante los momentos en que está frente a él. En cuanto se aleja, desaparece de la conciencia.

La mente es un mecanismo.

No eres la mente, eres la conciencia. Pero todos hemos creído ser la mente.

No tenemos ni idea de ese espejo inmaculadamente limpio y puro.

Este sutra dice:

LA ILUSIÓN DE QUE LAS COSAS ESTÁN EN EL ALMA ES UN FENÓMENO IMPUESTO.

DEJÁNDOLO CAER, UNO MISMO ES EL BRAHMA PERFECTO, NO DUAL Y SIN ACCIÓN - LA REALIDAD ABSOLUTA.

No hay nada que hacer, tú ya eres Brahma - esto es lo que declara el Vedanta. No tienes que convertirte en Brahma, ya eres Brahma. No tienes que ir a ninguna parte para alcanzar la verdad, siempre está contigo. ¿Qué ha fallado entonces? La mente está delante de la conciencia, así que todo lo que se acumula en la mente, toda esa acumulación sigue brillando en la conciencia.

Entendámoslo así. La luna sale y se refleja en el lago. Luego, cuando la luna se pone, el reflejo desaparece también del lago, porque sólo se ve en el lago mientras está en el cielo. Cuando no está en el cielo, también desaparece del lago. Ahora bien, si colgamos una luna artificial en el cielo para que nunca se mueva, su reflejo estará siempre en el lago. Nunca desaparecerá del lago, porque mientras la luna no se mueva, su reflejo en el lago tampoco se moverá.

Intenta comprender esto. Es sutil, y se necesita una comprensión completa del mecanismo interno del hombre.

Si esta situación se prolonga durante mucho, mucho tiempo, el propio lago puede empezar a sospechar que la imagen es suya y no un reflejo de la luna, porque nunca desaparece. El sol sale por la mañana todos los días y la luna sale por la noche, pero también se ponen y sus reflejos desaparecen del lago, dejándolo vacío. Así, cada día hay un intervalo, y el lago puede llegar a recordar que el sol llegó y ya se ha ido, que la luna llegó y ya se ha ido, y que "soy simplemente un espejo, un lago".

La conciencia está en lo más profundo de ti; frente a ella está la mente y frente a la mente está el mundo.

En el mundo todo cambia, cambia a cada momento. En la mente nada cambia; la mente es fotográfica, estática. Así que cualquier imagen del mundo que se imprime en la mente, permanece atascada en la mente para siempre. Esa imagen atascada también aparece atascada en la conciencia - siempre está ahí. Esto crea la ilusión de que la conciencia y la mente son la misma cosa. Ambas parecen ser una, porque no hay distancia visible entre las dos. Cualquier cosa que se vea en la mente, también se ve en la consciencia; parece que no hay frontera entre las dos. De ahí esta ilusión: el mundo parece superponerse en la conciencia, y parece como si el mundo hubiera entrado en el alma.

Nada entra en la conciencia, todo entra en la mente. Así que mientras no hayamos aprendido el arte de quitar la mente de en medio para que la conciencia y el mundo puedan encontrarse cara a cara sin que la mente esté ahí como intermediaria, para que el mundo de la mente no se interponga, para que las proyecciones de la mente no estén ahí - hasta entonces no llegaremos a saber que todo fue impuesto desde el exterior. "Yo soy Brahma, no el mundo, y yo soy la conciencia, no el cuerpo. Sólo parecía que yo era el cuerpo porque en la mente estaba impresa la imagen de que yo soy el cuerpo". La misma imagen se reflejaba en la conciencia. Tampoco hay en realidad codicia, ira o sexo en la conciencia. Todo esto está en la mente y todas las imágenes de la mente se reflejan en el interior, y han estado reflejándose durante tanto tiempo, durante tanta eternidad, que es natural caer en la ilusión de que no es un reflejo o una imagen, que es tu propia naturaleza.

Recuerda que tu cuerpo se destruye en cada vida. Pero, ¿y la mente? La mente no se destruye, y tu mente transmigra de una vida a otra. Cuando mueres, tu cuerpo se queda atrás, pero no la mente. La mente se abandona sólo cuando estás iluminado.

Ni siquiera la muerte es capaz de destruir la mente; la muerte sólo destruye el cuerpo, no la mente.

La mente también va más allá de la muerte. Sólo el samadhi, la iluminación, es capaz de destruir la mente.

Por eso los que saben han llamado al samadhi la gran muerte, porque en la muerte sólo muere el cuerpo, pero en el samadhi mueren tanto el cuerpo como la mente y sólo sobrevive uno: lo que es inmortal y no puede morir.

Así, la mente sigue formándose, acumulándose y aumentando a lo largo del interminable lapso de tiempo, y todo el tiempo, siempre, tanto si hay cuerpo como si no lo hay, la mente permanece unida al alma.

La sombra de la mente permanece constantemente sobre el alma. Y lenta, lentamente el alma también comienza a sentir: "Lo que hay en la mente es lo que soy".

Este es nuestro mundo, este es nuestro nudo. La única manera de abrir este nudo es estar sin la mente por un tiempo; apartar la mente y encontrarse cara a cara con el mundo - sin tener un intermediario, un intermediario en medio. Si podemos tener aunque sólo sea un atisbo del mundo directamente, sin la presencia de la mente en medio, llegaremos a recordar claramente que nada ha entrado nunca en la conciencia, que el espejo interior está siempre limpio e inmaculado, que ninguna imagen se ha pegado nunca a él. Todas las imágenes han ido y venido; los acontecimientos de vidas y vidas han sucedido, pero ningún rastro, ningún rasguño ha quedado nunca en la conciencia.

La experiencia de esa naturaleza inmaculada es el param brahma, la suprema realidad última. Cuando Brahma, la realidad última, se asocia con la mente se convierte en el mundo; cuando Brahma se disocia de la mente se convierte en Param Brahma, la suprema realidad última. Y cuando el alma se asocia con la mente, el cuerpo se vuelve inevitable, porque la satisfacción de las pasiones de la mente no es posible sin el cuerpo. La mente impulsa y excita las pasiones, pero éstas no pueden satisfacerse sin un cuerpo.

Puede que hayas oído, y ahora se está convirtiendo rápidamente en una realidad científica, que algún fantasma ha entrado en el cuerpo de una persona. Algunos lo llamarían superstición, otros lo llamarían enfermedad, otros lo llamarían esto o aquello, pero puede que nunca hayas pensado que aunque los fantasmas existan, ¿por qué entran en otros cuerpos humanos? Tal vez pienses que puede tratarse de algún viejo enemigo que ha entrado para torturar a la persona. Tal vez pienses que se trata de una venganza, de la fruición del karma, de acciones pasadas, de la liquidación de hechos pasados. No, nada de eso.

Un fantasma es una conciencia cuyo cuerpo ha desaparecido, pero no la mente. Y la mente exige un cuerpo, porque todos los deseos y pasiones de la mente sólo pueden satisfacerse a través de un cuerpo. Su mente quiere tocar algún cuerpo encantador, pero el fantasma no puede tocarlo porque no tiene manos; su mente quiere probar algún plato delicioso.... El fantasma todavía tiene la mente que desea probar cosas, pero no tiene lengua. Así que el problema de un fantasma es que tiene una mente, pero no sentidos a través de los cuales satisfacer estos deseos. Todo el complejo de deseos está intacto con la mente, pero faltan todos los medios para satisfacerlos.

Todo el significado de alma fantasma es aquella que aún no ha recibido un cuerpo. Hay dos tipos de almas que tienen dificultades para conseguir un cuerpo. Las personas ordinarias obtienen un nuevo cuerpo fácilmente; uno muere aquí y es concebido allí, no hay brecha. A veces hay como mucho un intervalo de un minuto, dos minutos o cinco minutos. Normalmente uno muere aquí y es concebido allí inmediatamente. Pero las almas extremas, las almas más malvadas o las almas más nobles, no encuentran la concepción fácilmente porque necesitan vientres adecuados. Si un Hitler muere, no le sería fácil encontrar padres, porque para darle a luz se necesitan padres igualmente malvados. Así que durante años, a veces durante siglos, tienen que esperar. La dificultad es similar para un alma noble tambien.

A las almas nobles que vagan sin cuerpo las hemos llamado devas, dioses; y a las almas malignas que vagan sin cuerpo las hemos llamado preta, los fantasmas.

Siempre que hay un momento en que una persona es tan débil que su alma se encoge en su cuerpo, algún fantasma entra en él - ni para acosarlo ni para torturarlo, sino para satisfacer sus propios deseos a través de su cuerpo.

Si eres débil y no tienes voluntad, algún fantasma puede abrirse camino dentro de ti, porque no tiene cuerpo y sus deseos son ardientes. Ese fantasma tocará a alguna mujer a través de tus manos, probará alguna comida a través de tu lengua, verá alguna belleza a través de tus ojos y escuchará alguna música a través de tus oídos. Es por estas razones que los fantasmas entran en el cuerpo de alguien, no para acosar a la persona. Te acosan en el proceso, pero eso es un subproducto, no el motivo de ningún fantasma. Pero, ciertamente, cuando dos almas residen en el mismo cuerpo, los problemas y el acoso son inevitables.

Ese acoso es como el de un invitado que llega a la casa de uno y se queda para siempre, sin pensar siquiera en marcharse. Poco a poco el invitado empieza a ampliar su territorio en la casa y el dueño de la casa empieza a encogerse en un rincón; y despacio, despacio llega un momento en que ya no está claro quién es el invitado en la casa y quién es el dueño de la casa. ¿Y el huésped? Su engreimiento sigue brotando porque el dueño le sirve, pues él es un invitado y "un invitado es Dios". Así, el invitado empieza a caer en la ilusión de que él es el dueño; y un día le pide al verdadero dueño que se vaya, pues ha sido demasiado tiempo el que ha permanecido en su casa. Puede producirse una situación de sufrimiento. La mente exige un cuerpo inmediatamente después de la muerte, de ahí el nuevo nacimiento.

El alma está asociada a la mente y la mente está asociada al cuerpo.

Hay dos tipos de disciplinas espirituales. Una disciplina espiritual consiste en separar el cuerpo de la mente, lo que solemos llamar ascetismo. Se trata de un viaje muy largo, arduo y de resultado incierto. La otra disciplina espiritual consiste en separar la mente de la conciencia, lo que llamamos vedanta, el camino del conocimiento. Si quisiéramos asignar nombres propios serían: separar la mente del cuerpo se denomina yoga, y separar la mente del alma se denomina sankhya, conocimiento. Estas son las dos únicas disciplinas.

Sankhya significa que sólo el conocimiento es suficiente, no se requiere hacer nada más; y yoga significa que habría que hacer mucho, y sólo entonces algo sería posible.

Este sutra es de sankhya, conocimiento. Dice: EL ENGAÑO DE LAS COSAS QUE ESTÁN EN EL ALMA DE UNO ES UN FENÓMENO IMPUESTO.

DEJÁNDOLO CAER, UNO MISMO ES EL BRAHMA PERFECTO, NO DUAL Y SIN ACCIÓN, LA REALIDAD ABSOLUTA.

No hay que hacer nada más.

EL MUNDO QUE APARECE COMO UNA COSA DIFERENTE DEL ALMA ES CASI FALSO.

Por eso decía que el monje le dijo a Buda que el pañuelo estaba casi cambiado. Este sutra dice que todo este mundo de divisiones que se ve es casi falso. Porque, ¿DÓNDE ESTÁ -y cómo puede haber- LA DIVISIÓN EN UNA ENTIDAD PURA, INEXISTENTE Y SIN ÓRGANOS?

Casi falso: se trata de un concepto filosófico muy valioso. Y es necesario entenderlo un poco, porque ¿qué se entiende por "casi falso"? Algo puede ser falso, esto es comprensible, pero ¿qué se entiende por casi falso? Algo es cierto, esto se puede entender, pero cuando alguien dice "casi cierto", ¿qué significa? Este "casi" lo perturba todo. Es como si le dijeras a alguien: "Casi te quiero". Esto lo perturba todo. Si hay amor, di: "Sí, hay amor", si no, di: "No hay amor", pero ¿qué es este "casi amor"? ¿Cómo llamarlo: amor, no amor o qué?

Si dice que cierta persona es "casi una santa", ¿qué significaría?

Esta palabra casi es preciosa y valiosa en la filosofía india. La India ha creado una nueva categoría, un nuevo nivel de pensamiento. En la filosofía de todo el mundo hay dos categorías de pensamiento: la de la verdad y la de la falsedad. En la filosofía india hay tres categorías de pensamiento: de verdad, de falsedad y de casi verdad - una tercera categoría intermedia. A este "casi verdadero" o "casi falso" lo hemos llamado maya, la ilusión, o mithya, lo falso. Así hemos creado tres palabras: satya, la verdad, asatya, la falsedad, y mithya, lo falso. Ahora bien, ¿qué se entiende por mithya? Normalmente, la gente entiende que mithya significa falso, una mentira. No, mithya no significa falsedad; significa algo entre la verdad y la falsedad. ¿Entre lo verdadero y lo falso? Significa lo que es falso pero parece verdadero.

Está oscuro y hay una cuerda tendida en el camino que se te aparece como una serpiente. En la oscuridad pierdes todo el valor. Estás corriendo, sudando profusamente, con el corazón acelerado. Entonces alguien te dice: "Estás asustado y preocupado innecesariamente. Coge esta lámpara y vuelve para verlo por ti mismo; no hay ninguna serpiente, es sólo una cuerda tendida allí". Entonces la ves a la luz y descubres que es una cuerda. ¿Cómo llamarías ahora a la serpiente que habías visto? Ciertamente no era una serpiente verdadera, pero tampoco puedes llamarla falsa, porque funcionaba como si fuera verdadera. Huiste de ella de la misma manera que huirías de una serpiente verdadera; transpiraste, y la transpiración era real, ¡y estaba causada por una serpiente irreal! Los latidos de tu corazón habían aumentado y temías sufrir un infarto. Un ataque al corazón era muy posible, y podrías haber muerto. Y éste es el enigma: ¿cómo puede ocurrir un infarto verdadero debido a una serpiente falsa? Pero un verdadero ataque al corazón puede ocurrir debido a una serpiente falsa. La filosofía india no está preparada para llamar a esa serpiente totalmente falsa.

La serpiente definitivamente no es cierta, porque al investigar se descubre que es una cuerda la que está allí tirada.

Pero tampoco es falsa, porque produce los mismos resultados que una serpiente verdadera. A esto la India lo llama "casi falso" o "casi verdadero"; mithya - falso, maya - ilusión. Esta es la tercera categoría, la intermedia. Es difícil traducirla al inglés, es difícil encontrar palabras para esta categoría en otros idiomas. Cualquier traducción que se haga, lleva el significado de asatya - falsedad, y no de mithya - lo falso. Mithya es una palabra puramente india.

Fíjate en el significado de mithya. Significa lo que no es pero aparece como si lo fuera. Y hay cosas que no son pero parecen ser. Así que India dice que es necesario crear una tercera categoría para tales cosas.

Este mundo falso.... Habrás oído muchas veces al vedanta describir este mundo como falso.

Los Upanishads lo llaman falso, Shankara lo llama falso desde la mañana hasta la noche en sus declaraciones. Así que llegamos a pensar que todos ellos están diciendo que este mundo es falso. No, no lo llaman falso; dicen que es como ver una serpiente en una cuerda. Este mundo no aparece como lo que es, sino como lo que no es. Es una ilusión óptica, un defecto de la visión.

Es como mirar a la luna después de apretar los ojos y ver así dos lunas. No hay una segunda luna. Pero si te preguntan mientras tus ojos están en esa condición cuál es la luna verdadera y cuál es la falsa, no serías capaz de responder correctamente. Ambas parecen ser verdaderas. Pero ambas no son verdaderas, y si dejas de presionar los ojos sólo verás una luna, la segunda desaparece. ¿Qué era esa otra luna? Al fin y al cabo, la veían los ojos. Si hubiera una forma de mantener los ojos de alguien permanentemente presionados de esta manera, siempre estaría viendo dos lunas.

Nuestra visión está presionada bajo las experiencias, imágenes y acumulaciones de la mente todo el tiempo.

Así que vemos lo que la mente nos muestra.

Imagina por un momento que vives en un país donde no existen las serpientes. Nunca has visto una serpiente, ni su imagen, simplemente no conoces la palabra serpiente. ¿Puede ver alguna vez una serpiente en una cuerda? No es posible. ¿Cómo puedes ver una? Si no tienes experiencia con serpientes, la cuerda puede estar ahí, pero ¿cómo puedes ver una serpiente en ella?

La serpiente se ve en una cuerda porque la mente tiene una asociación con la serpiente, una imagen, una impresión de la serpiente; la mente ha visto una serpiente. Puede que hayas visto una en una foto, o en la realidad, o con un encantador de serpientes, pero has visto una en alguna parte. Esa imagen está en tu mente; se esconde dentro de tu mente.

Una cuerda está tendida en la oscuridad; vista de repente, la cuerda crea varias ilusiones. La oscuridad crea miedo. Con este miedo se asocia otro miedo que ha surgido al ver la serpiente, que puede morderte. Con todo esto empiezas a ver en la cuerda incluso los patrones ondulados del cuerpo de una serpiente.

Miedo, miedo a las serpientes, la similitud de los patrones ondulados... la serpiente dentro de tu mente se proyecta en la cuerda. Tú escapas. La cuerda ni siquiera es consciente de lo que ha ocurrido. ¿Qué te ha hecho huir y por qué?

A mí me pasó una vez, hace muchos años. Me levantaba a las tres de la madrugada y salía a pasear. Era una noche preciosa y el borde de la carretera estaba densamente cubierto por grupos de arboledas de bambú.

Había una pequeña abertura en un punto, por lo demás estaba cubierto todo el camino. Yo solía correr recto de un extremo a otro de ese tramo en un sentido y luego correr de espaldas en el otro. En una hora -de 3 a 4 de la madrugada- hacía allí mi ejercicio. Un día ocurrió algo extraño. Mientras corría de espaldas y aún bajo la sombra del bambú, un hombre -un lechero- se acercaba a mí con todos sus envases vacíos camino de recoger leche de alguna lechería. De repente, cuando salí de la zona de sombra -era una noche de luna-, pudo verme. Un momento antes yo no era visible, así que de repente... ¡y corriendo hacia atrás!

Sólo los fantasmas corren hacia atrás.

El lechero tiró los envases vacíos y salió corriendo. Había algo raro en su forma de huir. No tenía ni idea de que me tuviera tanto miedo, así que corrí tras él para ayudarle. Ahora corría por su vida. Cuanto más rápido corría tras él, preocupado, pidiéndole que se detuviera, más velocidad ganaba. Nunca había visto a nadie correr así. Entonces tuve el presentimiento de que tal vez yo era la única persona que había por aquí y él se había asustado de mí.

Al oír el ruido de los contenedores que caían y los pies que corrían, un hombre del hotel cercano se despertó. Me acerqué a él y le pregunté si sabía lo que había pasado. Me dijo: "Si me lo pregunta a mí, sé que aquí se corre de espaldas todos los días, pero aun así a veces me asusto. Ese hombre debía de ser nuevo en esta carretera".

Le dije: "Guarda estos recipientes contigo, tal vez el hombre regrese por la mañana". Hasta hoy no ha vuelto. Cada vez que he vuelto a pasar por ese hotel, he preguntado si ese hombre había regresado. Ese hombre nunca volvió.

Ahora no hay forma de decirle a ese hombre que lo que había visto era "casi falso". Allí no había ningún fantasma, ¡pero él consiguió verlo! Para él el fantasma era una realidad completa, de lo contrario no habría desaparecido durante tanto tiempo. Aquel hombre debía de tener alguna experiencia pasada que impuso sobre la escena.

Lo que realmente es no es lo que estamos viendo, estamos viendo lo que nuestros ojos nos están mostrando. Nuestra mente está imponiendo cosas a cada momento y estamos viendo quién sabe qué, y ciertamente no está ahí fuera en el mundo.

El mundo entero es la extensión de nuestra mente. Lo que vemos lo proyectamos nosotros. Primero proyectamos y luego vemos. Primero proyectamos una serpiente en una cuerda, luego la vemos y huimos. El mundo entero es así. Nosotros mismos atribuimos belleza a alguien, luego nos encaprichamos de ella y vagamos enloquecidos por ella.

Los videntes de los Upanishads dicen que todo este mundo, tal como lo ve el hombre, es "casi falso". Al decir "casi" se ha dicho algo muy hermoso. Lo que se ha dicho es que no es totalmente falso; de lo contrario, ¿cómo podría haber perturbado a tanta gente? Hay algo de realidad en ella. Es una cuerda, eso es cierto; no es una serpiente, eso es falso. La cuerda se parece a una serpiente hasta cierto punto, eso es cierto; pero una cuerda es una cuerda y no se convierte en una serpiente, eso también es cierto. Y el mundo del miedo que ha surgido entre estos dos, el mundo de ver una serpiente en la cuerda, eso es falso, eso es ilusión.

Mientras no se elimine totalmente la mente y no seamos capaces de ver el mundo directamente, no podremos ver la verdad del mundo. Cuando uno ve la verdad del mundo, el mundo desaparece y sólo queda la realidad absoluta. En este momento la realidad absoluta se ve dividida. En algún lugar la realidad absoluta es una piedra, en algún lugar es un árbol, en algún lugar es un hombre y en algún lugar es una mujer - la realidad absoluta se ve dividida. Si todo el arreglo de proyección detrás de los ojos es removido entonces este mundo entero se convierte en una conciencia pura, un océano. Todas las divisiones caen.

EL ALMA CONSCIENTE ESTÁ LIBRE DE LAS NOCIONES DE VIDENTE, VER Y LO VISTO, ETCÉTERA. ES INMUNE Y COMPLETAMENTE LLENA COMO EL OCÉANO EN EL MOMENTO DEL DILUVIO.

Donde está ese testigo interior -esa alma-consciente liberada de la mente y que se ha vuelto vacía- no hay división. Ver, visto, todas estas nociones han desaparecido. Ni hay un vidente, ni hay nada que ver: todas las dualidades han desaparecido. Sólo hay una extensión de conciencia. Para esa extensión se ha utilizado aquí un bello símil, que dice:

ES INMUNE Y COMPLETAMENTE LLENO COMO EL OCÉANO EN EL MOMENTO DEL DILUVIO.

Nuestros océanos, por grandes que sean, son limitados, y sea cual sea su extensión siguen teniendo costas. Quienquiera o lo que sea que tenga un límite está incompleto, porque está limitado. Un pequeño estanque tiene un pequeño límite, un gran océano tiene un gran límite. ¿Cuál es la diferencia entre un pequeño límite y un gran límite? Un límite es un límite. Estás preso en un lugar pequeño o en un lugar muy grande. ¿Qué diferencia hay? - ¡una cárcel es una cárcel!

Por lo tanto el ejemplo no dice, "como un océano", dice, ... COMO EL OCÉANO EN EL MOMENTO DEL DILUVIO.

El tiempo del diluvio, pralaya kal, es una teoría mitológica que dice que cuando esta creación, este mundo se disuelva, quedará cubierto de agua - toda la creación. No quedará ni un centímetro de tierra en ninguna parte.

Así que la condición de los océanos en el momento del diluvio es que no habrá frontera, ni costa para ellos... porque el propio significado de costa es que todavía queda algo de tierra para bordear el océano, y esa tierra se convierte en su frontera.

La conciencia testigo es como el océano en el momento del diluvio. No tiene costa a su alrededor; está absolutamente llena - no tiene límites en ninguna parte, es ilimitada. Pero esto sólo es cierto cuando desaparecen las divisiones. Mientras haya división, habrá límites.

ASÍ COMO LA OSCURIDAD SE DISUELVE EN LA LUZ.... Aquí

se ha dicho una cosa maravillosa, ... LA CAUSA DE LA ILUSIÓN SE DISUELVE EN LA INIGUALABLE REALIDAD ABSOLUTA QUE NO TIENE ÓRGANOS - ENTONCES, ¿DÓNDE ESTÁ LA DIVISIÓN EN ELLA?

INCLUSO CUANDO LA OSCURIDAD SE DISUELVE EN LA LUZ.... Una visión única. Hay oscuridad en tu casa y enciendes una lámpara, ¿has pensado alguna vez adónde va la oscuridad? Cuando enciendes la lámpara, ¿adónde va la oscuridad? ¿Se va fuera de la casa? Pues haz una cosa: enciende primero unas cuantas lámparas fuera de la casa y mantén a unas cuantas personas vigilando. Luego enciende una lámpara en el sótano oscuro de la casa. Si la oscuridad se va fuera, las personas sentadas fuera la verán salir de la casa.

No, la oscuridad no sale fuera. Entonces, ¿adónde va la oscuridad?

Es muy hermoso lo que dice el Upanishad, que la oscuridad se funde con la luz. Será difícil de entender, porque consideramos que la luz y la oscuridad son enemigas. ¿Cómo puede haber una fusión? Y creemos que son opuestos. Hay lucha y conflicto entre las dos y queremos dejar la oscuridad y aferrarnos a la luz.

Así que nos resultará muy difícil creer que la oscuridad se funde con la luz. Nuestro temor será que si la oscuridad se funde con la luz, toda la luz se convertirá en oscuridad. Por ejemplo, la tinta negra que se funde en una tela blanca: ¿qué significará en realidad? No significará que la tinta negra desaparecerá en la tela blanca, sino que la tela blanca desaparecerá en la tinta negra. Haz un experimento y verás.

Fusiona la tinta negra y un paño blanco y compruébalo. Entonces descubrirás que es el paño blanco el que ha desaparecido, no la tinta negra.

La oscuridad se disuelve en la luz. De este hecho se derivan otros muchos puntos. En primer lugar, significa que no hay enemistad entre las tinieblas y la luz. ¿Qué significa esto? Significará que no hay enemistad entre el mundo y la iluminación, y que el mundo se funde en la iluminación. Significa que no hay oposición entre lo falso y lo verdadero, y que lo falso se funde en lo verdadero.

La oscuridad se funde con la luz; es como si la oscuridad estuviera esperando a que llegara la luz para fundirse con ella. ¿Has visto alguna vez a la oscuridad dudar? Cuando enciendes una lámpara, ¿piensa la oscuridad si fusionarse o no? O, "Volveré mañana después de pensar si tomar sannyas o no". O, "¿Debe la oscuridad fusionarse o no? Déjame pensar y reflexionar". No, no piensa. Parece como si estuviera preparado y esperando, esperando que: "Aparecerás y me fundiré contigo". No se demora ni un instante. La aparición de la luz y la fusión con la oscuridad ocurren simultáneamente.

¿Cuáles son sus implicaciones en la espiritualidad?

Sus implicaciones son que tan pronto como la luz surge en el interior, la mente y sus ilusiones, llevando consigo todas sus situaciones, se funden totalmente en esa luz. No sobreviven, no pueden encontrarse en ninguna parte, ni siquiera con una gran búsqueda. Se hace difícil incluso concebir cómo estaban allí hasta ayer.

Cuando veas una serpiente en una cuerda, te costará entender cómo hasta hace un momento había una serpiente en la cuerda y dónde ha ido a parar ahora. Tú mismo empezarás a tener sospechas sobre ti mismo: ¿has caído en algún tipo de engaño para siquiera entretenerte con la idea de que estaba ahí?... ¿cómo puede ser?

A los despiertos les cuesta incluso pensar que exista o pueda existir un mundo.

Esta misma mañana hablaba con una sannyasin. Había venido y me preguntaba cuándo se libraría de toda esta miseria y ansiedad: "A veces parece que ha sucedido, pero luego vuelvo a la misma miseria".

Le dije que yo también tengo dificultades. Poco a poco, poco a poco se me ha hecho muy difícil incluso comprender cómo es posible la miseria, cómo es posible que se produzca la miseria. No es que nunca haya sufrido. Lo estuve, pero ahora me cuesta entenderlo.

Es como si en algún lugar lejano del pasado uno hubiera visto una serpiente en una cuerda y ahora, al recordarlo, le resultara difícil comprender cómo era posible ver una serpiente cuando era una cuerda. Y si alguien sigue viendo la serpiente, se convierte en una situación muy difícil para mí. La dificultad estriba en que lo que a ti te parece una gran pregunta, para mí ya no lo es en absoluto.

Y da la sensación de que llevas contigo todo tipo de cosas sin sentido. Pero decir eso también está mal, porque esa persona está sufriendo, corriendo deprisa; sigue viendo a la serpiente. Si le dices a una persona que corre con miedo, cuyo corazón tiembla y se hunde: "¿Por qué corres y dices todas estas tonterías?

Recuerda, no tienes idea de las dificultades de un Buda, un Mahavira, un Krishna y un Cristo para enseñarte, porque tienen que darte tratamiento para una enfermedad que realmente no existe en absoluto. La enfermedad simplemente no existe, pero el paciente está temblando; el paciente se queja de que se está muriendo.

En la ciencia médica existe la palabra placebo. Este nombre se utiliza para un medicamento que es casi un medicamento. Placebo significa que no es un medicamento en absoluto; funciona para una enfermedad que en realidad no es una enfermedad. Es un "casi medicamento" para una "casi enfermedad". Funciona, pero no es más que un comprimido de azúcar.

Los medicamentos homeopáticos son más o menos placebos, no son medicamentos como tales. Pero funcionan, porque ¿dónde está la verdadera enfermedad? No hay problema: la medicina no era necesaria en primer lugar. La medicina real sólo es necesaria si hay una enfermedad real, y noventa de cada cien enfermedades son irreales, incluidas las enfermedades comunes. Y es peligroso administrar medicina real para una enfermedad irreal, porque entonces la medicina tendrá efectos nocivos.

Esta enfermedad espiritual, esta enfermedad de miseria y angustia, la enfermedad de la mundanalidad, es cien por cien irreal. Pero no es correcto llamarla cien por cien irreal; si Buda lo dice o Shankara lo dice, es una afirmación verdadera por su parte, pero por compasión hacia los millones y millones de personas que sufren esta enfermedad tienen que decir "casi". A estas personas hay que seducirlas, persuadirlas: prueba a tomar esta medicina, repite este mantra, recita estos cánticos, haz esto, haz lo otro. Tomando la medicina continuamente, quizás te olvides de la enfermedad. O tomando la medicina continuamente, quizás te hartes tanto que te deshagas tanto de la medicina como de la enfermedad. O tomando la medicina continuamente dirás: "Ya es suficiente, ya ha sido suficiente tomar la misma medicina vida tras vida, no la tomaré más, ahora acepto la enfermedad".

Si ocurre algo así, descubrirás que no había ninguna enfermedad; el enemigo con el que habías estado luchando no estaba allí en absoluto - "casi estaba", sólo parecía estar allí.

De ahí que todas las religiones hayan desarrollado dispositivos falsos,

¡y es difícil encontrar mayores mentirosos que Buda, Mahavira, Krishna y Cristo! La razón de esto no es que sean mentirosos -nunca ha habido gente más verdadera que ellos- sino porque todas sus enfermedades son falsas. Y los que tienen que trabajar para tratar a estos enfermos falsos, saben lo que tienen que hacer.

Todas las grandes filosofías creadas por estos sabios son falsas. Falso significa 'casi falso'. Son sólo dispositivos para cortar tus enfermedades.

Por ejemplo, has huido de una cuerda y crees que es una serpiente. Ahora yo puedo decir un millón de veces que no es una serpiente sino una cuerda, pero son sólo palabras y tú dirás: "¿Cómo puedo confiar en lo que dices? Quién sabe, puede que sea tu experiencia; ¡puede que no! Incluso si tienes la experiencia, puede ser de otra cuerda, de otra serpiente. ¿Quién sabe si se trata de esta serpiente o de esta cuerda?".

En lugar de intentar explicártelo, es mejor que te ate un amuleto diciendo: "Es una serpiente y no una cuerda, pero toma, coge este amuleto - ninguna serpiente en todo el mundo se atreve a enfrentarse a este amuleto". Esto será más efectivo. En lugar de explicar que es una cuerda y no una serpiente, ponte este amuleto. Allí no hay una serpiente real, es cierto, pero aquí tampoco hay un amuleto real. Pero este amuleto te dará fuerza, surgirá en ti la confianza de que esto es algo real. Y si también se puede escenificar este milagro, que se coloque una cuerda en la oscuridad de una casa y te lleven hacia ella llevando tu amuleto, y desde lejos ves que es una serpiente pero al acercarte resulta ser una simple cuerda, entonces todo está resuelto: ¡el amuleto funciona! Entonces puedes ir a cualquier parte del mundo, y puede llegar a tal estado que incluso una serpiente de verdad parezca una cuerda - ¡el amuleto!

La mente del hombre crea ilusiones. Estas ilusiones son autoimpuestas. Todas estas ilusiones se funden en la verdad última. En el momento en que se experimenta el testigo, el mundo entero, todo el panorama de nuestras proyecciones, se encogen y se funden en el testigo - en el océano sin fin y sin costas.

LA REALIDAD SUPREMA ES UNA SINGULARIDAD; ¿CÓMO PUEDE HABER DIVISIÓN EN ELLA? EL ESTADO DE SUSHUPTI - SUEÑO PROFUNDO SIN SUEÑOS - ES DICHOSO; ¿QUIÉN HA VISTO DIVISIONES EN ÉL?

Comprende esto último en este sutra: el estado de sushupti, el sueño profundo sin sueños. Aquellos que han escudriñado en las capas internas, han aceptado tres estados de la conciencia humana. Uno lo llamamos estado de vigilia, que prevalece desde que nos despertamos por la mañana. Al segundo lo llamamos estado de sueño, que prevalece durante el sueño cuando vemos imágenes de cosas. Y el tercer estado se produce a veces durante el sueño por un corto tiempo cuando no hay ni sueño ni vigilia, pero sólo un sueño profundo - sushupti - permanece. Sushupti significa un sueño profundo en el que ni siquiera quedan sueños.

Los Upanishads creen -no, uno debería decir saben- que no permanecen divisiones durante el estado sushupti. No pueden permanecer porque la propia mente de donde surgieron.... Cuando estás despierto, las divisiones están ahí. Esta es tu casa, la casa del vecino no es tuya; tú eres pobre, tu vecino es rico; tú eres negro, tu vecino es blanco - miles de divisiones, todas permanecen allí. Estas divisiones son creadas por la mente. Habrás observado un hecho muy interesante: que las divisiones permanecen en el estado de sueño, pero las líneas divisorias desaparecen.

Comprende esto un poco. En el estado de vigilia, las divisiones están ahí y los límites divisorios están ahí. Hay un amigo, hay un enemigo; un amigo es un amigo, un enemigo es un enemigo; en el estado de vigilia A es A y B es B. Sin embargo, durante el estado de sueño las divisiones están ahí, pero sus límites divisorios intermedios se pierden. Las divisiones ya no son sólidas, se vuelven líquidas. Estás viendo que un amigo se acerca y, de repente, ¡se convierte en un enemigo! Y ni siquiera tienes dudas, ¡en el sueño ni siquiera te preguntas cómo puede ser esto posible! Estabas hablando con un hombre y de repente se convierte en un caballo. Todavía no dudas durante el sueño de que un hombre pueda convertirse de repente en un caballo.

Las líneas fronterizas no permanecen. Las divisiones permanecen -un hombre es un hombre, un caballo es un caballo- pero las líneas fronterizas no permanecen; todo se vuelve líquido, todo se mezcla como si la mente se agitara. Durante el estado de vigilia las cosas permanecen claramente separadas, lógicas, racionales y distintas. Durante el estado de sueño la mente se agita. Es como si hubiera un reflejo de la luna en el agua, entonces alguien perturbara el agua y el reflejo se dividiera en miles de pedazos y la luna se esparciera por toda el agua. La luz de la luna permaneció, pero no la luna; se rompió en pedazos. Del mismo modo, la mente se agita en el estado de sueño. Así sacudida e inestable, se pierden todos los límites. Las cosas se mezclan unas con otras. Ya nada está claro en cuanto a qué es qué, qué es A y qué es B, cuando A se convierte en B y no se sigue ninguna lógica...

Los sueños no creen en absoluto en la lógica, proceden de un modo incomprensible. Cualquier cosa traspasa cualquier cosa, y no se puede decir por qué sucede así. En el estado de sueño no hay reglas. Las reglas del estado de vigilia no funcionan allí.

El tercer estado es sushupti, el sueño profundo sin sueños. Aquí ya no permanecen ni siquiera los sueños. Y recuerda, donde cesan los sueños también cesa la mente. Donde no hay pensamientos no puede haber mente.

En el estado de vigilia la mente es sólida, en el estado de sueño es líquida y en el estado de sueño profundo desaparece como un vapor. Estos son los tres estados de la materia que reconoce la ciencia. La India también ha reconocido estos tres estados para la mente. La ciencia dice que hay tres estados de la materia: sólido, líquido y gaseoso. Si haces hielo del agua, se ha convertido en sólido; si haces vapor de ella, se ha convertido en vapor. Así que el agua tiene tres estados: vapor, agua, hielo. Todos los materiales del mundo tienen tres estados. Pero la India dice que la mente también es materia y que también tiene tres estados. La vigilia es el estado sólido, el sueño es el estado líquido y el sueño profundo es el estado vaporoso: la mente simplemente se vaporiza, simplemente no está ahí. En el sueño profundo no queda ningún sentido de nada. No queda ningún sentido, porque no queda ningún sensor. El mundo entero se convierte en uno.

En sushupti alcanzas el mismo lugar que los sabios alcanzan en samadhi, el despertar supremo. La única diferencia es que el sabio está plenamente consciente mientras que tú estás inconsciente. El estado de sueño profundo y el samadhi son lo mismo con sólo una ligera diferencia, pero es una gran diferencia. El sabio alcanza sushupti completamente despierto y lleno de conciencia - entonces se convierte en samadhi, el supremo despertar.

Sueño profundo más consciencia es igual a samadhi.

También llegas allí a diario. Lo cuentas cuando te levantas por la mañana diciendo: "He tenido un sueño profundo muy placentero". Si hubieras tenido sueños toda la noche, nunca habrías dicho que tuviste un sueño profundo y placentero. Entonces habrías dicho: "Tuve una noche agitada; hubo sueños sobre sueños, no pude dormir en absoluto". Cuando cesan los sueños tienes un sueño placentero. Pero cuando realmente estás teniendo un sueño profundo no eres consciente de que es placentero y bueno, porque ni siquiera eso puedes percibir mientras duermes en la inconsciencia. Sólo cuando te despiertas por la mañana te queda una sensación de placer, de bienestar, como si una sombra tenue, un eco lejano pero reverberante de placer se quedara atrás.

Es muy interesante notar que hasta ahora ningún hombre ha reportado, al despertar, que tuvo un sueño profundo muy desagradable. Alguna vez lo has experimentado, que había sueños y pesadillas y... entonces no era sueño profundo. El sueño profundo nunca te llegó entonces. En toda la historia de la humanidad nadie ha relatado todavía: "¡Tuve un sueño tan profundo por la noche, con tantas pesadillas!".

Nadie lo ha dicho nunca, simplemente nunca ha ocurrido. ¿Cómo puede alguien decirlo? Un sueño profundo es un sueño placentero; en él no puede existir la infelicidad.

Por lo tanto, no podemos llamar placer a ese placer, lo llamamos bienaventuranza, porque el placer tiene su opuesto llamado pena, pero la bienaventuranza no tiene opuesto. Por lo tanto, el estado de sueño profundo es bienaventuranza; sólo queda un sentimiento: el de la bienaventuranza sin ninguna división. Del mismo modo que el estado de sueño profundo es una singularidad, la experiencia del testigo es una singularidad. Sólo la dicha permanece allí. Y al igual que el océano completamente lleno de Pralaya kal -el tiempo del diluvio, la disolución del universo- es ilimitado, sin costas, sin orillas, así es la bienaventuranza sin divisiones.

Suficiente por hoy.

Hacer realidad los frutos

LA RAIZ DE ESTA DIVISION ES LA MENTE. SI NO HAY MENTE, NO HAY DIVISIÓN.

POR LO TANTO, CONCENTRA TU MENTE EN LA CONCIENCIA UNIVERSAL QUE ES TU INTERIORIDAD.

SABIENDO QUE ERES EL ALMA PERPETUAMENTE DICHOSA, REGOCÍJATE SIEMPRE EN ESTA DICHA DENTRO Y FUERA DE TU MISMA ALMA.

EL FRUTO DEL DESAPEGO ES EL CONOCIMIENTO, EL FRUTO DEL CONOCIMIENTO ES LA RELAJACIÓN, Y LA PAZ QUE DESCIENDE DE EXPERIMENTAR LA DICHA DE UNO MISMO ES EL FRUTO MISMO DE LA RELAJACIÓN.

SI CADA UNO DE LOS ANTEDICHOS NO SUCEDE EN SUCESIÓN, SEPA QUE EL ANTERIOR HA SIDO INFRUCTUOSO. LA ABSTENCIÓN DE LOS OBJETOS DE LOS SENTIDOS ES EN SÍ MISMA LA SATISFACCIÓN SUPREMA Y LA DICHA INCOMPARABLE.

LA RAIZ DE ESTA DIVISION ES LA MENTE. SI NO HAY MENTE, NO HAY DIVISIÓN.

POR LO TANTO, CONCENTRA TU MENTE EN LA CONCIENCIA UNIVERSAL.

Mente" y "concentración", estos dos puntos deben ser profundamente comprendidos. La mente es imprescindible para la vida. Mente significa el flujo de pensamientos, y todo el tiempo tu mente está fluyendo dentro de ti.

Toma nota del primer punto, que la mente no es una cosa. La mente es un flujo, no una cosa. Y esta distinción es significativa. Una piedra está ahí, es una cosa; una cascada está fluyendo, eso es un flujo. Una cosa que yace ahí es estática; lo que fluye cambia a cada momento.

La mente no es una cosa sino un flujo, así que la mente cambia a cada momento. Nunca es la misma ni siquiera por un momento. Es como un río cambiante.

Heráclito había dicho: "No puedes volver a meterte en el mismo río", porque cuando te metes en el río por segunda vez, el agua en la que te habías metido la primera vez debe haber fluido muy lejos. Del mismo modo, no se puede volver a encontrar la misma mente: lo que ha fluido, ha fluido. Todo el tiempo la corriente fluye dentro de nosotros, y de pie detrás de esta corriente estamos viendo el mundo.

Así, la sombra de la mente cae sobre todo lo que vemos. Y la mente cambiante, una mente que se divide en miles de pedazos, divide también al mundo entero.

Así que, lo primero, la mente es un flujo siempre cambiante. Por lo tanto, no es posible conocer a través de la mente aquello que nunca cambia. Si el medio de conocimiento está cambiando a cada momento, no podemos conocer aquello que nunca cambia. Cualquier cosa conocida a través de un medio cambiante también se verá como cambiante. Es como si llevaras gafas de sol cuyo color cambiara de rojo a verde, de verde a amarillo, de amarillo a blanco. El color de todo lo que ves también cambiará, porque el medio utilizado para ver se impone a todo lo que ves.

Nuestra mente cambia a cada momento. Así que sólo podemos conocer a través de la mente lo que también está cambiando; nunca podemos conocer a través de la mente lo que no cambia. Y la última verdad oculta de esta vida es inmutable, es eterna, nunca cambia, así que la mente no es el medio para conocerla.

Toda la materia del mundo sigue cambiando, sigue cambiando como la mente. Así que a través de la mente se puede conocer la materia del mundo, pero no se puede conocer el alma universal oculta en el mundo.

Por ejemplo, la ciencia utiliza la mente para los descubrimientos; la ciencia investiga el mundo a través de la mente.

La ciencia nunca podrá decir que existe un alma universal, siempre dirá que sólo existe la materia. La realización de un alma universal nunca estará al alcance de la ciencia. No porque no exista un alma universal, sino porque el medio que la ciencia utiliza para conocer sólo es capaz de conocer lo cambiante, nunca será capaz de conocer lo inmutable.

Entiéndelo así. Si suena música e intentas escucharla a través de los ojos, nunca podrás escucharla; de hecho, no serás consciente de su propia presencia. Los ojos pueden ver, así que a través de los ojos puedes conocer formas; pero los ojos no pueden oír, así que no puedes ser consciente del sonido a través de ellos.

Los oídos pueden oír pero no pueden ver. Pero si alguien intenta ver a través de los oídos dirá: "No hay forma en el mundo". Los oídos sólo pueden captar sonidos. Un médium sólo puede conocer aquello a lo que es sensible.

La mente es cambio. La naturaleza de la mente es el cambio, el flujo. La mente puede aceptar el cambio, pero nunca es capaz de conocer lo inmutable. Por lo tanto, aquellos que parten en busca del alma universal a través de la mente, tarde o temprano se volverán ateos. Si no se vuelven ateos, sólo significa que no son lo suficientemente valientes como para aceptar plenamente lo que su mente les está diciendo. Pero un hombre que trabaja a través de la mente no puede ser teísta. Su teísmo será tan falso como la afirmación de un sordo de haber oído música a través de sus ojos, o como la afirmación de un ciego de haber visto la belleza o la luz con sus oídos.

El teísmo de una persona que funciona a través de la mente será tan falso como éstos.

Así que hay muchos teístas en el mundo, pero es muy difícil encontrar un teísta de verdad. Tú también, si logras traer confianza, lo haces a través de tu mente, lo haces a través de un pensamiento calculado.

A través del pensamiento, nadie puede ser nunca teísta; y si lo es, será un falso teísta.

Si uno quiere convertirse en teísta a través del pensamiento, sólo llegará al ateísmo. Esfuérzate por comprenderlo, porque el propio medio de la mente es incapaz de captar lo inmutable. Otra cosa es engañarse a uno mismo. Piensa en tu teísmo. Crees en Dios, pero es una entidad pensada, sacada de tu lógica, conjeturas, pensamiento, escrituras, tradiciones y doctrinas. Tal dios no es real y tal dios sólo habla de tu deshonestidad, porque Dios nunca puede nacer de la mente.

En este mundo, el noventa y nueve por ciento de las personas llamadas teístas son ateos ocultos. No hay fuerza en su teísmo, no tiene carácter, es impotente. Sólo un ligero golpe y su teísmo se marchitará. No tiene raíz interna. Uno se convierte en teísta sólo si ve el mundo directamente, dejando a un lado la mente. Entonces no es el mundo lo que se ve, porque con la eliminación de la mente lo que está cambiando no puede ser visto. Cuando al retirar la mente la conciencia ve el mundo, sólo puede relacionarse con lo que es inmutable.

La conciencia es eterna, es inmutable. La conciencia sólo sintoniza con lo que es eterno. Lo que se ve al retirar la mente es el ser supremo; lo que se ve al traer la mente es el mundo. Definámoslo así: los que han conocido la existencia sin la mente han dicho: "No hay nada más que el ser supremo". Y los que han conocido la existencia a través de la mente han dicho: "Hay de todo excepto el yo supremo".

Así que a través de la mente nunca serás capaz de conocer. Sí, podrás conocer el mundo -el mundo, de hecho, será conocido sólo a través de la mente- pero no la verdad. Y todo lo que se conoce a través de la mente son cosas que cambian a cada momento. Por eso la ciencia nunca es estable. La ciencia nunca será estable, la ciencia nunca podrá decir que tal o cual verdad es permanente. La ciencia sólo podrá decir: "Tentativamente, temporalmente, de todo lo que sabemos hasta ahora, ésta es la verdad". Todavía no se puede decir cuál será el resultado de lo que sabremos mañana".

La ciencia cambia cada día. Todo lo que ayer era cierto hoy se convierte en falso.

La dificultad actual es tal que, sea cual sea la ciencia que se enseña en las escuelas y universidades, la mayor parte de ella ya se ha convertido en "casi falsa", porque se tarda unos veinte años en hacer descender los nuevos descubrimientos al nivel de las escuelas. Durante estos veinte años se ha convertido en falsa. Hoy en día no se pueden escribir grandes libros sobre ciencia porque, si alguien escribe un libro de mil páginas, para cuando esté escrito, impreso y publicado, se habrá demostrado que muchas cosas son erróneas. Así que la ciencia se está reduciendo gradualmente a libros más pequeños. En realidad, ni siquiera se están escribiendo libros pequeños, sino sólo pequeños ensayos y artículos, porque se pueden escribir inmediatamente y no hay miedo de que queden obsoletos cuando se publiquen.

La ciencia está abocada al cambio, porque nada de lo que se descubre a través de la mente puede ser eterno. Así que a los pensadores de Occidente les resulta difícil comprender cómo algo que dijo Mahavira hace dos mil quinientos años, o algo que dijeron los videntes de los Upanishads hace cinco mil años, sigue siendo cierto. ¡Cinco mil años! Cuando incluso las cosas que se dijeron hace sólo cinco años se han vuelto anticuadas y falsas, las cosas que se dijeron hace cinco mil años deben haberse vuelto falsas hace mucho tiempo.

Lo que dicen parece racional, porque cuando las cosas que se decían hace incluso cinco años son ahora dudosas, es natural que las cosas que se decían hace cinco mil años se consideren dudosas.

Pero no, lo que han dicho los Upanishads sigue siendo cierto, es cierto hoy y lo seguirá siendo mañana. Esto puede significar dos cosas. Una, que la inteligencia de la India se ha embotado y no se está desarrollando más, que se ha quedado estática en el punto de hace cinco mil años y está sentada aferrándose a todo lo que se había descubierto entonces. No se ha movido más de ahí; de lo contrario, todas esas cosas ya se habrían equivocado.

Incluso en la India de hoy, los que piensan -y son muy pocos los que lo hacen- lo hacen casi prestando un pensamiento que es más o menos una sombra del pensamiento occidental. Por lo tanto, ya sea en Occidente o en la India, de acuerdo con la forma de pensar de la ciencia actual, parece que estas afirmaciones milenarias de la India han dejado de ser ciertas hace mucho tiempo. Debido a que la India ha dejado de pensar, no ha sido capaz de hacer ninguna enmienda y así las cosas han permanecido donde estaban. Y para los que piensan con la mente, lo que dicen también es cierto.

El hecho es que estas verdades no se han alcanzado a través de la mente. Fueron alcanzadas hace cinco mil o cincuenta mil años, pueden ser alcanzadas dentro de cinco mil o cincuenta mil años - y este logro no es a través de la mente. Lo que no se alcanza a través de la mente no cambia. No hay forma de que cambie, porque en cuanto se abandona la mente, se entra en un mundo eterno, atemporal, donde nada cambia nunca, donde todo es inmutable, donde el tiempo se ha detenido, donde no hay movimiento en el tiempo, donde el tiempo se ha congelado. Estas verdades siempre seguirán siendo verdades. Como se han realizado en un estado más allá de la mente, ningún cambio de este mundo puede producir ningún cambio en ellas. Sí, si se hubieran realizado en el ámbito de la mente, los cambios del mundo seguirían produciendo cambios en ellas.

Este es el descubrimiento original de la India, que la existencia también puede conocerse sin la mente. Esta es la diferencia entre ciencia y religión. La ciencia dice que todo lo que puede ser conocido, sólo puede ser conocido a través de la mente. La religión dice que todo lo que se conoce a través de la mente es funcional, es "casi verdadero", pero la verdad es lo que se conoce trascendiendo la mente. Y sólo más allá de la mente es posible el verdadero conocimiento.

Entonces, ¿cómo deshacerse de la mente? ¿Cómo aquietar o vaciar la mente? Este sutra dice que si puedes concentrar la mente, ésta se aquietará, se vaciará.

Esta es la segunda cosa que hay que entender: la naturaleza misma de la mente es no concentrarse. Si tratas de concentrarla aunque sea por un momento, no se concentrará, buscará fluir.

Si te pido que concentres tu mente en Rama, descubrirás que tan pronto como pienses en Rama, toda la cadena de acontecimientos de la vida de Rama comenzará a venir a la mente. Sita entrará por la puerta de atrás, Hanuman empezará a asomarse, y todo el lío de ellos estará allí. Mientras concentras tu mente en Rama, Dasharatha entrará, Ravana entrará, todos ellos entrarán. Sólo trata de concentrarte en Rama -ni Dasharatha, ni Ravana, ni Sita, ni Hanuman, ni Lakshamana, nadie- excluye a toda la compañía, sólo a Rama, ¡entonces la mente estará en dificultades!

Pero entonces hay otra salida para la mente, dividir a Rama en varias partes: digamos, empezar por los pies. Primero ver los pies de Rama, luego ver su cuerpo, luego la cara, luego los ojos; esto dará alivio a la mente porque el flujo ha comenzado de nuevo. Si seleccionas sólo los ojos de Rama, la mente seguirá moviéndose de un ojo a otro. Así que selecciona sólo un ojo, selecciona un Rama medio ciego que tenga sólo un ojo. Ahora cuando concentras tu mente en un solo ojo, el pensamiento empezará sobre el ojo y sus funciones.

Fluir es la naturaleza de la mente. Así que no importa lo que hagas, la mente descubrirá un canal en ella para fluir. Inmediatamente descubrirá un canal y empezará a pensar. Esta es la diferencia entre meditación y pensamiento. Meditación significa cese del pensamiento, detención del flujo. Concentración significa que sólo permanece un punto, sin pensar en él.

¿Qué ocurrirá entonces? Esto va en contra de la naturaleza de la mente. Es imposible que la mente permanezca así. Si insistes e intentas lo imposible sólo hay un camino: primero la mente luchará duro, e intentará de todas las formas posibles convencerte, persuadirte, engañarte para que pienses. Dirá: "No hay problema, pensemos en Rama; eso es bueno, pensar en Rama es un acto religioso". Dirá: "De acuerdo, si no quieres pensar en Rama, cantemos: Rama, Rama, Rama, Rama". Pero "Rama, Rama, Rama, Rama", y el flujo ha comenzado. El primer Rama, el segundo Rama, y el flujo ha comenzado, la mente ha encontrado movimiento, ha comenzado a moverse.

Al principio la mente se esforzará por buscar canales por los que fluir, porque ésa es su naturaleza. Pero si persistes y te mantienes consciente y dices: "No permitiré ningún flujo en absoluto, me ceñiré a un solo punto, no me moveré de aquí ni de allá" - y si continúas con tu insistencia, no dejando que la mente se mueva en ninguna dirección en absoluto, entonces el segundo camino para la mente es que caerá, porque la concentración simplemente no es posible para la mente.

Probablemente te parecerá extraño saber que la mente simplemente no puede concentrarse. Por eso se te pide que te concentres, porque si te concentras tu mente cesará. Es imposible que la mente se concentre. Cuando estás concentrado no hay mente. Mientras haya mente, no estarás concentrado.

Concentración significa detención, cese de todo flujo, fin de todo tiempo, desaparición de todo movimiento.

Si continúas incesantemente tus esfuerzos por concentrarte y permaneces consciente y vigilante de que la mente no está buscando un truco que pueda desencadenar el flujo, llega un momento en que, debido al esfuerzo por concentrarte, la mente cesa. Debido al esfuerzo por concentrarse, la mente no se concentra, sino que cesa; se aquieta, desaparece. Cuando no escuchas, y sigues enfrascado en el esfuerzo por concentrarla, la mente cesa.

La cesación de la mente está en concentrarse, así que cuando decimos: "Concentra la mente", estamos diciendo algo incorrecto. Por eso he dicho que Buda y Mahavira dicen cosas "casi falsas". Tienen que hacerlo. Cuando decimos: "Concentra la mente", estamos diciendo algo incorrecto porque la mente no puede concentrarse, y si lo hiciera la mente ya no permanecería.

La concentración y la mente son fenómenos opuestos. En el esfuerzo por lo opuesto, la mente muere. Pero es algo muy difícil... difícil porque es necesario comprender la concentración. Concentración significa no permitir que nazca el flujo. Pensar es un flujo, meditar es detener el flujo. Un río fluye. Si se congela en hielo de modo que todo el flujo se detiene, no hay movimiento. Del mismo modo, si la mente se detiene de modo que cesa todo flujo, se congela como el hielo, entonces en ese mismo momento no hay mente, la mente ha desaparecido - y lo que queda entonces es la conciencia.

Este sutra dice: LA RAIZ DE ESTA DIVISION ES LA MENTE. SI NO HAY MENTE, NO HAY DIVISIÓN.

POR LO TANTO, CONCENTRA TU MENTE EN LA CONCIENCIA UNIVERSAL QUE ES TU INTERIORIDAD.

No sabemos exactamente si existe un alma universal. Pero no hay necesidad de saberlo. La gran cuestión no es si existe un alma universal o no, la gran cuestión es concentrar la mente.

Concéntrate en cualquier cosa, incluso si puedes concentrarte en algo imaginario, eso servirá. Así que la cuestión no es que el problema se resuelva sólo si te concentras en algo real. El sutra no te pide que primero descubras el alma universal y luego te concentres. Dice, incluso si sientes que un alma universal es imaginaria, no hay nada de qué preocuparse; porque si la mente puede concentrarse incluso en un objeto imaginario, desaparecerá. Y tan pronto como la mente desaparece uno empieza a ver lo que es real. Así que no hay ningún daño en moverse con un objeto imaginario.

Un alma universal o Dios es una hipótesis para la meditación. Para los buscadores el alma universal no es algo en lo que creer, es un punto imaginario para la concentración de la mente. Y cuando digo un punto imaginario, no pienses que estoy diciendo que no hay alma universal. Simplemente no está ahí para ti todavía. Sólo estás concentrando tu atención en un punto imaginario. Ese punto puede ser cualquier cosa, puede tener cualquier forma. Su nombre puede ser Rama, o Krishna, o Allah, cualquier nombre servirá, no hay diferencia. No importa en qué te concentres, lo importante es que te concentres. Así que todas las religiones del mundo sirven a este propósito. Si hay diferencias en sus doctrinas, no hay diferencia para el buscador. Todas esas diferencias son para los eruditos, para los que tienen que entretenerse en discusiones inútiles. Para un buscador estas cosas no hacen ninguna diferencia; Alá, Rama o Jehová - cualquier nombre servirá.

La ciencia de la religión, el proceso de la religión, no concede ningún valor a aquello en lo que te concentras: es irrelevante. Lo importante es que te concentres. Puede ser cualquier cosa, A, B, C, D, o lo que sea, pero te estás concentrando. En el proceso mismo de concentrarse, la mente cesa. Y lo que se conoce después de la muerte de la mente - su nombre no es Allah, o Rama o Krishna. No tiene nombre. Todos los nombres son imaginarios. Son utilitarios, son amuletos, funcionan; y cuando amanece la comprensión pueden ser desechados. Entonces ya no son necesarios.

Se trata de un pensamiento muy revolucionario. Al hombre religioso ordinario le resulta difícil concebir que su Rama, su Krishna, sus templos y los ídolos que hay en ellos son todos imaginarios. Imaginario no significa falso, sino hipotético. Pueden ser utilizados; el viaje puede comenzar a partir de ellos, aunque al final del viaje uno descubre que el viaje podría haberse realizado incluso sin ellos.

También al final del viaje se descubre que podría haberse realizado también con cualquier otro nombre. Pero eso no se puede saber al principio del viaje ni es necesario saberlo. Que un hindú proceda como un hindú, que un mahometano proceda como un mahometano y que un cristiano proceda como un cristiano. Al llegar al destino, se sabrá que hindú, mahometano, cristiano... todo eso no son más que cosas utilitarias que no tienen ninguna relación con la verdad última.

Estas divisiones tienen relación con nuestra ignorancia, no con nuestro conocimiento. Tienen algo que ver con hacernos iniciar el viaje desde donde estábamos parados en el mundo, pero nada que ver con el destino al que llegamos. Después de alcanzarlo, nadie sigue siendo hindú, cristiano o mahometano; al alcanzarlo, uno sólo sigue siendo religioso.

Así que recuerde, mientras sea cristiano, hindú o mahometano, sepa bien que no es religioso. Éstos son sólo los comienzos del viaje hacia la religión.

Gurdjieff ha dicho una cosa muy valiosa. Cuando alguien venía y preguntaba: "¿Cuál es el camino hacia la verdad?". Gurdjieff decía: "No hables de más, yo sólo puedo indicar formas de encontrar el camino.

Después de eso depende de ti. Ahora mismo es suficiente con que primero encuentres el camino. No preguntes cuál es el camino, pregunta primero por la dirección que puede llevarte al camino. Preocúpate primero de encontrar el camino". Recuerda, el hinduismo, el mahometismo, el cristianismo, etcétera, son todos pequeños desvíos para llegar al camino. Ninguno de ellos es el camino; la religión misma es el camino. El hinduismo es un desvío, el mahometismo es un desvío, el cristianismo es un desvío. La religión es el camino. Una vez que alcanzas el camino, todas las pequeñas desviaciones desaparecen.

Estar concentrado es valioso, porque el esfuerzo por concentrarse va en contra de la mente. Pero es necesario tener mucho cuidado, porque hay dos maneras de desviarse mientras se está concentrado.

Uno, es probable que crees una cadena de pensamientos. Y una vez que comienza el pensamiento, todo pierde sentido. La segunda dificultad es que, si no se produce la cadena de pensamientos, es posible que te duermas de golpe.

Puede que hayas observado que algunas noches, si hay demasiados pensamientos en tu mente, no puedes conciliar el sueño. Hay algunos pensamientos en tu mente, alguna preocupación, alguna corriente de actividad en tu mente, y el sueño se hace imposible porque estos pensamientos están impidiendo el sueño. Y la noche en que no hay pensamientos, no hay pensamientos en la mente, la mente está vacía, entonces caes en un sueño profundo inmediatamente. Tan pronto como te acuestas, el sueño desciende sobre ti.

Un coolie, un granjero tiene un sueño profundo. La razón es que su trabajo no tiene nada que ver con pensar, preocuparse, procesos mentales o gimnasia mental. No los necesita; está cavando una zanja o trabajando en el campo. Es un trabajo rutinario, no requiere pensar. Por la noche vuelve a casa cansado y hecho jirones, y se deja caer en la cama; los pensamientos están ausentes, y cae en un profundo sueño al instante.

Pero en el caso de las personas cuyo trabajo es sobre todo mental, el insomnio se convierte en su principal sufrimiento. Aquellos que están ocupados pensando y deliberando todo el tiempo, su pensamiento continúa sin parar incluso por la noche y son incapaces de conciliar el sueño.

Digo todo esto para que también te quede claro lo contrario.

Mientras se experimenta con la mente en la concentración, el segundo peligro es que al principio la mente tratará de inducir el pensamiento -lo cual es conveniente para ella, por ser su naturaleza-; pero si esto no ocurriera y permanecieras insistente en concentrarte, lo segundo que puede ocurrir es que, en ausencia de pensamiento, en lugar de pasar a la meditación te quedes dormido, porque tan pronto como cesa el pensamiento, es un viejo hábito que nos quedemos dormidos.

Mucha gente, en nombre de la meditación, sigue durmiendo y disfrutando de una siesta. Sentados en el templo, siguen dormitando. No es culpa suya. No saben lo que ocurre. Están intentando concentrarse y en el esfuerzo por concentrarse pueden ocurrir dos desgracias: o bien que empiece el pensamiento o, si eso no ocurre, que empiece el sueño.

Así que hay que evitar pensar y también dormir. Estas son las dos zanjas, y en medio de las dos está la meditación.

En sus monasterios, los maestros zen hacen que un monje se mueva con un bastón en la mano mientras los demás meditan. En cuanto ve que algún meditador empieza a dormitar, le golpea suavemente en la cabeza.

Pronto haremos también este arreglo. Y no es que todo sea inútil. No, es muy útil, porque el adormecimiento se interrumpe al instante. Pensar estaba sucediendo - que se detuvo y comenzó el adormecimiento. Evitas una zanja y caes en la otra. El adormecimiento comienza sólo cuando se interrumpe el flujo del pensamiento.

Y entonces llegó el monje que te dio un golpe en la cabeza. El flujo del pensamiento se había detenido, el adormecimiento se había instalado, el monje te dio un golpe en la cabeza - por un momento el adormecimiento se rompió. En ese instante se produce un atisbo de meditación. Y si ocurre aunque sólo sea un momento, es un gran apoyo para la meditación. Empiezas a sentir que no hay oscuridad donde vas, que todo está claro.

A veces ocurre que, al haber tantos meditadores, no es tan fácil para el maestro ver realmente en cada momento quién está adormilado y quién no. Así que hay un arreglo en el Zen que consiste en que si algún meditador siente que le está entrando sueño, se lleva ambas manos al pecho. Así el maestro puede ver fácilmente que en esa persona está surgiendo el peligro de dormirse. Este gesto es una invitación al golpe: "El sueño está a punto de comenzar, las olas del sueño acaban de empezar a darme su toque de pluma;

las olas me están dominando y temo que ahora me pierda en el sueño".

Si no se empieza a pensar y no se duerme, se producirá la meditación. Meditación significa ausencia de pensamiento y de sueño. Entonces estarás en meditación.

Tenga en cuenta estas dos cosas, sea cual sea el punto de concentración. SABIENDO QUE ERES EL ALMA PERPETUAMENTE DICHOSA, REGOCÍJATE SIEMPRE EN ESTA DICHA DENTRO Y FUERA DE TU MISMA ALMA.

Esto segundo también es muy valioso. Nos alegramos, pero nunca de nosotros mismos, sólo de los demás. Es un hecho muy curioso que nos deleitamos, nos interesamos, a veces incluso nos alegramos un poco, pero siempre en el otro. ¿Alguna vez te has alegrado de ti mismo? Nunca lo habrías hecho. Sencillamente, ¡no nos prestamos atención a nosotros mismos!

Este sutra dice que el buscador debe dejar lentamente de deleitarse en los demás y empezar a deleitarse en sí mismo. Estás sentado desocupado y te sientes infeliz: piensas que si llega algún amigo podría haber algo de diversión; si aparecen algunos compañeros podría haber algo de alegría y retozo. Solo, empiezas a estar triste. Solo no eres feliz. En la soledad se instala el aburrimiento, el aburrimiento de uno mismo.

Nadie se gusta a sí mismo. Lo interesante es que todo el mundo quiere gustar a los demás, y tú mismo no te gustas. Te aburres de ti mismo y quieres que los demás estén muy contentos cuando te vean. ¿Cómo es posible? Es imposible. Piensas en dar a los demás una gran felicidad. Si no puedes darte felicidad a ti mismo, ¿cómo vas a dársela a los demás? Y lo que no tienes tú mismo no puedes darlo, no hay forma de dárselo a los demás.

Este sutra dice: alégrate de ti mismo. Estás sentado solo, alégrate. Este estado ha sido descrito por los faquires como masti, éxtasis. No parece haber ninguna razón externa, sino que uno está simplemente embriagado de alegría, como si una corriente de alegría fluyera dentro de uno por sí misma. Uno está disfrutando de sí mismo, por sí mismo, no hay medio del otro.

Existen muchas disciplinas espirituales diferentes que utilizan el éxtasis. Los sufíes tienen en gran estima y utilizan las prácticas espirituales del éxtasis. Su principio fundamental es que no hagas depender tu felicidad de los demás. Quien asocia su felicidad a los demás, su tristeza también se asocia a los demás.

No asocies tu felicidad con los demás, asóciala con tu propio yo. Estás sentado desocupado bajo un árbol: sé feliz. Parecerá difícil: ¿Cómo ser feliz, cuando no hay razones para serlo? Normalmente sólo nos ponemos contentos por alguna razón... se acerca un amigo, hace mucho que no lo ves, así que te pones contento. Siempre somos felices por alguna razón.

La felicidad sin ninguna razón es masti, éxtasis. No hay una causa visible para la felicidad, uno simplemente se regocija en algo desde su interior. A veces esto les ocurre a los locos, por lo que a veces resulta difícil distinguir entre el loco y el masta, el extático. Aquellos a los que hemos llamado masta, muchos de ellos... en Occidente exactamente el mismo tipo de personas son internadas en manicomios, porque no hay forma de distinguirlos. Occidente no sabe distinguir entre un masta y un loco. Para ellos el hombre parece loco. En Occidente han convertido en una definición de salud que si uno está alegre por alguna razón su mente está bien, pero si uno está alegre sin ninguna razón, está loco. ¿Cómo puede haber felicidad sin ninguna razón?

La tradición de los mastas dice que la felicidad sólo puede ser sin ninguna razón: nunca ha habido felicidad por alguna razón. Esta es una afirmación bastante difícil. La tradición de los mastas dice que nunca ha habido felicidad por alguna razón - sólo una falsa noción de felicidad. De las razones sólo ha surgido el sufrimiento. Que esto se entienda - tiene una completa psicología propia.

Cuando buscas la felicidad por una razón -en alguna persona, en alguna cosa, en algún acontecimiento- el resultado final nunca es más que la infelicidad. Sigue el sufrimiento sobre el sufrimiento. La mujer busca la felicidad en el marido, la madre busca la felicidad en el hijo, el padre busca la felicidad en el hijo, en la hija. La felicidad siempre se busca en otra parte: en las relaciones, en el dinero, en la posición, en el prestigio, pero siempre en otra parte. Todos buscamos la felicidad en todas partes menos en nosotros mismos. Y lo más divertido es que los demás también buscan la felicidad en otra parte. Es como si estuviéramos cavando una mina que creemos que es una mina de diamantes, y la propia mina se hubiera ido en busca de los diamantes; y los propios diamantes de esta supuesta mina se hubieran ido a buscar todavía a otra parte.

Somos como una carta "sin franqueo" que no lleva dirección. Así que la búsqueda ha comenzado. No tenemos ni idea de a quién buscamos. Y, de nuevo, no hemos preguntado a la persona a la que nos dirigimos si no se ha ido a otro lugar en una búsqueda similar.

Cada persona está en otro lugar, por lo que nunca se produce una reunión con nadie. A cualquier lugar que vayas, esa persona no está allí. A quienquiera que cojas de la mano, esa persona no está allí. A quienquiera que abraces, esa persona no está allí, está en otra parte.

Todo el mundo se ha ido a otra parte, así que nadie es capaz de encontrarse con nadie, nadie será capaz de hacerlo nunca. Así que quien busque la felicidad en alguna causa seguirá cayendo en una miseria cada vez más profunda, porque cada vez habrá esperanza de que esta causa en particular traiga la felicidad, y cuando se alcance la esperanza se hará añicos.

La escritura de la secta de los masta dice que sólo la tristeza viene de los demás, nunca la felicidad; la felicidad siempre viene de uno mismo. Y siempre que se sienta como si viniera del otro, la tradición de los masta dice que el otro no es la causa, sino tú.

Entiende esto también un poco. Sientes que estás enamorado de alguien. La presencia de esa persona te parece agradable. ¿Es realmente la presencia del otro lo que te da felicidad? ¿O es tu idea de que estás enamorado, y la presencia de tu amado te da felicidad? ¿Qué es lo que te da la felicidad?

Si fuera la presencia de esa persona la que te diera felicidad, entonces la presencia de esa persona debería dar felicidad a todo el mundo. Pero eso no ocurre. La presencia de esa misma persona puede dar infelicidad a otra persona. Si el agua calma la sed, debe calmar la sed de todo el mundo.

Si dices que esta agua sólo sacia mi sed, entonces es algo que tiene que ver contigo, no con el agua.

Hay que aprender a distinguir entre la verdad subjetiva y la verdad objetiva. Si el agua es agua, calmará mi sed, calmará tu sed, calmará la sed de cualquiera. Saciará la sed, no tendrá nada que ver con diferentes personas; quienquiera que tenga sed, saciará su sed.

La belleza de alguien me agrada, pero no agrada a otra persona. Si es belleza, entonces quienquiera que busque la belleza, quien tenga sed de belleza, debería obtener felicidad de ella. Pero esto no sucede.

Esta belleza atraviesa a otra persona como una espina y quiere huir de ella, mientras que la misma belleza te da felicidad a ti. A alguien le produce infelicidad; alguien parece ni siquiera darse cuenta de que hay belleza; alguien simplemente se ríe y dice que estás fuera de tus cabales, ¡viendo belleza donde no la hay!

¿Qué significa todo esto? Significa que la belleza que ves te la atribuyes tú. No hay nada ahí, tú eres la causa. Y por eso es posible que de la misma belleza de la que has obtenido felicidad por la mañana, puedas obtener infelicidad al mediodía y por la noche obtener felicidad de nuevo. O hoy has obtenido felicidad y mañana infelicidad.

Ocurrió un incidente interesante. Una actriz de cine vino a verme y me dijo: "Tengo grandes dificultades y he venido a pedirle consejo. Mi problema es que me casé por amor, pero al cabo de uno o dos años sentí que había sido un error y en mi vida sólo había peleas y dolor. Sin embargo, seguí adelante durante diez años, pero las peleas y el infierno se fueron agravando y ya no tenía sentido ni siquiera la posibilidad de seguir adelante."

Ella estaba muy perpleja, porque su marido la había amado y la había cortejado con gran persistencia, pero luego su marido también se cansó de todo el asunto. Así que después de diez años se divorciaron, y ahora habían pasado diez años desde el divorcio. Tenían una hija que ya había crecido y se había casado recientemente. Fue entonces cuando los esposos se reencontraron, con motivo de la boda de su hija. Aquella actriz de cine había venido a contarme que su marido se había vuelto a enamorar de ella y le había pedido que se casaran de nuevo. ¿Qué debía hacer ella?

Hay dificultad. Está claro que nadie se enamora de nadie; los demás son sólo pantallas y, al ver en ellas nuestras propias imágenes, seguimos enamorándonos. Cuando sentimos que estamos obteniendo felicidad del otro, entonces también no es más que nuestra propia ilusión. Cuanto más profundizamos, más claro nos damos cuenta de que la felicidad es nuestra propia proyección. Y como creemos que la felicidad está en el otro, y como ninguna felicidad proviene del otro, sufrimos.

Una persona que descubre que la fuente de la felicidad está dentro de sí misma no va a ningún otro sitio a buscarla; empieza a experimentarse a sí misma ahogada en la felicidad. No baila por ninguna causa externa, sino por su propia existencia. La propia existencia es suficiente deleite, la propia existencia es suficiente dicha; no hay necesidad de buscar ninguna otra causa. La respiración está ocurriendo, incluso esto es dicha suprema; el corazón está latiendo, incluso esto es dicha suprema.

Experimenta con esto un poco.... Siéntate solo bajo un árbol y enamórate de ti mismo por primera vez; olvídate del mundo, simplemente enamórate de ti mismo.

La búsqueda espiritual es, de hecho, la búsqueda del enamoramiento de uno mismo.

El mundo es un viaje para enamorarse de los demás, la espiritualidad es un viaje para enamorarse de uno mismo. La espiritualidad es muy egoísta. Es una búsqueda de uno mismo, una búsqueda del significado de uno mismo. Es regocijarse en uno mismo, es saborear uno mismo. Y cuando este gusto empieza a suceder dentro de ti... espera un poco, busca un poco. Siente tu unicidad, deléitate con tu propia existencia, porque "¿Qué podría haber hecho si no hubiera nacido? ¿Cómo podría haberme quejado -y con quién- si no hubiera estado aquí?". Tú estás en esta existencia; incluso este hecho, incluso esta consciencia, esta conciencia de que "yo soy", la posibilidad misma de vislumbrar la dicha - sólo regocíjate un poco en todo esto. Deja que el sabor de todo esto empape cada uno de tus poros. Déjate llevar por la emoción. Empieza a bailar si te apetece bailar, empieza a reír si te apetece reír, empieza a cantar una canción si te apetece cantar una canción, pero recuerda seguir siendo tú mismo el centro de todo y deja que los manantiales de felicidad fluyan desde tu interior, no desde el exterior. Lentamente, lentamente, esto se adentra en tu experiencia, y el estado que provoca es el estado de un masta, el extático.

Masta significa alguien que se ha extasiado en sí mismo.

Este sutra es el sutra fundacional de los mastas.

SABIENDO QUE ERES EL ALMA PERPETUAMENTE DICHOSA, REGOCÍJATE SIEMPRE EN ESTA DICHA DENTRO Y FUERA DE TU MISMA ALMA.

EL FRUTO DEL DESAPEGO ES EL CONOCIMIENTO...

Este sutra es muy valioso.

EL FRUTO DEL DESAPEGO ES EL CONOCIMIENTO, EL

FRUTO DEL CONOCIMIENTO ES LA RELAJACIÓN, Y LA PAZ QUE DESCIENDE DE EXPERIMENTAR LA DICHA DE UNO MISMO ES EL FRUTO MISMO DE LA RELAJACIÓN.

SI CADA UNO DE LOS ANTEDICHOS NO SUCEDE EN SUCESIÓN, SEPA QUE EL ANTERIOR HA SIDO INFRUCTUOSO. LA ABSTENCIÓN DE LOS OBJETOS SENSORIALES ES EN SÍ MISMA LA SATISFACCIÓN SUPREMA Y LA DICHA INCOMPARABLE.

Intenta comprender cada paso. Para el buscador, vale la pena tener presente cada paso y examinarlo constantemente. Es una piedra de toque.

EL FRUTO DEL DESAPEGO ES EL CONOCIMIENTO...

Como he dicho antes, date cuenta del sinsentido del cuerpo. Si miras con ojo penetrante, llegarás a saber que el cuerpo no tiene sentido. Llega a una comprensión clara y profunda de que el mundo es incapaz de dar ninguna felicidad. Y no hay ningún impedimento; se volverá claro si buscas porque es así. Es como pedirle a un hombre con los ojos cerrados que abra los ojos y vea que la luz está ahí. Todo esto es tan simple como eso. Este es el caso. No hay felicidad a través del mundo, no hay felicidad a través del cuerpo, no hay paz a través del otro - este es el caso, es sólo una cuestión de ver con los ojos abiertos. Por miedo a llegar a conocer la verdad hemos mantenido los ojos cerrados durante vidas y vidas. Cerramos los ojos a propósito. Tenemos miedo.

Un amigo vino a verme. Quería casarse porque estaba enamorado de alguien. Le pregunté: "¿Estás realmente enamorado? Piénsalo un poco más".

Me dijo: "¿Pensar? ¿Qué hay que pensar cuando hay amor?".

Yo seguía diciendo: "¿Qué tiene de malo? En lugar de pensar después, es mucho mejor pensar antes.

¿Y cuál es la prisa? Espera quince días".

Parecía un poco nervioso e inquieto.

Le dije: "Si realmente hay amor, sin duda durará quince días. ¿Cuál es el nerviosismo?"

Esperó quince días. Le había dicho que volviera al cabo de quince días y que durante ese tiempo pensara si estaba realmente enamorado.

Vino al cabo de quince días y me dijo: "Me has confundido. Mi mente ha caído en una gran incertidumbre. Hace quince días tenía la mente muy clara y segura. ¿Qué me has hecho?

Había venido a ti para recibir tus bendiciones para que mi matrimonio por amor fuera un éxito".

Le dije: "Como habías venido a por mis bendiciones -era por miedo-, te pedí que lo pensaras de nuevo.

Uno busca bendiciones sólo cuando no está seguro de sí mismo. Si no me hubieras pedido bendiciones, no te habría dicho nada. No estás seguro de que serás feliz, así que pides mis bendiciones para que la responsabilidad pase a otro, para que tú ya no seas responsable. Intentabas atraparme; estás enamorado e intentabas atraparme. Ahora piensa un poco más, y si sigues confundido, espera otros quince días".

Me dijo: "No puedo esperar más, porque si espero quince días más habrá un divorcio antes de que se celebre el matrimonio".

Todos tenemos miedo. Y no abrimos los ojos y miramos a nuestro alrededor para ver de qué se trata, porque ya tenemos miedo de que lo que vemos no esté realmente ahí. Estamos escondiendo nuestras heridas. Si las descubrimos y vemos, entonces se sabrá que hay una herida. Así que hemos escondido la herida y nos hemos puesto pulseras de oro encima. Se ve la pulsera, no la herida. Y al ver el brazalete pensamos que todo está bien. Pero, ¿acaso las pulseras han curado alguna vez alguna herida? Esa herida sigue creciendo cada vez más por dentro, hasta que se convierte en una úlcera.

Toda nuestra vida es un autoengaño en el que no hay nada que merezca la pena. Nosotros también sentimos que no hay nada, pero también tenemos miedo de estar viviendo sólo con la ayuda de estas ilusiones y si abrimos los ojos y descubrimos que éstas tampoco existen, entonces ¿cómo viviremos?

Esta dificultad ha surgido en Occidente. Trata de entender esto.

Durante los últimos trescientos años, Occidente ha intentado ver las cosas como son. Ahora Occidente tiene dificultades. La dificultad estriba en que este intento ha logrado demostrar que no hay nada en las cosas.

¿Qué hacer ahora? Ahora en Occidente sólo prevalece un sentimiento: que todo se ha vuelto vacío e inútil, parece no tener sentido. ¿Qué hacer ahora?

Durante estos trescientos años, Occidente ha reflexionado mucho sobre todas las relaciones de la vida y el resultado es que todas las relaciones se han vuelto sospechosas. Hoy en día, ningún amante en Occidente puede atreverse a decir a su amada que su amor es eterno, permanente. Se ha vuelto imposible decirlo, porque cuanto más se investigaba sobre el amor, más claro quedaba que no hay nada más momentáneo que el amor. Sólo los poetas y los ciegos solían decir que su amor era eterno.

Se necesitan ojos ciegos para poder decir que el amor es eterno. Lo parece, pero en realidad no lo es.

Cuando estás enamorado de alguien, parece que ese amor durará para siempre y que ningún poder sobre la tierra podrá romperlo. Es una gran ilusión. No se necesitan grandes poderes, de hecho no se necesitan poderes externos en absoluto; tú mismo harás el trabajo de romperlo, sólo tú te bastas para ello.

El amor es efímero. Cuando una flor florece por la mañana, ¿quién puede creer que se marchitará en unas horas? Su floración engaña y hace creer que permanecerá así para siempre, pero no es así. Todo lo que ha florecido se marchita. Cuando florece el amor, también es una flor y se marchitará.

Occidente ha llegado a saberlo bien, ha llegado a comprenderlo bien, y ha caído en una gran dificultad: amar se ha vuelto difícil, porque para amar es necesaria esa ilusión de que es eterno.

Sin esa ilusión no puede haber amor. Si esa ilusión se rompe, el amor también se desmorona.

Así que en Occidente sólo ha quedado el sexo. No parece haber posibilidad de amor, sólo ha quedado la sexualidad. Pero es muy difícil dar profundidad a la vida sobre la base de la sexualidad. Y es muy difícil crear la familia sobre la base de la sexualidad. Y si sólo la sexualidad es la realidad, entonces no vale la pena pasar por tantos problemas, por tantas responsabilidades del sistema familiar.

En Occidente, los maridos y las esposas están desapareciendo, los novios y las novias están aumentando. La relación marido-mujer ha dejado de tener importancia. Novios y novias significa que la amistad sigue viva. Si mañana cambia, no hay quebraderos de cabeza legales.

Pero entonces se instala un vacío. El amor está desarraigado, y si no se puede meditar habrá serios problemas. La energía se libera y no hay otra ruta por la que pueda viajar. Por eso la gente mantiene los ojos cerrados y siente que por donde camina es el cielo, incluso en el infierno. Cuando se abren los ojos, se ve el infierno. Todos los días te encuentras con ocasiones en las que ves el infierno. La vida es tal que elegirás el desapego por ti mismo.

La vida es tal que el desapego está destinado a suceder, no es que tengas que hacer un esfuerzo incansable para ello.

De hecho, estás haciendo un esfuerzo incansable para que no surja el desapego. Piensa, echa una mirada retrospectiva a tu vida, hazlo a vista de pájaro y descubrirás que toda la vida te está conduciendo hacia el desapego.

Todo el mensaje de la vida es desapego, todo el flujo de la vida es hacia el desapego. La vida te trae dolor de todas direcciones, pero aún así el desapego no surge en ti. La vida te decepciona en todos los aspectos, te rompe, te desgarra, pero el desapego no surge en ti - ¡es un milagro! De lo contrario, el flujo natural de la vida es hacia el desapego.

En el apego está el nacimiento de la vida, y el desapego es el resultado final. Nacemos del apego, pero si morimos también en el apego sólo significa que no hemos escuchado el mensaje de la vida.

El desapego es el lenguaje de la vida. Si buscas, si no te engañas a ti mismo, entonces todos son útiles: tanto un amigo como un enemigo; tanto los seres cercanos y queridos como las personas distantes, todos son útiles para guiarte hacia el desapego.

EL FRUTO DEL DESAPEGO ES EL CONOCIMIENTO.

El día que te mantienes firme en el desapego y no tienes deseos acerca de este mundo, no tienes exigencias de este mundo, y se te revela la futilidad de este mundo - el resultado es el conocimiento.

Entonces estás lleno de sabiduría; entonces por primera vez surge en ti la sabiduría y se enciende en ti una lámpara.

En el estado de desapego arde la lámpara de la sabiduría. Si la lámpara del conocimiento no arde, comprende bien que el desapego es falso. Esta es la segunda parte del sutra. Si el segundo paso no sigue, entonces el primer paso ha sido falso; ha resultado infructuoso. En nuestro país no escasean las personas que han renunciado al apego -estas personas están sentadas en todos los templos y monasterios-, pero es difícil encontrar a los sabios.

He conocido a muchos sadhus y sannyasins. Huyeron hace años, pero dicen: "Hasta ahora no ha ocurrido nada, el conocimiento no ha sucedido". Pero ni siquiera ellos están dispuestos a aceptar que su desapego es falso y que por eso no les ha sucedido el conocimiento. Creen que su desapego es completo; es sólo el conocimiento lo que no ha sucedido. Si el conocimiento no se ha producido, entonces el primer paso ha ido mal, tu desapego es falso. No es producto de un apego maduro, no ha surgido de un apego maduro; has huido del mundo prematuramente, has huido sin abrir los ojos - que esto se recuerde.

Hay un hombre que camina por el infierno con los ojos cerrados y acariciando sueños en los que está en el cielo.

No abre los ojos para no ver el infierno. Escucha las afirmaciones de los videntes y sabios de que el mundo es el infierno; él mismo siente en su interior que puede ser así y teme abrir los ojos. O a veces, cuando sus ojos se abren en algún suceso accidental, ve el infierno, y lo que los videntes y sabios dicen parece ser cierto. Pero no mantiene los ojos abiertos, se pone cada vez más nervioso, y las voces de los videntes y sabios se esconden cada vez más dentro de él. Empieza a sentir en su interior que todo va mal y huye del mundo. Pero huye con los ojos cerrados. Se mueve hacia el desapego, pero no mira al apego con los ojos abiertos. Con los ojos cerrados estaba en el apego; con los ojos cerrados se ha movido hacia el desapego.

Esto no dará el fruto del conocimiento, porque no hay cambio en el estado mental de este hombre - sus ojos siguen cerrados. Hasta ayer caminaba como un ciego en el apego; hoy camina como un ciego en el desapego.

El desapego que se produce al abrir los ojos dentro del apego es el desapego maduro, maduro. En esta madurez se enciende la lámpara del conocimiento.

EL FRUTO DEL CONOCIMIENTO ES LA RELAJACIÓN.

Cuando se enciende la lámpara del conocimiento, ¿cuál es el resultado? El resultado es la relajación, la tranquilidad. La mente, la conciencia, el cuerpo, el ser, todo alcanza la relajación. No queda esfuerzo en ninguna parte; no hay tensión, no hay esfuerzo, no queda ni rastro de nada de esto en ninguna parte de la persona. Se produce una tranquilidad, una relajación.

Si el conocimiento no trae relajación, entiende bien que el conocimiento es falso. Entonces cada paso sucesivo debe ser falso. Si una persona con conocimiento parece tensa, si una persona con conocimiento no está relajada, si una persona con conocimiento tiene que imponerse disciplina a sí misma, entonces sepa que el conocimiento debe haber venido de las escrituras, no a través de su propia experiencia. El puede haber alcanzado el conocimiento escuchando a otros pero no es a traves de su propio conocimiento. En tal caso, el conocimiento bien puede estar en el intelecto pero aun no ha entrado en el ser. Tal conocimiento es un peso sobre la cabeza, no se ha convertido en alas con las que uno pueda volar en el cielo.

El fruto del conocimiento es la relajación, de tal manera que no queda ningún esfuerzo en uno mismo. No queda esfuerzo de ningún tipo, uno se vuelve sin esfuerzo. Todo lo que sucede es correcto, prevalece un estado de relajación. Todo lo que es, es correcto. No hay esfuerzo para lograr nada, no hay miedo de perder nada, no hay miedo de que algo pueda salir mal, no hay inquietud de que pueda ocurrir algún error, no hay tensión de que puedas fallar, de que puedas caerte, de que puedas extraviarte - esto se llama uparati, la relajación.

Uparati, la relajación, es algo muy profundo. Te encontrarás con millones de personas desapegadas, pero ninguna con un atisbo de conocimiento. También encontrarás miles de personas con conocimiento, pero sin un atisbo de relajación en ellas. No hay escasez de expertos o personas con conocimientos.

Pero es muy interesante observar que, a veces, las personas ignorantes y desconocedoras parecen más relajadas que las conocedoras. Si se examinara el cerebro de un experto y el de una persona ignorante, el cerebro de la persona ignorante se encontraría relajado, y el del experto, muy agitado. Todo parece estar patas arriba. Incluso la ignorancia era mejor que esta situación porque al menos la ignorancia era tuya. Este conocimiento es prestado y, por tanto, una carga. Lo propio nos aligera, lo prestado nos carga. Lo propio siempre hace florecer, lo ajeno aplasta.

El fruto del conocimiento es la relajación y el fruto de la relajación es la paz. Aquel que ha alcanzado la relajación, lentamente, hundiéndose más y más y más profundamente en ella, alcanza el centro que ha sido llamado paz.

Cuando una persona está nadando, se encuentra en la superficie del agua. Nadar es un esfuerzo, un hacer.

Pero otra persona que se ha dejado llevar y se ha relajado, que no está nadando sino flotando sin esfuerzo, moviéndose con el río dondequiera que le lleve -le parece bien si le lleva a algún sitio, y si no le lleva a ningún sitio también le parece bien-, esa persona ha alcanzado la relajación.

Esa persona que está tumbada sin esfuerzo empezará a hundirse en el río lenta, lentamente; seguirá hundiéndose hasta que alcance la profundidad máxima, hasta que toque el fondo rocoso del río; ese fondo rocoso se ha llamado paz.

El conocimiento a través del desapego... si el desapego es real, el conocimiento está destinado a seguir. Si el conocimiento es verdadero, la relajación es inevitable. Si la relajación es real, la paz siempre vendrá después.

Y si la paz no surge de tu relajación, sabe bien que tu relajación es impuesta.

En Occidente se han escrito muchos libros que tienen nombres extraños, como "Debes relajarte".

Ahora bien, este título del libro es absurdo. En la misma palabra "debes" hay tensión. Ahora este "debes" se convertirá en el problema, no te dejará relajarte. La gente se tumba en la cama leyendo estos libros e intentando todo tipo de posturas. El libro dice que hay que relajarse, ¡así que se relajan!

Pueden incluso imponerse la relajación, pueden incluso tumbarse en su cama rígidos como un cadáver, pero la tensión continuará en su interior porque ahora también tienen que pensar en relajarse.

Si tienes que pensar en tu relajación, eso también requerirá esfuerzo, energía. Y recuerda, si tienes que hacerlo saldrás de ello aún más agotado, porque ese esfuerzo es lo que a uno le cansa.

Te concentras en "estoy descansando, no debo hacer ningún esfuerzo". Este "no debo hacer ningún esfuerzo" se convierte ahora en el esfuerzo.

No se alcanzará la paz mediante esa relajación. La relajación es un acontecimiento existencial.

Relajación significa que tu conciencia no tiene nada que valga la pena lograr, tu conciencia no tiene demandas de ningún tipo y ningún deseo de convertirse en algo - ningún deseo de siquiera relajarse; no hay insistencia ni siquiera para que llegue la relajación. Si viene es bueno, si no viene es igualmente bueno.

Habrás oído a faquires mahometanos por el camino decir: "Que sea feliz el que da, que sea feliz el que no da". Los mendigos ordinarios también lo repiten, pero esta afirmación es de los sufíes. El mendigo ordinario lo repite con engaño. Cuando dice: "Que el que da sea feliz", el brillo en sus ojos es notable, y cuando dice: "Que el que no da sea feliz", no hay brillo en absoluto. Conocerás la diferencia dándole y observando, y no dándole y observando.

Había un faquir sufí llamado Bayajid. Él había hecho un pequeño cambio en esta afirmación. Solía decir: "Que el que da sea feliz y que el que no da sea aún más feliz". Alguien preguntó a Bayajid: "Hasta ahora sólo habíamos oído "Que el que da sea feliz y que el que no da sea feliz", pero ¿qué significa este añadido?".

Bayajid respondió: "Cuando alguien da, me siento satisfecho, pero cuando alguien no da, me siento aún más satisfecho. Mi sentimiento de gratitud se intensifica. Cuando alguien da, está bien, estoy satisfecho; pero cuando alguien no da, también permanece el placer interior. Tengo ganas de inclinarme ante él. Siento que si hubiera dado, me habría privado de esta oportunidad de seguir siendo feliz cuando no recibo. Por eso digo: "Que sea aún más feliz quien no da". Es bondadoso por haberme dado una oportunidad más de ver cómo mi corriente de felicidad permanece ininterrumpida al no recibir."

La relajación viene de dentro, no se adquiere con esfuerzo. Así que todo el proceso es por pasos.

El desapego es el primer paso hacia la tranquilidad. Todo el mundo quiere relajarse, pero el desapego es el primer paso hacia la tranquilidad. Los Upanishads impusieron condiciones e hicieron que todo fuera difícil. ¿Quién no quiere relajarse? Todo el mundo busca la relajación, todo el mundo busca la paz. Pero entonces hay que seguir toda su ciencia. Deseas flores pero no siembras las semillas. Siembras las semillas pero no las riegas. O si las riegas, no levantas una valla para proteger las plantas de los animales. No, hay que ir paso a paso.

El desapego significa apartar la mente de todo tipo de deseos. Cuando la mente se aparta de los deseos, la energía que se destruía persiguiendo esos deseos se salva y se convierte en una llama.

EL FRUTO DEL CONOCIMIENTO ES LA RELAJACIÓN.

Quien ha llegado a conocer ya no tiene ninguna fuente de tensión. Quien ha llegado a conocer tampoco tiene motivos para estar inquieto. No hay nada en este mundo por lo que uno deba estar inquieto.

EL FRUTO DEL CONOCIMIENTO ES LA RELAJACIÓN, Y LA PAZ QUE DESCIENDE DE EXPERIMENTAR LA DICHA DE UNO MISMO ES EL FRUTO MISMO DE LA RELAJACIÓN.

SI CADA UNO DE LOS ANTEDICHOS NO SUCEDE EN SUCESIÓN, SEPA QUE EL ANTERIOR HA SIDO INFRUCTUOSO. LA ABSTENCIÓN DE LOS OBJETOS DE LOS SENTIDOS ES EN SÍ MISMA LA SATISFACCIÓN SUPREMA Y LA DICHA INCOMPARABLE.

Suficiente por hoy.

Eso - La religión universal

AQUEL QUE TIENE EL ATRIBUTO DE SER LA PERSONIFICACIÓN DE MAYA, LA ILUSIÓN, QUE ES LA FUENTE DEL UNIVERSO, QUE TIENE LAS CARACTERÍSTICAS DE OMNISCIENCIA, ETCÉTERA, Y ES LA PERSONIFICACIÓN DE INDIRECTIDAD, MULTIPLICIDAD Y VERDAD, ETCÉTERA, ES CONOCIDO POR LA PALABRA TAT - 'ESO'.

EL QUE PARECE ESTAR A FAVOR DE LA 'I' COMO UNA EXPERIENCIA ASÍ COMO UNA PALABRA Y QUE ES EXPERIMENTADO COMO SEPARADO DE LA CONCIENCIA, ES LLAMADO POR LA PALABRA TVAM - 'TÚ'.

EXISTEN DOS ATRIBUTOS: MAYA, ILUSIÓN, PARA EL ALMA UNIVERSAL, Y AVIDYA, IGNORANCIA, PARA EL ALMA ENCARNADA. AL ABANDONAR LOS DOS, LO QUE SE VE ES EL PERPETUAMENTE VERDADERO, CONSCIENTE Y DICHOSO PARAM BRAHMA, LA ÚLTIMA REALIDAD SUPREMA.

A Dios se le ha llamado de muchas maneras. El hombre ha establecido diversas relaciones con Dios.

En algún lugar es el padre, en algún lugar la madre, en algún lugar el amante, en algún lugar el amado, en algún lugar el amigo y en algún lugar algo más - de esta manera el hombre ha tratado de establecer muchas, muchas relaciones diferentes con la verdad última. Pero los Upanishads son los únicos en todo el mundo que llaman a Dios sólo "eso", tat, y por lo tanto no establecen ningún tipo de relación.

Esto hay que entenderlo bien. Es una visión muy profunda. Por amor podemos llamar a Dios "padre" o "madre", pero al hacerlo hay menos de comprensión y más de necedad. Sea cual sea la relación que establezcamos con Dios, es una tontería. ¿Por qué? Porque hay un factor inevitable en una relación: debe haber la presencia de dos personas. Una relación no puede constituirse sin dos. Yo estoy ahí y mi padre está ahí - ambos son necesarios; yo estoy ahí y mi madre está ahí - ambos son necesarios. No es correcta ni posible una relación de este tipo con Dios en la que podamos relacionarnos permaneciendo dos. Con Dios, sólo es posible relacionarse perdiéndonos a nosotros mismos, no permaneciendo como entidades separadas.

Todas las relaciones de este mundo se mantienen sólo permaneciendo como entidades separadas. La relación con Dios sólo se establece fusionándose con Dios, perdiéndose en Dios, siendo uno con Dios. Esto es de una gran complejidad. Para una relación se necesitan dos, por lo que incluso podemos decir que nunca se puede establecer una relación con Dios. Si dos son necesarios para una relación, entonces ninguna relación puede establecerse con Dios porque el encuentro mismo con Dios sólo es posible cuando los dos desaparecen como dos y permanece el uno.

Kabir ha dicho: "Salí a buscarte pero no pude encontrarte. Desaparecí en la misma búsqueda, entonces te encontré. El que había salido en tu búsqueda... mientras estuvo allí, no hubo encuentro contigo; cuando en el proceso de búsqueda no te encontraron pero el buscador desapareció, entonces se produjo el encuentro".

Sólo significa que el hombre nunca se encuentra con Dios, porque mientras el hombre esté ahí, no hay Dios; y cuando Dios está ahí, el hombre no está ahí. Los dos nunca se encuentran.

Así que ninguna de las relaciones del mundo es aplicable a un encuentro con Dios. Cometemos un error al pensar así.

Se puede encontrar a un padre sin perderse, perderse no es una condición para el encuentro; se puede encontrar a una madre sin perderse, perderse no es una condición para el encuentro. Pero perderse es una condición básica para encontrarse con Dios. Las relaciones tienen lugar entre dos, pero la relación con Dios sólo tiene lugar cuando hay uno, no dos. Así que esta relación es justo lo contrario.

Los Upanishads no se dirigían a Dios como padre o como madre, no establecían ninguna relación humana. Los sociólogos dicen que el establecimiento de todas las relaciones humanas es antropocéntrico, centrado en el hombre. El hombre se impone a todo. Comprendamos este punto de vista de que el hombre es antropocéntrico, porque la psicología y la sociología modernas están muy influidas por esta palabra y le conceden un gran valor.

Todo lo que un hombre ve, se proyecta en ello. Si la luna está nublada, decimos: "El rostro de la luna está oculto tras un velo". Ni hay rostro ni hay velo. Pero el hombre, por naturaleza, proyecta sus experiencias en todo. Si hay un eclipse de luna decimos: "Sus enemigos Rahu y Ketu se han tragado la luna, van tras la luna".

El hombre sólo puede pensar en el lenguaje del hombre. También seguimos proyectándonos en todo lo que vemos a nuestro alrededor. Nos dirigimos a la tierra como a la madre; es una proyección. Nos dirigimos al cielo como al padre; es una proyección. Si miramos en profundidad, descubriremos que, sean cuales sean las relaciones que el hombre mantiene con el universo, ha impuesto su propia imagen y estructura a todas ellas.

Freud dice que todo el tema de Dios es en realidad un sustituto del padre.

Cuando un niño nace es indefenso, débil e inseguro; el padre lo protege y lo educa.

El niño pequeño crece a su sombra, toma al padre por la superpotencia; no hay nadie más grande que él en el mundo. Por eso, a menudo se ve a los niños pequeños discutiendo entre ellos sobre quién es el padre más poderoso. Todos los niños afirman que su padre es el más grande, y todos los niños piensan así: ¿qué puede haber más grande y poderoso que su padre? Todo el poder está en manos de su padre.

En la infancia, el niño recibe el apoyo de su padre para crecer. La seguridad, la confianza, el respeto, todo se lo da su padre. Si mientras le coge de la mano su padre camina a través del fuego, el niño le acompañará riendo, porque dondequiera que vaya su padre no puede haber ningún peligro para él. En la mente del niño aún no han surgido dudas ni desconfianza. Su padre sigue siendo absolutamente digno de confianza. Pero a medida que el niño crezca, esta confianza empezará a desmoronarse. Poco a poco, las debilidades del padre se harán visibles para él.

A medida que el niño crezca será capaz de entender un poco, y la primera debilidad que llegará a ver es que en noventa de cada cien ocasiones la madre es más poderosa que el padre, en noventa o noventa y nueve de cada cien ocasiones. Toda la pompa y el espectáculo de su padre, todo su pavoneo está fuera de su casa - él entra en la casa un poco asustado, un poco manso. Esta será la primera grieta en la confianza del niño. Cuando crece y empieza a entender las cosas, ve que su padre también tiene una jefa y que tiembla ante ella.

Esta confianza que se había impuesto al padre en la infancia ahora se aleja del padre, dejando un vacío. Es esta misma confianza la que, según Freud, se impone a un Dios -un padre imaginario- para que la mente no tenga un vacío. Por eso el hombre llama a Dios el padre, el padre supremo, el más poderoso de todos.

Recordemos que las cualidades que un niño atribuye a su padre son exactamente las mismas que los religiosos atribuyen a Dios. Y del mismo modo que los niños se pelean entre ellos para decidir quién es el mejor padre, los hindúes, los mahometanos y los cristianos se pelean para demostrar que su dios es el mejor. ¿Cómo puede un dios ser más grande? Todo esto son ideas infantiles. Pero la propia imposición de la paternidad sobre el concepto de Dios es infantil; nace de la mente del niño.

Por eso Freud llegó a decir que mientras los niños se eduquen con su padre es muy difícil que se deshagan de Dios. Dios no es más que otra forma de padre. Parece que hay algo de verdad en ello, porque en las sociedades matriarcales, donde la madre es suprema y el padre es secundario, no se dirigen a Dios como al padre sino como a la madre. Esto revela la verdad del asunto.

Por ejemplo, los adoradores de la diosa madre Kali aceptan a Dios en forma de madre, no en forma de padre. Estos adoradores de Kali proceden de una sociedad matriarcal en la que la madre es primordial y el padre es secundario. Tales sociedades todavía existen en la tierra, y en estas sociedades el concepto de Dios es el de una madre, no el de un padre.

Esto apoya un poco la idea de Freud de que los conceptos se forman en la infancia - y los momentos de la infancia son valiosos, porque cualesquiera que sean los patrones que se forman en la mente durante ese período, siempre que hay alguna pérdida de ellos uno se siente inquieto. Se hace necesario que la persona compense esas pérdidas. Y el hombre sigue intentando toda su vida completar los patrones creados en su infancia.

A partir de esto deberías tomar nota de otra cosa interesante. En las sociedades donde el sistema familiar ha sido desarraigado -por ejemplo, como ha sucedido en América, donde se han arrancado las raíces del sistema familiar, donde los hijos no se preocupan ni del padre ni de la madre, ni la madre ni el padre se preocupan mucho por los hijos; donde la relación entre los miembros de la familia se ha debilitado- en esas sociedades el concepto de Dios también se debilita.

Donde el sistema familiar se tambalea, Dios también se tambalea; allí se propaga el ateísmo. En las sociedades donde el poder del padre es muy fuerte y donde las órdenes del padre son supremas y la disciplina está asegurada, no nace el ateísmo. Y las conclusiones que Freud saca de todo esto son ciertas, pero sólo a medias. Hay verdad en su conclusión de que ver al padre en Dios es un intento del hombre de llenar un vacío psicológico. Pero cuando Freud dice que Dios no es más que esto, es aquí donde se equivoca.

El hombre puede llamar madre a la tierra - esto tiene que ver con el hombre, pero por ello la tierra no deja de ser lo que es. El hombre puede llamar a Dios padre, madre o lo que sea. Esto puede ser una extensión de su familia, de su infancia o de su mente, pero el Dios sobre el que se hace esta extensión no se convierte en una falsedad por ello. Los nombres que le demos dependen de nosotros, pero su existencia no depende de nosotros.

Si Freud hubiera conocido los Upanishads se habría encontrado en dificultades, porque los Upanishads no establecen ninguna relación con Dios. Si Freud hubiera leído los Upanishads la historia de la psicología moderna habría sido diferente. Pero Freud era un hombre honesto. Si hubiera tenido el más mínimo indicio de que existe una tradición de pensamiento, filosofía y experiencia que no establece ningún tipo de relación con Dios y que utiliza la palabra más impersonal tat, 'eso' -donde Dios es 'eso', y no puede haber ninguna otra dirección más impersonal- Freud seguramente se habría asombrado. Eso" significa que no se ha dado ningún nombre, sólo un indicio. Eso" no es un nombre, es sólo una indicación, un dedo que señala.

Ciertamente, este tat no puede nacer de ninguna carencia de la infancia. Se puede pensar en la madre, se puede pensar en el padre, ¿pero eso? No tiene nada que ver con la psicología de la infancia. De hecho, no tiene nada que ver con la psicología como tal. Tiene que ver con la experiencia de aquellos que han ido más allá de la mente, que han ido más allá del hombre.

Estas palabras manushya y mun, hombre y mente, también deben entenderse. En este país hemos llamado manushya al hombre. Se le ha llamado así porque está rodeado de mun, la mente, porque vive en la mente, porque está orientado únicamente hacia la mente y se nutre de ella. La palabra inglesa man es también un derivado de la palabra sánscrita mun, que significa mente.

Mun, la mente, es el hombre. Donde se trasciende la mente, también se trasciende la hombría. Estas son las afirmaciones de aquellos que trascendieron al hombre, que trascendieron mun, la mente, e insinuaron "eso".

Pero hay varias cosas en él que merece la pena considerar. Se puede adorar a un padre, pero ¿cómo se adora a "eso"? Se puede construir un templo del 'padre', se puede construir un templo de la 'madre', pero ¿cómo construirías un templo de 'eso'? ¿Cómo se puede hacer un templo de "eso"? o ¿se puede? Se pueden hacer ídolos del hombre, de la mujer, de la madre, del padre, pero ¿cómo se puede hacer un ídolo de 'eso'? No hay escrituras más iconoclastas que los Upanishads, aunque no han dicho ni una palabra contra la adoración de ídolos. Esto también vale la pena entenderlo.

Los mahometanos se han dedicado a romper ídolos sólo porque Mahoma dijo: "No puede haber ídolo de 'eso'". La afirmación de Mahoma es similar a la de los Upanishads, de que no puede haber ídolo de 'eso'. Los mahometanos parecen creer que el ídolo de 'eso' no se puede hacer, ¡pero que el ídolo de 'eso' se puede romper! ¿Cómo se puede romper lo que no se puede hacer en primer lugar? Así que un grupo de locos se dedica a fabricar ídolos y otro grupo de locos se dedica a romper ídolos.

Es muy interesante ver que el iconoclasta tampoco es más que un adorador de ídolos. El que va a romper el ídolo también cree en los ídolos, al menos cree que merece la pena tomarse la molestia de romperlos. Al menos cree en el ídolo. ¿Cuál es la diferencia? Uno va a poner ofrendas de flores en la cabeza del ídolo, otro va a romper la cabeza del ídolo con un martillo.

Son martillos y cinceles con los que se hacen los ídolos y son también martillos y cinceles con los que se rompen los ídolos. No hay mucha diferencia entre las creencias de unos y otros: ambos creen que el ídolo tiene cierta importancia. El adorador de ídolos cree que tiene importancia, el iconoclasta cree que tiene importancia. A veces el iconoclasta le da más importancia, porque mientras que el adorador de ídolos nunca arriesga su vida en la fabricación del ídolo, el iconoclasta arriesga su vida por romperlo. El iconoclasta arriesga su vida al romper un ídolo cuando el Corán dice: "No puede haber ídolo de 'eso'". ¿De quién es el ídolo que rompe entonces?

Los Upanishads no son ni adoradores de ídolos ni iconoclastas. La visión de los Upanishads ha ido mucho más allá de la forma, la figura y el ídolo. Por eso dijeron tat, 'eso'. ¿Qué ídolo puede hacerse de "eso"? No, ningún ídolo puede estar hecho de "eso". Eso no es una forma. ¿Hay alguna forma o figura de "eso"?

Eso" no es una forma, "eso" no tiene forma. Incluso la palabra "eso" no tiene forma. Si alguien quiere darle una forma a "eso", no puede hacerlo. ¿Qué es tat,'eso'? Es sólo una indicación, como si alguien señalara con el dedo y dijera "eso".

Wittgenstein es un pensador moderno asombroso. Es uno de los que dieron origen a la lógica más grande de este siglo. Wittgenstein, en su importante libro Tractatus Logicus, que es uno de los tres o cuatro libros más importantes escritos en este siglo, escribe que hay cosas que no se pueden decir pero que, sin embargo, se pueden mostrar. No se puede decir nada de ellas pero se pueden indicar.

Los Upanishads sólo indican hacia Dios, no dicen nada. Eso" es sólo una indicación. Hay muchas cosas implícitas en esta indicación, toma nota de este hecho. Una implicación es que no se puede establecer ninguna relación con "eso". Por eso los Upanishads no lo llaman "tú", porque con el "tú" es posible establecer la relación del "yo".

Donde estés tú, también estaré yo. Tú no puedes existir sin el yo. Tan pronto como yo llamo a alguien tú, el yo ha entrado, el yo ha hecho su presencia allí. Es en referencia al yo que alguien es tú, y es en referencia a ti que yo soy yo. Yo y tú existimos simultáneamente. Eso está solo. No hay necesidad de que el otro exista con "eso". Eso" no produce ninguna indicación de la presencia de alguien más.

Siempre que decimos tú, entonces a quien se ha dirigido se pone al mismo nivel que nosotros.

Yo y tú estamos uno al lado del otro. Cuando decimos "eso", no se está formando ninguna relación a nuestro nivel.

¿Dónde está "eso"? Ya esté arriba, abajo o dentro de nosotros, nada de eso se revela. Con profunda perspicacia, los Upanishads han llamado a Dios "eso".

Entendamos ahora este sutra.

AQUEL QUE TIENE EL ATRIBUTO DE SER LA PERSONIFICACIÓN DE MAYA, LA ILUSIÓN, QUE ES LA FUENTE DEL UNIVERSO, QUE TIENE LAS CARACTERÍSTICAS DE OMNISCIENCIA, ETCÉTERA, Y ES LA PERSONIFICACIÓN DE INDIRECTIDAD, MULTIPLICIDAD Y VERDAD, ETCÉTERA, ES CONOCIDO POR LA PALABRA TAT - 'ESO'.

EL QUE PARECE ESTAR A FAVOR DE LA 'I' COMO UNA EXPERIENCIA ASÍ COMO UNA PALABRA Y QUE ES EXPERIMENTADO COMO SEPARADO DE LA CONCIENCIA, ES LLAMADO POR LA PALABRA TVAM - 'TÚ'.

Tvam, thou, you.... En cuanto llamamos a alguien tú, tvam o tú, ya hemos aceptado un límite. Este otro es visto por nosotros como una entidad separada. Esta entidad tiene una forma, un cuerpo; no puedes llamar thou a una entidad sin cuerpo. No puedes mirar al cielo y llamarlo tú, no significa nada.

¿Cómo puedes decirle tú al cielo? No surge ninguna relación. Hay tal extensión, sin límites; no parece surgir ninguna relación de tú. La relación de tú sólo surge donde hay alguna forma. Pero Dios es aún más extenso que el cielo, el cielo mismo es sólo un acontecimiento en Dios. Con tal Dios la relación de tú no es factible porque mientras se está ante Dios no hay recuerdo de "yo", de que yo soy. Uno que todavía siente que "yo existo" no será capaz de ver a Dios. El propio "yo" es el impedimento, el velo.

Mientras exista el "yo", en todas partes sólo te veré a ti. Cualquier relación con lo informe no es posible; la relación sólo es posible con la forma.

Recuerda, tómalo como un principio fundamental. Lo que soy, cómo soy, dónde estoy... mis relaciones sólo pueden ser posibles dentro de estos contextos. Si creo que soy el cuerpo, mis relaciones sólo serán posibles con quienes también crean que son el cuerpo. Si creo que soy mente, mis relaciones sólo serán posibles con quienes también crean que son mente. Si creo que soy consciencia, mis relaciones sólo serán posibles con aquellos que crean que son consciencia. Si quiero establecer una relación con Dios, también tengo que volverme sin forma y vacío como Dios, donde no hay ni siquiera un rastro del "yo", porque el "yo" atribuye forma. Sólo cuando todo sea vacío en mí podré conectar con el vacío. Sólo cuando me vuelva interiormente sin forma podré conectar con lo exterior sin forma.

No hay otro camino que llegar a ser como aquel con quien se quiere conectar. No hay otro camino que parecerse a aquel a quien se busca.

Hay dos palabras: "eso" y "tú". Al alma encarnada la llamamos tú, la conciencia que está encerrada en el cuerpo, que está limitada por el cuerpo. Y a la conciencia que todo lo impregna -más allá de todos los límites y sin límites- la llamamos "eso". A la gota de rocío le decimos "tú" y al océano le decimos "eso". Al átomo, al diminuto átomo le decimos "tú" y al todo le decimos "eso".

¿Por qué insisten tanto los Upanishads en tat, 'eso'? Los Upanishads no tienen la expectativa de que simplemente empieces a adorar y rezar a Dios. Tampoco esperan que seas un simple devoto de Dios. Los Upanishads esperan que tú mismo te conviertas en Dios. Que se entienda bien esta diferencia.

La ambición de los Upanishads es última, absoluta; no ha nacido en el mundo ambición más elevada que ésta. Los Upanishads no se satisfacen sólo con tu adoración, oración o devoción a Dios.

Dicen que mientras no te conviertas en Dios no se percibe la verdad última. Dicen que mientras no te conviertas en Dios tu destino no se cumple.

Eso" significa que no debemos establecer una relación de adoración o devoción con Dios - de todas formas no se puede establecer ninguna relación con "eso" - debemos abandonar todas las relaciones. Al final también nos abandonaremos a nosotros mismos, de modo que no quede nadie con quien relacionarnos y, por lo tanto, no sea posible ninguna relación. En última instancia, nos convertiremos sólo en aquello a lo que nos hemos estado dirigiendo como "eso".

El asunto se vuelve difícil de entender, porque ordinariamente nuestro concepto de religión es de adoración y oración, reverencia y devoción. El concepto de religión de los Upanishads no es en absoluto el de adoración, devoción y oración, sino el de descubrir y desvelar "eso" que está oculto dentro de cada individuo.

La Upanishad es una ciencia de la religión. Del mismo modo que la ciencia busca la verdad oculta en la materia, del mismo modo que la ciencia rompe la materia, la divide en átomos e intenta descubrir la energía oculta en ella y las leyes que la rigen, del mismo modo los Upanishads entran en cada átomo de la conciencia y descubren cuáles son las leyes de la conciencia, cómo se mueve la conciencia en el mundo y cómo está estática, cómo se oculta la conciencia y cómo se manifiesta.

Este Upanishad utiliza el lenguaje de la ciencia. Si un científico descubre la energía atómica, no dice que esta energía atómica es su madre o su padre, no establece una relación con ella. Es una ley que ha descubierto, no se trata de establecer una relación con ella. No desarrolla un lenguaje de apego en torno a ella. Y si la ciencia desarrollara un lenguaje de apego, dejaría de ser ciencia. El apego, la relación, no son científicos y pervertirían la verdad. Así que un científico tendrá que mirar la verdad manteniendo la distancia y la neutralidad; no se trata de crear una relación personal estrecha.

También los Upanishads hablan el lenguaje de la ciencia: dicen "eso". No establecen una relación, se mantienen separadas y aparte. Cuando los Upanishads dicen "eso", ni siquiera nos damos cuenta de quién está hablando. Cuando alguien dice: "Dios es el padre supremo", sabemos quién lo dice: alguien cuyos deseos acerca de su padre han quedado insatisfechos, alguien cuya filiación ha quedado incompleta, alguien que no ha recibido el amor de padre o madre, o alguien que ha recibido tanto amor que le ha causado indigestión. Pero ciertamente quien dice esto es alguien que ha sufrido algún tipo de anormalidad en la relación con su padre. Pero cuando uno dice "eso", no se nota nada sobre el que habla, no se revela nada sobre el que habla.

La indicación es de lo más impersonal y, por tanto, muy valiosa. Y en el momento en que lo llamamos "eso", se acaban todas las disputas.

Es muy interesante: si llamamos a Dios 'eso', ¿cómo se pelearán hindúes y mahometanos? ¿Qué diferencia puede haber entre el "eso" de un cristiano y el de un hindú? Si los cristianos, los mahometanos y los hindúes llaman a Dios "eso", no puede haber lucha entre los tres. No importa qué palabra se use para "eso", tat o that, no hay diferencia, no puede haber pelea. Pero cuando un mahometano lo llama de una manera, un hindú lo llama de otra, un cristiano lo llama de otra, o cuando lo llaman padre, el concepto inmediatamente se altera y se adapta para cada uno.

Es una cuestión sobre la que merece la pena reflexionar. Freud decía que cuando una persona llama a Dios padre, si busca en su interior encontrará la imagen de su padre en su concepto de Dios. Está obligado a encontrarla. Cuando llamas a Dios la madre, aparecerá tu madre. ¿Cuál es tu concepto de madre? Con un poco de refinamiento, purificación, limpieza, pintándolo, puedes convertir tu concepto de madre en Dios.

Diderot, un filósofo francés, ha hecho una sutil broma. Ha dicho que si los caballos concibieran a su Dios, éste tendría el aspecto de un caballo. Ningún caballo puede concebir a su Dios con cara de hombre, esto es cierto, esto lo sabemos. Cuando un negro se imagine a Dios tendrá el pelo corto y tupido - ¡así debe ser! Sus labios serán como los de los negros, y la piel será oscura, negra. Cuando los chinos pinten el rostro de Dios tendrá los pómulos altos, porque "Nuestro Dios y no parecer chino - ¿cómo es posible?".

Es nuestro concepto el que proyectaremos. ¿Puede un inglés concebir un dios negro? No existe tal posibilidad. ¿Ves la imaginación hindú en sus dioses? Rama, Krishna... todos son morenos.

Para la mente hindú el color moreno ha sido un símbolo de gran belleza, ¡claro que lo será! ¿Ves sus rasgos? El concepto de belleza que tiene la mente hindú está destinado a proyectarse en Rama y Krishna. Así debe ser.

Habrás observado que las orejas de Rama, Krishna, Cristo y Mahoma no son muy grandes, son pequeñas. Pero si has visto las estatuas de Buda y Mahavira, verás que las orejas son tan largas que les llegan a tocar los hombros. Los budistas y los jainas creen que los tirthankaras tienen las orejas tan largas que les tocan los hombros. La razón de todo esto parece ser que probablemente las orejas del primer tirthankara de los jainas podían ser muy largas, hasta tocarle los hombros, y eso se ha convertido en un concepto permanente.

No hay razón para creer que los veinticuatro tirthankaras tuvieran largas orejas tocando sus hombros. Pero una vez que un concepto ha arraigado, las estatuas se hacen según ese concepto y no según el individuo cuya estatua se está haciendo. Si ves las estatuas de los veinticuatro tirthankaras, no serás capaz de decir cuál es la de Mahavira, cuál es la de Parshvanatha y cuál es la de Neminatha. Las veinticuatro estatuas tienen el mismo aspecto. Sólo pueden identificarse viendo el símbolo específico grabado en la base de cada estatua.

Se acuerda un concepto y luego nos movemos y vivimos de acuerdo con él. Todos nuestros dioses se crean a partir de nuestros conceptos, pero no puede crearse ningún concepto sobre "eso". Así que el día que haya una religión universal en el mundo, ese día los Upanishads serán entendidos correctamente por primera vez. Ese día comprenderemos que los Upanishads, por primera vez, han utilizado un lenguaje científico y han dejado a un lado las telarañas del lenguaje antropocéntrico del hombre.

EXISTEN DOS ATRIBUTOS: MAYA, ILUSIÓN, PARA EL ALMA UNIVERSAL, Y AVIDYA, IGNORANCIA, PARA EL ALMA ENCARNADA. AL ABANDONAR LOS DOS, LO QUE SE VE ES EL PERPETUAMENTE VERDADERO, CONSCIENTE Y DICHOSO PARAM BRAHMA, LA ÚLTIMA REALIDAD SUPREMA.

Este sutra es un poco difícil. "Dios tiene el atributo de la ilusión y el alma encarnada tiene el atributo de la ignorancia". Llámalo atributo o llámalo enfermedad.

"Dios tiene el atributo de la ilusión". Necesitamos penetrar en esta comprensión. Esto es bastante complejo y sutil; tratemos de comprenderlo. Ha habido muchas, muchas aprehensiones en la mente del hombre.

Comprendamos algunas de las aprensiones, y entonces podremos pasar al sutra.

Una dificultad que siempre ha estado ahí para cualquier hombre reflexivo es que si uno acepta a Dios, se hace muy difícil aceptar este mundo; si aceptamos a Dios, se hace muy difícil explicar este mundo. Por ejemplo, si Dios ha creado este mundo, ¿por qué está tan lleno de enfermedad, miseria, dolor y pecado? Si Dios ha creado este mundo, ¿qué necesidad hay de poner al hombre en tal ignorancia? El hombre no puede ser considerado responsable de todo esto, sólo Dios es responsable.

Hace unos días vino a verme un sacerdote cristiano. Le pregunté a qué se dedicaba.

Me contestó: "Estamos ocupados luchando contra el pecado". Yo dije: "¡Pecado! ¿De dónde viene este pecado?" Me respondió: "Lo ha creado el Diablo".

Hasta ahí estaba tranquilo. Normalmente nadie indaga más a fondo en estos asuntos, porque al hacerlo pueden surgir situaciones embarazosas. Le pregunté: "¿Quién creó al Diablo?". Entonces se sintió un poco inquieto, porque ahora el asunto era problemático. Temía que si decía que Dios había creado al Diablo la cosa se complicaría, porque si Dios había creado al Diablo y el Diablo había creado el pecado, ¿a qué venía todo este lío? ¿No posee Dios suficiente inteligencia para no crear al Diablo? E incluso si Dios creó por error al Diablo, ¿dónde está la dificultad si tú y yo cometemos por error un pecado? Y si el pecado es creado por el Diablo, y el Diablo es creado por Dios, y nosotros cometemos pecados, ¿quién es el responsable?

Sólo somos víctimas, innecesariamente victimizadas. No tenemos nada que ver con ello. Dios nos crea, Dios crea al Diablo, el Diablo crea los pecados, nosotros cometemos los pecados - ¿en qué parte de todo este círculo nos hacemos responsables? Ni nosotros creamos a Dios, ni creamos al Diablo, ni creamos el pecado - y estamos sufriendo innecesariamente en este lío.

El cura se inquietó un poco. El cristianismo no tiene respuesta para ello. Es difícil encontrar la respuesta con alguna de estas personas porque es demasiado problemático. O algunas personas... por ejemplo, los zaratustrianos creen, como dice Zaratustra, que Dios y el Diablo son dos elementos. Nadie creó a nadie, ambos son eternos. Ahora bien, en esta creencia el peligro se hace aún mayor porque si ambos son eternos entonces ninguno de los dos puede ganar o perder nunca. Dios y el Diablo seguirán luchando.

¿Y quién eres tú? ¿Eres el campo de batalla en el que están luchando? Ninguno de los dos puede ganar o perder porque ambos son eternos.

Los zaratustrianos también tienen dificultades si no creen que ambos son eternos y dicen que el Diablo puede ser derrotado, porque entonces surge la pregunta: ¿Cómo es que no ha sido derrotado hasta ahora? Han pasado tantos siglos y todavía no ha sido derrotado. ¿Y dónde está la garantía de su derrota en el futuro? De hecho, la situación parece ser justo la contraria: que el Diablo está ganando.

Para él, ser derrotado es un sueño lejano; el Diablo parece estar ganando cada día.

Te sorprenderá saber que recientemente, en 1970, en California, América, se ha registrado una nueva iglesia bajo el nombre de La Primera Iglesia del Diablo. Tiene sus seguidores y un arzobispo, y han impreso su propia biblia y anunciado: "Hemos tenido suficiente tiempo para experimentar que Dios está siendo derrotado y el Diablo está ganando."

Lo que se dice parece correcto. Si observamos el mundo, su afirmación no parece equivocada.

Los seguidores del Diablo ganan y los seguidores de Dios son derrotados. Los seguidores del Diablo ocupan posiciones elevadas, y los seguidores de Dios vagan de aquí para allá.

Puedes probarlo tú mismo - ahora incluso los seguidores de Dios han aprendido el truco. Cantan el nombre de Dios, pero consiguen las cosas a través del Diablo; han comprendido quién gana realmente. En el cálculo final es el Diablo quien gana. Pero también acecha en la mente el temor de que tal vez, por algún error, Dios pueda ganar. Así que siguen cantando el nombre de Dios también: Rama, Rama, Rama. Tratan de permanecer sentados en ambas barcas; todas las personas prudentes son así. Cuando hay necesidad toman trabajo del Diablo, y cuando no hay necesidad y tienen tiempo libre, giran sus cuentas de oración para complacer a Dios. Se mantiene una especie de compromiso, una especie de equilibrio. Y además, quién sabe quién ganará al final.

Si el mundo da algún indicio, es de la victoria del Diablo. La victoria de Dios no se ve por ninguna parte.

Ni el bien parece aumentar ni el mal parece disminuir. Ni la luz parece aumentar ni las tinieblas parecen disminuir.

Así que hay problemas en creer que el Diablo es eterno. Y si uno cree que no es eterno, que el Diablo finalmente será derrotado - no importa cuánto gane en el período intermedio, que al final será derrotado - ¿cuál es la garantía para ello? ¿Dónde está la garantía de que eso ocurra? El que gana ahora, ¿por qué va a ser derrotado al final? No parece haber coherencia ni lógica en la creencia de que el que está ganando todo el tiempo será derrotado de repente al final.

Esta ha seguido siendo una pregunta eterna para la humanidad. Diferentes religiones han intentado diferentes métodos para resolver este problema de la dualidad, pero nada está resuelto. En comparación, el concepto de los Upanishads parece el menos erróneo de todos ellos; sólo el menos erróneo, pero no totalmente correcto.

Pero si se compara con todos los demás conceptos, la idea de los Upanishads parece ser la más correcta; no la más correcta del todo, sino la más correcta.

Los Upanishads dicen que no hay oposición entre Dios y el mundo: no hay Diablo, y no hay poder que se oponga a Dios. ¿Cómo se crea entonces este mundo? Los Upanishads dicen que Dios no está creando este mundo mediante la creación de algún oponente para hacer el trabajo. En el ser mismo de Dios, en el resplandor mismo de Dios -que ellos llaman maya, la ilusión-, en la sombra misma de Dios -que también llaman maya, la ilusión-, el mundo es, igual que una persona está de pie y su sombra se forma naturalmente. No hay existencia sólida de una sombra: una espada no puede cortarla, el fuego no puede quemarla, el agua no puede ahogarla.

Por mucho que lo intentes, sigue existiendo. No tiene una existencia real, pero la sombra existe. Camina detrás de ti; si corres, corre detrás de ti, si te detienes, se detiene.

Los Upanishads dicen que siempre que algo existe, también tiene su sombra. Y las últimas investigaciones en ciencia y psicología también apoyan este hecho. Que esto se entienda. Nada existe sin sombra. Todo lo que existe, crea su sombra. Si existe Brahma, la realidad absoluta, también tendrá su sombra. A esa sombra la llaman maya, la ilusión. La sombra de la realidad absoluta es este mundo.

Jung, un gran psicólogo, investigó mucho esta realidad desde una dimensión diferente y descubrió que todo hombre tiene también una existencia en la sombra, una personalidad en la sombra. Tú también deberías entender esto porque tú también tienes tu existencia en la sombra.

Eres un buen hombre, pacífico y paciente, y no te enfadas. Pero un día, de repente, por un asunto sin importancia, te enfadas tanto que no puedes entender qué está pasando ni quién lo está haciendo. El asunto en sí no es tan grave como para enfadarse, y tú no eres una persona acostumbrada a enfadarse: ¡ni siquiera te enfadas por asuntos grandes y serios! Pero hoy, por este asunto menor, estás furioso.

Por eso la gente suele decir después: "Ha ocurrido a pesar mío. No era mi intención y sucedió". ¿Por qué? ¿Cómo sucedió? Si no tenías intención de hacerlo, ¿cómo sucedió?

A veces no tienes intención de decir una cosa y se te sale por la boca. Sencillamente, no querías decirlo y se te sale por la boca. Después te arrepientes: "Nunca pensé que lo diría; había tomado la decisión de no decirlo, ¡y sin embargo se me escapó!".

Jung dice que tienes una personalidad en la sombra propia en la que se va acumulando todo lo que niegas dentro de ti. A veces, encontrando alguna oportunidad, en algún momento de debilidad, encontrando alguna grieta en el sistema, la personalidad en la sombra se manifiesta.

Debido a esta personalidad en la sombra, una grave enfermedad conocida como "doble personalidad" es objeto de estudio en psicología. Un hombre se divide en dos partes. A veces sucede que hay dos personalidades distintas en el hombre - parece que hay dos hombres dentro de uno. El hombre dice una cosa y hace otra, no hay coordinación; es un hombre por la mañana y otro por la tarde. No se puede confiar en su decir, en su ser. Él mismo tiene miedo de lo que hace y de lo que dice, simplemente no hay armonía. Es como si hubiera dos personas dentro de él. A veces está muy tranquilo, a veces muy agitado; a veces silencioso, a veces muy hablador... está dividido en dos partes.

Hay miles de estos locos en miles de manicomios. Su enfermedad es que de repente han perdido completamente una personalidad y se han convertido en una persona diferente. Hasta ayer era Rama, y de repente algo ocurrió -un accidente, o se cayó y se lesionó la cabeza- y se convirtió en Rahim. Ahora simplemente no recuerda que era Rama; no reconoce ni a su padre, ni a su madre, ni a su esposa. Ahora se declara Rahim y cuenta su vida de una forma totalmente distinta, que no tiene nada que ver con esta familia, ni siquiera con un conocido.

¿Qué ha ocurrido? En el accidente, la personalidad principal del hombre pasó a un segundo plano debido al choque del impacto y su personalidad en la sombra se ha activado, por lo que ha cambiado su nombre y todo lo demás.

Esta asunción de una personalidad en la sombra se invierte también mediante un tratamiento de choque. A veces, cuando la persona se cura, vuelve a convertirse en Rama, la persona anterior, y todo su comportamiento cambia de nuevo a la personalidad original.

Esta personalidad en la sombra está oculta dentro de cada persona. Si describimos esto en el lenguaje de los Upanishads, es la ignorancia, avidya, que está atada a cada persona - es su personalidad en la sombra. Al igual que la ilusión, maya, que está ligada a Brahma, la realidad suprema, es su personalidad en la sombra.

Esta ilusión no se opone a Brahma, es su propia sombra, una parte esencial de su ser. Este mundo no es el enemigo de Brahma, es la sombra de la existencia misma de Brahma. Si tratamos de entender esto en el lenguaje de la ciencia, puede que nos resulte más fácil de comprender; de lo contrario, no es fácil de comprender en absoluto.

En 1960, un científico recibió el premio Nobel por el descubrimiento de la antimateria. Es una palabra muy extraña: antimateria. El descubrimiento de este hombre es que en este mundo existe la materia y también su opuesto, la antimateria.

Todo tiene su opuesto. Nada en este mundo existe sin su opuesto. Por ejemplo, si hay luz, hay oscuridad; si hay vida, hay muerte; si hay calor, hay frío; si hay hombre, hay mujer. El mundo entero existe a través de dualidades. ¿Puedes concebir un mundo en el que sólo haya mujeres y ningún hombre? Es imposible. ¿Puedes concebir un mundo en el que sólo haya hombres y no mujeres? Es imposible. La coordinación es tan profunda que cuando nacen los niños nacen ciento quince niños y sólo cien niñas; pero a los quince años, quince niños han muerto y la proporción de niños y niñas es igual.

Los biólogos dicen que, como los niños son más débiles que las niñas, la naturaleza tiene que parir más niños, porque a los quince años, la edad núbil, quince de los niños estarían muertos.

Te sorprenderá saber que, según la biología, la mujer es más fuerte que el hombre. La fuerza del hombre es muscular; puede levantar una roca más grande, pero no puede soportar un dolor mayor. La fuerza de la mujer está en su resistencia, por eso las mujeres son capaces de soportar mejor las enfermedades. Y es necesario, porque la mayor resistencia se requiere en el parto, y ella lleva al niño durante nueve meses.

Si el hombre tuviera que dar a luz a un niño, se habría suicidado hace mucho tiempo. No encontrarías un solo hombre en el mundo. Llevar a un niño durante nueve meses dentro de ti - ¡intenta llevar a un niño incluso durante nueve días sobre tus hombros, incluso durante nueve horas, incluso durante nueve minutos! Es un asunto difícil.

¡Y luego el parto, los dolores del parto! La naturaleza hace a la mujer capaz de soportar tanto dolor.

Es fuerte, firme. Su fuerza es de otro tipo. No puede luchar, no puede correr muy rápido, pero por eso no la tomes por débil. La dimensión de su fuerza es diferente. Tiene mayor capacidad.

Así, a los quince años, la proporción de chicos y chicas se iguala. Esta proporción se mantiene en todo el mundo. Durante las guerras, mueren más chicos, sin duda porque los chicos van al campo de batalla. Así aumenta el porcentaje de mujeres. Y después de la guerra aumenta la natalidad de los niños y disminuye la de las niñas. ¿Quién puede estar planeando todo esto? ¿Y cómo se produce todo esto?

Durante la primera guerra mundial murieron cientos de miles de personas. Durante los dos o tres primeros años de la posguerra, la tasa de natalidad de los niños aumentó notablemente y la de las niñas disminuyó. Más tarde, la proporción de sus tasas de natalidad se normalizó. Esto nos hizo reflexionar. Lo mismo volvió a repetirse después de la Segunda Guerra Mundial. Entonces nos dimos cuenta de que la naturaleza sigue equilibrando los opuestos desde dentro.

Nunca pienses que algún día en esta tierra sólo habrá luz y no oscuridad. Esto no puede suceder. La oscuridad y la luz siempre permanecerán equilibradas.

El descubrimiento de la antimateria se basa en este mismo principio de que el mundo es un equilibrio de opuestos.

Entonces, si existe la materia, ¿qué hay opuesto a ella? Y el concepto de los físicos es muy complejo. Por ejemplo, si se pone una piedra sobre una mesa, la vemos. Cuando la quitamos, no vemos nada en su lugar.

Ahora imagina que en esa mesa hay un espacio hueco exactamente con la forma de la piedra. Cuando se quita la piedra, ese espacio hueco sigue ahí y ese espacio hueco es la antimateria. Hasta ahora nadie lo ha visto, pero el hombre ha recibido su Premio Nobel. Y la razón por la que puede recibir el Premio Nobel es que no se puede demostrar que esté equivocado, porque cuando todo en este mundo tiene su opuesto, es necesario que la materia también tenga su opuesto, que puede estar escondido en algún lugar cercano. Puede que se vea, puede que no se vea, pero en principio no hay más remedio que aceptarlo.

Maya es la sombra de Brahma. Ni Brahma puede existir sin maya, ni maya puede existir sin Brahma. Y es a gran escala que maya es la sombra de Brahma. Podríamos llamarlo el anti-Brahma. En la escala más pequeña del hombre, la ignorancia es la sombra. La ignorancia es maya en la escala del hombre.

A tu alrededor existe la ignorancia. ¿Qué se puede hacer al respecto? Está ahí junto con el hombre. ¿Cómo abandonar la ignorancia? Y si este es el destino, si hay un arreglo en el universo para que los opuestos estén ahí y si incluso Brahma no ha sido capaz de abandonar maya, si incluso la existencia suprema está rodeada de maya, ¿cómo podríamos nosotros, pequeños individuos, ser capaces de abandonar la ignorancia? Brahma no es capaz de abandonar maya, así que ¿cómo vamos a ser capaces de abandonar la ignorancia? Y si somos incapaces de abandonar la ignorancia, entonces todo esfuerzo religioso carece de sentido.

No, podemos abandonar la ignorancia, pero que se entienda el proceso. Sólo podemos abandonar la ignorancia cuando estamos dispuestos a desaparecer. Si no estamos dispuestos a desaparecer, la ignorancia no puede desaparecer - la dualidad continuará. O ambas permanecerán o ambas desaparecerán. Si digo que quiero sobrevivir pero también quiero destruir la ignorancia, entonces la ignorancia nunca será destruida, es tu sombra. Es como decir que quiero permanecer pero quiero que mi sombra desaparezca. Nunca desaparecerá.

Sólo hay una manera y es que yo desaparezca para que desaparezca la sombra, de ahí tanto énfasis en el borramiento del ego. Si desaparezco, mi sombra desaparecerá. Cuando desaparezco, mi sombra también desaparece, y me fusiono y me convierto en uno con Brahma, no como un "yo", sino como un vacío. ¿Qué puede estar ocurriendo con mi ignorancia? Cuando desaparezco, cuando me fundo en Brahma, mi ignorancia se funde en maya. Yo desaparezco en Brahma, la ignorancia desaparece en maya.

Siempre que soy creado emerjo de Brahma, y la ignorancia emerge de maya. La ignorancia es nuestra pequeña parte de maya que se nos ha dado, pequeñas porciones de la tierra de maya que se nos ha asignado.

Maya, la ignorancia, trae miseria y dolor. Por eso queremos librarnos de ella. ¿No podría estar causando dolor a Brahma? ¿No querrá Brahma librarse de ella? Por Brahma no se entiende una persona, sino esta vasta e infinita existencia. ¿No estará sufriendo? ¿No querrá librarse de él? Nosotros sentimos dolor, queremos librarnos de él; ¿no querrá Brahma librarse también de él?

En el nivel de Brahma hay una aceptación total. En el nivel de Brahma la existencia de maya es aceptada, no hay negación de ella. No hay negación de ello, así que tampoco hay dolor. En nuestro nivel hay dolor; si también aceptamos, no hay dolor.

Cuando me hago daño en la mano, el dolor no se debe al daño, sino a mi idea de que el daño no debería haberme ocurrido. Si acepto que debería haberme hecho daño, que el daño estaba destinado a suceder, que ser herido es el destino de uno, entonces no habría dolor. El dolor está en la oposición, en la no aceptación.

El dolor se debe a que no somos capaces de aceptarlo. Algunos de nosotros sí lo aceptamos, como Janaka o Krishna. Krishna lo acepta todo. Y con la aceptación, sin hacer nada, la ignorancia se convierte en maya, Krishna se convierte en Brahma.

Esta es la diferencia entre los caminos de Krishna y Buda o Krishna y Mahavira. Mahavira se destruye a sí mismo para destruir la ignorancia. Krishna ni se destruye a sí mismo ni destruye su ignorancia, simplemente acepta. Mahavira destruye la ignorancia destruyéndose a sí mismo; Krishna se convierte en Brahma mismo a través de la aceptación, de una vez, porque cuando Brahma no está destruyendo maya y la acepta, Krishna también la acepta.

Por esta razón hemos llamado a Krishna una encarnación total. No hay no-aceptación y por lo tanto hay totalidad. Incluso la más mínima no aceptación y no hay totalidad.

Por eso nunca hemos llamado a Rama una encarnación total. No podemos, porque en la mente de Rama hay muchas noaceptaciones, muchas limitaciones, muchos conceptos limitantes. En la historia del Ramayana, un lavandero dice que duda de la moralidad de Sita porque fue robada por Ravana. Rama se entera de esto y no puede soportar que se cuestione la moralidad de su esposa... ¡un lavandero, y cuestionando el carácter de su esposa! ¿Hay escasez de tontos en el mundo? Cualquiera puede decir cualquier cosa. Y no es seguro que los lavanderos de la época de Rama fueran personas muy sabias.

Pero aunque un lavandero diga: "Tengo dudas sobre Sita", y le diga a su esposa: "Te has quedado fuera toda la noche, por lo tanto no te permitiré entrar en mi casa - yo no soy como Rama"..... Durante muchos días Sita se vio obligada a permanecer en el palacio de Ravana antes de que Rama lo derrotara y la trajera de vuelta a casa. Esta burla del lavandero, "¿Qué te crees que soy? No soy como Rama", fue dicha a Rama y le hirió profundamente, creándole una espina en el corazón.

Rama no acepta totalmente las cosas. No podía soportar la idea de una mancha en su nombre, en su carácter. Podía eliminar a Sita, podía echarla, porque no podía aceptar este estigma.

Así que la mente hindú nunca llamó a Rama una encarnación total. Lo llamó maryada purushottam, el superhombre moral; entre los seres humanos no ha habido hombre de mayor moralidad.

Pero recuerda, un superhombre moral... ¡entre los seres humanos! ¡Pero hay un límite! El es muy puro, pero el enfasis en la pureza es tanto que hay miedo a la impureza. Pero Krishna es un tipo diferente de persona; no tiene miedo a ninguna difamación en absoluto. Es como si se esforzara por intentar ser cada vez más difamado. ¿Cuál puede ser la diferencia?

No hay no-aceptación en Krishna. Lo que sea, está bien. En la vida de Krishna ocurrieron fenómenos tan increíbles. Sucedieron exactamente los mismos fenómenos que suceden en el infinito entre Brahma y maya. Como si el infinito descendiera en una forma más pequeña en el escenario más pequeño del hombre, y alrededor de él ocurriera el juego más pequeño de maya. En Krishna hubo una aceptación total.

Cuando se acepta la ignorancia, no es necesario destruirla. Cuando no hay aceptación, la ignorancia tendrá que ser destruida. Pero sólo hay una manera de destruirla y es destruyéndose a uno mismo. Sólo entonces será destruida.

Así que el camino de Mahavira y Buda es arduo. Se trata de esquilar, aplastar, destruir el ego. Todo tiene que ser aplastado, destruido, uno por uno, desde las raíces, sólo entonces la sombra será destruida y uno se librará de ella.

El camino de Krishna es el de la aceptación. No hay que destruir nada en ninguna parte. Pero éste tampoco es fácil. Parece fácil, pero buscado profundamente tal vez resulte ser aún más difícil porque la mente nunca está de acuerdo con la aceptación. La mente dice, "Esto debería ser, eso no debería ser"; "Así es como debería ser, así es como no debería ser" - la mente sólo sigue parloteando sobre lo que debería ser, lo que no debería ser. La mente sigue dividiendo.

Sólo hay dos caminos en el mundo. Un camino es destruir ambos y el otro camino es aceptar ambos. La liberación llega por cualquiera de los dos caminos.

EXISTEN DOS ATRIBUTOS: MAYA, ILUSIÓN, PARA EL ALMA UNIVERSAL, Y AVIDYA, IGNORANCIA, PARA EL ALMA ENCARNADA. AL ABANDONAR LOS DOS, LO QUE SE VE ES EL PERPETUAMENTE VERDADERO, CONSCIENTE Y DICHOSO PARAM BRAHMA, LA ÚLTIMA REALIDAD SUPREMA.

SOBRE EL ABANDONO DE LOS DOS.... Te he dicho que hay dos caminos para el abandono. Un camino es: cesa tú, cesa la ignorancia. El segundo camino es: acuerda, acepta, abandona la idea de ir más allá de lo que es - no pienses en hacer el más mínimo cambio en ello tal como es. Entonces también lo que permanece es la perpetuamente verdadera, consciente y dichosa realidad suprema.

Suficiente por hoy.

Los cuatro pasos

ASÍ, A TRAVÉS DE LAS AFIRMACIONES COMO TATTVAMASI, ESE ERES TÚ, PERSEGUIR LOS SIGNIFICADOS TALES COMO LA UNIDAD DE JIVA, EL ALMA ENCARNADA, Y BRAHMA, LA REALIDAD ABSOLUTA, ES SHRAVANA, LA ESCUCHA. Y PERSEGUIR RAZONABLEMENTE EL SIGNIFICADO DE LO QUE SE HA ESCUCHADO ES MANAN, LA CONTEMPLACIÓN.

ESTABLECER TU MENTE EN EL SIGNIFICADO INDUDABLE ALCANZADO A TRAVÉS DE ESTA ESCUCHA Y CONTEMPLACIÓN, SINTONIZAR CON ÉL ES NIDIDHYASAN, ASIMILACIÓN.

DEJANDO CAER AL MEDITADOR Y A LA MEDITACIÓN RESPECTIVAMENTE, CUANDO LO MEDITADO, LA META, PERMANECE COMO ÚNICO OBJETIVO Y LA MENTE SE AQUIETA COMO LA LLAMA DE UNA LÁMPARA EN UN LUGAR SIN VIENTO - ESTO SE LLAMA SAMADHI, LA ILUMINACIÓN.

En este sutra se han utilizado cuatro palabras. Cada palabra es un mundo en sí mismo. Las cuatro palabras son:

shravana, la escucha, manan, la contemplación, nididhyasan, la asimilación, y samadhi, la iluminación.

En estas cuatro palabras está contenido todo el camino hacia la verdad. Para aquel que pueda completar estos cuatro pasos correctamente, no queda nada más por hacer. Es en torno a estas cuatro palabras que se desarrolla toda la disciplina espiritual, por lo que es útil comprender cada una de las cuatro palabras minuciosamente, profundamente, con todas sus sutilezas.

La primera palabra es shravana, escuchar.

Escuchar no significa simplemente oír. Todos podemos oír, tener oídos es suficiente para oír. Oír es un fenómeno mecánico. Hay un sonido, cae en tus oídos y lo oyes. Pero escuchar no es sólo eso. Escuchar significa que no ha sido escuchado sólo por los oídos, las vibraciones han penetrado en la conciencia profunda dentro de ti. Trata de entender esto un poco.

Vas por la carretera, tu casa está ardiendo y corres hacia ella. Alguien que pasa por la carretera te saluda. Tus oídos lo oirán, pero tú no. Al día siguiente ni siquiera recordarás que alguien te saludó en la carretera. Cuando tu casa está ardiendo, si alguien está cantando en la carretera, tus oídos lo oirán, pero tú no.

Oír con los oídos no es escuchar por ti. No es necesario que si tus oídos oyen, tú también escuches. Los oídos son necesarios para escuchar pero no son suficientes, se requiere algo más en el interior.

Cuando tu casa está en llamas, los saludos que te dan no los oyes. ¿Por qué? El mecanismo de tus oidos no ha cambiado pero la atencion a los oidos esta rota desde dentro. La atención está con la casa que está en llamas. Los oídos están escuchando, pero el puente de atención que es necesario para traer los contenidos a la conciencia está ausente; ese puente ha sido removido. Está en uso donde la casa está en llamas. Así que los oídos pueden oír, pero tú no. La conexión, el puente de atención entre tú y los oídos, está roto.

Escuchar significa que tanto tú como tus oídos estáis presentes, conectados, y entonces se produce la escucha. Es un asunto difícil. Crear la conexión con los oídos es una cuestión de esfuerzo espiritual.

Escuchar significa que cuando estás oyendo, toda tu conciencia se convierte en la audición; sólo permanece la audición, nada más. No se mueven pensamientos en tu interior, porque si hay pensamientos moviéndose en tu interior, tu atención se desvía hacia el pensamiento y se aleja de los oídos.

La atención es algo muy delicado y sutil. Cualquier pensamiento leve que se produzca en tu interior y la atención se desplaza hacia él. Me estás escuchando y una hormiga te pica en la pierna -no es necesario que tu casa esté en llamas-, entonces durante un periodo de tiempo eres consciente de la picadura de la hormiga, tu escucha se pierde. Sigues escuchando, pero tu atención se desvía.

Otro problema de la atención es que no puede estar en dos cosas simultáneamente, siempre está en un tema a la vez. Cuando pasa a otro tema, se aleja inmediatamente del primero. Puede seguir saltando de uno a otro, y eso es lo que hacemos. La hormiga mordió la pierna, la atención saltó allí; la atención volvió de nuevo y escuchaste. Sentiste la sensación de picor, tu atención saltó a ella; después volvió de nuevo a la escucha. Así que hay lagunas en la escucha cuando la atención se desplaza a otra parte, y por lo tanto no se puede encontrar mucha claridad en el significado de lo que oyes porque se pierde mucho. Muchas veces el significado que obtienes es el tuyo propio, porque se ha perdido mucho; y lo que concluyes después de llenar las lagunas es enteramente tuyo.

He estado hojeando un libro escrito por una discípula de Ouspensky. Ella ha escrito:

"Cuando empecé a trabajar con Ouspensky en la disciplina espiritual, me preocupaba mucho una cosa que él solía subrayar repetidamente, y yo era incapaz de verle el sentido porque no parecía haber nada en ella que mereciera la pena subrayar. Tampoco podía entender por qué un hombre como Ouspensky ponía tanto énfasis en un asunto tan insignificante como éste. El hombre es tan maravilloso que si hace hincapié en algo, tiene que haber algún significado detrás de ello. Pero mi intelecto era incapaz de captar el significado. Y repetía esto cincuenta veces al día".

Un discípulo podía referirse a algo que Ouspensky había dicho el día anterior, diciendo: "Ayer dijiste tal y tal cosa", y Ouspensky lo detenía inmediatamente y le pedía que no dijera eso; a lo sumo podía decir que eso era lo que él había entendido que había dicho ayer. No digas que esto es lo que se ha dicho". Hacía esta observación sobre cada afirmación: nunca decir: 'Tú lo has dicho', sino decir: 'Yo he entendido esto de lo que tú has dicho'".

Este discípulo ha escrito: "Solíamos estar muy preocupados. Tener que decir antes de cada frase: 'Esto es lo que yo había entendido; esto es lo que yo había entendido de lo que tú habías dicho'. ¿Qué necesidad hay de hacerlo? ¿Por qué no dices simplemente que lo has dicho y se acabó el asunto? Poco a poco fue comprendiendo que se trataba de dos cosas distintas.

Sólo quien ha alcanzado el arte de escuchar puede comprender lo que se ha dicho. Si sólo escuchas, sólo entenderás lo que puedes entender y no lo que se ha dicho, porque se perderán muchas cosas entre medias. Y lo que se pierda lo llenarás tú mismo, porque el espacio vacío siempre se llena.

Oyes, pero entre medias, cuando tu atención se aleja, ¿quién llenará esos espacios vacíos?

Tú lo harás. Tu mente, tu memoria, tu información, tu conocimiento, tu experiencia penetrarán en esos huecos. Y tú serás el creador de la forma final, que no es lo que se ha dicho realmente. El que lo dijo originalmente no es responsable de ello.

Escuchar significa que la conciencia se traslada a los propios oídos, sin pensamientos, razonamientos ni discusiones en el interior. Esto no significa que se acepte todo lo que se dice sin comprenderlo.

Pero la aceptación no tiene nada que ver con el proceso de escuchar. Escuchar significa simplemente escuchar; la aceptación o no aceptación son cuestiones para más adelante, no hay por qué tener prisa.

¿Qué hacemos? Estamos escuchando y al mismo tiempo seguimos aceptando o rechazando. Nuestras cabezas siguen asintiendo en señal de acuerdo o agitándose en señal de desacuerdo. Uno sigue diciendo: "Sí, es perfectamente cierto". Otro dice: "No, no me atrae". Ellos mismos no son conscientes de este continuo asentir y del proceso mental, pero yo puedo observarlo.

Significa que mientras yo digo algo, mientras lo oyes tú también vas tomando decisiones al respecto internamente.

Durante el tiempo que estés tomando decisiones, la escucha se echará de menos. Tú mismo no eres consciente de que asientes con la cabeza, pero por dentro estás de acuerdo con algo, de ahí el asentimiento. Cuando digo algo que no te atrae, tu cabeza sigue moviéndose en señal de negación: "No, no me atrae". No es tu cabeza la que se mueve, es tu atención interior la que se mueve. Es debido al movimiento de la atención que la cabeza también se mueve. En ese pequeño movimiento tu escucha se pierde.

Cuando se dice que no hay que pensar mientras se escucha, no significa que se acepte todo ciegamente. No, en este punto no hay cuestión de aceptación o rechazo, en este punto sólo hay que escuchar bien lo que se ha dicho. Tienes que escuchar exactamente lo que se ha dicho; sólo después de eso podrás decidir si aceptas o rechazas.

Introducir el proceso de aceptación o rechazo mientras se oye es perderse la escucha. Escuchar significa sólo oír.

Ahora mismo estamos escuchando. Ahora mismo no vamos a seguir pensando simultáneamente. La mente no puede hacer dos cosas a la vez; o escuchas o piensas. Los que piensan son incapaces de escuchar, los que escuchan no tienen forma de pensar al mismo tiempo. Pero tampoco hay prisa: se puede pensar más tarde. También es justo y adecuado que primero se escuche y luego se piense... porque ¿en qué vas a pensar? Si no has oído bien, o si has añadido algo tuyo a lo que has oído, o si hay lagunas en lo que has oído, ¿en qué pensarás? Cualquier cosa que pienses carece de valor. Si algo no se ha escuchado correctamente, pensar en ello es inútil. Así que el primer paso, según los videntes, es shravana, la escucha.

Cuando alguien acudía a Buda o a Mahavira, solían pedirle que primero se convirtiera en un shravaka, un oyente. Convertirse en un shravaka significa convertirse en un oyente. Incluso ahora los jainas siguen categorizando de la misma manera: sadhu-sadhvi y shravaka- shravika. Pero en realidad no hay ni shravakas ni shravikas, porque esos términos implican escuchar. Un shravika es alguien que ha alcanzado el arte de escuchar. Pero en realidad no hay shravakas ni shravikas -los que escuchan- ni hay nadie que merezca la pena escuchar.

Ve y mira a los shravakas y shravikas en los templos. A menudo los encontrarás dormidos: escuchar está lejos. Cansados y andrajosos por el trabajo del día, descansan y duermen allí. Aunque no duerman, seguro que no escuchan. Están ocupados en su propio alboroto mental y en sus pensamientos.

Tu mente debe detenerse por completo, su movimiento debe parar; sólo entonces se produce la escucha. Escuchar es el primer paso. Y cuanto más importantes son las cosas que se discuten, más profunda debe ser la escucha, sólo entonces se puede comprender. Así dice el sutra:

ASÍ, A TRAVÉS DE AFIRMACIONES COMO TATTVAMASI, ESE ERES TÚ, PERSEGUIR LOS SIGNIFICADOS TALES COMO LA UNIDAD DE JIVA, EL ALMA ENCARNADA, Y BRAHMA, LA REALIDAD ABSOLUTA, ES SHRAVANA, LA ESCUCHA.

TATTVAMASI es una declaración suprema. Sólo hay tres o cuatro afirmaciones supremas de la verdad en el mundo, pero ninguna es más elevada que ésta. Tattvamasi significa: Eso eres tú, tú eres eso. Eso", tat, de lo que hablábamos ayer, es la descripción de Dios. Este es el significado de Tattvamasi, que "eso" no es nada fuera y lejos de ti, tú eres eso. Lo que habíamos llamado tat, "eso", da la impresión de distancia - "eso" es la indicación de distancia. Tattvamasi significa que "eso" eres tú, "eso" no está lejos sino muy cerca, más cerca que cerca. Tu propia existencia es "eso". Esta es una afirmación suprema.

Una afirmación suprema significa que, si uno la explora a fondo, le conducirá al estado último. Por eso se llaman afirmaciones supremas. Entonces no se necesitan otras escrituras - ni Vedas, ni Corán, ni Biblia - Tattvamasi es suficiente.

Si uno escucha, contempla, asimila y experimenta correctamente esta única afirmación, no se necesitan otras escrituras.

Un enunciado supremo significa un enunciado condensado que lo abarca todo, como las fórmulas en química, o como la fórmula de la relatividad de Einstein, donde todo se abarca en dos o tres palabras.

Esta afirmación suprema es una fórmula de química espiritual. Hay tres cosas en ella: Tat - eso, tvam - tú, asi - tú. Son lo mismo, 'eso' y 'tú' son uno - esto es todo este sutra. Pero todo el Vedanta - la filosofía de los Vedas - toda la experiencia de los videntes está cubierta por esas tres palabras. Es como una fórmula matemática: "eso", la existencia, Dios, y "tú", la conciencia oculta dentro de ti, no son dos cosas, son una. Y esta es la esencia de todos los Vedas, todo lo demás es sólo una expansión de esto.

Por eso, en los Upanishads, tales afirmaciones se describen como afirmaciones supremas. De esta única afirmación puede derivarse la filosofía, la disciplina espiritual y la experiencia de toda la vida.

Tales afirmaciones deben escucharse en total silencio. No deben escucharse como se escucha una canción. La calidad de la audición tiene que ser muy diferente, sólo entonces estas afirmaciones pueden entrar dentro de ti. Estas afirmaciones no pueden oírse como se oyen las cosas que pasan por la carretera.

Por eso, durante miles de años, los videntes de la India insistieron en que el conocimiento supremo no debía escribirse. Su insistencia era valiosa. Pero no era posible llevarlo a cabo para siempre, había que escribirlo. Pero la insistencia en no escribir el conocimiento supremo persistió durante miles de años. Mucha gente, particularmente los lingüistas, piensan que porque no había escritura, ni medios para escribir las cosas, es por lo que los Vedas y los Upanishads no fueron escritos durante tanto tiempo. Pero su pensamiento es erróneo... porque parece imposible que la gente que pudo alcanzar una experiencia del calibre de Tattvamasi, aquellos que pudieron hacer de tales declaraciones supremas su experiencia de vida, fueran incapaces de idear el arte de la escritura. Que las personas cuyo genio podía tocar tan elevadas cumbres de la experiencia no fueran capaces de idear algo tan ordinario como el arte de escribir no parece correcto.

El arte de escribir estaba ahí, pero no estaban dispuestos a utilizarlo. ¿Por qué? Porque si se escribían declaraciones tan supremas, cualquiera podría haberlas leído en condiciones inapropiadas.

Y al leerlas, la persona podría haberse formado la ilusión de haberlas entendido - porque alguien también puede leer estas afirmaciones sin tener el cierto tipo de estado mental que es necesario para leerlas o escucharlas.

¿Dónde está la dificultad de leer "Eso eres tú"? Incluso un estudiante de primer grado puede leerlo. Y habiéndolo leído, caerá en la ilusión de haberlo comprendido: "Bien, yo también soy eso. Esto es lo que significa la frase, y eso es eso". Entonces la memoriza y sigue repitiéndola durante toda su vida, y se pierde todo el significado. Se pierde todo el propósito de la frase, se pierde el punto esencial.

Estas afirmaciones sólo merecen ser escuchadas en un determinado estado de ánimo, con una determinada calidad mental, en un determinado medio. Sólo entonces penetran en tu ser. Es peligroso escucharlas en cualquier momento y en cualquier lugar. Los peligros son dos: uno, que se memorice y uno sienta que lo conoce. Y el segundo peligro es que, debido a esta falsa sensación de conocerlo, uno quizá nunca se esfuerce por crear ese estado mental en el que debería haberlo escuchado.

Hay una estación, un tiempo especial y un momento adecuado y propicio para sembrar cualquier semilla. Y ésta es una semilla extraordinaria: no puede arrojarse en cualquier sitio. Por eso el maestro solía susurrarlas al oído del discípulo. Trata de entender esto.

Todos hemos oído que los mantras de iniciación solían susurrarse al oído del buscador. Lo que pensamos es que los maestros debían susurrar esos mantras al oído del discípulo. Eso no tiene sentido.

El maestro solía dar estas semillas últimas a su discípulo sólo cuando el discípulo se había convertido sólo en los oídos, cuando todo el ser del discípulo estaba preparado para escuchar, cuando no escuchaba sólo a través de los oídos sino con cada fibra de su cuerpo, cuando todo su ser estaba allí reunido detrás de los oídos, cuando su alma misma, totalmente retirada de todos los demás sentidos, estaba en sintonía detrás de los oídos - entonces el maestro lo transmitía. Sólo decía esto: Tattvamasi - 'Ese eres tú'. Las palabras eran las mismas, no había ningún cambio en las palabras, pero el discípulo que tenía delante, la calidad de su conciencia, la capacidad de su conciencia....

¿Y qué significa iniciar a la gente susurrándole un mantra al oído? Incluso ahora, muchos tontos siguen susurrando mantras de iniciación en los oídos de muchos otros tontos. Pasan estos mantras en el oído de uno, sin molestarse siquiera en saber lo que significa "los oídos".

No tiene mucho que ver con las orejas pegadas al cráneo. Lo que se entendía por oído era una forma de ser, una apertura en tu ser, la presencia de una especie de paz, una disposición a escuchar, una sed ansiosa, un anhelo en el que todo tu ser está dispuesto a escuchar. Entonces el maestro solía simplemente verter tales afirmaciones supremas en el oído. Y a veces ocurría que la misma penetración de tales afirmaciones supremas en el discípulo se convertía instantáneamente en la explosión última de la realización.

Hay muchas personas que han alcanzado la autorrealización sólo escuchando. Los otros tres pasos no fueron necesarios para ellos. Te sorprenderá saber que los otros tres pasos no eran necesarios, que sólo escuchando la gente se ha iluminado.

Pero la cosa no es tan fácil. Quizá pienses: "Si es posible iluminarse con sólo escuchar, ¿para qué voy a molestarme en hacer nada más? Aquí estamos, ¡pronúncialo para nosotros y nos iluminaremos!".

Sólo pueden iluminarse escuchando aquellos cuya totalidad se invierte en escuchar, cuando ni siquiera una fracción de ellos se retiene, cuando el oyente no existe en absoluto y sólo queda el acto de escuchar; cuando ni siquiera queda ese sentimiento de que "estoy escuchando", incluso el sentimiento de "yo soy" ya no está ahí, cuando uno se ha convertido sólo en la escucha.... Cuando sólo ha quedado el proceso de escuchar, cuando todo lo demás en el interior se ha vuelto completamente silencioso, una nada, en esa nada, sólo este impacto -Tattvamasi, "Eso eres tú"- causa la explosión del ser... ¡sólo este impacto!

Pero hay que tener en cuenta una cosa más a este respecto: que toda la preparación por parte del discípulo o del buscador es que debe ser una nada; pero al mismo tiempo, cualquiera que venga y pronuncie Tattvamasi, "Eso eres tú", en su oído no servirá. Cualquiera puede pronunciarlo; ni siquiera se requiere un ser humano para ello, una grabadora puede hacer el trabajo de pronunciarlo.

Pero no, esto no sirve. Las palabras tienen poder, pero ese poder depende del hablante, no está en las palabras. Todo depende de la profundidad desde la que emanan las palabras, de cuánta energía vital contengan y de cuánto jugo de experiencia directa haya en ellas. Y el hablante de esas palabras también debería haber desaparecido en el momento de pronunciarlas. El hablante simplemente no debería estar allí, el eco debería haber surgido directamente del alma: Tattvamasi. Y el oyente tampoco debería estar allí, el eco debería haber ido directamente al alma: Tattvamasi, "Ese eres tú". En este punto de encuentro, incluso sin hacer mucho, se habría hecho lo suficiente... y se produce una revolución, una explosión, y el que era ignorante se convierte de repente en conocedor.

Hay tales acontecimientos en la historia registrada, cuando ha sucedido simplemente escuchando. Nos resulta difícil creer, porque incluso con mucho esfuerzo y haciendo que no sucede a nosotros; intentamos de muchas maneras, pero todavía se siente que nada está sucediendo.

Cuando se produce el encuentro de dos conciencias semejantes, donde el que habla no es pero las palabras se revelan, y donde el que escucha no es pero la escucha se produce - la escucha es suficiente para desencadenar el viaje.

Pero tal coincidencia es difícil de encontrar. Incluso si se encuentra, es difícil aprovecharla. Tal coincidencia es un asunto sutil. Así que el discípulo solía estar cerca del maestro durante muchos años esperando tal coincidencia, cuando el momento de tal oportunidad pudiera presentarse y cuando él también pudiera estar listo. Así que durante muchos años la única disciplina espiritual para el discípulo solía ser cómo permanecer quieto y en silencio.

Svetketu se fue a vivir con un maestro. Durante años, el maestro ni siquiera le preguntó por qué había venido.

Svetketu también pensó que, cuando llegara el momento, se lo pediría, así que esperó. El maestro no se lo pidió durante años. La historia es muy hermosa: el yagyagui del maestro, el fuego sagrado de oblación que ardía las veinticuatro horas del día, y la vasija excavada que contenía el fuego, incluso se volvieron impacientes..... La historia es realmente hermosa: Svetketu había llegado e incluso el havankunda -el recipiente excavado para el fuego sagrado de oblación- empezó a apiadarse de Svetketu. Habían pasado tantos años desde su llegada y el maestro ni siquiera se había molestado en preguntar: "¿Qué te trae por aquí?".

Svetketu cortaba y traía leña, encendía el fuego, ordeñaba las vacas, masajeaba los pies del maestro y, al caer la noche, se iba a dormir cerca de los pies del maestro. Al levantarse por la mañana, volvía a ocuparse de las tareas del día. Ese fuego sagrado de oblación que ardía las veinticuatro horas del día, incluso ese fuego empezó a sentir lástima: "¿Qué está pasando aquí? Svetketu no dice de su parte por qué ha venido y Uddalaka, el maestro, no pregunta por qué ha venido".

Tal espera, tal paciencia, tal quietud hace que uno se convierta automáticamente en oyente. Lentamente, lentamente no solo las palabras del maestro, sino incluso la respiracion del maestro llega a ser oida; incluso los latidos del corazon del maestro llegan a ser oidos en tal espera y en tal silencio. No es necesario que el maestro hable, incluso sus movimientos llegan a ser oidos. Y cuando llega el momento adecuado el maestro habla. Cuando llega el momento adecuado el hablar sucede; ni el maestro tiene que hacer un esfuerzo para hablar, ni el discípulo tiene que hacer ningún esfuerzo para saber nada. En el momento adecuado el acontecimiento sucede.

Escuchar es un paso muy valioso. Puedes recordar estas dos o tres cosas: una, sé la escucha misma mientras escuchas; olvida al que escucha, sé sólo los oídos -extendidos por todo tu cuerpo- de modo que todo tu cuerpo se convierta en oídos que escuchan desde todas las direcciones. Otra, que no haya pensamiento; sólo deja que la mente esté totalmente absorta en la escucha y no dejes que se mueva ningún pensamiento.

Todos tenemos miedo de que si no pensamos, tal vez alguien pueda poner cosas erróneas en nuestra mente.

Quién sabe, alguien puede echar por tierra nuestras creencias. Así que nos dedicamos constantemente a la autodefensa: Sólo dejaré entrar cosas que puedan serme útiles; si no me son útiles, no las dejaré entrar.

Te sorprenderá saber que los psicólogos dicen que si te dicen cien cosas, tu mente apenas deja entrar cinco de ellas. Las noventa y cinco cosas restantes no las deja entrar. ¿Y por qué?

Porque tus creencias se basan en el pasado, están predeterminadas. Alguien es mahometano, alguien es hindú, alguien es jaina y alguien es cristiano. Todo está dentro de ti, es tu mente acumulada del pasado, sentada ahí dentro de ti. Todo el tiempo está vigilando: si hay algo en sintonía con algunas de tus ideas, fortaleciéndolas, entonces déjalo entrar. Si no está a favor de tus ideas, si no las está fortaleciendo, entonces simplemente no lo permitas entrar, detenlo en el exterior; o escúchalo de una manera como si no lo hubieras escuchado en absoluto; o si lo escuchaste, oponte a ello inmediatamente y con vehemencia para que no pueda entrar.

Presta un poco de atención a tu mente y verás que sigues diciendo sí o no interiormente todo el tiempo. ¿Quién está diciendo sí o no dentro de ti? No eres tú, es tu mente que has acumulado del pasado.

Así que la mente elige lo que le es favorable y rechaza lo que le es contrario. Es una tarea difícil: ésta es la mente que hay que abandonar y ésta es también la mente que elige lo que le es favorable y se opone a lo que le es desfavorable - entonces, ¿cómo se va a lograr este abandono? Esta es la mente que es tu enemiga y tu controladora, y esta es también la mente que te has propuesto dejar caer - y si te propones dejarla caer con su propia ayuda, entonces nunca serás capaz de dejarla caer. A la menor aprensión de que esto no te atrae a la luz de tus creencias, tu mente cierra inmediatamente sus puertas. Dice: "No escuches más", "Ignora eso" o "Sigue oponiéndote desde dentro".

Nos dedicamos constantemente a defendernos, como si se estuviera librando una batalla. En ese caso no habrá escucha posible, sino que se desencadena un conflicto. Pero escuchar tampoco significa aceptar ciegamente. Escuchar no tiene nada que ver con aceptar. Escuchar tiene que ver con oír correctamente lo que se ha dicho.

El segundo paso es manan, contemplación - después de escuchar lo que se ha dicho, contemplar sobre ello. Contemplar lo que se ha dicho después de escucharlo en su autenticidad es la primera condición para la contemplación. Pero si eliges lo que te gusta y contemplas sólo eso, no es contemplación, es sólo engaño.

Así que la primera condición para la contemplación es que escuches sin decir sí o no, sin condenar, sin alabar, sin aceptar, sin rechazar, sin nada; sin evaluar, sin juzgar, ni a favor ni en contra. Sólo escuchas en silencio y con naturalidad lo que se ha dicho, y dejas que se hunda en el rincón más profundo de tu corazón para que puedas conocerlo, porque la contemplación sólo puede tener lugar sobre aquello con lo que uno está familiarizado.

Esta es la diferencia entre pensar y contemplar. Pensar se hace sobre algo que no conocemos bien. Pensar es una actividad intelectual con lo nuevo: gimnasia mental. La contemplación es una reflexión sobre algo que se ha absorbido, que se ha llevado a lo más profundo de uno mismo. Hay una gran diferencia entre ambas. El pensamiento contiene conflicto en sí mismo, la contemplación contiene simpatía. En el pensamiento hay confrontación, en la contemplación hay reflexión. Y éstas son grandes diferencias. Pensar significa que estás luchando con algo.

Si no eres capaz de ganar, entonces estarás de acuerdo con ello, pero habrá dolor en ese estar de acuerdo.

Cuando discutes un punto con alguien y eres incapaz de argumentar lógicamente tu punto de vista y tienes que ceder, ¿has observado el dolor que sientes por dentro? Concedes porque no puedes seguir discutiendo... ¿pero por dentro? En tu interior tienes la sensación de que si no es hoy, será mañana, cuando le des la vuelta a la tortilla y puedas rechazar su punto de vista.

Por lo tanto, no es posible transformar a nadie en este mundo a través del argumento, porque el argumento implica derrota. Incluso si eres capaz de probar algo a esa persona a través de argumentos, se sentirá derrotada, no transformada, sino derrotada. Experimentará la derrota: "Vale, hoy no soy capaz de responder adecuadamente o de buscar el argumento adecuado, pero el día que tenga los argumentos adecuados vendré a verte". Se siente derrotado.

Y recuerda, una persona derrotada no es una persona transformada.

Puedes hacer callar a alguien a través de la discusión, pero no puedes transformarlo de esa manera. Y es correcto también, que nadie se transforme a través de la discusión, porque cuando dos personas debaten algo, no significa necesariamente que el que perdió el debate estaba equivocado o el que ganó tenía razón. Todo lo que significa es que el que ganó puede argumentar mejor y el que perdió el debate no puede argumentar tan bien - no se demuestra nada más que esto.

Por tanto, es natural que nadie se transforme nunca y que no se produzca ninguna revolución en la vida de una persona a base de argumentos.

Perder una discusión sólo hiere el ego, y ese ego herido quiere vengarse. Discutir es una lucha.

En el pensamiento hay una lucha interior. Sea lo que sea lo que estás pensando, estás luchando con ello; hay una lucha interior. Alineas todos tus recuerdos pasados y todos los pensamientos pasados que van en contra. Si sigues derrotado, aceptas, pero en esa aceptación se experimenta un dolor, un mordisco, una espina punzante. Esta aceptación es por tu impotencia. No hay alegría en esta aceptación; tu flor interior no florece debido a esta aceptación, sino que se marchita. Por eso, debido a todo lo que piensan los pensadores de todo el mundo, no verás la alegría de un buda en sus rostros.

¿Por qué? ¿Cuál es la diferencia?

No encontrarás la agradable personalidad de un Mahavira en los pensadores. En los rostros de los pensadores verás las arrugas de la ansiedad, no las flores de la contemplación. En la frente de un pensador las arrugas irán aumentando con el tiempo. Cada una de las líneas de la frente será profundamente pronunciada, después de todo ha trabajado duro toda su vida. Pero lo que le ocurre a un Buda o a un Mahavira, ese florecimiento no se verá. El pensamiento es agobiante, estás encorvado con él. Un pensador parece ansioso. No hay diferencia cualitativa entre pensar y preocuparse. Todo pensamiento es una forma de preocupación. Detrás de él se esconde una inquietud, una tensión, porque hay una lucha interior, un conflicto, una batalla. De modo que un pensador, cuando llega a viejo, está doblegado por el peso, por el mero peso de sus pensamientos.

Un fenómeno contrario ocurre con Buda y Mahavira. A medida que envejecen, algo dentro de ellos rejuvenece; su aspecto de frescura aumenta.

Esta es la diferencia entre pensar y contemplar.

El pensamiento comienza con la lógica, la contemplación comienza con la escucha. El pensamiento comienza con la lucha, la contemplación comienza con la escucha. Escuchar es receptividad, donde no hay lucha. Esta es la diferencia entre el pensamiento y la contemplación. El pensamiento comienza con el conflicto porque su base está en la lógica. No hay simpatía; su base es la oposición, la enemistad, la argumentación. El hecho mismo de que la contemplación comience con la escucha muestra que la simpatía es su base.

¿Qué se entiende por simpatía? - Consideración simpática. Lo que sea que estemos pensando, o en cualquier conexión que estemos pensando, lo hacemos con gran amor y simpatía.

¿Cuál es la diferencia cualitativa entre pensar y contemplar? Cuando estás considerando algo con simpatía, todo tu deseo interior es sentir que: "Lo que he oído puede ser correcto. Y si es correcto, ¿puede ser beneficioso para mí?". Así que primero tratas de buscar aquellos puntos que son correctos. Cuando piensas, partes de la creencia de que lo que has oído es erróneo, así que primero intentas buscar los puntos que son erróneos.

Entiéndelo así. Una persona está de pie cerca de un lecho de rosas: si está pensando, primero contará las espinas; si está contemplando, primero contará las flores de rosa. Esto supone una diferencia fundamental: por dónde se empieza.

El que primero cuenta las espinas, su actitud contraria es evidente. Primero contará las espinas, y se encontrará miles de ellas. Y al contar las espinas, un número de espinas atravesará sus manos, brotará sangre. Esa perforación por las espinas, el número de espinas y el sangrado de su mano, se convertirán en la base de la oposición a las rosas. Y cuando haya contado miles de espinas y tal vez vea una o dos flores, su mente dirá: "Estas flores son sólo un engaño, no pueden ser reales, porque donde hay tantas espinas, ¿cómo pueden ser tan delicadas las flores? Esto es una ilusión".

Es natural, se sentirá bien. Donde hay tantas espinas, espinas capaces de causar hemorragias, ¿cómo pueden florecer allí estas delicadas flores? Es imposible. E incluso si está de acuerdo en que las flores están ahí, dirá: "No tienen ningún valor; entre miles de espinas, ¿qué valor tienen una flor o dos? Más bien parece una conspiración de las espinas, para que miles de espinas puedan permanecer en el mundo con el pretexto de una sola flor. Esto es un engaño. Esta flor es una máscara para las espinas. Esta flor participa en su conspiración".

Una persona que comienza la contemplación con flores, primero tocará las flores. Sus manos se llenarán de la fragancia de las flores, sus ojos se llenarán de los colores de las flores. La delicadeza de las flores estará al alcance de su tacto, la belleza de las flores le rodeará por todas partes.

Entonces se acercará a las espinas - después de haber visto las flores, después de haber conocido y vivido con las flores, se ha enamorado. Ahora, cuando se acerque a las espinas, éstas tendrán una cualidad completamente distinta.

Una persona que se acerque a las espinas después de comprender las flores comprenderá que las espinas están para proteger a las flores, no son enemigas de las flores, no están en contra de las flores. El mismo jugo que fluye en las flores fluye también en las espinas. Y las espinas son para proteger a las flores. Aquel que ve las flores, aquel que ha sido capaz de ver una sola flor correctamente... miles de espinas perderán toda consecuencia para él, porque la presencia de una sola flor es suficiente para hacer que miles de espinas sean inconsecuentes. Y si una flor puede florecer en medio de tantas espinas es un milagro imposible; entonces lo imposible también puede suceder.

Y si una flor puede florecer en medio de tantas espinas, esa persona se daría cuenta de que si buscara más a fondo, tal vez esas espinas también podrían resultar no ser más que flores.

La contemplación comienza con la simpatía, el pensamiento comienza con la oposición. Si se cumple la condición de escuchar, se despierta la simpatía.

Si se despierta la simpatía, la propia corriente de pensamiento da un giro de ciento ochenta grados y se convierte en contemplación. Contemplación no significa aceptación ciega. Por eso el vidente ha dicho: BUSCAR RAZONABLEMENTE EL SENTIDO DE LO QUE SE HA ESCUCHADO, ES MANAN, CONTEMPLACIÓN.

Nadie tiene que pensar que contemplar significa aceptar ciegamente. Ni escuchar significa aceptar ni contemplar significa aceptar, hay que usar la razón.

Pero el uso de la razón también cambia. La razón en sí misma es neutral. Por ejemplo, hay una espada en mi mano.... Ahora, la espada es neutral: si quiero puedo quitarle la vida a alguien o puedo salvar la vida de alguien - la espada es neutral. La razón es neutral, pero hay diferentes patrones, y el efecto de la razón puede cambiar. Si la mente está llena de enemistad, oposición y confrontación, la razón se vuelve violenta.

Si la mente está llena de simpatía, escucha, amor, búsqueda y anhelo de la verdad, la razón se convierte en una espada protectora. La razón en sí misma no es mala.

Así que en este país hemos aceptado dos tipos de razonamiento: uno, el razonamiento positivo; otro, el razonamiento negativo. El razonamiento negativo también es razonamiento. A veces el razonamiento negativo parece incluso más lógico que el positivo, porque el razonamiento negativo tiene un filo, un borde afilado, que es capaz de cortar y matar.

Así que el razonamiento negativo a veces parece profundamente lógico. ¿Cómo distinguir lo que es un razonamiento positivo y lo que es un razonamiento negativo? Esta es la diferencia: que si el razonamiento está en la búsqueda del bien y de la verdad - está lleno de simpatía, empieza por las flores y luego pasa a las espinas....

Cuando te diga algo, observa desde dónde empiezas. Muchas veces me sorprendo: Hablo durante una hora, y después alguien viene a mí y lo que he dicho en esta hora no le ha llegado, está atrapado en la lucha contra una sola cosa. Coge un solo punto y viene a oponerse a él. Todo lo demás que se ha dicho en esta hora no lo recuerda, sólo este pequeño asunto. Y eso también lo arranca de su contexto. Tenía significado en su contexto; arrancado de su contexto adquiere un significado completamente diferente. Pero él sólo oyó eso.

Debía estar preparado sólo para eso. Debe haber venido preparado para descubrir algo malo de alguna manera.

Si estás aquí escuchándome sólo para encontrar algo malo nunca podrás pasar a la contemplación.

Recuerda, por muchas faltas que puedas descubrir, eso nunca se convertirá en una ayuda para tu crecimiento interior. No importa cuán claramente puedas establecer la ubicación de todas las faltas -puedes llegar a conocer todas las faltas en el mundo entero-, aún así ningún crecimiento interior puede ocurrirte a través de ello.

Quien busca y se interesa por su crecimiento no se molesta en averiguar lo que está mal, se molesta en averiguar lo que está bien. Empieza por lo correcto. Y el que empieza por lo correcto puede llegar algún día a un punto en el que se dé cuenta de que lo que parecía erróneo también tiene algún significado, también tiene algún valor. Así, lo que antes parecía erróneo puede parecer correcto después.

La diferencia es sólo de énfasis.

El razonamiento negativo busca lo erróneo, a partir de ahí comienza el viaje. El razonamiento positivo empieza por lo correcto.

Le das el Corán a alguien para que lo lea; si es hindú, no verá nada de lo que es significativo en el Corán, todo eso le pasará desapercibido. Subrayará todo lo que no es correcto según él, y te lo traerá diciendo: "¡Ves! ¡Siempre he dicho que el Corán no es una escritura religiosa!". O dale el Gita a un mahometano y te señalará exactamente lo que está mal en él. Y si quieres aprender este arte, apréndelo del grupo fundamentalista hindú, los arya samajis. Son expertos en descubrir qué está mal y dónde. No hay otros que sean tan expertos. Salva la mente de convertirte en un Arya Samaji; sólo entonces la contemplación puede ser posible. De lo contrario, la contemplación no puede ser posible porque estás al acecho de lo que está mal, y el mal se encontrará en abundancia. Después de todo, ¿dónde está la escasez de espinas? Pero, ¿para qué sirven las espinas? ¿Vas a preparar guirnaldas de espinas y a colgártelas del cuello?

El propósito, la preocupación son las flores, no las espinas.

Así que si hay razonamiento positivo, también se recogerán flores del Corán, y estas flores no tienen nada que envidiar a las del Gita. Si hay razonamiento positivo, también se recogerán flores del Gita, y estas flores no tienen nada que envidiar a las del Corán o la Biblia.

Una persona que contempla busca flores, una persona que piensa busca espinas. Tú mismo tienes que decidir. Pero recuerda una cosa: te rodeará aquello que estás buscando.

Si buscas espinas estarás rodeado de espinas, si buscas flores estarás rodeado de flores.

Así que recuerda que buscando espinas no haces daño a nadie más que a ti mismo, porque obtendrás lo que buscas. La vida se convierte en un infierno porque estás rodeado de todas las personas equivocadas, nadie parece ser una persona correcta. Y no porque no haya personas correctas, sino porque buscas a las personas equivocadas.

Le dices a alguien que cierta persona toca muy bien la flauta. Él dice: "¿Qué flauta puede tocar? Es un ladrón, un charlatán. ¿Cómo podría tocar la flauta?"

Ahora bien, ¿qué contradicción existe entre un ladrón o una persona deshonesta y el hecho de tocar la flauta? Puede que sea deshonesto, pero ¿quién dice que una persona deshonesta no toca o no puede tocar la flauta? ¿Quién establece esta relación? En un ladrón también puede florecer la flor de la flauta. El robo será una espina, la flauta será la flor. Si las flores pueden florecer entre espinas, ¿por qué un ladrón no puede tocar la flauta?

Pero no, nos duele aceptar que alguien pueda hacer algo bueno. Lo condenaríamos inmediatamente:

"Es un ladrón, un hombre deshonesto, ¿cómo podría tocar la flauta?".

La actitud de una persona que contempla sería diferente. Si le dices que tal o cual persona es un hombre deshonesto y un ladrón, dirá: "Puede ser, pero es un flautista maravilloso".

Se trata de una diferencia de elección. Y cuando una persona toca la flauta tan maravillosamente bien, incluso su condición de ladrón o persona deshonesta empieza a ponerse en duda. Cuando una persona es un ladrón tan asombroso y una persona deshonesta, su habilidad para tocar la flauta comienza a volverse dudosa. Cualquier cosa a la que nos adherimos, también afecta a lo otro.

¿Qué necesidad hay de determinar si una persona es deshonesta o ladrona? Si queremos que nuestro vecino sea un ladrón y una persona deshonesta, nos fijaremos en que lo sea. O si queremos que nuestro vecino sea un buen flautista, deberemos fijarnos en eso. En la vida existen ambas cosas. La noche está ahí, el día también; y lo bueno está ahí, lo malo también está ahí.

No pienses que el cielo está en algún lugar fuera de esta tierra o que el infierno está en algún lugar fuera de esta tierra; está en tus ojos. En esta misma tierra la gente vive en el cielo, y en esta misma tierra la gente vive en el infierno. Lo que buscas se convierte en tu mundo.

La contemplación comienza el viaje con flores, con simpatía. No ataca precipitadamente lo erróneo, primero asimila lo correcto. Y cuando lo correcto está completamente asimilado, sólo entonces reflexiona sobre lo que había parecido erróneo en la primera observación.

Y recuerda, las verdaderas diferencias de esta transformación de actitud sólo empiezan a verse más adelante. Una persona que contempla crece lentamente, brota; asimilando lo correcto, él mismo se convierte en correcto.

Y el que busca constantemente lo erróneo, asimilando constantemente lo erróneo, se convierte él mismo en erróneo. Quien sólo ve deshonestidad, robo y maldad en los demás no puede seguir siendo honesto por mucho tiempo.

La verdad es que una persona así no puede ser honesta en primer lugar.

En realidad, un ladrón no puede creer que los demás no son ladrones, ¿o sí? No, nunca puede creer que los demás no son ladrones. El propio patrón de pensamiento de un ladrón se convierte en el del robo. Inmediatamente busca y ve las cualidades del robo también en los demás. Una persona libertina no puede creer que exista una persona de carácter. Simplemente no puede aceptarlo. Su propia experiencia se convierte en un obstáculo para creerlo.

Esto es algo muy interesante: ningún libertino puede creer que alguien sea célibe. Simplemente no puede creerlo. Esto está bien, porque si alguien es realmente célibe, él tampoco puede creer que otra persona pueda ser libertina. Pero lo interesante es que no sólo un libertino nunca cree que alguien sea célibe, sino que un célibe tampoco cree que alguien sea célibe.

Entonces es una cuestión muy problemática. Que un libertino no crea que nadie pueda ser célibe es lógico; porque, "Cuando yo no he podido serlo, ¿cómo puede serlo nadie más?". Pero cuando un célibe tampoco está dispuesto a creer que otra persona pueda ser célibe, su situación se vuelve dudosa; entonces él tampoco es célibe. Su propia experiencia interior es que toda la charla sobre el celibato, etcétera, es sólo superficial, hay libertinaje en su interior. Por lo tanto, no cree.

Si te encuentras con un santo que considera que los demás no son santos, puedes estar seguro de que él mismo aún no ha sido capaz de convertirse en santo. El significado mismo de convertirse en santo es que para él todo el mundo se habría convertido en santo a la vez. Para él todo ha cambiado, porque su ángulo de visión ha cambiado. Cuando uno se convierte en santo por dentro, en todas partes del mundo ve santidad, bondad, porque lo que está dentro es lo que se ve fuera.

Si ves mal en todo el mundo, si en todo el mundo ves robo, deshonestidad y maldad, entonces déjalos a un lado y preocúpate de ti mismo de una vez. Lo que ves fuera está dentro de ti. Eso es lo que eres capaz de ver. Eso es lo que se ve de inmediato, porque eso sintoniza con el interior de inmediato.

La contemplación comienza con el lado bueno de la vida. El pensamiento comienza con el lado oscuro de la vida. Si puedes recordar esto, razonar es entonces algo maravilloso; los pensamientos y la lógica son entonces muy útiles.

El razonamiento puede entonces utilizarse de todo corazón. Y entonces el razonamiento no es dañino, se vuelve útil, amistoso.

ESTABLECER TU MENTE EN LOS SIGNIFICADOS INDUDABLES ALCANZADOS A TRAVÉS DE ESTA ESCUCHA Y CONTEMPLACIÓN, SINTONIZAR CON ELLA ES NIDIDHYASAN, ASIMILACIÓN.

Escuchaste la afirmación suprema "Eso eres tú", tú eres Brahma. La escuchaste de todo corazón; luego, con simpatía, pensaste en ella, reflexionaste sobre ella, buscaste el verdadero significado de la afirmación, sus muchas, muchas conclusiones. Buscaste a tientas sus profundidades inherentes desde muchos, muchos ángulos, las tocaste, las saboreaste, te ahogaste en ellas, las contemplaste y luego descubriste que es verdad.

Sin duda se comprobará que es cierto porque quienes lo dicen lo han dicho después de haberlo alcanzado. No son conclusiones a las que han llegado los pensadores, son las palabras de quienes han experimentado. No son afirmaciones de quienes pensaron y pensaron y luego decidieron que era así, son insinuaciones de quienes lo conocieron, se ahogaron en él y lo descubrieron.

Seguro que lo descubren. Si la escucha y la contemplación funcionan bien, descubrirán sin duda que es correcto. Si es correcto, entonces sintonizarse con él es nididhyasan, la asimilación. Si es correcto que "Yo soy Brahma", entonces comenzar a vivir como Brahma es nididhyasan, la asimilación. En tus acciones, en tu comportamiento, sintonízate desde todos los lados; luego haz esfuerzos para que no quede separación entre tú y lo que es correcto, porque si la afirmación es correcta, entonces "yo estoy equivocado".

Sólo hay dos posibilidades: o usted tiene razón, entonces esta afirmación es errónea; o si la afirmación es correcta, entonces usted está equivocado. ¿Y cuál es nuestra suposición habitual? Intenta entenderlo un poco. Nuestra suposición es siempre que "yo tengo razón". Este es nuestro problema. El mayor problema, preocupación y angustia de nuestras vidas es que nos movemos con la creencia de que "yo tengo razón". Este es nuestro punto de partida en todo, que "yo tengo razón". Probamos todo sobre esta base. Esta es nuestra piedra de toque, que "yo tengo razón". Ahora bien, todo lo que no encaja contigo es incorrecto.

Este asunto debe ser decidido, un buscador debe decidir que este pensamiento tonto "yo tengo razón" no se convierta en el paso inicial. Si tienes razón, no es necesaria la búsqueda.

Esto es muy interesante. Una mujer vino a verme ayer: me dijo que hace unos veinte años había sido iniciada por algún swami, que su kundalini también había despertado pero que no hay paz en absoluto, que está muy inquieta.

Si la kundalini ha despertado, ¿cómo es que existe esta inquietud? Y si la inquietud está ahí, por favor acepta que la kundalini está dormida y no despierta.

Pero no, la gente hace afirmaciones simultáneas desde ambos lados. Si tienes razón, si crees que lo sabes, entonces no queda nada que buscar, el asunto está zanjado. Toda persona se mueve con la presunción de "tengo razón" y luego dice: "quiero buscar la verdad". Para buscar la verdad, la decisión debe ser clara ante la conciencia de que "no sé". Sólo entonces es posible la búsqueda. Cuando no sé, mi entrada en alguna verdad es posible; si sé desde el principio, la verdad misma parecerá equivocada, porque cuando una persona que no sabe cree que sabe, nunca puede ver la verdad tal como es.

El funcionamiento mismo de la mente es moverse con la suposición de que "yo tengo razón" - mi idea, mi punto de vista, mi religión, mi escritura. Si tienes que empezar por "yo tengo razón", no hay necesidad de empezar, ya has llegado a la meta; ahora te estás tomando la molestia innecesariamente.

¿Y dónde encontrarías la meta? Ya estás en la meta. Tú eres la meta.

Esto debe quedar claro; si esa locura del "yo sé" se ha apoderado de uno se acabó el asunto, no se debe emprender ninguna búsqueda.

El significado mismo de la búsqueda es "no sé". Hay sufrimiento, angustia, dolor y tensión: "Tengo problemas, estoy enfermo y rodeado por todas partes de mis enfermedades; no soy más que una combinación de todas estas enfermedades". Moverse con tal creencia es la búsqueda.

Y esta es también la realidad. No eres más que una combinación de enfermedades, un paquete que contiene todo tipo de enfermedades. Y cada hombre es un inventor, inventa sus propias enfermedades. E incluso en medio de todas estas enfermedades, persiste en la sensación de que "yo tengo razón".

Asimilación significa: uno vio que esta afirmación suprema era correcta. Uno escuchó, reflexionó sobre ella y vio que era correcta. La mente ha visto el hecho de que es correcto, la conciencia ha comenzado a darse cuenta del hecho de que es correcto; ahora moldearse a uno mismo de acuerdo con eso es asimilación - comenzar a vivir lo que ha parecido correcto.

Y recuerda, una vez que algo se ve como correcto, no hay dificultad en vivirlo. En el momento en que se ve, comienza la vida. ¿Quién pone la mano en el fuego a sabiendas? Sólo en la ignorancia se ponen las manos en el fuego. ¿Quién hace el mal a sabiendas? Sólo en la ignorancia se hace el mal. ¿Quién invita a la locura a sabiendas?

Sólo en la ignorancia se invita a la locura. Una vez que comience a verse lo que es correcto, el propio vislumbre comenzará a transformarte desde dentro - todas tus vibraciones comenzarán lentamente a armonizarse con lo que has visto.

Esta sintonía, esta armonía se llama asimilación.

Incluso después de esto, si la sintonización no se produce o parece ser difícil, el buscador ahora sabe que la dificultad está en su parte. Así que se funde aún más. Si el viaje parece complejo, sabe que es su complejidad. Así que intenta desenredarse.

Pero si la persona que procede con la noción de tener razón da dos pasos y no ve frutos, piensa que la noción de 'Tú eres eso' en sí misma es errónea... así que déjalo.

La gente viene a verme... ayer vino un amigo: ayer hizo meditación por primera vez, y ayer me dijo que no había pasado nada.

¿Existe un límite para la insensatez del hombre? En este mundo, la estupidez y Brahma son las dos únicas cosas que parecen no tener límites. No parecen tener límite.

Ayer mismo había llegado, por primera vez. Por la mañana debió de dar un pequeño respingo, y por la tarde se acercó a mí diciendo que hasta ahora no había pasado nada. Dijo: "Parece que no hay sustancia en este método. Hasta ahora no me ha pasado nada".

Le pregunté cuántas vidas llevaba con este método.

Dijo: "Acabo de llegar hoy. No hay cuestión de vidas".

Dale al método al menos una pequeña oportunidad de funcionar. Ten un poco de piedad con el método, dale alguna oportunidad.

El hombre se mueve siempre asumiendo que tiene razón. Así que dondequiera que aparezca cualquier dificultad, el otro debe estar equivocado. Mantiene su razón intacta y continúa el viaje. Tendrás que vagar entonces nacimiento tras nacimiento, nada caerá nunca junto, porque la sintonización es un gran esfuerzo.

No sucederá así como así, porque los condicionamientos de vidas tras vidas están en el trasfondo; tendrás que romperlos. Incluso si llegas a ver hoy -de repente, claramente, en una fracción de segundo- lo que es correcto, aún así tus pies tienen el hábito de caminar; tu cuerpo tiene hábitos, tu mente tiene hábitos, hay una larga red de hábitos.

Esa red no se rompería hoy de repente. Habrá que trabajar duro para romper esa red.

No se trata de los métodos, sino de ti. Cualquier método puede funcionar, pero tú.... Toma nota, toda nuestra vida es un hábito. Desde las cosas pequeñas a las grandes, todo es un hábito. Hay una larga línea de estos hábitos y nuestra conciencia está habituada a fluir pegándose y siguiendo el mismo surco. Incluso si se ve de repente, hoy, que el viejo camino es erróneo, habrá que crear un nuevo camino para seguirlo. Y recuerda, tendrás que crear un surco más profundo que el antiguo para que la corriente tome esta nueva ruta, para que se desvíe de la otra. Pero por el mero hecho de pensar que una determinada cosa es correcta, no se va a resolver nada.

Asimilar significa que, cuando se escucha y se entiende lo que es correcto, hay que transformar la vida en consecuencia. Llevará tiempo estar de acuerdo con ello. La mente creará obstáculos, el cuerpo creará obstrucciones - todo esto sucederá. Pero una vez que se ha visto el camino correcto, también es necesario tener el valor de lanzarse completamente, en todos los aspectos, a este viaje. No vale con quedarse sentado.

Si se ha visto la estrella guía -por muy lejos que esté-, si se ha visto la estrella, lánzate al viaje. Y no empieces a pensar que has dado un paso y aún no has llegado a la estrella, que has dado dos pasos y aún no has llegado a la estrella.

No te preocupes. Incluso con estos dos pasos te has acercado; estos dos pasos que has dado no son poca cosa. Hay muchos que llevan toda la vida simplemente sentados; ni siquiera se han levantado, simplemente han olvidado que hay que levantarse, que hay que caminar.

Buda ha dicho, simplemente camina. No te preocupes por el número de errores que puedas cometer. Con que camines es suficiente. Caminaste, cometiste errores, los corregiremos. Te desviaste, no te preocupes, al menos tus pies se movieron. Hoy te has desviado del camino, mañana volverás al camino correcto. Sólo hay un error, dijo Buda, y es que no camines en absoluto y sigas sentado.

Aunque quien permanece sentado nunca cometerá ningún error. ¿Cómo se puede cometer un error estando sentado sin hacer nada? En este mundo cometen errores los que se mueven, los que hacen algo.

¿Cómo pueden cometer un error los que no hacen nada y sólo están sentados? Ellos están absolutamente libres de errores. Pero el único error real en este mundo es permanecer sentado.

Levántate y sigue el camino de lo que te parece correcto. Incluso si mañana resulta estar equivocado, al menos habrá un beneficio, que habrás aprendido a caminar. Y una vez que hayas aprendido a caminar, mañana también podrás encontrar la dirección correcta. La dirección no es lo importante, lo importante es la movilidad, la capacidad de caminar.

Nididhyasan, asimilación, es un esfuerzo por sintonizar. Es una palabra maravillosa.

ESTABLECER TU MENTE EN EL SIGNIFICADO INDUDABLE ALCANZADO A TRAVÉS DE ESTA ESCUCHA Y CONTEMPLACIÓN, SINTONIZAR CON ÉL ES NIDIDHYASAN,

ASIMILACIÓN.

Ahora nuestra mente debe sintonizar con lo que se ha comprendido a través de la escucha.

No debe permanecer sólo como un atisbo, debe convertirse en nuestra mente total. No debe permanecer sólo como un pensamiento entre muchos, debe convertirse en nuestra mente misma.

Por ejemplo, un hombre toma sannyas. Ahora bien, se puede tomar sannyas cuando es una decisión intelectual, una idea; parece correcto, tiene sentido -así que uno toma sannyas. Pero todavía es sólo un pensamiento en la mente, igual que hay mil otros, así que todavía no nace ninguna sintonización. Lentamente, lentamente el color de lo que ha entrado en uno como un solo pensamiento se extenderá sobre todos los pensamientos.

Lo que se quiere decir con esparcir sobre todos los pensamientos es que incluso mientras comes tus comidas... debe aparecer una marcada diferencia entre un sannyasin comiendo su comida y una persona mundana comiendo su comida. Ese matiz de sannyas debe extenderse incluso sobre el acto de tomar las comidas. Un sannyasin debe tomar sus comidas como si no las estuviera tomando, un sannyasin debe caminar como si no estuviera caminando, un sannyasin debe levantarse como si no se estuviera levantando; debe dejar de hacer nada.

Una forma de sannyas es la que se toma mediante un pensamiento, y otra es cuando toda la vida se sintoniza con él; entonces la propia mente se convierte en un sannyasin.

Así que Buda dijo, incluso cuando un sannyasin duerme... uno debería ser capaz de distinguir entre un sannyasin dormido y un hombre mundano dormido. La misma cualidad, la misma manera de dormir de un sannyasin debe cambiar, porque la mente de quienquiera que haya mutado completamente, su sombra, su tinte, sus vibraciones deben extenderse sobre todas sus acciones. Está destinado a extenderse.

Así, la asimilación no se produce como pensamiento, sino como sintonización. Y, DEJANDO EL MEDITADOR Y LA MEDITACIÓN RESPECTIVAMENTE, CUANDO LO MEDITADO, LA META, PERMANECE COMO ÚNICO OBJETIVO Y LA MENTE SE QUEDA QUIESTA COMO LA LLAMA DE UNA LÁMPARA EN UN LUGAR SIN VIENTO - A ESTO SE LE LLAMA SAMADHI, LA

ILUMINACIÓN.

El samadhi es el acontecimiento supremo. Los tres primeros son los pasos hacia él, el cuarto paso es el samadhi mismo. Más allá de eso el mundo de las palabras no existe. Más allá no existe el mundo de la palabra. Sólo hasta el samadhi se puede decir algo. Lo que está más allá, nunca se ha dicho nada sobre ello y nunca se dirá nada sobre ello.

Quien se encuentra a la puerta del samadhi llega a ver lo que es invisible, llega a conocer lo que es incognoscible, conoce aquello sin lo cual la vida era toda miseria, todo dolor y toda angustia. Lo que es incognoscible se vuelve conocido y lo que es un misterio se revela y se desvela. Todos los complejos se hacen añicos, la conciencia se hace una con la verdad en su cielo abierto.

Samadhi es algo que viene después de la asimilación a uno que ha sintonizado su mente con las declaraciones supremas como Tattvamasi, 'Eso eres tú', aham brahmasmi, Yo soy Brahma, soham, Yo soy eso. Aquel cuya mente y comportamiento se han convertido en expresiones de estas afirmaciones, aquel en cuyos movimientos existe la melodía de "Eso eres tú", aquel en cuyos movimientos existe el gesto y la indicación de que se está moviendo en sintonía con Brahma - tal persona es capaz de alcanzar el samadhi.

Cuando el meditador y la meditación se pierden, sólo lo meditado, el objetivo, permanece - esto es samadhi.

Entendamos esto. Hay tres palabras: meditador, meditación y lo meditado - el objetivo. Por ejemplo, "Eso eres tú" es el objetivo, lo meditado. Estamos intentando comprender esta afirmación suprema. Esta es la meta. Esto es lo que vale la pena alcanzar, sólo esto es lo que vale la pena alcanzar. Esta es la meta, este es el destino final. Entonces yo, el meditador, soy aquel que está pensando en esta meta, es aquel que está contemplando esta meta, que está anhelando esta meta, que está sediento de esta meta; que está ansioso por alcanzar esta meta.... Este soy yo, el meditador, la conciencia que se mueve hacia la meta.

Y cuando el meditador corre hacia esta meta, cuando todo otro correr cesa y sólo queda este correr de la conciencia hacia esta meta, esto se llama meditación.

Cuando todas las corrientes de conciencia comienzan a fluir hacia la meta unidas y ya no fluyen separadamente en docenas de corrientes, cuando se integran en una sola, cuando la conciencia se convierte en una sola corriente y comienza a fluir hacia la meta, constantemente -volando recta como una flecha- esta conciencia que fluye se llama meditación.

Samadhi - el Upanishad dice que cuando la meditación se ahoga en la meta sin dejar ni rastro de energía vital, cuando la energía total y la conciencia total del meditador se vuelven una con la meta, llega el momento en que el meditador ni siquiera es consciente de que "yo soy". Llega un momento en que el meditador ni siquiera es consciente de que la meditación es, de que sólo Tattvamasi, sólo la meta, permanece. Ese estado se llama samadhi, cuando no permanecen los tres -el meditador, la meditación y lo meditado-, cuando no permanecen los tres sino sólo uno.

Que esto se entienda un poco más, porque diferentes disciplinas espirituales han seleccionado de manera diferente en cuanto a cuál de los tres debe permanecer al final.

Los Upanishads dicen que lo meditado, la meta, debe permanecer; el meditador y la meditación deben perderse. Mahavira dice que el meditador debe permanecer, la meditación y lo meditado deben perderse; sólo el alma, el "yo" puro debe permanecer. Todo suena contradictorio.

Sankhya, el camino de la no dualidad, dice que tanto el meditador como el meditado deben perderse; sólo la meditación debe permanecer, sólo la consciencia debe permanecer - sólo la consciencia.

Parece que todas estas afirmaciones son muy contradictorias, pero no lo son en absoluto. Los eruditos siempre han mantenido grandes debates, debates ridículos. Han estado debatiendo mucho, y estos debates están destinados a surgir. Los que sólo entienden de palabras debatirán que estas tres afirmaciones son contradictorias.

Los Upanishads dicen que sólo lo meditado debe permanecer, alguien más dice que el meditador debe permanecer, y aún otro dice que la meditación debe permanecer. Entonces, ¿qué es realmente el samadhi? ¿Hay tres tipos de samadhi? Además, si el samadhi es cuando sólo permanece la meta, lo meditado, ¿cómo puede ser samadhi cuando sólo permanece el meditador? Así que habrá que decidir cuál es el samadhi correcto. Dos de ellos serán erróneos, sólo uno puede ser el correcto.

Un erudito vive de palabras, no de experiencias. La experiencia tiene un sabor totalmente distinto: los tres son una misma cosa. ¿Por qué? Porque hay algo muy interesante acerca de estos tres, y es que cuando dos de los tres desaparecen y sólo queda uno, entonces el nombre para el que queda es una cuestión tan superficial que el nombre que le des depende de ti.

Ahora mismo existen estos tres: el meditador, la meditación y lo meditado. Para un buscador, para un buscador hasta el estado de asimilación, existen estos tres. Cuando los tres han desaparecido y sólo queda uno, entonces selecciona para él un nombre cualquiera de los tres. Esta selección es totalmente personal, no hay ninguna diferencia en el nombre que se le dé. Si lo desea, puede seleccionar incluso un cuarto nombre para él. De hecho, muchos Upanishads le han dado el nombre de "el cuarto"; así que los tres están perdidos, no queda ningún punto de disputa... Porque si se selecciona cualquiera de estos tres, si se dejan de lado dos en favor de uno, eso puede parecer un prejuicio, así que lo llamaron turiya, el cuarto.

No le han dado ningún nombre, sólo lo han llamado "el cuarto", para que no surja ninguna disputa. Pero los que buscan una disputa no tienen problema, dicen que sólo había estos tres, ¿de dónde ha salido el cuarto? ¿Cuál es este cuarto? ¿Cuál de los tres es este cuarto? ¿O han desaparecido los tres y este cuarto es algo completamente diferente de ellos, o es una combinación de los tres? ¿Qué es este cuarto?

Los que quieren discutir se meten con cualquier cosa para empezar una discusión. Pero el que está interesado en la búsqueda real, su viaje es completamente diferente.

De estos tres, los Upanishads eligieron al meditado como el que permanece; Mahavira eligió al meditador como el que sobrevive; Sankhya, el camino de la no dualidad, dijo que es la meditación la que permanece. Pero todo esto no son más que nombres.

Una cosa es cierta, que sólo uno de los tres permanece. Los nombres son todos artificiales, puedes darle cualquier nombre. Sólo recuerda una cosa, que cuando sólo uno permanece hay samadhi, la iluminación.

Mientras queden dos sabed bien que están los tres, porque mientras queden los dos, el tercero, contiguo a ellos en el centro, es imprescindible.

Dos solo no puede permanecer, dos siempre significa tres. Así que los que siempre piensan en términos matemáticos no llaman al mundo dwaita, dual, lo llaman traita, el triple, porque cuando hay dos el tercero está obligado a estar ahí, de lo contrario ¿quién unirá o separará los dos? El tercero se hace inevitable cuando hay dos. Tres es el camino de la existencia.

Por eso hemos hecho trimurti, la estatua de tres caras que representa a Brahma, Vishnu y Mahesh:

es indicativo de traita, que el mundo se compone de tres. Pero las tres caras son de la misma persona que es "la cuarta". Entras por cualquiera de estas tres caras y cuando llegas dentro las tres caras ya no permanecen. Pero el buscador admirará la cara por la que entró. Un buscador puede entrar a través de Brahma, otro a través de Vishnu y otro a través de Mahesh; cada uno nombrará la experiencia según la cara a través de la cual entró. Entonces dirá que el cuarto es Vishnu, Mahesh o Brahma. Pero después de llegar al interior, las tres caras se pierden. No hay espacio interior, allí todo es uno.

Esta trimurti no es sólo una estatua, es la conclusión de nuestros últimos esfuerzos en la búsqueda.

Los tres están justo antes del salto final; permanecen allí: el meditador, la meditación y lo meditado. Y cualquiera de estos tres que dé el salto, ése permanece. El nombre que quieras darle, depende de ti; el nombre no tiene ninguna importancia. Si no quieres ponerle nombre, es cosa tuya. Si quieres llamarlo "el cuarto", estupendo. Si no quieres llamarlo nada y te quedas callado, eso es lo mejor.

Oír: convertir el oír en escuchar. Pensar: convertir el pensamiento en contemplación. Contemplar: extraer conclusiones y dejar que las conclusiones se conviertan en asimilación, para permitir la sintonización.

Y que la sintonía no se quede en mera sintonía, que al final se convierta en unidad.

Comprende la diferencia. Sintonía significa que los dos permanecen; aunque se ha producido una armonía, una sintonía entre los dos, los dos permanecen. Unidad significa que los dos se han perdido y sólo ha quedado la armonía.

La sintonía es la asimilación; la unidad es el samadhi, el despertar.

Suficiente por hoy.

La sed del alma

DURANTE EL SAMADHI, LOS OBJETOS DE LAS EXPERIENCIAS NO ESTÁN SEPARADOS DEL ALMA, DE AHÍ QUE NO SE EXPERIMENTEN. PERO ESTAS EXPERIENCIAS GLORIFICADAS DEL BUSCADOR QUE HA SALIDO DEL SAMADHI SON INFERIDAS A TRAVÉS DE LOS RECUERDOS DE LA MENTE.

EN ESTE MUNDO SIN PRINCIPIO, SE ACUMULAN MILLONES Y MILLONES DE KARMA, IMPRESIONES DE ACCIÓN. TODAS ELLAS SON DESTRUIDAS POR ESTE SAMADHI Y CRECE EL DHARMA PURO, LA NATURALEZA PROPIA.

LOS CONOCEDORES DEL YOGA LO LLAMAN DHARMAMEGHA - LA NUBE DE LLUVIA DEL DHARMA - SAMADHI, PORQUE DERRAMA MIL CORRIENTES DE NÉCTAR DEL DHARMA, LA NATURALEZA PROPIA, COMO UNA NUBE DE LLUVIA.

EN ESTE SAMADHI, LA RED DE DESEOS SE DISUELVE POR COMPLETO Y LOS MATORRALES DEL KARMA ACUMULADO, LLAMADOS VIRTUD Y PECADO, SON ARRANCADOS DE RAÍZ EN SU ORIGEN MISMO.

AL PRINCIPIO, ESTA AFIRMACIÓN ILIMITADA -TATTVAMASI, ESE ERES TÚ-, SIENDO VERDADERA, SÓLO SE REALIZA INDIRECTAMENTE; LUEGO NACE EL CONOCIMIENTO DIRECTO, COMO UNA FRUTA MYROBALAN GUARDADA EN LA PROPIA PALMA DE LA MANO.

Esta mañana hemos hablado de la escucha, la contemplación, la asimilación y el samadhi. El samadhi, la iluminación, es el fin del mundo en ti y el comienzo de la verdad. El samadhi es la muerte de la mente y el nacimiento del alma. Visto desde este extremo el samadhi es el último paso, visto desde el otro extremo el samadhi es el primer paso.

La mente se va reduciendo y disolviendo cada vez más a través de la escucha, la contemplación y la asimilación; en el samadhi, se disuelve por completo. Y cuando la mente se disuelve por completo, comienza la experiencia de lo que realmente somos. Este sutra trata de este samadhi. Y en este sutra hay cosas muy profundas que comprender.

DURANTE EL SAMADHI LOS OBJETOS DE LAS EXPERIENCIAS NO ESTÁN SEPARADOS DEL ALMA, POR LO TANTO NO SON EXPERIMENTADOS. PERO ESTAS EXPERIENCIAS GLORIFICADAS DEL BUSCADOR QUE HA SALIDO DEL SAMADHI SON INFERIDAS A TRAVÉS DE LOS RECUERDOS DE LA MENTE.

Que esto primero lo entiendas con toda tu atención. Si no hoy, mañana será útil para los que están meditando. No hay experiencia en el samadhi. Te preocupará oír esto.

No puede haber ninguna experiencia en el samadhi, y sin embargo el samadhi es la experiencia suprema. Esta es una afirmación paradójica, parece contradictoria, pero hay algunas razones para ello. En samadhi se experimenta la dicha suprema, pero el buscador que está en samadhi no llega a conocerla porque el buscador y la dicha se han hecho uno, y no hay distancia entre los dos para que tenga lugar ningún conocimiento.

Llegamos a conocer sólo aquellas cosas que están separadas de nosotros, a cierta distancia de nosotros. La realización, la experiencia de la beatitud en samadhi no se siente durante el samadhi. Cuando el buscador sale del estado de samadhi infiere que la dicha ha sucedido; es una retrospectiva de que la dicha última ha sucedido, que el néctar ha llovido. Que uno había vivido en una dimensión diferente, que uno había experimentado algún estado más profundo de la vida - todo esto se recuerda después cuando la mente está de vuelta.

Entendámoslo así. Escucha, contemplación, asimilación y samadhi - estos son los cuatro pasos. Es a través de estos pasos que el buscador llega a la puerta del samadhi y realiza. Si el buscador no es capaz de salir del samadhi y permanece en él, nunca podrá contar su experiencia a nadie. Entonces simplemente no hay manera de relatar la propia experiencia.

Pero cualquier buscador que alcanza el estado de samadhi nunca regresa siendo la misma persona; regresa siendo una persona completamente nueva. Al regresar, todas las relaciones cambian en su mente; sin embargo, él regresa a la mente. Antes, cuando vivía en la mente, era un esclavo de la mente, no tenía dominio sobre nada; la mente podía conseguir que hiciera lo que quisiera. Tenía que acceder a lo que la mente le dictara, tenía que correr hacia donde la mente le hiciera correr. Era una esclavitud de la mente, la mente tenía las riendas del alma en sus manos.

Cuando un buscador vuelve de las puertas del samadhi a la mente, vuelve como el maestro. Ahora las riendas están en sus propias manos. Ahora mueve la mente donde quiere moverla. Si no quiere moverla a ninguna parte, no la mueve. Si quiere que funcione, la hace funcionar, si no, no. Ahora la mente no tiene poder propio. Pero el buscador que ha alcanzado el samadhi puede recordar cosas sólo después de volver a la mente - por supuesto, como su amo esta vez. Porque la memoria es una facultad de la mente, es por eso que él puede mirar hacia atrás a través de la mente para ver lo que había sucedido.

Esto significa que la mente no sólo registra los acontecimientos de la vida mundana, sino que también registra lo que sucede cuando el buscador entra en samadhi. La mente es un espejo de dos caras. En ella se refleja el mundo exterior, en ella se refleja el mundo interior. Por lo tanto, sólo cuando el buscador regresa a la mente es capaz de experimentar lo que ha sucedido. Si regresa a través de los mismos tres pasos, sólo entonces podrá expresarlo.

Al regresar del samadhi, el primer paso del buscador será la asimilación. Es en el paso de la asimilación que él comenzará a experimentar lo que ha conocido en samadhi en una forma sutil, a un nivel profundo, en su propio centro último. Empezará a verlo reflejado en su propio comportamiento. Cuando levante el pie, no sentirá que es el mismo pie de siempre; el pie tendrá una especie de danza. Cuando levante las cejas y mire, los ojos no parecerán los mismos ojos de siempre, sino frescos y claros como la gota de rocío de la mañana. Al levantarse, se sentirá como si no pesara nada, como si pudiera volar por el cielo. Cuando coma, verá que la comida entra en su cuerpo y que él nunca ha comido.

Ahora bien, haga lo que haga el buscador que acaba de regresar del samadhi en ese primer paso de asimilación, habrá el reflejo del samadhi en su comportamiento; en todas partes su comportamiento tendrá una nueva gracia.

Ese hombre de ayer está muerto. No es la misma persona que estaba allí antes del samadhi, de pie dentro del límite de la asimilación. El escalón es el mismo, pero la persona que baja es diferente.

Ha vuelto habiendo sabido algo, y ha vuelto sabiendo tal cosa que toda su vida se ha transformado. Y en este saber ha muerto lo viejo y ha nacido lo nuevo.

En el paso de la asimilación verá reflejado lo que ha sucedido en el samadhi. El jugo que ha fluido dentro de él se verá fluyendo en todas direcciones en su comportamiento, desde cada una de sus células.

Mahakashyapa venía de vez en cuando a preguntar a Buda cuándo se produciría el samadhi.

Buda le estaba diciendo que no se preocupara, y que no necesitaría venir a preguntarle cuándo sucedería. Cuando suceda, lo reconocerás. Y no sólo lo reconocerás tú, lo reconocerá quien te vea, si es que tiene siquiera un poco de capacidad de ver, porque cuando esa revolución sucede en el interior, sus rayos brillan, abriéndose paso a través del cuerpo de la persona, de su ser y de todo.

En el paso de la asimilación, el buscador sabrá que es una persona diferente; que es nuevo, que ha nacido de nuevo. Sabrá que no es la misma persona que entró en samadhi. Alguien había entrado, otra persona ha salido.

El siguiente paso por debajo de la asimilación es la contemplación. Cuando el buscador llegue a la mente más abajo de la asimilación, surgirá el momento de la contemplación. Ahora el buscador podrá pensar, mirar hacia atrás y contemplar lo que realmente sucedió: "¿Qué es lo que vi? ¿Qué es lo que llegué a conocer? ¿Qué viví?". Ahora intentará plasmar su experiencia en pensamientos, palabras y conceptos.

Los que han sido capaces de poner en palabras su experiencia en el paso de la contemplación son los que han dado a luz los Vedas, los Upanishads, la Biblia y el Corán. Muchos han alcanzado el estado de samadhi, pero es una tarea difícil devolver al paso de la contemplación lo que se ha conocido.

Recuerda, el viaje anterior hacia samadhi no fue tan difícil como pensamos. Si lo comparamos con el viaje de vuelta fue muy fácil. Este viaje de vuelta es muy difícil. Miles de personas alcanzan el samadhi, pero sólo muy pocos de ellos son capaces de volver y tomar pie en el escalón de la asimilación. Menos aún son capaces de descender al escalón de la contemplación. Y aún menos llegan a ese primer escalón llamado escucha.

El nombre de este paso se cambia en el viaje de vuelta, del que le hablaré más adelante.

Miles de personas alcanzan el estado de samadhi, pero rara vez una de ellas se convierte en buda. Buda significa aquel que es capaz de bajar los cuatro escalones y dar al mundo lo que ha conocido.

Contemplar significa poner todo lo que no se puede pensar en pensamientos en el viaje de vuelta. Poner lo que no se puede hablar, lo que no se puede pensar, dentro de los límites de las palabras es la más imposible de todas las cosas de este mundo.

Se ve cuando sale el sol por la mañana. Rara vez un pintor es capaz de captar ese aspecto naciente del sol en su cuadro. No es muy difícil pintar el sol, cualquier pintor puede hacerlo, pero captar su aspecto naciente es difícil. El fenómeno de la salida, esa cualidad del crecimiento que crece sucesivamente, si eso se pinta, de modo que al ver el cuadro uno sienta que el sol está a punto de moverse...

ahora, ahora se está levantando, up.... Esto rara vez ocurre. Captar un árbol en un cuadro no es difícil, pero sí lo es captar su vitalidad. Mirándolo, uno puede sentir que las hojas están a punto de agitarse en cualquier momento, una ligera brisa y las flores se caerán. Esto es muy difícil de pintar, muy difícil. Y esa es la diferencia entre la fotografía y la pintura. Por muy nítida que sea una fotografía, sólo retrata los aspectos muertos, no la vitalidad.

Sin embargo, el sol, los árboles, las flores son experiencias de la vida ordinaria; pueden captarse.

El samadhi es una experiencia extraordinaria: sólo le ocurre a una persona entre millones. Y lo que allí sucede, todos los sentidos se vuelven incapaces de informarlo. Los oídos no oyen allí, los ojos no pueden ver allí, las manos no pueden tocar allí, y la experiencia que sucede allí es ilimitada.

La vasta inmensidad cayendo sobre tu tejado, o el cielo entero bajando a tu patio, el estrago, el aturdimiento que te sobrevendrá - algo similar a esto sucede en el momento del samadhi. Este pequeño espacio personal de conciencia, y todo el océano desciende sobre él.

Kabir ha dicho que primero pensó que la gota había caído en el océano. Pero cuando recobró el sentido se dio cuenta de que la situación era justo la contraria: era el océano el que había caído en la gota. Así que Kabir ha dicho que al principio pensó que sería capaz de decir algo de alguna manera después de regresar - aunque eso también parecía difícil. Es difícil.

Las palabras de Kabir son,

HERAT HERAT HEY SAKHI RAHYA KABIR HERAYI BUNDA SAMANI SAMUNDA MEN SO KAT HERI JAYI

"¡Oh amigo! Buscando y buscando, Kabir se perdió gradualmente. La gota ha caído en el océano, ¿cómo se puede buscar la gota?"

La gota que cayó en el océano, ¿cómo sacarla de nuevo para que narre al mundo lo sucedido? Esto ya era difícil, pero Kabir cambió después las líneas de la canción, anulando las anteriores, y dijo: "Fue un error cometido por la prisa". La experiencia era nueva. No entendía muy bien lo que había sucedido. Por la vieja costumbre vi las cosas al revés". Entonces escribió el verso de otra manera, HERAT HERAT HEY SAKHI RAHYA KABIR HERAYI SAMUNDA SAMANA BUNDA MEN SO KAT HERA JAYI.

"Oh amigo, buscando y buscando, Kabir se perdió gradualmente. El océano ha caído en la gota, ¿cómo se puede buscar la gota?

"El océano ha caído en la gota. Si hubiera sido la gota la que hubiera caído en el océano quizás de alguna manera la habría buscado, pero ha ocurrido justo lo contrario: es todo el océano el que ha caído en la gota. Ahora, aunque quisiera, no sabría dónde buscar esta gota. Ahora esta gota no se puede encontrar".

Los medios que nos han permitido conocer todo lo que hemos conocido en el mundo se vuelven inútiles para saber lo que ocurre en el momento del samadhi. Nosotros mismos nos volvemos inútiles. Nuestra propia existencia se hace añicos. Una existencia más grande, que no tiene límites, irrumpe sobre nosotros... de repente.

Morimos en el proceso.

El samadhi es la muerte definitiva, mayor que la muerte física; porque en la muerte física sólo muere el cuerpo, la mente sobrevive, mientras que en el samadhi la mente muere. Por primera vez toda nuestra relación con la mente se rompe; por primera vez todos los hilos de conexión de la mente se rompen, separándonos. Y todo nuestro conocimiento era de la mente. Así que en samadhi, por primera vez, nos quedamos completamente ignorantes.

Permíteme repetirlo: en samadhi nuestro conocimiento no ayuda, porque todo ese conocimiento fue aprendido por la mente, y esa mente ha quedado muy atrás, muy lejos. Hemos ido más allá de la mente. El que sabía ya no es un compañero allí. El que lo entendía todo, el que tenía el conocimiento de todo tipo de palabras y doctrinas, el que había digerido todas las escrituras, ha quedado muy atrás. No es sólo la vestidura exterior, el cuerpo, lo que se deja atrás, sino la propia mente. Todo lo que ha sido nuestra experiencia más profunda queda atrás. Dando el salto desde la mente, el buscador se encuentra ahora a las puertas mismas del samadhi; ahora no tiene forma de saber.

Quien entra por la puerta del samadhi es de repente totalmente ignorante. Allí no hay forma de saber nada, no hay sistema para saber nada, no hay medios para saber nada, sólo permanece el puro saber. Es muy difícil dar cualquier información después de volver. ¿Quién puede dar información? ¿Quién puede dar la noticia? Pero la información se ha dado. Algunas personas han hecho esfuerzos incansables para hacerlo.

Ellos son los más compasivos en este mundo que dieron información después de regresar de samadhi. ¿Por qué? Porque ni siquiera surge el deseo de volver del samadhi. Regresar del samadhi es como regresar de una situación en la que has conseguido todo lo que querías, en la que todos los deseos se han cumplido, en la que no queda ninguna razón ni siquiera para un leve movimiento, una leve actividad para regresar de tal lugar.

Se dice que cuando Buda alcanzó el samadhi no salió de él en siete días. Es una bella historia. Dice que todos los dioses se reunieron a sus pies, Indra comenzó a llorar y Brahma puso su cabeza a los pies de Buda y todos le pidieron que no se quedara así. "Porque", dijeron, "incluso nosotros los dioses suspiramos por el mensaje que da la persona que regresa del samadhi. Y tanta gente espera durante tantas vidas que alguien se convierta en buda y dé el mensaje tras regresar del samadhi, que hable y cuente lo que ha conocido. Así que, por favor, no permanezcas en silencio, por favor, habla".

Pero Buda dijo: "Aquí no queda nadie para hablar, no queda ningún deseo de hablar. Es más, lo que he presenciado, es difícil incluso para mí creer que pueda ser dicho. ¿Dónde está entonces la posibilidad de que los oyentes lo entiendan?".

Cuando los dioses no estuvieron de acuerdo, Buda dijo además: "Si no estáis de acuerdo, hablaré; pero os digo que estas cosas que puedo decir a alguien, yo mismo no las habría entendido si me las hubiera dicho otra persona antes de mi propia realización. Entonces, ¿cómo va a entenderlo otra persona? A través de esta experiencia también he llegado a otro entendimiento, que aquellos que serán capaces de entender lo que tengo que decir también pueden llegar sin mí; y aquellos que no serían capaces de entender lo que tengo que decir - no tiene sentido devanarse los sesos delante de ellos."

Pero los dioses dieron un argumento muy bonito. Dijeron: "Comprendemos, como bien has dicho, que quienes serían capaces de comprender son las mismas personas que están al borde de la experiencia, a sólo un paso de ella; de algún modo, también serían capaces de cruzar esta distancia incluso sin ti. No, no te pedimos que hables por ellos. Y también aceptamos que hay personas que no han dado ni un solo paso en el camino. Vuestra voz no les llegará, no lo entenderán. Tampoco te pedimos que hables por ellos. Pero también hay personas que se encuentran en medio de los dos tipos anteriores. Aquellos que tal vez no puedan entender si no hablas, pero que tal vez puedan entender si hablas".

Sin embargo, los dioses hicieron hincapié en el "quizás". Pero también dijeron algo más a Buda: "Estas personas en la categoría de 'quizás', puede que entiendan, puede que no. Pero si una sola persona que podría haber entendido falló porque tú no hablaste.... Piénsalo. Será un dolor para ti, será un dolor para ti. Y tal cosa los budas nunca han hecho antes". Entonces Buda hablo.

En el momento del samadhi es muy natural sentir que ahora todo hablar, contar, explicar es inútil.

¿A quién decírselo? ¿A quién decir? ¿A quién escuchar? Pero a pesar de todo, algunas personas han regresado del samadhi.

Al volver al paso de la contemplación, a esas personas les ocurre algo muy difícil. Por lo tanto, los grandes artistas no son aquellos artistas que componen canciones y poemas, no aquellos que crean pinturas y esculpen, sino que los grandes artistas son aquellos que en este paso de la contemplación ponen la experiencia absolutamente invisible e imperceptible del samadhi en imágenes de palabras visibles y perceptibles. Los grandes artistas son aquellos que se esfuerzan para que, de alguna manera, aunque sólo sea un pequeño indicio... creen algunos dispositivos, ideen algún sistema de pensamientos, algún corolario de pensamientos desde el que tú también puedas tener al menos un pequeño atisbo, una ligera sensación, un pequeño estremecimiento de esa experiencia -aunque sea a nivel mental.

Muchas personas alcanzan incluso este paso de la contemplación. Pero el último paso -que se llamaba shravana, escuchar, el primer paso mientras se va- ese mismo paso se convierte ahora en pravachan, hablar, mientras se regresa del samadhi. El paso es el mismo: escuchar, hablar. Lo que era shravana, la escucha correcta, en el camino hacia el samadhi se convierte en pravachan, el discurso correcto, en el camino de vuelta del samadhi.

Y recuerda, en ese primer paso hacia el samadhi está el discípulo, y en este último paso en el camino de vuelta del samadhi está el maestro, y el encuentro que ocurre entre ambos es el upanishad.

Donde el oyente está correctamente presente y donde el hablante está correctamente presente, el fenómeno del encuentro entre ambos es upanishad.

La palabra upanishad significa lo que uno sabía estando cerca del maestro, lo que uno escuchaba sentado cerca del maestro, lo que entraba en la experiencia de uno en su presencia, lo que resonaba en su cercanía, lo que se tocaba en su proximidad.

Upanishad significa sentarse cerca, estar cerca, tener la cercanía.

Así que el trabajo de los discípulos es sólo escuchar, y el maestro debe seguir siendo sólo el discurso. El oyente no está allí, el orador no está allí; aquí permanece sólo el discurso, allí permanece sólo la capacidad de escuchar, entonces ocurre upanishad.

El sutra dice:

DURANTE EL SAMADHI, LOS OBJETOS DE LAS EXPERIENCIAS NO ESTÁN SEPARADOS DEL ALMA.

Ya sea que se experimente la dicha, que se experimente el silencio, que se experimente la paz, que se experimente la nada o que se experimente la emancipación, ninguna de estas experiencias puede ser captada directamente en samadhi... DE AHÍ QUE NO SE EXPERIMENTEN. Estas disposiciones no se experimentan conscientemente.

PERO ESTAS EXPERIENCIAS GLORIFICADAS DEL BUSCADOR QUE HA SALIDO DEL SAMADHI SE INFIEREN A TRAVÉS DE LOS RECUERDOS....

Así que ni siquiera Buda puede decir que es así en samadhi. Él también dice sólo esto, que es su inferencia que es así en samadhi. Mahavira solía decir cualquier cosa sólo con el prefijo "quizás" añadido. Decía: "Tal vez haya dicha allí".

Nadie debería deducir de esto que Mahavira no lo sabe. Si Mahavira dice "tal vez", entonces parece que también tiene algunas dudas. No es debido a ninguna duda sino a su extrema lealtad a la verdad por lo que habla así. La lealtad de Mahavira a la verdad es tan impoluta y tan virgen que es difícil encontrar tal lealtad a la verdad en otra parte.

Así que lo que Mahavira está diciendo es que la mente a través de la cual está sabiendo esto no estaba presente en el momento de la experiencia. Para la mente, esto son noticias oídas desde la distancia; la mente no estaba presente en el lugar donde ocurrió el suceso. La mente no es un testigo ocular. La mente estaba lejos. Ahora ha pensado y utilizado la inferencia, pero el suceso ocurrió lejos.

Es como si sentados aquí pudiéramos ver la nieve que cubre el pico de Gourishankar... ¡desde aquí! La mente estaba físicamente lejos de ese pico, y sólo ha inferido el frío que reina allí, en el pico de Gourishankar.

De ahí que Mahavira utilice la palabra syat, quizás. Él dice que tal vez hay dicha suprema allí.

Lo hace por su extrema lealtad a la verdad, porque éstas son, al fin y al cabo, inferencias de la mente. Mahavira ha conocido, para él no es una inferencia. Pero el que conoce se vuelve tan uno en el momento de conocer que no experimenta nada. Cuando Mahavira vuelve a la mente, después de conocer....

Entendámoslo de esta manera. Es como si fueras a la cima de Gourishankar y te fundieras con el frío, tú mismo te convertirías en frío. O si te haces uno con la nieve allí, tú también te congelas como la nieve y así no tienes experiencia porque el experimentador ya no está separado.

Luego bajas de la cima y, tras llegar a las tierras bajas, recoges los prismáticos y vuelves a mirar a Gourishankar a través de ellos. La experiencia de lo conocido ha quedado reverberando en el interior. La cercanía era tal que, debido a la falta de distancia necesaria para conocer, no se podía conocer. Ahora ha alcanzado una perspectiva debido a la distancia. Ahora, cogiendo los prismáticos de la mente, se ha mirado hacia atrás. Ahora siente, por inferencia, que allí había un frescor supremo, que había una extensión de nieve blanca absolutamente inmaculada; ¡qué gran altura era! Se siente que toda gravitación había desaparecido, como si uno hubiera conseguido alas y pudiera volar por el cielo; ¡qué cielo tan despejado! La sensación era de tal blancura que incluso las nubes habían desaparecido y sólo quedaba un cielo vacío y sin nubes.

Pero todo esto es una idea tardía cuando se vuelve a la tierra baja. De ahí que el sutra diga ... SE INFIEREN A TRAVÉS DE LOS RECUERDOS DE LA MENTE.

EN ESTE MUNDO SIN PRINCIPIO, SE ACUMULAN MILLONES Y MILLONES DE KARMA, IMPRESIONES DE ACCIÓN. TODAS ELLAS SON DESTRUIDAS POR ESTE SAMADHI Y CRECE EL DHARMA PURO, LA NATURALEZA PROPIA.

En este segundo sutra hay dos palabras muy valiosas: karma y dharma, acción y religión. Lo que hacemos es acción, y lo que somos es religión. Religión significa nuestra naturaleza y acción significa lo que hacemos. Acción significa que nuestra naturaleza llega al exterior. Acción significa que salimos de nosotros mismos hacia el mundo. Acción significa que conectamos con alguien que no somos nosotros mismos. Auto-naturaleza significa separado del otro, sin relación con el mundo - el "yo soy", el ser interior. No tiene nada que ver con lo que haces. No está hecho de lo que haces. Está presente antes de todo lo que haces.

Es tu naturaleza.

Puede haber un error en el karma, el hacer; no puede haberlo en el dharma. Recuerda, la palabra dharma no significa aquí religión. Dharma aquí significa una cualidad - nuestra auto-naturaleza, nuestra auto-naturaleza interior, nuestro ser.

Cuanto más hacemos, más nos cubrimos a nosotros mismos. Todo lo que hacemos va enterrando nuestro ser debajo. Y hay tantas capas de nuestro hacer que lentamente, lentamente nos olvidamos por completo de que existe un ser nuestro aparte del hacer.

Si alguien te pregunta: "¿Quién eres?" - cualquier respuesta que des tiene que ver con tu hacer, no con tu ser. Dices que eres ingeniero, dices que eres médico, dices que eres hombre de negocios.

¿Te das cuenta de que los negocios son un hacer? No eres un hombre de negocios, estás haciendo negocios. ¿Cómo puede una persona ser médico? Una persona puede hacer el trabajo de un médico. ¿Cómo puede una persona ser ingeniero?

Si una persona puede convertirse en ingeniero, la persona como tal se perderá. La persona puede hacer el trabajo de un ingeniero. La ingeniería es su hacer, su trabajo, no su ser.

Sea cual sea la descripción que hagas de ti mismo, si la examinas en profundidad descubrirás que siempre estás diciendo lo que haces y nunca dices nada de tu ser. Y no puedes. Tú mismo no sabes nada al respecto, sólo sabes lo que haces. Eres minucioso en la parte del hacer: lo que haces, lo que puedes hacer. Todo lo que puedes decir es lo que has hecho en el pasado y lo que eres capaz de hacer en el futuro. Todos esos certificados que llevas contigo no dicen más que lo que puedes hacer, no lo que eres. Si dices que eres un sadhu, un buscador, significa que eres un realizador de la búsqueda.

Si alguien dice que es un ladrón, significa que su trabajo consiste en robar cosas. El acto de uno es buscar la verdad, el del otro es robar cosas.

Pero, ¿qué es tu ser? ¿Qué hay dentro de ti? Cuando aún no habías nacido del vientre de tu madre, ¿qué significaba ser un sadhu, un ladrón, un ingeniero o un médico? Si alguien te hubiera preguntado mientras estabas en el vientre de tu madre quién eras, habría sido difícil responder, porque entonces no eras ingeniero, entonces no eras médico, entonces todavía no habías hecho ningún negocio. Si alguien te hubiera preguntado en el vientre de tu madre: "¿Quién es?", no habría sido posible responder. ¿O crees que habría sido posible? Todavía estabas en el vientre de tu madre: no habría sido posible ninguna respuesta.

Ahora se han descubierto muchos métodos para lavar el cerebro. Tú dices que eres ingeniero, pero tu cerebro puede ser lavado, y después de que el lavado de cerebro se haya hecho correctamente, si te preguntan: "¿Quién eres?", te quedarás en blanco, porque tu condición de ingeniero sólo estaba en tu sistema de memoria. Habías estudiado, habías recibido certificados, habías hecho algo, habías recibido méritos o deméritos; todo estaba en tu memoria, que ahora ha sido lavada. Ahora no puedes responder quién eres. Pero sigues siendo. Tu ser no puede ser borrado lavando tu memoria, pero las impresiones de tus acciones pueden ser lavadas.

Este sutra dice:

EN ESTE MUNDO SIN PRINCIPIO, SE ACUMULAN MILLONES Y MILLONES DE KARMA, IMPRESIONES DE ACCIÓN.

Naturalmente, cada día, cada momento, las impresiones-acción se van acumulando. Estamos sentados, de pie, respirando: hay acción. Estamos durmiendo, soñando - la acción está ocurriendo.

Nadie puede huir de la acción, porque huir también es una acción. ¿Adónde se va?

¿Quieres ir a sentarte a la selva? Sentarse también es una acción. ¿Cerrarás allí los ojos?

Cerrar los ojos también es una acción. Cualquier cosa que puedas hacer, donde hay cualquier hacer hay karma, la acción.

A cada instante se realizan tantas acciones. Su sombra, su recuerdo, su impresión, su condicionamiento se va acumulando dentro de nosotros. Lo que sea que estés haciendo se va acumulando sobre tu ser. Es como los surcos que se hacen en un disco de gramófono. Cuando reproduces el disco, todo lo que está almacenado en esos surcos cobra vida y comienza a manifestarse de nuevo. Tu mente es exactamente lo mismo: una colección grabada de todas tus acciones, de todo lo acumulado. Todo lo que has hecho, los surcos se han formado sobre ti. Y estos surcos son de tus interminables vidas. Es una gran carga. Y sigues repitiendo casi las mismas cosas una y otra vez. Tu condicion es casi como un disco gastado donde la aguja se ha atascado en el mismo surco y tu sigues tocandolo - la misma linea se repite una y otra y otra vez.

¿Qué estás haciendo? Ayer hiciste lo mismo, anteayer hiciste lo mismo, hoy estás haciendo lo mismo, mañana también harás lo mismo - la misma ira, la misma codicia, el mismo apego, la misma lujuria, todo igual... un disco gastado. La aguja está clavada en el mismo surco, incapaz de superarlo, y creando el mismo sonido una y otra vez.

Por eso hay tanto aburrimiento en la vida. Es inevitable, porque no ocurre nada nuevo.

La aguja simplemente no avanza más. Echa la vista atrás a los últimos treinta o cuarenta años de tu vida: ¿Qué has hecho? Estás tocando el mismo disco, lo mismo se repite cada día. Esto es lo que los videntes de la India han llamado avagaman, el ciclo del nacimiento y la muerte. Lo mismo otra vez, lo mismo otra vez; lo mismo en esta vida, lo mismo en la siguiente vida, lo mismo en la vida después de esa vida - la historia del pasado es la misma, la historia del futuro es la misma. El mismo deseo sexual, la misma ira, el mismo odio, la misma amistad, la misma enemistad, la misma ganancia de dinero, la misma construcción de una casa - y después de hacer todo esto uno se encuentra un día con que ha llegado una ráfaga de viento y todo este castillo de naipes se ha derrumbado.

Pero igual que los niños recogen inmediatamente las cartas y empiezan a construir la casa de nuevo, nosotros también volvemos a nacer inmediatamente y nos ocupamos de construir una nueva casa de naipes. Esta vez intentamos construir una casa más fuerte; pero el plano de la casa es el mismo, la estructura es la misma - la mente es la misma. Acabamos haciendo lo mismo otra vez y seguimos hundiéndonos de la misma manera una y otra vez.

No es sólo el sol el que se pone cada tarde y vuelve a salir por la mañana: tú también sigues poniéndote y levantándote de la misma manera. Es circular, una rueda. La palabra samsara significa una rueda que gira sobre el mismo eje.

El interminable karma, las impresiones de acción que se acumulan, son destruidas por este samadhi.

Vale la pena comprender esto, porque muchas personas piensan que si se han acumulado malas impresiones de acción, debemos destruirlas con buenas acciones. Se equivocan. Las malas acciones-impresiones no pueden ser destruidas por buenas acciones-impresiones. Las malas impresiones-acción también permanecerán intactas y las buenas acciones se acumularán, eso es lo que ocurrirá como mucho. No se anulan mutuamente. No hay manera de que se anulen mutuamente.

Una persona comete un robo, luego se arrepiente y se convierte en un sadhu, un hombre bueno. Al convertirse en sadhu, esas impresiones de acción del robo que yacen en su interior no se cancelan. No hay manera de hacerlo. Se forma una acción-impresión separada, la de ser un sadhu. La acción-impresión de ser un sadhu no coincide con la acción-impresión de ser un ladrón. ¿Qué tiene que ver un sadhu con un ladrón? Eras un ladrón, habías dibujado un tipo de acción-impresión en la mente. Entonces te convertiste en sadhu. Ahora los surcos de acción de ser un sadhu no se dibujan sobre los de ser un ladrón, porque ser un sadhu es el acontecimiento de una parte diferente de tu mente de la de ser un ladrón.

¿Qué ocurre en su lugar?

Sobre las ranuras de acción del ladrón se apiñan las ranuras de acción del sadhu; nada se anula. El sadhu cabalga sobre el ladrón, eso es todo lo que ocurre. Esto significa que nace otro hombre, un ladrón-sadhu. La bondad de ser un sadhu no puede cancelar la maldad de robar. El ladrón sigue permaneciendo dentro, sólo tiene lugar una imposición - simplemente un jinete más encima de él.

Así que incluso el ladrón estaba bien en cierto modo, incluso el sadhu estaba bien en cierto modo, pero este batiburrillo de ladrón y sadhu que se crea es el gran problema. Es un conflicto interno continuo, porque el ladrón continúa sus esfuerzos y el sadhu continúa sus esfuerzos. Y sólo Dios sabe cuántas formas diferentes acumulamos en nuestro interior que no se anulan entre sí, que se crean por separado y permanecen así. De ahí que este sutra diga que todas ellas se destruyen mediante el samadhi.

La acción no anula la acción. La no acción destruye la acción. Entiéndelo bien: la acción no anula la acción, la acción sólo la hace más densa. Sólo la no acción anula la acción. Y la no acción se alcanza en samadhi, cuando el hacedor ya no existe.

Cuando alcanzamos ese estado de conciencia en el que sólo existe el ser, no el hacer en absoluto, en el que ni siquiera ha surgido nunca una ondulación de hacer, en el que sólo ha permanecido siempre el ser, la existencia -el ser, no el hacer-, en ese momento de ser, uno se da cuenta de repente de que todas las acciones que alguna vez habías hecho no las habías hecho tú. Algunas acciones fueron hechas por el cuerpo - deja que el cuerpo tenga la responsabilidad de ellas. Algunas acciones fueron hechas por la mente - deja que la mente tenga la responsabilidad de ellas. Pero tú no has realizado ninguna acción.

Simultáneamente a esta realización se destruye la red de todas las acciones-impresiones. El alma es la cancelación de todas las acciones. Al perder el alma se crea la ilusión de que "yo he hecho".

Cuando una persona roba, lo hace por su cuerpo o por su mente. El cuerpo de algunas personas llega a tal estado que es necesario robar. Si una persona tiene hambre, el cuerpo le obliga a robar. El alma nunca comete ningún robo. Hay hambre en el cuerpo, dolor y miseria; o el hijo de uno se está muriendo y no hay dinero para medicinas - uno comete el robo. Todo esto es un robo debido al cuerpo.

Hasta ahora no hemos sido capaces de diferenciar entre el ladrón del cuerpo y el ladrón de la mente. Un ladrón del cuerpo significa que es la sociedad la que es criminal. Un ladrón de la mente es él mismo criminal - un ladrón de la mente es un asunto diferente. No necesita nada, en casa sus arcas están llenas, pero encuentra un penique tirado en la carretera, lo coge y se lo mete en el bolsillo. Ahora, este hombre es un ladrón de la mente. No es por ninguna necesidad física, su cuerpo no le está implorando que robe, sino su codicia. Este centavo realmente no va a añadirse a su riqueza, pero algo se añadirá, al menos un centavo.

Él puede tener millones de rupias, pero la intención de recoger un paisa permanece - este hombre es el verdadero criminal. Pero nunca es capturado. Es el ladrón que roba debido a las necesidades del cuerpo el que es atrapado.

El verdadero culpable es el otro, porque no tiene ninguna razón -a nivel corporal- para robar y, sin embargo, roba. Robar es su hábito, saca jugo de robar.

La psicología habla de una enfermedad conocida como cleptomanía. Es una enfermedad de la mente. La mayoría de la gente sufre de esta enfermedad, pero sólo algunas personas, cuya enfermedad se agudiza, llegan a conocimiento de la psicología.

He conocido a un profesor, un hombre rico, muy acomodado, que tenía todo lo que se puede desear, pero sólo tenía un hijo y este hijo era cleptómano. Sufría la enfermedad del robo.

Robaba cualquier cosa, fuera lo que fuera. Si llegaba a tu casa y había un botón tirado en el suelo, se lo metía inmediatamente en el bolsillo. No le servía para nada. Incluso podía haber una aguja de coser tirada en algún sitio y se la metía en el bolsillo. Si estuviera mirando un libro tuyo, arrancaría una página y se la metería en el bolsillo.

El profesor me preguntó una vez qué hacer con él, porque no robaba cosas tales que uno sintiera que realmente estaba robando y que era un ladrón. Sólo cogía cosas triviales. El chico estaba estudiando un máster. Era inteligente. Entablé una pequeña relación con él y me llevó a ver su armario, donde había guardado todo lo que había robado. Cada objeto tenía una etiqueta que indicaba a quién había engañado para una determinada cosa, de qué casa se había llevado otra determinada cosa, etcétera. Se deleitaba en el hecho de que hasta ahora nadie había podido saber quién y cómo se había llevado determinada cosa. Si había robado un botón de tu casa, en la etiqueta estaba escrito: "Lo traje de casa de tal o cual persona, delante de sus narices, pero él no podía tener ni la menor idea de que tal cosa estaba ocurriendo."

Ahora bien, este interés por robar es de otro tipo. No tiene nada que ver con la necesidad del cuerpo. Los robos son del cuerpo o de la mente, no hay robos del alma. Así que el día que entras en tu alma, de repente te das cuenta: "Yo no he hecho esos robos, yo no he realizado esas acciones, yo sólo estaba presente en esas acciones". Es cierto que esas acciones no podrían haberse cometido sin mí. También es cierto que yo no había cometido esas acciones".

La ciencia utiliza una palabra, muy valiosa y significativa - agente catalizador. Si divides el agua obtendrás hidrógeno y oxígeno, nada más. H_2O es la fórmula - dos átomos de hidrógeno y un átomo de oxígeno constituyen el agua. Pero si mezclas dos átomos de hidrógeno y uno de oxígeno no obtendrás agua.

Esto es muy interesante. Cuando divides el agua, obtienes dos partes de hidrógeno y una de oxígeno.

Naturalmente, al mezclar estos dos elementos en la misma proporción debería obtenerse agua. Pero no es así. Hay una cosa más cuya presencia es necesaria para la producción de agua. No entra en la formulación real, pero la formulación en sí sólo puede tener lugar en su presencia. En este caso, se trata de la electricidad, que se denomina agente catalizador. En el cielo, cuando se produce un relámpago, actúa como agente catalizador y se forma agua a partir del oxígeno y el hidrógeno presentes en el aire. No hace nada, no entra en el agua, pero su presencia es necesaria.

Si tomas hidrógeno y oxígeno y dejas pasar una corriente eléctrica, se formará agua.

Pero si divides esa agua, sólo obtendrás hidrógeno y oxígeno, no la electricidad. Significa que la electricidad no entra en el agua como uno de sus constituyentes, pero el agua no puede formarse sin su presencia. La ciencia llama a este fenómeno particular agente catalizador.

No se puede cometer un robo sin la presencia de un alma. El alma es como un agente catalizador, su presencia es necesaria. El cuerpo solo -solo el cuerpo- nunca sale a cometer ningún robo.

Aunque metas dinero en el bolsillo de un cadáver, no te llamarán ladrón cuando te descubran. ¿Qué tiene que ver un cadáver con el robo? Porque es un cadáver, no puede realizar acciones como tal.

La mente por sí sola tampoco puede ser un ladrón. Por mucho que una mente piense, no puede cometer un robo por sí sola. No sólo eso, si no hubiera alma en su interior ni siquiera podría pensar. La presencia del alma es necesaria, sólo entonces se produce el robo. Pero aún así, el día que uno llega al alma se encuentra con que el robo había ocurrido en presencia del alma, pero el alma no estaba involucrada en el robo. El alma sólo estaba presente. Su presencia es tan poderosa que las cosas empiezan a suceder.

Hay un trozo de imán; los trozos de hierro son atraídos. Tal vez pienses que el imán los atrae, pero te equivocas. La sola presencia del imán es suficiente. No tiene que atraer, no tiene que hacer ningún esfuerzo para atraer. El imán no tiene que contraer ningún músculo para atraer hacia sí los trozos de hierro. Un imán ni siquiera sabe que está atrayendo.

La sola presencia del imán y las piezas de hierro comienzan a atraerse.

La presencia misma del alma y las acciones comienzan; el cuerpo se activa, la mente se activa y las acciones comienzan su viaje. El día en que vuelves a entrar en esta alma, durante el samadhi, te liberas de todas las acciones-impresiones, no porque estas acciones te hayan atado de alguna manera, sino porque nunca te habían atado en primer lugar. Nunca antes habías llegado a tu ser interior, donde habrías comprendido que no estás atado.

Esta visión de los Upanishad es, en cierto sentido, muy contraria a la moral. Debido a esto, ha habido una gran oposición hacia los Upanishads en lo profundo de la mente. Cualquier moralista te pediría que cancelaras tus malas acciones con buenas acciones, que hicieras buenas acciones y no malas acciones.

Los Upanishads dicen que realizar acciones como tales está mal. Si realizas una buena o mala acción, eso es algo secundario. Tu noción de hacer, de que eres un hacedor, eso es lo malo.

El mal es de dos tipos: el mal bueno y el mal malo, pero ambos son males, porque la creencia de que haces algo es la falacia. Sólo estás presente y la acción está sucediendo, la acción está sucediendo sólo en tu presencia. Sólo eres un testigo, no un hacedor.

El día que pruebes esta presencia no como hacedor, sino como testigo, descubrirás que todo lo que ha sucedido sólo ha sucedido a tu alrededor; todo lo que ha sucedido no lo has hecho tú, sólo ha sucedido a tu alrededor. Los acontecimientos habían sucedido, habían sucedido cerca de ti, pero aún así habías permanecido al margen de ellos.

Es como cuando sueñas por la noche y te levantas por la mañana y dices: "He tenido un sueño"; permaneces separado de él. Puede que hayas cometido un robo en el sueño, puede que te hayan encarcelado en el sueño, puede que te hayas salvado de ir a la cárcel pagando un soborno. En un sueño puede ocurrir cualquier cosa, pero cuando te despiertas por la mañana el sueño desaparece por completo, como si nunca hubiera sucedido. Cuando te despiertas por la mañana, ya no te consideras un ladrón.

Pero, ¿te has parado a pensarlo alguna vez: podría haber existido el sueño sin ti? El sueño pudo ocurrir porque tú estabas allí. Si no estuvieras allí... el sueño no le ocurriría a un cadáver. El sueño ocurrió porque tú estabas allí, tu presencia era imprescindible para que ocurriera.

Sin embargo, al levantarte por la mañana no te sientes preocupado por haber cometido un robo. ¿Qué hacer ahora para compensarlo? ¿Ayunar, hacer penitencia, donar a la caridad, renunciar? ¿Qué hacer? No, no sientes la necesidad de hacer nada. Un sueño ni siquiera permanece en la memoria más de dos minutos después de despertarse.

Desaparece como una columna de humo.

En el estado de samadhi correcto toda la vida se siente como un sueño, todo lo que se ha vivido... no sólo en esta vida sino en las infinitas vidas para llegar al estado de samadhi. Al igual que por la mañana cuando llegas al estado de vigilia desde el sueño, del mismo modo, cuando llegas al samadhi desde el llamado estado de vigilia, todo ese círculo del pasado, todas esas cosas del sueño desaparecen como el humo.

El que ha llegado al samadhi sabe por primera vez que: "Yo sólo soy; todas las acciones que han sucedido cerca de mí son como sueños". Y no queda ninguna ansiedad o remordimiento por ellas. No queda ningún autoelogio: "Qué grandes acciones he hecho", ni ninguna autocondena: "Qué malas acciones he hecho". No, todo desaparece.

En tus sueños, ya seas un emperador, un gran sannyasin, un asesino o un ladrón, nada de eso altera el sabor de tu té matutino. Los tres carecen de sentido. No es que si en tu sueño eras un emperador, por la mañana te tomes el té soñando con el sueño, o si en el sueño eras un ladrón, un canalla, un asesino, entonces te sientas culpable y el té te sepa acre. Tampoco dejas de tomar el té porque en el sueño eras un sadhu, un sabio. Tampoco ocurre que pienses: "He sido un santo toda la noche y ahora estoy tomando té a la mañana siguiente, qué acto tan vergonzoso". No, cuando bebes el té por la mañana todos tus sueños han desaparecido.

He oído... Rinzai fue un gran maestro Zen en Japón, y una vez, al levantarse por la mañana, le dijo a su discípulo que estaba a su lado: "Te narraré un sueño que vi anoche si me lo explicas".

Su discípulo le dijo: "Por favor, espera un par de minutos, primero te traeré agua para que te laves la cara y las manos".

El discípulo trajo el agua. Rinzai se lavó la cara y las manos y sonrió. En ese momento había llegado otro discípulo. Rinzai dijo: "Anoche tuve un sueño. Iba a contarle el sueño a este primer discípulo, pidiéndole que lo definiera, pero él lo definió antes de que yo se lo contara. ¿Quieres definirlo tú? ¿Te lo cuento a ti?". El otro discípulo dijo: "Por favor, espera un momento, déjame que te traiga primero una taza de té y luego ya veremos".

Después de beber el té, Rinzai se rió y dijo: "Estoy muy contento, ahora no hace falta que os cuente mi sueño". Había otra persona presente que estaba observando todo esto. Pensó que las tonterías no tenían límite. Dijo: "Todo tiene un límite. Ni siquiera se ha contado el sueño y ya se han hecho las definiciones, y todo está resuelto". Pidió a Rinzai que al menos narrara el sueño, para que se pudiera saber de qué se trataba.

Rinzai dijo: "Estaba poniendo a prueba a mis discípulos. Si se hubieran mostrado dispuestos a definir el sueño, los habría expulsado del monasterio. ¿Es necesario definir un sueño? Fue un sueño, y el asunto está zanjado. Este primero hizo lo correcto. Decía: 'Todavía hay alguna sombra del sueño acechando, así que lávate la cara con agua fría'. El segundo también hizo lo correcto:

Tal vez el lavado de cara no haya sido suficiente, el sueño sigue acechando vagamente en la mente, así que tómate una taza de té caliente y despierta", y ésa es la definición de un sueño. ¿Puede haber otra definición de sueño? Basta con despertarse para que el sueño deje de tener sentido. ¿Qué hay que definir en él? Nadie se molesta en definir lo que no tiene sentido".

Lo que llamamos grandes acciones, pequeñas acciones, buenas acciones, malas acciones - cuántas divisiones no hemos hecho - moral, inmoral, buena conducta, mala conducta; todas se vuelven sin sentido, fútiles en samadhi.

Al despertar en samadhi uno descubre que todo era un sueño largo, interminable, infinito, y uno sólo estaba presente allí. No habías entrado en él, estabas de pie justo fuera. Por eso se destruyen todas las impresiones-acción y surge el dharma, la naturaleza propia. Cuando se anulan todas las impresiones-acción, cuando se anula todo aquello en lo que estábamos implicados, llegamos a conocer aquello que somos, aquello que es nuestro ser, nuestra naturaleza propia. La naturaleza propia es el dharma, la religión.

LOS CONOCEDORES DEL YOGA LO LLAMAN DHARMAMEGHA - LA NUBE DE LLUVIA DEL DHARMA - SAMADHI, PORQUE DERRAMA MIL CORRIENTES DE NÉCTAR DEL DHARMA, LA NATURALEZA PROPIA, COMO UNA NUBE DE LLUVIA.

Dharmamegha es una palabra encantadora. Hemos visto nubes. Cuando llega Ashadh, el primer mes del monzón, las nubes se acumulan en el cielo. Pero no somos conscientes de todo el fenómeno. Esas nubes se juntan en el cielo en Ashadh, y los pavos reales empiezan a bailar. Grandes grietas se han desarrollado en las vastas extensiones de tierra debido al calor del verano, como si la tierra hubiera abierto sus labios, como si la tierra hubiera abierto sus puertas por todos lados para beber las gotas de agua a su antojo. Y la tierra sedienta ha estado esperando tanto tiempo, y los árboles sedientos han estado apáticos como peces arrojados sobre arena seca. Entonces esas nubes se juntan en el cielo y las lluvias comienzan a llover bajo la sombra de las nubes oscuras, y una danza, una canción se extiende por todas partes.

Dharmamegha es un fenómeno similar a Ashadh que ocurre dentro de ti. Es como si tu ser estuviera sediento durante vidas, hubieran aparecido grietas en él, no hubiera rastro del agua en ninguna parte que pudiera saciar la sed. Bebías agua, pero eso sólo aumentaba la sed en lugar de calmarla. Bebiste muchos tipos de agua y viajaste a muchas fuentes de agua, y quién sabe lo que no buscaste y a lo que no te aferraste. Pero cada vez que la esperanza se convertía en desesperación, nada llegaba a tus manos. Esta tierra sedienta y desgarrada de todo tu ser, llena de anhelo... nubes de lluvia se reúnen sobre ella por primera vez en los momentos de samadhi, Ashadh viene dentro, y una lluvia de néctar - es sólo un símbolo - una lluvia de néctar comienza a suceder por primera vez. Por primera vez, en los momentos de samadhi, el alma es bañada y el néctar comienza a llover de esas nubes en un sinfín de corrientes.

Esta descripción es sólo simbólica. El acontecimiento real es mucho mayor. Llamarlo nectar no nos puede dar ninguna idea. Pero aún así tenemos alguna indicación de que las nubes se reunieron en el cielo ... lluvias comenzaron de ellos y el alma, sediento de vidas y vidas, se sació.

LOS CONOCEDORES DEL YOGA LO LLAMAN DHARMAMEGHA - LA NUBE DE LLUVIA DEL DHARMA - SAMADHI, PORQUE DERRAMA MIL CORRIENTES DE NÉCTAR DEL DHARMA, LA NATURALEZA PROPIA, COMO UNA NUBE DE LLUVIA.

¿Pero por qué se llama dharmamegha? Porque la auto-naturaleza por primera vez se derrama sobre uno mismo.

Dharma significa la naturaleza de uno mismo.

Todo lo que hemos conocido hasta ahora era la naturaleza del otro. A veces, cuando se veía la belleza, era en otra persona. A veces, cuando se recibía amor, era de otra persona.

Se recibía la felicidad, se recibía la infelicidad. Siempre era del otro, toda la información era a través de los demás; no había experiencia propia. Alguien más, alguien más, alguien más - siempre el otro y sólo ese otro era importante. Ahora, por primera vez, el otro desaparece y el yo empieza a regarse sobre el yo. Es como si nuestros propios manantiales se hubieran abierto, es como si uno hubiera encontrado su propia fuente y el yo hubiera empezado a regarse sobre el yo.

Dharmamegha significa que la auto-naturaleza ha comenzado a ducharse. Tú mismo te bañas en ella, te ahogas en ella; te vuelves fresco, te vuelves nuevo. Todas las impresiones de la acción, todo su polvo, todo el desorden de los infinitos viajes, toda la basura que se ha acumulado sobre uno, todo es barrido. Todo lo que queda es naturalidad, espontaneidad; todo lo que queda es uno mismo, nada más.

En un sentido podemos llamarlo la máxima bendición, en otro sentido podemos decir que es el máximo tesoro, y en otro sentido podemos decir que es la máxima pobreza. Si pensamos en lo divino, este hombre ha alcanzado la riqueza suprema. Es este dharmamegha samadhi lo que Jesús llamó "Pobreza del espíritu". Cuando alguien alcanza este punto se vuelve pobre en todos los aspectos. Ahora no tiene nada más que a sí mismo, no le queda nada más que su propio yo. Esto es lo que se llamará pobreza.

Por eso Buda llamaba bhikkhus a sus sannyasins, no swamis. Fue debido al dharmamegha samadhi. Buda dijo: "No llamaré swamis a mis sannyasins, los llamaré bhikkhus". Pero significan lo mismo. Si miras desde el lado del mundo se han convertido en bhikkhus, mendigos; si miras desde el lado de lo divino se han convertido en swamis, los dueños, los emperadores.

Los hindúes utilizaban la palabra swami desde el otro aspecto: tras alcanzar el samadhi uno se convierte por primera vez en un emperador, en un maestro. Hasta ahora uno había sido un mendigo, pidiendo limosna por todas partes, con las manos cruzadas y el cuenco extendido. Hasta ahora tu alma no había sido más que un cuenco de mendicidad. Las migajas de pan que alguien echaba en ese cuenco eran tu único tesoro. Las sobras, la comida viciada y rancia, las migajas caídas de las mesas de comedor: lo recogías todo y lo considerabas tu riqueza. Hasta ahora era un mendigo.

De ahí que los hindúes llamaran swami al sannyasin que alcanza este dharmamegha samadhi. Pero Buda dijo: "Todo lo que había hasta este momento -todas las riquezas, el imperio, el mundo entero- ha quedado atrás. No ha quedado nada de lo otro, sólo el yo. Se ha producido la máxima pobreza.

Cuando estás solo, sin nada más, ni siquiera ropa, ni tu propia casa, ni tu propia tierra, no te queda nada más que ti mismo... ¿quién puede ser más pobre? Incluso un mendigo tiene algo más que a sí mismo. Puede ser poco, pero es algo; algo más que su yo. Puede ser sólo ropa interior, pero eso también es riqueza".

Ni siquiera un mendigo es tan mendigo como para estar solo, sin nada más.

Buda dijo a sus bhikkhus que el mundo debía desprenderse de ellos de tal manera que no quedara nada, que no quedara ni rastro del mundo. Te conviertes en un mendigo total en lo que respecta al mundo y sus pertenencias.

Pero estas dos cosas son lo mismo. Quien se convierte en mendigo desde el lado del mundo, se convierte en swami desde el lado del alma. Quien se convierte en swami desde el lado del alma, se convierte en mendigo desde el lado del mundo. Por eso hemos dado tanto respeto al bhikkhu, como nunca a ninguna persona con posesiones. Hemos instalado al bhikkhu en un trono en el que nunca hemos instalado ni siquiera a un emperador. La palabra bhikkhu se ha vuelto respetable.

Ahora bien, el significado de la palabra bhikkhu es mendigo, y si llamas a alguien bhikkhu querrá pelear contigo. Pero Buda llamaba bhikkhus a sus discípulos más bienaventurados. Todo aquel a quien llamaba bhikkhu se convertía en bienaventurado. A veces tales personas crean problemas incluso en el campo del lenguaje. Personas como Buda dejan el lenguaje patas arriba. Había un significado claro para la palabra bhikkhu y él lo estropeó. Le dio un significado totalmente nuevo: el bhikkhu se convirtió en emperador. Si los emperadores se inclinaban a los pies de los bhikkhus, eso confería una gran dignidad al bhikkhu.

Dharmamegha samadhi hace de uno un mendigo por un lado y un emperador por el otro.

EN ESTE SAMADHI, LA RED DE DESEOS SE DISUELVE POR COMPLETO Y LOS MATORRALES DEL KARMA ACUMULADO

LLAMADOS VIRTUD Y PECADO SON ARRANCADOS DE RAÍZ EN SU MISMA FUENTE.

Recuerda, tanto la virtud como el pecado. Esta es la profundidad del pensamiento Upanishádico. Los matorrales de la virtud y el pecado, ambos; todo lo bueno que habías hecho, eso también, todo lo malo que habías hecho, eso también... los matorrales de ambos son destruidos de raíz.

No pienses que cuando alcances a Dios mantendrás contigo el saldo bancario de tus virtudes: "Construí una posada para alojamiento gratuito. Construí un templo. He dado de comer a un cierto número de brahmanes.

¿Tienes constancia de ello?". Si llegas a las puertas del paraíso con una relación de todo esto, no importa si la inscripción de la entrada dice "Paraíso", dentro sólo encontrarás el infierno.

En el lenguaje de este mundo, la virtud y el pecado son superiores e inferiores. El pecado es malo y la virtud es buena. Esto puede estar bien desde el punto de vista de la sociedad, pero desde el punto de vista último del dharma, tanto la virtud como el pecado carecen de sentido porque ser un hacedor es pecado y ser un no hacedor es virtud. Hay una cosa que esta clara - solo aquel que es un no-hacedor, aquel que no tiene ego, sera capaz de entrar. Sólo el que no es, el que ha desaparecido y va allí como la nada, podrá entrar. Si tú, como ego, sigues allí, aunque el camino sea muy estrecho, no podrás entrar.

Hay una afirmación de Jesús cuyo significado espiritual nunca se ha explicado. De hecho, Occidente no es capaz de encontrar el significado espiritual; de ahí que cualquier significado que se derive resulte ser mundano.

Las palabras de Jesús son: "Es posible que un camello pase por el ojo de una aguja, pero un rico nunca podrá entrar en el reino de mi Señor". Pero después de dos mil años de cristianismo ni una sola vez nadie ha interpretado correctamente esta afirmación. Dos mil años es mucho tiempo.

Toda la interpretación que se ha dado es que una persona rica no puede ir al cielo. ¿Existe la posibilidad de que un camello pase por el ojo de una aguja? No puede ser. ¿Cómo puede pasar un camello por el ojo de una aguja? Pero lo que no es posible, dice Jesús, puede suceder de algún modo; se puede idear algún truco, se puede encontrar alguna manera de que un camello pase por el ojo de una aguja. Pero un rico no podrá entrar por las puertas del cielo. El cristianismo tomó sólo su significado superficial, pero ése no es su verdadero significado.

Lo que se entiende por una persona rica es que tiene la ligera sensación de tener algo. Una persona rica es aquella que tiene la noción de tener algo. Así que si alguien siente que ha ganado virtudes, es una persona rica. Si alguien siente que ha sido un sadhu, observando el autocontrol, la penitencia, es un hombre rico. El significado de un hombre rico es alguien que dice que tiene algo sobre él aparte de sí mismo. Este es un hombre rico. Si dice: "He realizado esta cantidad de oraciones, he observado esta cantidad de ayunos, he permanecido bajo el sol ardiente durante esta cantidad de días. Durante años he estado de pie sin sentarme. He hecho tanto servicio a los pobres, he visitado tantos hospitales, he hecho esto, he hecho aquello" - si tiene algo que reclamar entonces este hombre es ese hombre rico.

Ahora escucha de nuevo la afirmación de Jesús: "Es posible que un camello pase por el ojo de una aguja, pero un rico no podrá entrar en el reino de mi Señor".

¿Quién es pobre? Aquel que no tiene nada que reclamar cuando está frente a Dios. ¿Y si uno dice: "Tengo meditación, tengo virtudes, tengo religión"? No, el que se queda vacío ante Dios y dice: "No tengo nada, sólo soy yo. Lo que soy es todo lo que me has dado, no hay acumulaciones propias; mi propio ser es mi todo, no tengo cuenta ni siquiera de mis acciones..." Aquel que se encuentra ante esa puerta con tal vacío es la persona pobre. Es el bhikkhu de Buda, el "pobre hombre" de Jesús. Tal persona es capaz de entrar en el reino de Dios.

Así que el significado correcto de ser pobre es, uno que está vacío. Uno que está vacío es capaz de entrar. Por eso Jesús habló de un camello. El ojo de una aguja es muy pequeño - no hay manera de que un camello pase a través de él. La puerta del Reino de Dios es aún más pequeña que el ojo de una aguja: sólo un vacío puede atravesarla. Incluso si hay un poco de algo contigo, incluso un poco del "yo", se atascará. Estás intentando pasar por el ojo de una aguja con tu camello. No es posible. Suelta el camello.

Pero es muy difícil renunciar a nuestros vehículos, porque en los vehículos parecemos más altos. Así debió pensar Jesús de un camello. Quien está montado en su ego está montado en un camello. Y todo el mundo sabe lo problemático que es un paseo en camello. El paseo del ego es un paseo en camello. Uno tiene que soportar muchos tirones y saltos, está continuamente subiendo y bajando. Sin embargo, uno parece estar en lo alto.

Hay que bajar del camello. Todo lo que tienes, proviene de tu hacer - ¡todo, lo que sea! Todo lo que tienes debido a tu hacer está limitado por tu mente, la mente es su límite. Nada que provenga de tu hacer llega hasta el alma.

LA RED DE DESEOS SE DISUELVE COMPLETAMENTE... EL KARMA -LAS IMPRESIONES DE LA ACCIÓN- LLAMADO VIRTUD Y PECADO SON DESARRAIGADOS EN SU MISMA FUENTE.

Entonces esta afirmación... TATTVAMASI - ESE ERES TÚ - SIENDO VERDADERA, SÓLO SE REALIZA INDIRECTAMENTE.

Entonces por primera vez se experimenta lo que estos videntes quieren decir - lo que es este Tattvamasi, Eso eres tú. Por primera vez se experimenta indirectamente, ¡indirectamente! Incluso ahora no se ve muy claramente.

Incluso ahora sólo se siente así, sólo se toca, se infiere; aún no se experimenta directamente. Cuando este dharmamegha llueve sobre uno, cuando la mente se vuelve absolutamente vacía y la pobreza se vuelve última y el buscador se convierte en nada más que un vacío interior, entonces por primera vez esta afirmación suprema, Tattvamasi, de que tú eres el Brahma, se experimenta indirectamente.

Estos videntes de los Upanishads son personas muy maravillosas. Aún así dicen que no es una experiencia directa.

Todavía es como si estuviéramos sentados con los ojos cerrados, y se oye el sonido de los pasos de alguien y sentimos que alguien ha venido; pero es indirecto. Está muy oscuro y es difícil ver, y de repente se extiende el eco de una canción melodiosa y sentimos que alguien está cantando. Esto es conocimiento indirecto.

Indirecto significa, hasta ahora no hay encuentro cara a cara, hasta ahora sólo se está sintiendo. Lo primero que ocurre después de la ducha de dharmamegha es la experiencia indirecta de la afirmación: "Tattvamasi - Eso eres tú - lo que dicen los videntes, los Upanishads, es correcto". Esa afirmación que habías oído -habías escuchado en shravana, contemplado en manan, asimilado en nididhyasan, alcanzado la unidad en samadhi, ahora en la ducha del dharmamegha samadhi está destinada a ser correcta. Cuando entiendes, "Eso es correcto", este es un conocimiento indirecto. Pero hoy uno llega a sentirlo, uno lo saborea - que ha sido dicho correctamente.

SÓLO SE REALIZA INDIRECTAMENTE.... Cuando este conocimiento indirecto se estabiliza y cuando no queda ni una sola ondulación de lo contrario de ningún tipo en ninguna parte, cuando se asienta indubitablemente, se convierte en una confianza implícita, ENTONCES NACE EL CONOCIMIENTO DIRECTO, COMO UNA FRUTA DE MÍROBAL GUARDADA EN LA PROPIA PALMA.

Cuando el conocimiento indirecto se estabiliza completamente, cuando el ser total experimenta y dice que los videntes tenían razón al decir: "Tattvamasi - Eso eres tú"; cuando no queda ni una sola ondulación de ningún tipo de lo contrario en ninguna parte, cuando siente totalmente la verdad -pero todavía indirecta-, entonces la experiencia de Tattvamasi se vuelve directa e inmediata, como si alguien hubiera colocado una fruta de mirobalán en la palma de su mano. Tal hombre entonces no dice: "Lo que los videntes habían dicho es correcto".

Tal hombre dice: "Tattvamasi es ahora mi declaración".

Con conocimiento indirecto, este hombre dice: "Porque los videntes lo han dicho, puedo decir que es correcto". Con el conocimiento directo, este hombre dirá: "Yo digo que es correcto, por lo tanto los videntes también deben haber tenido razón al decirlo." Intenta comprender bien esta diferencia.

En el conocimiento indirecto, las pruebas procedían de los Vedas, los videntes, las escrituras. Por eso el viaje habia comenzado con shravana - escuchar. El maestro lo ha dicho, así que debe ser correcto - la búsqueda había comenzado en esta confianza. Es conocimiento indirecto mientras sientas: "El maestro lo ha dicho, así que debe ser correcto". Y quien conoce al maestro acepta positivamente que el maestro debe haberlo dicho bien.

Si alguien está con Buda y Buda dice: "Tattvamasi - Ese eres tú", entonces este hombre no puede ni siquiera concebir ninguna falsedad. No tiene ni idea de si esta afirmación es correcta o no, pero conoce a Buda, así que lo que Buda dice se convierte en auténtico para él. Que algo no auténtico pueda salir de Buda está fuera de cuestión para él, no puede concebirlo.

Para el que ha vivido cerca del maestro, ha conocido al maestro, las palabras del maestro son la evidencia para el. Pero, "Las palabras del maestro son la evidencia," es conocimiento indirecto, ha venido del otro. Esta sera la primera realizacion. Cuando un discípulo de Buda alcance el samadhi, se inclinará a los pies de Buda con las manos cruzadas y dirá: "Ahora sé que lo que has dicho es correcto".

Pero cuando esta toma de conciencia se profundice más y se ahogue más y más, la situación cambiará por completo. Entonces dirá: "Lo sé. Y ahora digo que es mi experiencia que es correcto, lo que el maestro había dicho también es correcto."

Ahora esta persona misma se convierte en la evidencia, esta persona misma se convierte en la escritura. Es a esas personas a las que hemos llamado buda, tirthankara, encarnación, una persona que él mismo es la evidencia - aquellos que no dicen que porque está escrito así en los Vedas es correcto, sino que dicen que porque ellos saben que es correcto, es correcto. Y si los Vedas también dicen lo mismo, entonces con la autoridad de su conocimiento, los Vedas también son correctos. Y si los Vedas no dicen lo mismo, los Vedas están equivocados. Ahora el criterio es la propia experiencia. Ahora se dispone de la propia piedra de toque.

Este es el estado de los siddhas, los realizados.

Cuando samadhi entra del conocimiento indirecto al conocimiento directo se convierte en el estado de siddhas. Sólo si una persona que ha alcanzado tal estado vuelve a través del samadhi, la asimilación y la contemplación hasta el escalón del discurso, obtenemos las noticias de ese mundo. Así que si hemos dado tanto respeto a las escrituras, es porque son las palabras de aquellos que fueron escuchadas por la gente que vivía cerca de ellos y que habían comprobado que lo que esta persona diga nunca puede decir nada incorrecto. Sin embargo, esas personas no piden que uno crea en lo que dicen.

Buda dice: "Piensa, reflexiona, contempla, asimila, practica, y si se convierte en tu propia experiencia, sólo entonces acéptalo. No lo aceptes sólo porque lo digo yo, no lo aceptes sólo porque lo dice Buda, no lo aceptes sólo porque lo dicen las escrituras. No, búscalo y encuéntralo, y cuando se convierta en tu propia experiencia, entonces también te convertirás en testigo de ello.

Una persona que ha alcanzado el samadhi se convierte en un testigo a favor de todas las escrituras, no un conocedor de ellas, sino un testigo de las mismas. Un pundit se convierte en conocedor de ellas, un iluminado se convierte en testigo. Un experto dice que las escrituras dicen lo correcto porque apela a la lógica, un iluminado dice que las escrituras dicen lo correcto porque esa es mi experiencia también.

Suficiente por hoy.

Morir al futuro

CUANDO NO SURJA EL DESEO DE OBJETOS DIGNOS DE SER DISFRUTADOS, CONOCE ESTO COMO EL LÍMITE DEL DESAPEGO. CUANDO NO SURJA EL YO, CONOCE ESTO COMO EL LÍMITE DEL CONOCIMIENTO.

CUANDO LOS DESEOS DISUELTOS NO SURGEN DE NUEVO, ESTE ES EL LÍMITE DE LA RELAJACIÓN, Y TAL STHITPRAGYA, UN BUSCADOR, ESTABLE EN LA SABIDURÍA, PERMANECE SIEMPRE EN LA BIENAVENTURANZA.

AQUEL CUYO YO ESTA ABSORTO SOLO EN BRAHMA, LA REALIDAD ULTIMA, PERMANECE SIN DESEO Y SIN ACCION. CUANDO SE PURIFICA POR SU UNIDAD CON BRAHMA Y SE AHOGA EN ESTE ÉXTASIS ÚNICO, LAS ACTIVIDADES DE LA MENTE NO TIENEN ELECCIÓN Y PERMANECEN SÓLO COMO LA CONCIENCIA, ENTONCES SE LLAMA PRAGYA, LA SABIDURÍA.

AQUEL QUE SIEMPRE TIENE TAL PRAGYA ES LLAMADO JIVANAMUKTA, EL LIBERADO MIENTRAS VIVE.

AQUEL QUE NO TIENE I-NESS PARA SU CUERPO Y LOS SENTIDOS, Y NO TIENE MY-NESS PARA LAS OTRAS COSAS, ES UN JIVANAMUKTA, EL LIBERADO MIENTRAS VIVE.

CUANDO NO SURJA EL DESEO DE OBJETOS DIGNOS DE SER DISFRUTADOS, CONOCE ESTO COMO EL LÍMITE DEL DESAPEGO. CUANDO NO SURJA EL YO, CONOCE ESTO COMO EL LÍMITE DEL CONOCIMIENTO.

Normalmente, vairagya, que significa no apego, es entendido por la gente como viraga, que significa desapego. Raga y viraga -apego y desapego- son opuestos. Apego significa el surgimiento de un deseo de complacerse al ver un objeto. Si se ve belleza, se ve comida sabrosa, se ve una situación cómoda, entonces el deseo que surge de disfrutarla, de ahogarse en ella, de perderse en ella, es apego.

Apego significa deseo de apegarse, deseo de ahogarse en algo perdiendo el propio yo. Si un placer se ve fuera de uno mismo, entonces el deseo de ahogarse en ese placer es apego.

El desapego significa que surge una repulsión al ver algo agradable; surge el deseo de alejarse de ello, de darle la espalda. Según el lenguaje, raga es atracción, viraga es repulsión.

Donde hay un deseo de ir hacia una cosa es apego, donde hay un deseo de alejarse de una cosa es repulsión. Viraga significa raga invertido. En uno nos acercamos, en el otro nos alejamos. Viraga, desapego, no es liberarse del apego, es solo apego invertido.

Alguien desea dinero; si consigue dinero piensa que lo ha conseguido todo. Otra persona piensa que si pudiera renunciar al dinero lo habría conseguido todo. Pero ambos están centrados en el dinero. Alguien piensa que hay placer en el hombre o en la mujer, y otro piensa que hay placer en renunciar al hombre o a la mujer. Pero el punto central para ambos es el hombre o la mujer.

Alguien piensa que esta vida mundana es el cielo, otro piensa que este mundo es el infierno, pero la atención de ambos está en el mundo.

Desde el punto de vista del lenguaje, vairagya, no-apego, es lo opuesto a raga, apego, pero para un buscador de lo espiritual vairagya no es lo opuesto a raga, es la ausencia de raga. Por favor, entiende bien la diferencia. Si buscas en un diccionario, el desapego es lo opuesto al apego, pero si pasas a la experiencia, el desapego no es lo opuesto al apego sino su ausencia. La diferencia es sutil.

Hay atracción hacia las mujeres; esto es apego. Si se convierte en repulsión hacia las mujeres, se hace difícil soportar su compañía, entonces nace en la mente una tendencia a mantenerse alejado de las mujeres. Esto es desapego, según el lenguaje y el diccionario; pero según el samadhi, el despertar, sigue siendo atracción.

Desde el punto de vista del samadhi, el desapego es cuando no hay ni atracción por las mujeres ni repulsión; ni atracción ni empuje. Es cuando la presencia de una mujer o su ausencia son lo mismo; cuando la presencia de un hombre o su ausencia son lo mismo; cuando la pobreza y la riqueza son lo mismo. Cuando ni la ganancia de cierta cosa determina si eres feliz ni la pérdida de cierta cosa te hace feliz, cuando la felicidad no tiene nada que ver ni con la ganancia ni con la pérdida, cuando la felicidad se ha convertido en algo propio, sin necesidad de estímulos externos -ni el encuentro ni el no encuentro, ambos carecen de sentido- entonces es vairagya, que significa desapego.

El desapego significa que simplemente ya no buscamos al otro. No estamos ni a favor ni en contra; ni en atracción ni en repulsión. Esta completa libertad del otro es vairagya, desapego.

Puede haber dos tipos de ataduras con el otro: cuando nos encontramos con un amigo hay felicidad, cuando nos encontramos con un enemigo hay infelicidad; o cuando el enemigo se va hay felicidad, cuando el amigo se va hay infelicidad.

Buda ha dicho con profunda sátira: "Los enemigos dan infelicidad, los amigos también dan infelicidad; cuando los amigos nos dejan hay infelicidad, cuando los enemigos nos encuentran hay infelicidad. ¿Cuál es la diferencia?"

Hay un cierto apego tanto a un enemigo como a un amigo. Si tu enemigo muere, entonces también algo se rompe en tu interior, un lugar queda vacío en tu interior. Muchas veces la muerte de un enemigo crea un vacío mayor en ti que la muerte de un amigo porque también había un apego al enemigo. Era un apego invertido; tú también estabas relacionado con su presencia.

Uno está relacionado tanto con un amigo como con un enemigo. Así que estás relacionado incluso con aquellas cosas y personas a las que te opones.

No apego significa que no hay relación alguna; te has convertido en alguien sin relación, solo. Así que en este sutra se ha dado la definición del límite último del desapego: CUANDO NO SURGE EL DESEO DE OBJETOS DIGNOS DE DISFRUTE.

En el lenguaje, la palabra viraga, desapego, significa renunciar y alejarse de los objetos dignos de disfrute. Mientras que vairagya, desapego, significa que no surge el deseo de disfrutar de un objeto aunque esté presente; significa que aunque lo estés disfrutando no hay deseo por él.

El rey Janaka, un hombre iluminado mencionado en el Ramayana, vive en su palacio donde hay de todo para disfrutar, pero no hay deseo de disfrutar. Puedes elegir irte y huir a una jungla donde no haya nada disfrutable, pero tu deseo de disfrutar se convertirá entonces en sueños, excitará tus pasiones; tu mente irá de vez en cuando al lugar donde hay cosas que son disfrutables.

Así que la cuestión no es la presencia o ausencia de las cosas placenteras, la cuestión es la existencia del deseo. Y es muy interesante notar que donde no hay objetos de disfrute el deseo se siente aún más intensamente; no se siente tan intensamente donde los objetos de disfrute están presentes. En la no-disponibilidad el deseo es más agudo.

Este sutra dice que aunque alguien haya renunciado a todo, eso no es el límite del desapego. Esto tampoco es la forma última de desapego, porque es posible que el apego esté ahí en lo más profundo. También es posible que huir haya sido sólo una forma de apego. ¿Cuál es entonces la definición definitiva? - Cuando todo lo agradable está presente pero no hay deseo de complacerse. ¿Quién lo decidirá? Cada uno tiene que decidirlo por sí mismo. No es una cuestión que deban decidir los demás; tú eres tu propio juez.

Cuando no surge ningún deseo en tu interior, cuando los objetos placenteros pueden estar presentes pero no surge ningún deseo, ni a favor ni en contra, cuando la mente simplemente no corre hacia un lado ni hacia otro y tú no te balanceas en ninguna dirección; permaneces donde estás, como si no hubiera nada fuera -el objeto puede estar ahí fuera pero su reflejo en tu interior no crea ninguna atracción ni repulsión- éste es entonces el límite del no-apego.

Esto nos parecerá muy difícil porque hasta ahora hemos entendido el desapego como lo opuesto al apego. Si una persona renuncia a su mujer e hijos, familia y casa y huye, le llamamos viraga, que significa renunciante. Pero en su misma huida demuestra que sigue apegado de alguna manera. Cuando alguien huye, no lo hace por miedo a su casa, sino por miedo a sus propios deseos internos. ¿Cómo puede una casa hacer que uno huya? Y si una casa puede hacer que uno huya, entonces ese estado interior de no-apego todavía no está dentro de él.

Una persona quiere comprar una casa; ahora es la casa la que le hace correr en una dirección. Otra persona huye a la selva por miedo a su casa; también en este caso es la casa la que le hace correr en otra dirección. Está de espaldas a la casa, pero sigue conectado a ella. Y hay otra persona... las cosas no le hacen correr. Esa persona ya no está atrapada por las cosas.

Pero entonces el desapego significará estar en el yo, estar asentado en uno mismo. Ninguno de nosotros está asentado en sí mismo.

Había un rey cuya fuerza vital se guardaba en un loro. Se trata de viejas historias creadas para niños en las que este tipo de fantasía todavía puede ocurrir. Le hicieran lo que le hicieran, el rey no moriría a menos que mataran al loro. Su alma estaba escondida en el loro. Mientras el loro no muriera, el rey no moriría. Esto no es sólo un cuento: indica que nuestras almas también están aprisionadas en otro lugar, encerradas en otra cosa. Puede que tu alma no esté encerrada en un loro, sino en tu caja fuerte.

En 1930-31, cuando se produjo una repentina depresión y se devaluó el dólar estadounidense, muchos de los principales millonarios de Wall Street en Estados Unidos se suicidaron. La depresión fue tan rápida y aguda que la mayoría de los especuladores y millonarios se empobrecieron de la noche a la mañana. Sus saldos bancarios desaparecieron de repente. Muchos de ellos se suicidaron al instante saltando desde el piso cincuenta o sesenta de los edificios.

¿Qué les ocurrió a estas personas? ¿Qué ocurrió para que de repente no les quedara otra opción que morir? Sus almas estaban aprisionadas en sus cajas fuertes. Cuando la caja fuerte moría, ellos morían. Este salto... no había pasado nada más, el mundo entero no había cambiado, sólo habían desaparecido algunos dígitos de los libros de contabilidad del banco. ¡Dígitos! En el nombre de alguien había una cifra de diez dígitos, ahora sólo quedaban dos. Donde había una larga fila de cifras en el haber de su cuenta, ahora no quedaba ninguna. Todo esto sucedía en los bancos, sobre el papel, pero sus almas estaban aprisionadas en aquellos libros de contabilidad de los bancos. Esos libros de contabilidad eran sus vidas. Cualquier intento directo de matarlos no habría tenido éxito, pero las cajas fuertes se vaciaron y ellos simplemente murieron.

Alguien está enamorado de alguien. Entonces uno de los dos amantes muere y la vida se acaba también para el otro. Si todos buscamos dentro de nosotros mismos encontraremos que nuestras almas también están aprisionadas en algún lugar u otro, en algún loro u otro. Mientras tu alma esté aprisionada en algún lugar no estarás asentado en ti mismo. Tu vida entonces no está presente donde debería estar. Debería estar dentro de ti, pero no está ahí, está en otra parte.

Ahora bien, este estar en otra parte puede ser de muchos tipos. Una persona piensa que su cuerpo es su alma; entonces esta persona también está en otro lugar. Mañana empezará a envejecer; entonces sentirá dolor, se sentirá miserable porque su cuerpo está menguando, volviéndose arrugado, feo, enfermo y envejecido. Esa persona se sentirá muerta antes de su muerte real, porque el cuerpo joven en el que había guardado su alma se está desvaneciendo.

Puede haber diferencias en cuanto a dónde has aprisionado tu alma, pero si tu alma está fuera de ti, estás viviendo en el apego. El apego significa que tu alma no está en el lugar que le corresponde, está en otra parte. Puedes correr en dirección contraria, pero aun así el alma estará en otro lugar.

La definición de desapego es que tu alma está dentro de ti, asentada en ti mismo; nada tira de ti y nada crea en ti ningún tipo de ondas u ondulaciones. De ahí que el desapego sea la puerta a la dicha, porque para quien se ha asentado en sí mismo... no hay forma de hacerle infeliz.

Recuerda, esos cuentos infantiles dicen lo correcto. Aquel que se ha asentado en sí mismo, aquel cuya alma ha vuelto a su interior, no hay forma de matarlo. Las almas nunca mueren, sólo mueren los loros. Dondequiera que pongas tus almas, esas cosas se escapan, mueren.

De ahí que la persona empiece a sentirse como muerta. El alma es inmortal, pero la atamos a cosas mortales. Esas cosas mortales están destinadas a desintegrarse, si no hoy, mañana. Esa es su propia naturaleza. Cuando esas cosas se desintegren, tendrás la ilusión de que has muerto. Esta muerte del yo es una ilusión creada por el apego a las cosas mortales.

El desapego se produce cuando, al romper todas las relaciones, uno ha llegado a conocer aquello que estaba relacionando: su propio yo.

CUANDO NO SURGE EL DESEO POR OBJETOS DIGNOS DE SER DISFRUTADOS... ¿está bien que surja el deseo contrario? No, cuando no surge el deseo como tal - deseo de cualquier tipo entonces...

CONOCE ESTO COMO EL LÍMITE DEL DESAPEGO.

Este sutra se da para uno mismo - no salgas a juzgar a los demás con él.

Somos muy inteligentes:

si nos dan definiciones, las utilizamos para juzgar a los demás: "Vale, veamos si fulanito es realmente desvinculado o no". No es asunto tuyo. No tienes nada que ver con el otro. Si el otro está apegado, sufrirá infelicidad; si está desapegado, disfrutará de dicha. No es asunto tuyo. Pero somos tan listos engañándonos a nosotros mismos que si tenemos una definición, una piedra de toque, inmediatamente empezamos a evaluar a los demás sin molestarnos en evaluarnos a nosotros mismos.

Ponte a prueba; este sutra es para ti. Este sutra no es para que pienses en los demás: si Mahavira es un ser desapegado o no, si Krishna es un ser desapegado o no. Pueden serlo o no, tú no tienes nada que ver con ello. Es asunto de ellos. Si son desapegados disfrutarán de la dicha, si no lo son sufrirán dolor, pero tú no tienes nada que ver con ello.

Muchas personas acuden a mí y me preguntan: "¿Cómo saber que tal o cual persona está realmente iluminada?".

¿Qué necesidad tienes de saber si una persona está realmente iluminada o no? Si puedes ser consciente de si estás iluminado o no, eso es suficiente. Incluso si el otro se ha iluminado, esto en sí mismo no te hace iluminado. Si el otro no se ha iluminado, esto no supone ningún obstáculo para tu iluminación.

Pero, ¿por qué pensamos así? Hay razones para ello. Queremos asegurarnos de que nadie ha alcanzado el desapego. Eso nos da una especie de alivio. Entonces no hay nada malo... si yo no he alcanzado el desapego, entonces no hay nada malo, ¡nadie más lo ha alcanzado tampoco! Esto da un consuelo a la mente, un apoyo a la mente, que estoy bien como estoy porque nadie lo ha logrado, y yo tampoco.

Por eso nuestra mente nunca está dispuesta a aceptar que alguien haya alcanzado el desapego. Intentamos encontrar todo tipo de resquicios para demostrar que esa persona aún no lo ha alcanzado. Si alguien ha alcanzado el desapego, esto crea una incomodidad interna en nosotros. Esa incomodidad es que si alguien más lo ha logrado, eso sólo significa que yo también puedo lograrlo pero soy incapaz de hacerlo - y esto crea ansiedad y culpa. Por eso nadie en este mundo acepta que el otro tenga razón. No tiene nada que ver con el otro, pero al no aceptar a nadie como correcto se hace más fácil aceptar los propios males.

Si el mundo entero es un ladrón, no te sientes culpable de serlo tú mismo. Si todo el mundo es malo, es natural que tú seas malo. Pero si todo el mundo es bueno, ser malo empieza a pincharte como una espina. Entonces viene una autocondena, una tristeza, un sentimiento de culpa, y uno empieza a sentir que lo que debería suceder no está sucediendo. Y eso crea un gran malestar en tu vida.

Para que no se cree esa inquietud y podamos seguir durmiendo en un sueño profundo, nunca vemos nada bueno en el otro. Si alguien viene y te dice que tal o cual persona ha alcanzado el estado de desapego, dirás: "No, no lo ha alcanzado". Tratarás de encontrar docenas de razones para probar que no lo ha hecho. Esto forma parte de una conspiración profundamente arraigada en nuestra mente. Es necesario tomar conciencia de ello. La preocupación no es en absoluto el otro.

Un amigo ha venido a verme los últimos tres días. Quería pasar mucho tiempo conmigo. Me ha estado diciendo: "Sí, quiero tomar sannyas, pero antes tengo que hacer unas preguntas muy importantes". Pensé que tal vez tenía algunas preguntas importantes, pero ni una sola era importante o necesaria. Las preguntas eran sobre los demás, no sobre sí mismo. Estaba aquí para tomar sannyas, y las preguntas eran sobre los demás: "¿Estaba Krishna realmente iluminado? Si lo estaba, ¿por qué los jainas lo han metido en el infierno?".

Los Jainas han puesto a Krishna en el infierno en sus escrituras porque tienen su propia definición de no-apego y Krishna no encaja en ella. Uno debe renunciar a todo y escapar del mundo es su definición. Y Krishna no renuncia a nada para ir a ninguna parte. Este es el problema.

Pero la propia definición de Krishna es que si estás renunciando y huyendo, todavía no eres una persona no apegada. Por eso los hindúes no mencionan el nombre de Mahavira en ninguna parte de sus escrituras. No lo consideraban digno de mención. Pero al menos los Jainas han mostrado algo de amor hacia Krishna, ¡poniéndolo en el infierno! Los hindúes ni siquiera mencionaron el nombre de Mahavira. Ni siquiera lo consideraban digno de mención. Incluso poniendo a alguien en el infierno se le da alguna consideración. Los jainas no podían ignorar completamente a Krishna; había que hacer alguna declaración sobre él, había que asignarle algún espacio -sea el infierno, no importa. A los hindúes no les ha importado lo suficiente como para poner a Mahavira incluso en el infierno, simplemente abandonaron el asunto. Pero si alguien se aferra a la definición de no-apego de Krishna, surge la dificultad.

Recuerda, todas las definiciones son para ti, el buscador, para que sigas buscando continuamente dentro de ti, para que haya un criterio, una piedra de toque en la mano con la que puedas seguir probándote a ti mismo. Pero todos somos muy listos, seguimos probando a los demás con esa piedra de toque. No tiene nada que ver con los demás; si Krishna está en el infierno, es asunto suyo. ¿Qué tienen que ver los demás? Puedes estar dispuesto a ocupar el lugar de Krishna en el infierno y permitirle que se libere. Si Krishna se libera, eso no crea tu liberación.

Todos tus pensamientos sobre los demás carecen de sentido.

Otro amigo vino y me preguntó que si se organizaba un encuentro entre Krishnamurti y yo, ¿estaba dispuesto a reunirme con él? Este es un asunto entre Krishnamurti y yo. ¿Qué tiene que ver esta persona con ello? Luego también preguntó: "Si se produce un encuentro entre ustedes dos, ¿quién iniciará los saludos?".

Ahora, esto también es un asunto entre Krishnamurti y yo.

Nuestras mentes están ocupadas pensando en los demás y no pensando en nosotros mismos en absoluto. Un buscador debe decidir que todo pensamiento sobre los demás es inútil y, "Nada excepto yo y mi crecimiento interior me concierne - todo lo demás carece de sentido." No te enredes en preguntas que surgen de tu curiosidad por los demás. No te ayudará en absoluto a alterar tu vida.

Recuerda, estas definiciones son para ti. El Upanishad te ha dado estas varas de medir para que puedas seguir pesándote por dentro, para que no tengas ninguna dificultad en el viaje interior. Sigue observando dentro de ti. Mientras surja en tu interior cualquier deseo de ver cosas, comprende que aún no se ha alcanzado el desapego. Dirige todas tus energías hacia el desapego. Poco a poco vamos a discutir estos esfuerzos.

CUANDO NO SURJA EL YO, CONOCE ESTO COMO EL LÍMITE DEL CONOCIMIENTO.

Estos videntes de los Upanishads son gente muy extraña. No dicen que cuando hayas visto a Dios, conozcas esto como el conocimiento último. Ellos han mantenido que incluso el ver a Dios no es el límite del conocimiento; que cuando todos tus chakras se han abierto, la kundalini ha despertado y el loto de mil pétalos ha florecido, conoce esto como el límite del conocimiento. No, no dicen eso.

Tampoco dicen que cuando has cruzado los siete cielos -y sólo Dios sabe cuántas clases de tales cálculos prevalecen- o cuando has completado el viaje de los catorce reinos y has entrado en el sach khand, el reino de la verdad.... No, los Upanishads dicen: estas cosas no tienen nada que ver con el asunto, el único criterio es que no surja el yo.

Incluso la kundalini despierta el ego. El buscador siente que ahora no es una persona ordinaria, su kundalini ha surgido. Alguien siente que su centro del tercer ojo ha despertado, es capaz de ver la luz; ahora no es una persona ordinaria. Alguien siente que su centro del corazón se ha despertado, el diamante azul ha aparecido en el corazón, la llama azul se ha visto; ahora está liberado, ahora no hay mundo para él.

Recuerda, lo que crea el "yo" sigue siendo ignorancia, no importa qué bellos nombres le des. El Upanishad dice que mientras el "yo" sea creado, no importa cuál sea la causa, mientras uno sienta que "me he convertido en algo", hasta entonces el conocimiento no ha madurado. Aún no ha florecido ninguna flor, aún no se ha producido ninguna explosión.

El único criterio que se da es que no se crea ningún "yo". Así que también es posible que una persona sentada en su tienda cuya kundalini no haya despertado, que no haya visto la luz azul, que no haya viajado a los reinos de la verdad -que no haya hecho nada, que simplemente esté trabajando en su tienda pero cuyo ego no surja- haya alcanzado el límite último del conocimiento. Incluso un gran yogui parado en una alta cresta del Himalaya, si su ego es también alto como una cima del Himalaya, si piensa que sólo él ha llegado y nadie más, si piensa que sólo él ha alcanzado y nadie más, entonces comprende que el conocer aún no le ha sucedido.

Sólo hay una piedra de toque - que un estado se alcanza en el interior donde nada en absoluto crea ningún ego. Entonces cualquier cosa puede seguir sucediendo - incluso si Dios mismo viene el sentimiento no surgirá:

"¡Qué suerte tengo, he alcanzado incluso a Dios! Mira, ahí está Dios delante de mí y lo estoy viendo".

Cuando la disposición misma del "yo" no surge en el interior, entonces conócelo como el límite último del conocimiento.

Sigue observando dentro de ti, de lo contrario todo crea engreimiento - todo. La mente es muy inteligente, deriva ego de cualquier cosa. Es tan inteligente que puede derivar ego incluso de la humildad, y una persona empieza a decir: "Nadie es más humilde que yo. No hay nadie más humilde que yo". Pero ese "No hay nadie más que yo" sigue existiendo. Puede ser cualquier cosa - puede ser riqueza, puede ser prestigio, puede ser poder, puede ser conocimiento, puede ser liberación, puede ser humildad, pero ese "Nadie más que yo"...

ese "yo" sigue sobreviviendo.

Así que sigue buscando en tu interior, comprobando tu interior, de lo contrario incluso la búsqueda espiritual puede convertirse en una búsqueda mundana. La diferencia entre la búsqueda espiritual y la mundana no está en las cosas, sino en el ego. Una persona acumula una gran cantidad de riquezas en el mundo, eso fortalece su ego. Otra persona renuncia a toda la riqueza y fortalece su ego mediante la renuncia. Ambos están en un viaje mundano.

El viaje espiritual comienza con el abandono del ego. Sólo hay una renuncia que merezca la pena y es la renuncia al yo. Todas las demás renuncias son inútiles, porque también ellas sólo inflan tu "yo".

Ayer mismo vino a verme un hombre. Me dijo: "Hace catorce años que no tomo cereales". Y su orgullo era digno de ver. La cantidad de engreimiento que se ha generado en él por no tomar granos alimenticios no es posible ni siquiera a través de la toma de granos alimenticios. Este no tomar granos de alimento se ha convertido en un veneno. ¡Qué engreimiento tiene! Él no ha comido los granos del alimento por catorce años - el engreimiento es inevitable. ¿Ahora a quién estás obligando al no tomar granos alimenticios?

No los comas si no quieres. Pero él va por ahí declarando que "Durante catorce años no he tomado granos alimenticios" - ahora esto se ha convertido en su ego. ¡Incluso los granos de comida no llenan el ego tanto como este "No granos de comida" lo está llenando!

La gente viene y me dice: "Llevo años tomando sólo leche". Para ellos esto parece convertirse en un veneno. No caminan sobre la tierra, ¡porque sólo toman leche! ¿Qué diferencia real está trayendo esto? ¿Qué gran revolución está ocurriendo a través de esto de beber sólo leche?

Pero hay razones. Esas personas sienten que están haciendo algo especial que los demás no hacen. Pero en el momento en que uno piensa en ser especial el ego comienza a construirse - no importa con qué pueda estar relacionada esa cosa especial. Puedes crearte una especialidad sobre cualquier cosa, eso sólo crea ego.

¿Qué significa ser un buscador? Ser un buscador significa que uno deja de crear cualquier especialidad sobre sí mismo desde dentro y poco a poco se convierte en un don nadie. Entonces, poco a poco, te vuelves tan ordinario desde tu interior que ni siquiera surge la sensación de que eres algo, y te conviertes en una nada. El día en que un buscador se convierte en una nada, se ha llegado al límite último del conocimiento, no a través de la acumulación de conocimientos, sino dejando caer el ego, no a través de la acumulación de información, sino mediante la muerte del yo.

CUANDO LOS DESEOS DISUELTOS NO VUELVEN A SURGIR, ESTE ES EL LÍMITE DE LA RELAJACIÓN, Y TAL STHITPRAGYA, UN BUSCADOR ESTABLE EN LA SABIDURÍA, PERMANECE SIEMPRE EN LA BIENAVENTURANZA.

CUANDO LOS DESEOS DISUELTOS NO VUELVEN A SURGIR.... Muchas veces los deseos se disuelven, pero sólo quedan suspendidos durante un tiempo y vuelven una y otra vez. Un día sientes que tu mente se ha vuelto completamente pacífica, pero al día siguiente vuelve a inquietarse. Un día sientes que estás en una gran dicha, pero al día siguiente vuelves a estar ahogado en miserias.

Hay ciertas leyes de la mente que deben comprenderse. Una ley es que la mente nunca permanece constantemente igual; el cambio es su naturaleza. Así que la paz que va y viene, comprended bien que no es paz espiritual, es sólo de la mente. Una dicha que se alcanza y luego se pierde, comprende bien que no es la dicha espiritual, es de la mente. Cualquier cosa que viene y va es de la mente, pero algo que viene una vez y permanece para siempre, que viene y se asienta y no puede desaparecer por ningún medio, que no puede ser eliminado ni siquiera por el esfuerzo....

Recuerda esta diferencia. Si tu paz es la paz de la mente, por mucho que lo intentes no permanecerá por mucho tiempo, cambiará. Y si llega la paz espiritual, por mucho que intentes destruirla no podrás hacerlo, permanecerá ahí.

La constancia no puede añadirse a la mente ni siquiera con esfuerzo, y en el alma no puede interrumpirse ni siquiera con esfuerzo.

Así que si dejan de surgir algunos deseos, no te precipites; no concluyas que has llegado. Simplemente espera y observa si no surgen de nuevo. Si vuelven a surgir, comprende que todo sigue ocurriendo en el plano mental. ¿Y cuál es el valor de la paz mental? Eso vendrá y se irá y la inquietud le seguirá de nuevo.

Con la mente, en cada momento hay un movimiento hacia lo opuesto. Cuando estás inquieto, la mente empieza a moverse hacia la paz, y cuando estás en paz, la mente empieza a moverse hacia la inquietud. La mente es dualidad, por lo tanto lo opuesto siempre estará ahí y seguirá moviéndose.

¿Cómo sabrás que lo que ocurre es de la mente? Hay una diferencia básica. Cuando la paz es de la mente y no ha llegado a las capas más profundas del interior, inmediatamente después de estar en paz surgirá el deseo de que esta paz continúe, de que no desaparezca. Si surge este deseo, piensa que todo es mental, porque el miedo a perder es de la mente.

Si llega la paz y no sigue el miedo a perderla, comprende que no pertenece a la mente.

Lo segundo: la mente se aburre de todo, de todo. Se aburre no sólo de la infelicidad, sino también de la felicidad. Esta es otra ley de la mente, que se aburre con todo lo que es estable. Si eres infeliz, se aburre de eso y quiere felicidad.

Lo que no sabes es que es ley de la mente que si consigue felicidad, se aburre también de la felicidad, y entonces empieza a buscar la infelicidad.

Veo esto constantemente -cuando tanta gente está aquí haciendo las meditaciones- que incluso si la felicidad se instala con ellos durante algunos días empiezan a inquietarse; la paz permanece con ellos durante unos días y empiezan a inquietarse, porque incluso eso crea aburrimiento.

La mente se aburre de todo. La mente siempre está pidiendo lo nuevo, y todos los problemas surgen de la demanda de lo nuevo. Cuando estás más allá de la mente no hay demanda de lo nuevo, no hay sensación de aburrimiento con lo viejo; hay tanta unidad con lo que es que no hay demanda de nada más que eso.

El sutra dice que, CUANDO LOS DESEOS DISUELTOS NO VUELVEN A SURGIR, ÉSE ES EL LÍMITE DEL DESCANSO. Sólo entonces puedes aceptar que has alcanzado el descanso. Si los deseos siguen surgiendo una y otra vez, comprende que todo ha sido una trampa de la mente. ¿Por qué? ¿Por qué es necesario comprender esto? - Porque nuestras relaciones con la mente son tan profundas que tomamos la paz de la mente misma como nuestra paz. Eso conlleva un gran sufrimiento, porque desaparece.

¿Qué podemos hacer? En este sentido, es útil utilizar el principio del testimonio. Así se crea una forma de ir más allá de la mente y se alcanza la relajación definitiva. ¿Y qué hacemos normalmente? Cuando la mente se vuelve inquieta queremos alejarnos de ella, y cuando la mente se vuelve pacífica queremos aferrarnos a ella. Queremos salvar la paz y eliminar la inquietud.

Cuando la mente es desdichada, queremos deshacernos de ella; cuando la mente está en felicidad, la abrazamos y queremos mantenerla con nosotros. Buscando continuamente lo contrario nunca podrás librarte de la mente, porque esa es la función misma de la mente: librarse de la infelicidad, aferrarse a la felicidad.

La forma de liberarse de la mente es permanecer como testigo cuando la mente te está proporcionando felicidad, y no intentar aferrarte a ella. Por ejemplo, estás meditando aquí; de repente, a veces en la meditación, llegará una corriente de tranquilidad. Entonces no te aferres a ella; sigue observándola, manteniéndote a distancia: "La paz está sucediendo y yo soy testigo". Cuando una fuente de dicha surge en algún momento e impregna cada fibra desde dentro, entonces sigue observando eso también desde la distancia; no te aferres a ello con toda tu fuerza: "Muy bien, ahora ha llegado la liberación". No, sigue observando eso también como un testigo: "La dicha está ocurriendo y no me aferraré a ella".

Lo interesante es que quien no se aferra a la felicidad, su infelicidad también desaparece; quien no se aferra a la paz, su inquietud desaparece para siempre. Es en el aferramiento a la paz donde se siembran las semillas de la falta de paz, y en el aferramiento a la felicidad está el nacimiento de la infelicidad. Simplemente, ¡no te aferres! Aferrarse es la mente. No te aferres a nada. En el momento en que tu puño esté abierto estarás más allá de la mente y entrarás donde los deseos ya no surgen -su disolución final ocurre. Esta disolucion final ha sido llamada aqui uparati, relajacion.

TAL STHITPRAGYA YATI, UN BUSCADOR ESTABLE EN LA SABIDURÍA, PERMANECE SIEMPRE EN LA BIENAVENTURANZA.

STHITPRAGYA es una palabra muy hermosa. Su significado es: aquel cuya sabiduría se ha vuelto estable en sí mismo, aquel cuya sabiduría se ha vuelto autocontenida, aquel cuya conciencia no lo abandona ni se mueve a ninguna otra parte, aquel cuya conciencia se ha estabilizado. Tal buscador, tal sannyasin, alcanza siempre la dicha.

Todas las dualidades son creadas por la mente: felicidad e infelicidad, paz y falta de paz, bueno y malo, nacimiento y muerte. En el momento en que la mente retrocede, existe la no dualidad, la dicha. No existe una palabra opuesta para dicha; está más allá de la dualidad. Y el buscador que está más allá de la dualidad siempre alcanza la dicha.

Tenemos un gran problema: nuestro problema es que deseamos mucho alcanzar la dicha, y al oír este tipo de cosas se despierta nuestra codicia. Si se puede tener la dicha perpetua, entonces nosotros también queremos tenerla; si alguien puede mostrarnos el camino nosotros también podemos tenerla para siempre. Pero recuerda que esta definición sólo es indicativa de un determinado estado. Si hace nacer el deseo en ti, nunca serás capaz de alcanzar este estado. Intenta comprender bien la diferencia.

Un amigo vino a verme y me dijo: "Quiero la liberación pronto; quiero tener meditación profunda, samadhi, pronto".

Le dije que cuanta más prisa tengas, más te retrasarás, porque una mente apresurada no puede estar en paz. Es la prisa misma la que es la inquietud. Y todos sabemos qué tipo de problemas surgen cuando tenemos prisa.

Tenemos que coger un tren y por eso tenemos prisa. Ahora esas cosas que normalmente podrían haberse hecho en dos minutos tardan cinco minutos. Los botones del abrigo están mal abrochados. Vuelves a desabrocharlos, vuelves a abrocharlos. Coges las gafas, se te escapan de las manos y se rompen. Intentas cerrar la maleta, la llave no encuentra la cerradura. Son las prisas. Las prisas siempre hacen perder el tiempo, porque con las prisas tu mente está muy revuelta y estás obligado a cometer errores. Y si la prisa crea retrasos en los asuntos pequeños, creará enormes retrasos en los asuntos relacionados con el viaje hacia lo último.

Le dije a aquel amigo: "No tengas prisa, de lo contrario las cosas se retrasarán. En este ámbito, si mantienes la actitud de que siempre que ocurra estás dispuesto -no hay prisa-, entonces probablemente ocurrirá pronto."

Me dijo: "¿Ah, sí? Entonces, si estoy dispuesto a esperar eternamente, ¿eso hará que ocurra antes?".

Si estás dispuesto a esperar, sucederá rápido, pero esa rapidez es el resultado de una mente que espera. Si dices que esperarás para que suceda rápidamente, significa que no estás esperando en absoluto, y nunca sucederá rápidamente. ¿Cómo puede una espera emanar del deseo de la prisa?

Es un problema cotidiano. Todos sentimos que queremos la dicha, pero ¿cómo podemos conseguirla? Este pensamiento y deseo, "¿Cómo conseguir la dicha?" es el obstáculo mismo para la dicha. La dicha es un resultado. Por favor, no lo conviertas en un deseo, sucederá por sí mismo. Sólo sigue viajando silenciosa y tranquilamente - sucederá por sí mismo.

Así puede surgir una gran dificultad, que al leer este sutra muchas personas se llenen del deseo de la bienaventuranza. Tantas personas a lo largo de los siglos se han llenado de deseo después de leer tales sutras, y estos sutras son para liberarse del deseo. En su lugar, un nuevo deseo se apodera de ti:

¿Cómo alcanzar la dicha? ¿Cómo convertirse en un sthitpragya, el estable en la sabiduría? ¿Cómo alcanzar la relajación? ¿Cómo lograr el desapego? Y entonces la gente sigue corriendo con tales deseos nacimiento tras nacimiento y este suceso no ocurre en su vida en absoluto. Entonces empiezan a preguntarse si no será que todas estas charlas son mentiras, porque se les ha dicho que la dicha sucederá y hasta ahora no ha sucedido.

Me gustaría decirles una cosa más en relación con esto. Vemos que cada día que pasa el mundo se vuelve más y más irreligioso; la gente está perdiendo su confianza en la religión. ¿Saben cuál es la razón de ello? La razón se da aquí, en este sutra.

Cada uno de vosotros ya ha albergado el deseo en muchas vidas de alcanzar la dicha, la iluminación, Dios; pero no habéis alcanzado ni la dicha, ni la iluminación, ni a Dios. El resultado que estaba destinado a traer está ahí. El resultado es que habéis perdido toda la fe en tales sutras y ahora sentís que son cosas que nunca se pueden alcanzar.

El hombre ha conocido estos sutras durante los últimos diez mil años. Durante estos diez mil años casi todos los seres humanos que hay ahora en la tierra han pasado por el deseo de esta dicha. Algunos estaban cerca de Buda, otros cerca de Krishna, otros cerca de Jesús, otros cerca de Mahoma, y todos han hecho esfuerzos para alcanzarla; a veces haciendo meditación, a veces haciendo yoga, a veces practicando tantra, a veces usando un mantra, etcétera, etcétera. Han hecho de todo.

Cuando observo a la gente en su plano interior, hasta ahora no he encontrado a una sola persona que no se haya esforzado por hacer esas cosas en una u otra vida. Cada persona ha viajado por el camino de la búsqueda - pero lleno de deseos. Debido a esos deseos todos los esfuerzos se han vuelto infructuosos, y este fracaso se ha incrustado profundamente en su conciencia. Esta es la razón por la que la irreligiosidad parece estar aumentando en el mundo entero, porque para la mayoría de la gente la religión ha fracasado.

Ni siquiera lo recuerdas, pero has hecho de la religión un fracaso dentro de ti. Y tú eres la causa de ello, porque has cometido un error al desear algo que no se puede desear. Así que este es el resultado. Pero si te mueves en el camino espiritual estas cosas sucederán, no tienes que preocuparte por ellas. Ni tienes que pensar en ellas, ni desearlas, ni apresurarte para que sucedan. Es debido a esa prisa que todo se pone patas arriba.

La irreligiosidad seguirá aumentando en este mundo mientras formemos deseos incluso de religiosidad.

Y tú no eres nuevo, nadie es nuevo en esta tierra. Todos son viejos y antiguos. Y todos han recorrido tantos caminos y senderos y, al no encontrar éxito, han perdido toda esperanza.

Ese abatimiento se ha instalado profundamente en tu ser. La mayor dificultad hoy en día es romper ese abatimiento. Y si alguien quiere romper ese abatimiento, el único método factible parece ser el de excitar tus deseos una vez más muy intensamente y decirte que eso te proporcionará los bienes - sólo entonces reunirás algo de valor. Pero eso mismo, la excitación del deseo, es en primer lugar la causa de todos los problemas.

Buda había hecho un experimento único. También en su época las condiciones eran las mismas que ahora. Siempre son así. Cada vez que personas como Buda o Mahavira nacen en este mundo, una especie de período de sombra sigue a su muerte durante miles de años. Tiene que ser así. Cuando nace una persona como Buda o Krishna, al verle, al estar en su presencia, en su entorno, miles de personas se llenan de deseo por la religión y sienten que también es posible para ellos.

Surge una confianza al ver a Buda: "Si le puede pasar a él, también me puede pasar a mí". Y si cometen el error de convertirlo en un deseo, entonces estas personas son torturadas por ese deseo y, sólo por ese deseo, se vuelven irreligiosas durante miles de años después.

Sólo entiende la condición. La dicha puede alcanzarse, pero no la conviertas en una meta. La paz final es posible, pero no la conviertas en una meta. Esa no es la meta. Haz del conocimiento y la comprensión tu meta, haz de la meditación tu meta, haz de la estabilidad en tu interior tu meta, haz de detenerte y entrar en ti mismo tu meta - y la dicha vendrá como resultado, simplemente vendrá de forma natural. No hagas lo contrario, no hagas de la dicha tu meta. Quien hace de la dicha su meta, simplemente caerá en la dificultad.

Los resultados son resultados y no objetivos.

Comprendámoslo tomando un ejemplo de la vida cotidiana. Juegas a un juego -fútbol, hockey, tenis o lo que sea- y encuentras un gran placer en ello. Ahora le dices a alguien que mientras juegas sientes un gran placer. Esa persona dice: "Yo también quiero placer, vendré mañana y veré si puedo obtener placer". Este hombre viene a jugar y vigila constantemente para ver si el placer llega ya o no. Debido a este deseo de placer, al pensamiento constante sobre si el placer está llegando o no, no será capaz de absorberse en el juego. El juego pasará a un segundo plano y el placer se convertirá en la principal preocupación. Mientras juega estará continuamente buscando en su interior para ver si hay placer. Sentirá que no está teniendo ningún placer, y que el placer ya debería haberse experimentado si hubiera algo que obtener en el juego. Este hombre sólo se agotará al final del juego y se quejará: "Aquí no hay placer. ¿Qué es esta tontería?".

Quien va a buscar el placer en el juego no sólo no obtendrá el placer, sino que estropeará el juego. El placer es un subproducto. Si te absorbes por completo en el juego, el placer se produce. Si la idea del placer domina tu mente y eres incapaz de absorberte en el juego, ¿cómo puede producirse el placer? Toda tu vida es así. En la vida todo lo importante es un producto derivado. Todo lo que es importante sucede en silencio. Lo que es una experiencia profunda no debe convertirse en una meta. Al convertirlo en una meta, las puertas se cierran.

La dicha ocurre sin esfuerzo, es un acontecimiento espontáneo. Si alguien se sienta conscientemente para intentar recibirla, en esa misma sesión consciente se genera tanta tensión que las puertas se cierran; la tensión se convierte en una barrera y la dicha no sucede.

Ten en cuenta este sutra: es un sutra peligroso. Este sutra está presente en todas las escrituras. Y a todos los que han estudiado las escrituras se les ha despertado el deseo y salen en busca de cómo conseguir la liberación. No, la autorrealización no se puede agarrar: se alcanza a través de la disolución. ¿Cómo alcanzar la dicha? No, la dicha no se alcanza así. Haz algo en lo que te ahogues tan profundamente que ni tú seas recordado ni la dicha sea recordada. Y al despertar de repente se encuentra que sólo ha quedado la dicha; que lo que estabas buscando y no encontrabas incluso después de una búsqueda extenuante, se ha encontrado.

Esto se muestra muy claramente en la vida de Buda. Buda se esforzó sin descanso durante seis años para alcanzar la autorrealización, para alcanzar la paz, para alcanzar la verdad. Pero no pudo. Buscó a los pies de todos los maestros; incluso los maestros se cansaron de él porque era realmente un buscador, un buscador decidido. Tenía la obstinación de un kshatriya, un guerrero, por alcanzar la meta; tenía el ego de un kshatriya. Era un desafío para él: ¿Cómo puede ser una cosa y aún así no ser posible alcanzarla? Un kshatriya nunca cree que haya algo imposible; eso es lo que significa ser un kshatriya.

Así que, fuera al maestro que fuera, todos tenían grandes dificultades, porque todo lo que el maestro le pedía que hiciera, él lo hacía inmediatamente. Por muy difícil que fuera, por mucho tiempo que tuviera que estar de pie bajo el sol ardiente o bajo las lluvias torrenciales, por muchos ayunos que tuviera que realizar, todo lo que se le pedía lo hacía de inmediato para satisfacción de sus maestros, y no pasaba nada. Los amos se cansaban. Decían: "¿Qué más podemos hacer?".

Un supuesto maestro nunca se cansa de un discípulo ordinario porque un discípulo ordinario nunca hace completamente lo que se le ha pedido que haga. De ahí que nunca se produzca una situación tal que el maestro tenga que decir: "¿Y ahora qué podemos hacer? Todo lo que podíamos hacer ya lo hemos hecho".

Cuando se tiene un discípulo como Buda surgen grandes dificultades, porque todo lo que el maestro pedía, Buda lo realizaba. Incluso el maestro no podía encontrar ningún fallo en ello. Y, sin embargo, no ocurría nada. Al final el maestro decía: "Todo lo que podía hacer, todo lo que podía mostrar, lo he mostrado. Ahora yo mismo no sé más allá de esto; ahora tendrás que irte a otra parte".

Todos los maestros estaban cansados de Buda. Y Buda era realmente obstinado. Durante seis años hizo todo lo que le pedían -correcto o incorrecto, racional o irracional- y con gran sinceridad.

Ni siquiera un maestro podía decir que no ocurría porque no hacía lo que se le pedía. Lo hacía todo tan plenamente y tan bien que los propios maestros le pedían perdón y le decían: "Si te ocurre algo más, infórmanos también, porque te hemos contado todo lo que sabemos."

Sin embargo, no ocurrió nada. No es que lo que predicaban a Buda no les hubiera sucedido a aquellos maestros. No, les había sucedido a través de ese entendimiento. Y Buda estaba siguiendo exactamente las mismas técnicas que sus maestros habían seguido y con las que habían alcanzado. Así que al maestro también le extrañaba que este Buda estuviera siguiendo la misma técnica, incluso con más exactitud que él. "Y ni siquiera yo lo había hecho con tanta sinceridad; ¿por qué entonces no le sucede a él?".

Pero había una razón. Puede que le ocurriera al maestro porque había realizado la técnica sin ninguna expectativa ni preconcepción. La expectativa de Buda era intensa. Lo estaba haciendo, pero sus ojos estaban puestos en la meta: ¿cuándo se alcanzaría la verdad, la dicha, la autorrealización? Así que, ciertamente, seguía todas las técnicas a rajatabla, pero esa orientación hacia la meta era el obstáculo.

Con el tiempo, Buda también se cansó. Después de seis años, un día dejó de hacer todo. El mundo ya lo había dejado antes - ahora también dejó sannyas. Antes había dejado todo tipo de placeres y había malgastado seis años en practicar yoga; ahora también lo dejaba. Una noche decidió que no haría nada más y que no buscaría más. Simplemente comprendió que no iba a conseguir nada.

Había alcanzado la tensión máxima de la búsqueda. Su empeño, el esfuerzo, había llegado al extremo. Así que lo dejó todo. Aquella noche se fue a dormir bajo un árbol. Fue la primera noche en muchas vidas en que Buda durmió como si no hubiera nada que hacer a la mañana siguiente. Y realmente no quedaba nada por hacer. Ya había dejado su reino, su familia y cualquier planificación sobre el mundo; había comenzado otro plan de vida, que también había fracasado. Ahora no había nada que hacer. Si se despertaba mañana por la mañana, bien; si no se despertaba, también estaría bien. Si seguía viviendo, daba igual; si moría, daba igual: todo era igual.

No quedaba absolutamente nada por hacer mañana por la mañana, simplemente mañana ya no tenía sentido para él.

Y cuando alguien se va a dormir por la noche de tal manera que no hay planes para mañana, se produce el samadhi. Sushupti, el sueño profundo, se convierte en samadhi. No había ningún deseo para mañana, no quedaban objetivos, no quedaba nada por conseguir, no había ningún lugar adonde ir. La pregunta había sido: "¿Qué haré si estoy aquí por la mañana?". Hasta ahora sólo había que hacer y hacer y hacer, pero ahora no había nada que hacer en absoluto. Buda durmió aquella noche tan libre de todo propósito que no tenía ni idea de lo que haría si se despertaba por la mañana. Saldría el sol, cantarían los pájaros, pero ¿qué haría él? Y la respuesta era el vacío.

Cuando no hay objetivos, el futuro muere, el tiempo carece de sentido. Cuando no hay objetivos, todos los planes se hacen añicos y el movimiento de la mente se detiene. Para el movimiento de la mente son necesarios los planes, son necesarios los objetivos; para el movimiento de la mente es necesario algo que lograr, es necesario un futuro, es necesario algún tiempo. Y todo esto había desaparecido.

Buda se fue a dormir aquella noche como si fuera una persona que ha muerto en vida. Estaba vivo, pero había muerto. Por la mañana, hacia las cinco, abrió los ojos. Buda ha dicho: "No abrí los ojos". ¿Qué haría abriendo los ojos? No quedaba nada que ver, ni nada que oír, ni nada que alcanzar; no había razón para abrir los ojos. De ahí que Buda dijera: "Yo no abrí los ojos, ellos se abrieron solos. Estaban cansados de permanecer cerrados; habían estado cerrados toda la noche y ahora el descanso era completo y los párpados se abrieron solos". En su interior había un vacío.

Cuando no hay futuro, el interior se convierte en un vacío. En ese vacío, Buda vio la última estrella de la mañana que se ponía, y al verla se iluminó. Junto con esa estrella que desaparecía, desapareció todo el pasado de Buda. Junto con esa estrella desaparecida desapareció todo el viaje, toda la búsqueda.

Buda ha dicho: "Por primera vez vi una estrella que se ponía sin propósito en el cielo: no requería un propósito". No había ningún propósito en ello. Y verlo fue tan bueno como no haberlo visto.

Los ojos estaban abiertos y la estrella se veía. La estrella se ponía, seguía poniéndose. "Allí la estrella seguía poniéndose, allí el cielo se vaciaba de estrellas; aquí yo estaba completamente vacío por dentro, se producía el encuentro de dos cielos vacíos". Buda dijo además: "Lo que no pude alcanzar mediante una búsqueda incesante, lo alcancé aquella noche sin ninguna búsqueda. Lo que no pude alcanzar corriendo tras ello, lo alcancé aquella noche sentado, tumbado. Lo que no podía alcanzarse con esfuerzo, se alcanzó esa noche con reposo".

Pero, ¿por qué la alcanzó en ese momento? Porque la dicha es el resultado natural de ser un vacío interior.

Cuando corres tras la dicha y al hacerlo eres incapaz de convertirte en un vacío, la persecución de la dicha misma es la barrera; eres incapaz de convertirte en un vacío, por lo tanto su resultado natural no tiene lugar.

AQUEL CUYO YO ESTÁ ABSORTO ÚNICAMENTE EN BRAHMA, LA REALIDAD ÚLTIMA, PERMANECE SIN DESEOS Y SIN ACCIÓN. CUANDO SE PURIFICA POR SU UNIDAD CON BRAHMA Y SE AHOGA EN ESTE ÉXTASIS ÚNICO, LAS ACTIVIDADES DE LA MENTE NO TIENEN ELECCIÓN Y PERMANECEN SÓLO COMO LA CONCIENCIA; ENTONCES SE LLAMA PRAGYA, LA SABIDURÍA.

AQUEL QUE SIEMPRE TIENE TAL PRAGYA ES LLAMADO JIVANAMUKTA, EL LIBERADO MIENTRAS VIVE.

Así, cuando el cielo interior se hace uno con el cielo exterior, cuando la vacuidad interior se funde con la vacuidad exterior, todo se vuelve sin deseo y sin acción. Los deseos no pueden surgir sin un pensamiento: el pensamiento es perturbación de la mente. Recuerda, un pensamiento surge sólo porque uno quiere hacer algo.

La gente acude a mí y me dice que es incapaz de liberarse de los pensamientos. No estarás libre de pensamientos; tienes el deseo de hacer algo. Y cuando quieres hacer algo, ¿cómo puedes estar libre del pensamiento? Ese deseo de hacer algo, ese mismo plan es pensamiento. Aunque desees estar libre de pensamientos, no lo estarás, porque habrá pensamientos ocupados en planearlo. La gente me dice que se sientan y se esfuerzan por ser irreflexivos. Pero este plan de estar libre de pensamientos es en sí mismo una oportunidad para pensar. Así que la mente sigue pensando: "¿Cómo llegar a ser irreflexivo? Hasta ahora no te has vuelto irreflexivo. ¿Será posible que alguna vez seas irreflexivo? ¿Cuándo?

Recuerda, mientras haya algún deseo -de cielo, de autorrealización, de encontrar a Dios- los pensamientos continuarán. Los pensamientos no tienen la culpa. Todo lo que se entiende por pensamiento es que, sea lo que sea lo que desees, tu mente piensa en cómo conseguirlo. Mientras quede algo por conseguir, los pensamientos continuarán. El día que estés dispuesto a aceptar el hecho de que "no quiero lograr nada, ni siquiera la ausencia de deseo", de repente descubrirás que los pensamientos han empezado a desaparecer; ya no son necesarios.

Cuando todo en el interior se convierte en un vacío, cuando no hay planes, cuando no queda nada por lograr y no queda ningún lugar a donde ir, cuando todo el correr de un lado a otro pierde sentido y la conciencia se asienta a un lado del camino... abandonando toda preocupación por la meta, la meta ha sido alcanzada.

AQUEL CUYO YO ESTÁ ABSORTO ÚNICAMENTE EN BRAHMA, LA REALIDAD ÚLTIMA, PERMANECE SIN DESEOS Y SIN ACCIÓN.

Tal persona permanece sin deseos y sin acción. Nada surge dentro de él, su espejo está vacío, no hay imágenes en él. Y permanece sin acción. No hay impulso para hacer nada.

No significa que siga tumbado como un cadáver. No, las acciones suceden, pero no hay un plan para ellas. Entiende bien esta diferencia.

He venido aquí para hablar de este sutra del Upanishad. Si vengo después de planearlo, pensando en lo que hay que decir, en lo que no hay que decir, entonces habrá movimiento de pensamientos en la mente, estará perturbada. La mente seguirá trabajando. Pero si simplemente vengo, veo el sutra y empiezo a hablar, y me contento con lo que salga de mi boca, entonces el acto de hablar no es un acto. Si me voy después de hablar y en el camino siento que lo que dije no estuvo bien, que hubiera sido mejor si hubiera dicho esto o aquello, o que hubiera sido mejor si no hubiera dicho esto o aquello, entonces esto es sólo contaminación. Pero si en el momento en que termino de hablar no queda nada dentro de mí con respecto a lo que he hablado, ninguna corriente de pensamiento, entonces esto es no-acción.

He oído hablar de Abraham Lincoln. Una noche volvía a casa con su mujer después de haber pronunciado un discurso. Cuando llegó a casa, sus hijos le preguntaron: "¿Qué tal el discurso?". Lincoln respondió: "¿Qué discurso? ¿El que había preparado antes de pronunciarlo o el que pronuncié realmente, o el que pensé que debería haber pronunciado después de haberlo pronunciado? ¿A cuál se refiere? Hasta ahora he pronunciado tres: uno que ensayé mentalmente antes de ir allí, el segundo que pronuncié realmente, y el tercero del que me arrepentí después de que debería haber dicho esto y lo otro y me olvidé de decir esto, etcétera".

Este discurso es un acto. El acto no está en pronunciar el discurso, sino en su planificación previa. Así que si la mente decide por adelantado, o si la mente piensa en ello después, es contaminación de la mente. Si el acto simplemente tiene lugar -sin ninguna planificación previa o pensamiento posterior- entonces esta acción ha surgido de la no-acción.

La acción continuará. Buda se convierte en buda, pero la acción continuará, pero con una diferencia.

Krishna se convierte en Krishna, la acción continuará - pero con una diferencia.

El Gita es valioso precisamente en este aspecto, en que todo lo que Krishna ha dicho en él es totalmente espontáneo.

Nadie va a un campo de batalla preparado para dar un discurso en primer lugar. Krishna nunca hubiera siquiera pensado, nunca hubiera siquiera imaginado que se le requeriría hacer esto en el campo de batalla. No puede ser, ni siquiera en su mas salvaje imaginacion. Ciertamente no puede haber ninguna planificación previa al respecto. De repente, inesperadamente, accidentalmente, un suceso, y la fuente de Krishna brotó.

Esto no es un discurso, esto es un discurso que nace del no-discurso. Esto no es una acción, es una acción que nace de la no-acción. Por eso el Gita se volvió tan valioso. Porque fue tan accidental, se volvió tan valioso.

Hay muchas escrituras en el mundo, pero ninguna tiene un nacimiento tan accidental como el Gita.

Es un campo de batalla, las llamadas a la batalla mortal ya se han dado al soplar las caracolas; los guerreros están listos para atacar y matar o morir... ¿un diálogo religioso allí? No parece pertinente. Si el Gita hubiera ocurrido en un ashram, una ermita o en la comuna de un maestro, habría tenido sentido. Pero al ser tan espontáneo, se adentró en las entrañas de la India.

Nace de la no acción, nace sin ningún plan. Por eso la llamamos Bhagavadgita, Canción de lo Divino. En ella no hay planes humanos. En ella Krishna simplemente no se comporta como un ser humano. Es un mensaje que emana de lo divino.

Cuando todas las acciones nacen de la no-acción interior, y los pensamientos surgen de la ausencia de pensamientos, y las palabras nacen del silencio, a esa persona se le llama jivanamukta - alguien que está liberado mientras vive.

En la India existe el concepto de dos tipos de liberación. Un tipo de liberado es el jivanamukta, aquel que es libre mientras vive. El otro liberado es el que se libera en el momento de su muerte. Ambos tipos de liberación ocurren. Una persona sigue buscando y buscando durante toda su vida, y entonces, tal como hablé de Buda, busca y busca y un día se cansa de buscar, y sucede.

A veces ocurre que una persona busca toda su vida -no sólo seis años como Buda, sino toda su vida- y no se cansa. Sigue buscando y buscando, y sólo cuando llega su muerte se da cuenta de que toda la búsqueda ha sido inútil y no ha conseguido nada, y así, en el momento de la muerte, toda su búsqueda se relaja. Si justo antes de la muerte toda la búsqueda se relaja y todos los planes se detienen y no queda ningún futuro, entonces lo que le sucedió a Buda bajo el árbol Bodhi - lo mismo sucede bajo el árbol de la muerte. Entonces la muerte y la liberación ocurren simultáneamente; porque la muerte puede relajar a uno muy profundamente.

Si toda tu búsqueda ha sido en vano, si has llegado a la firme experiencia de que toda búsqueda es inútil, de que no has logrado nada en ninguna parte -ni en la vida mundana ni en el esfuerzo espiritual- nada se ha logrado.... Sólo entonces, si esto se vuelve absolutamente claro para ti y no queda ninguna exigencia de ningún tipo para el futuro que todavía quieras lograr algo, sólo entonces, cuando ni siquiera queda la sensación de que si no mueres ahora y vives unos días más puedas hacer algo más, sino que aceptas la muerte que se acerca....

Si todo es inútil, el hombre acepta la muerte. Así como Buda durmió esa noche, ni siquiera le quedó la duda de qué haría a la mañana siguiente. Del mismo modo, si alguien muere hacia el futuro en el momento de la muerte sin pensar "Ahora estoy muriendo y ciertas cosas han quedado incompletas....

Había algo que completar pero no se pudo completar; si consiguiera un par de días más podría completarlo..." Cuando no quedan tales sentimientos y la muerte desciende naturalmente, de la misma manera que desciende la tarde y el hombre se va a dormir, entonces tal muerte también se convierte en liberación. A esa persona se la llama liberada.

Pero este suceso a veces tiene lugar durante la vida y la persona sobrevive incluso después de la liberación.

Esta supervivencia depende de otros factores.

Cuando naces, tu cuerpo tiene una cierta cantidad de años incorporada - setenta años, ochenta años. Ahora bien, si este acontecimiento de la liberación tiene lugar a la edad de cuarenta años, el cuerpo está obligado a completar esos cuarenta años restantes. Tú puedes haber muerto a la edad de cuarenta años, pero el cuerpo morirá sólo después de completar ochenta años. Tú, como ego, ya no existes a la edad de cuarenta años, pero el cuerpo durará cuarenta años más. Ese es su propio plan incorporado; tiene sus propios arreglos de sus átomos. En el momento de nacer, el cuerpo llegó con su propia capacidad para durar ochenta años, y durará ese tiempo.

Así que Buda y Mahavira murieron a la edad de cuarenta años, pero sus cuerpos continuaron durante cuarenta años más. Todo el funcionamiento interno se detuvo, pero el cuerpo continuó funcionando. Es como si a tu reloj de pulsera le hubieras dado cuerda para funcionar siete días y luego te hubieras ido a una selva, te hubieras perdido, te hubieras caído y hubieras muerto; pero tu reloj de pulsera seguirá funcionando siete días más. A tu reloj le diste cuerda para siete días y tu muerte no cambia nada; sigue funcionando durante siete días - tic, tac, tic ....

Tu cuerpo es una máquina. Puede que hoy alcances el despertar definitivo, puede que hoy hayas muerto, pero tu cuerpo seguirá haciendo tic-tac. Este estado de la conciencia interior que se vuelve como si no fuera, y el tic-tac del cuerpo que continúa, se llama jivanamukta, liberado mientras se vive.

CUANDO SE PURIFICA POR SU UNIDAD CON BRAHMA Y SE AHOGA EN ESTE ÚNICO ÉXTASIS, LAS ACTIVIDADES DE LA MENTE NO TIENEN ELECCIÓN Y PERMANECEN SÓLO COMO LA CONCIENCIA; ENTONCES SE LLAMA PRAGYA, LA SABIDURÍA.

Cuando el intelecto no piensa en el otro, no piensa en absoluto y se vuelve irreflexivo, cuando se abandonan todos los pensamientos y sólo permanece en el interior la capacidad de pensar, cuando el intelecto no se asocia con ningún objeto y permanece puro -como una lámpara solitaria que arde en el vacío sin iluminar nada- para tal estado de conciencia la palabra india es pragya, la sabiduría. Entonces has alcanzado realmente la verdadera llama del conocimiento. Aquel en quien tal sabiduría es siempre una llama es un jivanamukta, el liberado mientras vive.

AQUEL QUE NO TIENE I-NESS PARA SU CUERPO Y LOS SENTIDOS, Y NO TIENE MY-NESS PARA LAS OTRAS COSAS, ES UN JIVANAMUKTA, EL LIBERADO MIENTRAS VIVE.

Sin duda, estos sentimientos desaparecerán. Mío", "yo" - estos han caído hace mucho tiempo. Es en la caída del ego cuando se produce la iluminación. Para tal persona no hay "yo" o "mío" asociado con nada. Una conciencia así ni siquiera puede afirmar que "yo soy el alma". No atribuye ningún sentido de "yo" a nada; sólo permanece el "soy". Nosotros usamos la expresión "yo soy"; una persona así usa la expresión "soy". Su "yo" cae, sólo permanece el estado de puro "soy".

Este "yo" ha sido llamado el estado de jivanamukta. Cuando el "yo" muere y el "soy" permanece, has alcanzado la autorrealización mientras vives.

Si nuestro esfuerzo en esta dirección está libre de deseo, este acontecimiento puede tener lugar ahora mismo. Si el deseo todavía está presente, se necesita tiempo.

Suficiente por hoy.

Frutas dulces

AQUEL QUE NUNCA CONOCE NINGUNA DIFERENCIA A TRAVÉS DEL INTELECTO ENTRE JIVA, EL ALMA ENCARNADA, Y BRAHMA, O ENTRE BRAHMA Y LA NATURALEZA, LA CREACIÓN, ES LLAMADO JIVANAMUKTA, AQUEL QUE ESTÁ LIBERADO MIENTRAS VIVE.

RESPETADO POR LOS BUENOS O INSULTADO POR LOS MALVADOS, AQUEL QUE PERMANECE SIEMPRE EN ECUANIMIDAD ES LLAMADO JIVANAMUKTA.

PARA EL QUE HA CONOCIDO LA ESENCIA BRAHMA, ESTE MUNDO YA NO SIGUE SIENDO EL MISMO DE ANTES. SI NO ES ASÍ, NO HA CONOCIDO EL ESTADO DE SER BRAHMA Y SIGUE SIENDO UN EXTROVERTIDO.

EN CUANTO A LA FELICIDAD, ETC., QUE SE EXPERIMENTA, SE LLAMA PRARABDHA, IMPRESIONES DE ACCIONES PASADAS ACUMULADAS; PORQUE EL SURGIMIENTO DE CUALQUIER FRUTO ES DE ACCIONES EN EL PASADO. NO HAY FRUTO EN NINGUNA PARTE SIN ACCIÓN.

DEL MISMO MODO QUE LA ACTIVIDAD ONÍRICA CESA AL DESPERTAR, LAS ACCIONES PASADAS ACUMULADAS DURANTE MILES DE MILLONES DE EONES SE DISUELVEN INSTANTÁNEAMENTE AL CONOCERLAS:

"YO SOY BRAHMA".

Algunas indicaciones más sobre el estado interior de un jivanamukta, el liberado mientras vive.

El jivanamukta es aquel que ha conocido la muerte mientras aún vivía. Tal como es, la muerte es conocida por todos, pero sólo en el momento de morir. A eso tampoco se le puede llamar conocer la muerte porque justo en el momento de morir la mente se vuelve inconsciente. Así que nunca conocemos nuestra propia muerte, siempre conocemos la muerte de los demás. Sólo has visto morir a otros, nunca te has visto morir a ti mismo. Así que nuestro conocimiento, incluso sobre la muerte, es prestado. Cuando alguien muere, ¿qué aprendemos de ello? Sabemos que ha perdido el habla, que sus ojos no pueden ver, que su pulso ha cesado y que su corazón se ha parado. Sólo sabemos que el mecanismo del cuerpo ha dejado de funcionar, pero no sabemos nada de lo que le ha ocurrido al que estaba oculto tras el mecanismo del cuerpo, ni si realmente había algo oculto tras él o no, ni si ese ser oculto se ha salvado o no.

La muerte sucede en el interior, y todo lo que somos capaces de ver son sus síntomas en el exterior. ¿Cómo se puede conocer la muerte viendo morir a los demás? Nosotros también hemos muerto muchas veces, pero nunca hemos podido vernos morir, porque habíamos quedado inconscientes antes de morir.

Así que puedes ver morir a muchas personas, pero nunca llegas a creer que tú también vas a morir. ¿Has creído alguna vez que tú también vas a morir? Mucha gente puede empezar a morir cada día, el cementerio entero puede llenarse de ellos, alguna epidemia puede extenderse y verás cadáveres por todas partes - aún así uno siempre siente que sólo otros están muriendo. Nunca sientes en tu interior que tú también vas a morir. Incluso si esa conciencia de la muerte llega, se queda sólo en la superficie, nunca entra en lo más profundo. ¿Por qué? Porque nunca hemos visto nuestra propia muerte, no tenemos ninguna experiencia de ella, no tenemos ningún recuerdo de la muerte. Por mucho que pensemos hacia atrás en el pasado nunca llegamos a descubrir que hayamos muerto antes. Así que algo que nunca ha sucedido en el pasado, ¿cómo puede suceder en el futuro?

Todos los cálculos de la mente se basan en el pasado. Incluso cuando la mente piensa en el futuro, sólo lo hace en el lenguaje del pasado. Lo que ocurrió ayer, sólo eso puede ocurrir mañana, con una pequeña diferencia aquí y allá. Pero lo que nunca ha sucedido antes, ¿cómo puede suceder mañana? Por eso la mente nunca es capaz de creer en la muerte. Y cuando la muerte sucede, la mente ya está inconsciente.

Así, las dos grandes experiencias de la vida, el nacimiento y la muerte, nunca las experimentamos. Nacemos y morimos, y si somos incapaces de experimentar estos dos grandes acontecimientos del nacimiento y la muerte, entonces ¿cómo podemos experimentar y qué podemos experimentar de la vida que fluye entre ambos? Quien es incapaz de conocer el principio de la vida, quien es incapaz de conocer el final de la vida, ¿cómo puede conocer el medio de la vida?

La corriente que fluye entre el nacimiento y la muerte es la vida. No conocemos ni el principio ni el final; el medio está destinado a permanecer desconocido. Es posible que tengamos un vago conocimiento, como algo que oímos desde muy lejos o como un sueño que hemos visto. Pero no tenemos contacto directo con la vida.

El significado de jivanamukta es una persona que ha conocido la muerte durante la vida al despertar, al volverse consciente.

Esta palabra jivanamukta es maravillosa. Tiene muchos significados diferentes. Un significado puede ser: el que se libera durante la vida. Otro significado puede ser: uno que se libera de la vida. El segundo significado es más profundo. En realidad, el primer significado sólo es útil cuando se conoce el segundo. Sólo quien se libera de la vida puede liberarse en vida.

¿Quién se liberará de la vida?

Sólo puede liberarse de la vida quien ha sabido que toda la vida es un proceso de muerte; quien ha visto que eso que llamamos vida es sólo una larga marcha hacia la muerte.

Después de nacer no hacemos otra cosa que morir. Podemos estar haciendo cualquier cosa: la marcha hacia la muerte continúa a cada momento. La tarde llega después de la mañana y hemos muerto durante doce horas más. Entonces la mañana vendrá otra vez después de esta tarde y habremos muerto durante doce horas más.

La vida sigue agotándose gota a gota; el tiempo sigue vaciándose.

Lo que llamamos vida es, en realidad, un largo proceso de muerte. Después de nacer, sea lo que sea lo que uno esté haciendo, definitivamente está haciendo una cosa: morir, seguir muriendo. Nada más nacer, uno ya ha empezado a morir. En el primer aliento que toma un niño, ya se han hecho los preparativos para su último aliento. Ya no hay forma de evitar la muerte. El que nace morirá tarde o temprano; la diferencia puede ser de tiempo, pero la muerte es segura.

Quien ha visto la vida como un largo proceso de muerte... Digo ha visto, no ha comprendido. También puedes entender, "¿Así es como es?" - eso también puedes hacerlo Pero con eso no serás un jivanamukta. No, uno que ve, uno que se convierte en testigo de ello, es uno que ha visto que cada momento está muriendo.

Una cosa de la que nunca nos damos cuenta es que "yo moriré"; siempre son los demás los que mueren. En segundo lugar, incluso si inferimos nuestra muerte a través de la muerte de otros, entonces también es algo que sucederá en el futuro; por ahora puede posponerse. No sucede ahora, hoy. Incluso un hombre que yace en su lecho de muerte no piensa que su muerte está ocurriendo hoy, en este momento. Él también evita, pospone, el mañana. Al evitarlo, nos salvamos. Para nosotros la vida es ahora y la muerte está lejos en el tiempo.

Quien ha visto que toda la vida es un proceso de muerte también ha visto que la muerte no es mañana, sino ahora, en este mismo momento: "Ya estoy muriendo en este mismo momento. ¿Cómo ver, cómo darme cuenta de que mi muerte está ocurriendo en este mismo momento?". Si uno es capaz de ver, entonces no tiene ansia de vivir. Buda ha dicho que quien no ansía vivir es un jivanamukta. Aquel que no exige que le den más vida, aquel que no desea vivir más, aquel que no tiene ansia de vivir más, aquel que aceptará la muerte con gracia si llega ahora, aquel que no le pedirá a la muerte ni un momento más - "Espera, déjame arreglar los asuntos"-, aquel que siempre está dispuesto a vivir cada momento, esa persona es un jivanamukta.

Aquel cuyo deseo de vivir ha terminado puede liberarse de la vida. Aquel que se libera de la vida se convierte en un jivanamukta - entonces se libera mientras vive. Entonces aquí y ahora está con nosotros pero no es como nosotros.

Él también se sienta, se levanta, come, bebe, camina, duerme, pero la calidad misma de todas estas actividades se transforma. Si hace todo como nosotros, no está haciendo lo mismo que nosotros. Este mundo, tal y como lo vemos nosotros, sigue siendo el mismo, pero a él le parece diferente: su ángulo de percepción ha cambiado; el centro de su visión ha cambiado; para él, el mundo entero se ha transformado. La definición y las indicaciones sobre tal liberación mientras se vive están en estos aforismos.

Intentaremos comprenderlos uno tras otro.

AQUEL QUE NUNCA CONOCE NINGUNA DIFERENCIA A TRAVÉS DEL INTELECTO ENTRE JIVA, EL ALMA ENCARNADA, Y BRAHMA...

... Los pocos amigos que están bajo la influencia de la tos deben salir de aquí inmediatamente.

O dejar de toser y permanecer sentado. Pero las dos cosas juntas no sirven.

AQUEL QUE NUNCA CONOCE NINGUNA DIFERENCIA A TRAVÉS DEL INTELECTO ENTRE JIVA, EL ALMA ENCARNADA, Y BRAHMA, O ENTRE BRAHMA Y LA NATURALEZA, LA CREACIÓN, ES LLAMADO JIVANAMUKTA, AQUEL QUE ESTÁ LIBERADO MIENTRAS VIVE.

La primera característica: aquel que no ve a través de su intelecto ninguna diferencia entre el alma que está oculta dentro de uno mismo y el Brahma que está oculto dentro de la creación, es un jivanamukta.

Hay dos cosas en él. "Ninguna diferencia se ve a través del intelecto". Todas las diferencias son hechas por el intelecto, la mente. El intelecto es el mecanismo que nos permite ver las cosas como diferentes. Al igual que cuando sumergimos un palo en el agua, el palo parece doblado; lo sacamos del agua y vuelve a parecer recto. Si lo volvemos a meter en el agua, vuelve a parecer doblado. El palo no se dobla en el agua, sólo aparece doblado porque la trayectoria de los rayos de luz en el agua y fuera del agua son diferentes. En el medio acuático, los rayos se curvan y, por tanto, el palo aparece curvado.

Sumerja cualquier objeto recto en agua y parecerá doblado. Los objetos en sí no se doblan, sólo parecen doblados. Lo interesante es que usted sabe perfectamente que los objetos en realidad no se doblan, pero aun así los ve doblados. Puedes hacer el experimento tantas veces como quieras, el resultado será el mismo. Mete la mano en el agua y sentirás que el objeto sigue recto. Sin embargo, tus manos y tus ojos dan informaciones contradictorias. El medio aire y el medio agua cambian la trayectoria de los rayos de luz.

Entendámoslo de otra manera. Es posible que hayas visto un prisma. Si los rayos del sol pasan a través del prisma, los rayos se dividen en siete colores.

Es posible que hayas visto un arco iris. Eso también es un juego con el principio del prisma. ¿Qué ocurre realmente cuando ves un arco iris? Los rayos del sol siempre vienen hacia la Tierra, pero cuando hay pequeñas gotas de agua en la atmósfera, estas gotas funcionan como un prisma y dividen los rayos del sol en siete colores, que se ven como un arco iris. Un arco iris no es más que los rayos del sol pasando a través de las gotitas de agua. No habrá arco iris si no hay sol en el cielo o si no hay nubes y gotas de agua.

Un prisma, o gotas de agua, dividen los rayos del sol en siete colores; son medios. Si ves los rayos solares atravesar una gota de agua, verás siete colores. Si lo ves sin gotas de agua, es blanco, no tiene color. El blanco no es un color, es una ausencia de colores.

La mente, el intelecto, también es similar, actúa como un medio. Así como un objeto aparece doblado dentro del agua y la luz que pasa a través de un prisma se divide en siete colores, la mente, los pensamientos, son de forma similar un medio sutil. Todo lo que reconocemos a través de ella se divide en dos, se crea una división.

El intelecto crea división. Si miras cualquier cosa a través del intelecto... por ejemplo, cuando miramos la luz la mente la divide de inmediato en dos partes: oscuridad y luz. De hecho en la existencia no hay división entre luz y oscuridad; son las expansiones progresivas y regresivas de una realidad. Por eso algunos pájaros son capaces de ver en la oscuridad. Si la oscuridad fuera absoluta, el búho no podría ver. Sólo puede ver porque en la oscuridad también hay algo de luz. Sólo que nuestros ojos no son capaces de captar esa luz y los ojos del búho sí. La oscuridad también es luz sutil.

Si hay una luz muy brillante, nuestros ojos no pueden verla. Nuestros ojos tienen un espectro limitado de visión; no pueden ver por encima ni por debajo de él. Más allá de estos límites superior e inferior hay oscuridad para nuestros ojos. ¿Se ha dado cuenta alguna vez de que si sus ojos se enfrentan de repente a una fuente de luz muy brillante todo se oscurece ante usted? El ojo no es capaz de ver tanta luz.

Así pues, la oscuridad es de dos tipos. Lo que vemos como luz llega hasta donde lo permite el espectro de nuestra capacidad de visión. Por encima y por debajo hay oscuridad. Si la capacidad de nuestros ojos se reduce, la luz se convierte en oscuridad; si la capacidad de nuestros ojos aumenta, la oscuridad se convierte en luz. El ciego no tiene ninguna capacidad de ver, así que todo es oscuridad, no hay luz para él. Pero la luz y la oscuridad son uno en la existencia. Es debido a nuestro intelecto que aparecen como dos.

El intelecto divide todo en dos. Tal y como el intelecto ve las cosas, nada puede permanecer indiviso.

El intelecto es análisis, el intelecto es discriminación, el intelecto es división. Por eso el nacimiento y la muerte nos parecen dos, porque vemos a través del intelecto; de otro modo no serían dos. El nacimiento es un principio, la muerte es el final; son dos extremos de la misma cosa. Vemos la felicidad y la infelicidad como dos cosas separadas; esto se debe al intelecto, de lo contrario no serían dos.

Por eso la felicidad puede convertirse en infelicidad y la infelicidad en felicidad. Lo que hoy parece felicidad, mañana por la mañana puede convertirse en infelicidad. La mañana está lejos; lo que ahora aparece como felicidad puede convertirse en infelicidad en el momento siguiente.

Esto debería ser imposible. Si la felicidad y la infelicidad son dos cosas, dos cosas separadas, entonces la felicidad nunca debería convertirse en infelicidad y la infelicidad nunca puede convertirse en felicidad. Pero este cambio continúa a cada momento. Ahora hay amor, ahora se convierte en odio. Hace un momento había atracción, ahora se convierte en repulsión. Hace un momento se sentía amistad, ahora se ha convertido en enemistad. No son dos cosas, de lo contrario el cambio de una a otra sería imposible. Quien hace un momento estaba vivo, ahora está muerto. Así que la vida y la muerte no pueden ser dos cosas separadas, de lo contrario, ¿cómo puede un hombre vivo estar muerto? ¿Cómo puede la vida convertirse en muerte?

Nuestro error es dividirlo todo en dos. Nuestra propia forma de ver es tal que las cosas se dividen en dos.

Cuando uno deja de lado esta forma de ver, cuando quita la mente de delante de sus ojos y mira el mundo sin la mente, todas las divisiones desaparecen. La experiencia de la no dualidad, la experiencia del vedanta en esencia, es la experiencia de aquellos que han mirado el mundo dejando a un lado su intelecto. Entonces el mundo ya no es el mundo, se convierte en Dios. Entonces lo que veíamos como el alma encarnada dentro de nosotros y Dios ahí fuera, tampoco son más que dos extremos de una misma realidad. Lo que yo soy aquí, en el interior, y lo que se extiende allí, por todas partes, ambos se convierten en uno: tattvamasi, "Eso eres tú".

Entonces experimentas que no eres sólo uno de los extremos de "eso". "El mismo cielo de esta vasta existencia también está tocando mi mano aquí. La misma extensión de aire que está rodeando toda la tierra también está entrando en mí como mi aliento". La fuerza vital de toda esta existencia está pulsando y debido a eso toda la vida es: las estrellas se mueven, y el sol sale y hay luz de la luna, los frutos vienen a los árboles y los pájaros cantan sus canciones, y el hombre vive. "Esta fuerza vital oculta en todo, esta gran pulsación en algún lugar del centro del universo y esta pequeña pulsación de mi corazón en mi cuerpo, deben ser los dos extremos de una misma cosa". No son dos.

Pero esto sólo puede experimentarse cuando no se ve a través del intelecto. Es muy difícil ver manteniendo la mente a un lado, porque normalmente vemos sólo a través del intelecto. Nuestro hábito está muy arraigado.

¿Cómo vas a ver si no es a través del intelecto? Cualquier cosa que veas, surgirá un pensamiento.

Párate cerca de una flor. Apenas has visto la flor y tu mente empieza a preguntarte: "¡Es una flor de rosa, es muy bonita! Fíjate qué agradable es su fragancia". Ni siquiera has visto bien la flor, su eco aún no ha tocado tu ser, y el intelecto ha empezado a alimentar la información de sus experiencias pasadas y sus recuerdos: es una flor de rosa, es fragante y hermosa. La mente hace estas afirmaciones y ha extendido su cortina en medio. La flor ha permanecido fuera, tú has permanecido dentro, y una cortina de pensamientos de tu intelecto ya se ha extendido en medio. Ahora sólo ves la flor desde detrás de esa cortina. Todo lo que vemos es así.

Así que es necesario un gran esfuerzo para trascender este intelecto y ver directamente. Estás sentado cerca de una flor: no dejes que el intelecto se interponga. Mira la flor directamente, no dejes que surja ni un solo pensamiento de que es una flor de rosa, que es hermosa, no dejes que se forme ninguna palabra. Inténtalo durante un rato, y a veces tendrás una visión momentánea de una situación en la que tú estarás a un lado, la flor estará al otro, y entre los dos no habrá ningún pensamiento por un momento.

Entonces podrás ver en esa flor un mundo que nunca antes habías conocido.

Tennyson ha dicho: "Si uno puede ver siquiera una flor por completo, ha visto el mundo entero. No queda nada más por ver". Así es, porque el mundo entero está contenido en una flor. Lo que llamamos diminuto es la imitación de lo vasto. Lo que llamamos micro no es más que una forma más pequeña de lo macro.

Igual que todo el cielo puede reflejarse en un pequeño espejo, igual que los millones de estrellas del firmamento pueden destellar a través de un ojo humano, todo el universo puede verse en una pequeña flor. Sin embargo, esto sólo es posible cuando tu intelecto no se interpone.

Sigue practicándolo. Estás sentado tranquilamente, los pájaros cantan: no dejes que la mente interfiera - sólo sé el oído, escucha y no pienses. Al principio será muy difícil debido a los hábitos; por lo demás no hay razón para ninguna dificultad. Pero poco a poco, poco a poco irán surgiendo vislumbres. Un día el pájaro seguirá cantando, tu intelecto no tendrá nada que decir; seguirás escuchando y se establecerá una relación directa entre tú y el pájaro, sin ningún medio. Entonces te sorprenderás mucho; entonces te resultará difícil decidir si estás cantando tú o está cantando el pájaro, si estás escuchando tú o está escuchando el pájaro.

En el momento en que tu intelecto ha dejado de estar en medio, tú y el canto del pájaro os convertís en los dos extremos de una misma cosa. La garganta del pájaro es un extremo y tu oído es el otro, y el canto se convierte en el puente. La flor que está floreciendo allí y tu corazón que está dentro, tu consciencia que está dentro, se convierten en parte de un mismo fenómeno y las vibraciones que corren entre los dos se convierten en el puente que los une.

Entonces uno no siente que la flor está floreciendo allá a la distancia y que tú la estás viendo parada aquí a la distancia, entonces uno siente que "yo estoy floreciendo en la flor y la flor está parada y viendo desde dentro de mí". Pero esto tampoco lo sientes en ese mismo momento, lo sientes sólo cuando has salido de ese momento. En ese momento, ni siquiera esto se nota, porque la entidad que nota, piensa y contempla -la mente- ha sido puesta a un lado. Entonces la experiencia en cada momento se convierte en la experiencia del Brahma, la realidad última.

Alguien pregunta a Bokoju: "¿Cuál es tu experiencia de Dios?". Bokoju responde: "¿Dios? No sé nada de Dios".

"¿Qué haces, cuál es tu disciplina espiritual?", pregunta el preguntón.

Bokoju estaba sacando agua del pozo en ese momento. Y dijo: "Cuando voy a por agua al pozo, no estoy seguro de si soy yo quien va a por agua o si es el pozo quien va a por agua y yo soy el pozo. Y cuando mi cubo baja al pozo, no sé si el cubo ha entrado en el pozo o yo he entrado en el pozo. Y cuando el cubo está lleno y empieza a subir, créeme, no tengo nada claro qué es qué y qué está pasando. Pero ahora que me lo has preguntado, te lo digo después de pensarlo. Sólo porque me lo has preguntado, lo he pensado y te lo he dicho, de lo contrario ya no existo. No tengo ni idea de Dios. Ni siquiera tengo idea de mí mismo".

Cuando se ha perdido toda idea incluso de quién y qué se es, lo que entonces se conoce en ese momento es lo que es Dios. ¿Cuándo se pierde la noción de quién es uno mismo? Cuando el intelecto que atribuye pensamientos a todo ya no permanece contigo. El trabajo mismo del intelecto es unir pensamientos, etiquetar todo, dar palabras, nombre y forma a todo.

Cuando un niño nace y abre los ojos por primera vez no tiene intelecto. El intelecto se desarrollará lentamente después; se formará, se educará y se condicionará. Los científicos dicen que cuando el niño abre los ojos por primera vez no ve ninguna división. El color rojo también le parecerá rojo al niño, pero no puede experimentar que es rojo porque todavía tiene que aprender la palabra rojo. El color verde también le parecerá verde al niño, porque los ojos pueden ver el color, así que verá el verde, pero no podrá decir que es verde.

El niño ni siquiera puede decir que es de color. El niño tampoco puede decir dónde acaba el rojo y dónde empieza el verde, porque aún no conoce el rojo y el verde.

A los ojos del niño, el mundo aparece como un todo integrado, donde las cosas se mezclan unas con otras y nada puede separarse. Es una experiencia oceánica, indivisible. Pero esto también es una deducción nuestra: es difícil decir qué le ocurre al niño.

Los iluminados, aquellos que han vuelto a ser como niños, que han vuelto a ser tan simples como cuando no tenían mente, que ahora se han vuelto inocentes y simples como cuando no tenían intelecto, tienen tales experiencias en las que todo se vuelve uno. Una cosa se une con la segunda, la segunda se une con la tercera, y así sucesivamente. La separación de las cosas deja de verse, sólo se ve la conexión interna entre ellas.

Nuestra condición es tal que sólo somos capaces de ver las cuentas del collar; el hilo que las atraviesa y las une no se ve. El intelecto sólo ve las cuentas. Cuando el intelecto se aleja, la conciencia interior, libre de intelecto, ve ese hilo oculto que recorre todas las cuentas. Ve la unidad que lo abarca todo, que lo conecta todo, que está oculta dentro de todo y que es la base de todo.

Siempre que el intelecto funciona, divide. La ciencia es el sistema del intelecto, de ahí que la ciencia divida, analice. La ciencia ha llegado al átomo después de dividir y subdividir. La ciencia sólo ve trozos, partes; no puede ver la unidad en absoluto.

La religión renuncia al intelecto y entonces comienza un proceso inverso: las cosas se van uniendo y convirtiendo en una sola.

La ciencia ha llegado al átomo, la religión llega a Dios. El intelecto sigue descomponiendo las cosas en sus componentes. Dios es un nombre para la cosa más grande que podríamos sintetizar con la ausencia de intelecto. Al utilizar el intelecto para descomponer las cosas, hemos llegado al átomo - el átomo es el poder de la ciencia. Al ver sin intelecto hemos experimentado a Dios - Dios es el poder de la religión.

Por lo tanto, recuerda, cualquier religión que se divide no es una religión - no importa dónde se divide, en qué nivel se divide. Si un hindú se separa de un mahometano, entiende que son meramente políticas de dos tipos, no religión. Si un Jaina aparece separado de un Hindú, comprende que son meramente tipos de sistemas sociales, no religión. Comprende que detrás de todos ellos está trabajando el intelecto que sólo tiene la capacidad de dividir. Y detrás de ellos no hay experiencia de la conciencia que ha trascendido el intelecto - donde todo se sintetiza y se convierte en uno.

AQUEL QUE NUNCA CONOCE NINGUNA DIFERENCIA A TRAVÉS DEL INTELECTO ENTRE JIVA, EL ALMA ENCARNADA, Y BRAHMA, O ENTRE BRAHMA Y LA NATURALEZA, LA CREACIÓN, ES LLAMADO JIVANAMUKTA,

AQUEL QUE ESTÁ LIBERADO MIENTRAS VIVE.

RESPETADO POR LOS BUENOS O INSULTADO POR LOS MALVADOS, AQUEL QUE PERMANECE SIEMPRE EN ECUANIMIDAD ES LLAMADO JIVANAMUKTA.

La ecuanimidad es lo primero, la no-dualidad lo segundo. La ecuanimidad es una palabra un poco difícil de entender, porque la utilizamos vagamente para significar cosas diferentes.

Una persona puede abusar de ti y otra puede inclinarse ante ti. Ahora bien, ¿qué entendemos por ecuanimidad en relación con esto? ¿Significa que debes hacer un esfuerzo y controlarte para no enfadarte con el que te ha maltratado y no complacerte con el que te ha respetado? No, si hay algún esfuerzo o control no es ecuanimidad; es sólo un autocontrol impuesto, es una autorregulación, una disciplina. La ecuanimidad significa que no hay ninguna reacción en ti, tanto si te maltratan como si te respetan, una ausencia total de reacción en tu interior. Simplemente nada se agita dentro de ti.

El maltrato queda fuera y el respeto queda fuera; dentro no entra nada de nada.

¿Cuándo sucederá esto? Esto sólo ocurre cuando hay un testigo en el interior.

Cuando alguien abusa de nosotros se produce una reacción. Al oír un abuso sentimos inmediatamente que "han abusado de mí", y comienza el sufrimiento. Cuando alguien nos respeta nos sentimos felices porque sentimos que "soy respetado". Significa que cualquier cosa que te hagan, te identificas con ella. Por eso se crea sufrimiento y placer, se crea desarmonía y se pierde el equilibrio.

Una persona moral también intenta alcanzar la ecuanimidad, pero esa ecuanimidad se impone, se cultiva. Esa persona se consuela con: "¿Y si alguien ha abusado de mí? No hay daño". Y si alguien le respeta, piensa: "De acuerdo, ése es su deseo. Permaneceré en ecuanimidad entre los dos". Este tipo de ecuanimidad se queda en la superficie, no profundiza mucho, porque este hombre no tiene contacto con su testigo. Su ecuanimidad está orientada al carácter. Así que a veces, en algún momento no muy consciente, puede ser provocado; en algún momento en que puede haber una pequeña grieta en su carácter, su desarmonía interior puede manifestarse.

A los ojos de la Upanishad, la ecuanimidad orientada al carácter no tiene valor. A los ojos del Upanishad, sólo la ecuanimidad derivada del ser tiene valor. La ecuanimidad orientada al ser significa que, pase lo que pase fuera, tú sigues siendo el testigo.

Algunas personas maltrataron y tiraron piedras a Ramateertha cuando estaba en Nueva York. Cuando regresó a casa, estaba bailando. Un discípulo le preguntó: "¿Qué ha pasado, por qué estás tan contento?".

Ramateertha respondió: "Es una cuestión de alegría". Hoy Ramateertha se encontraba en grandes dificultades. Algunas personas empezaron a insultarle, a ridiculizarle y otras a tirarle piedras. Ha sido muy divertido ver a Ramateertha acosado y atrapado. Estaba muy atrapado".

Sus discípulos se quedaron perplejos y preguntaron: "¿De quién estás hablando? ¿Quién es ese Ramateertha?"

Ramateertha respondió, manteniendo las manos sobre el pecho: "Este Ramateertha estaba muy atrapado y yo sólo observaba y disfrutaba viéndole atrapado. Vi a los que abusaban de él y también vi a ese Ramateertha atrapado y maltratado. Seguí observando toda la escena".

Cuando has alcanzado esta tercera perspectiva, sólo entonces hay ecuanimidad. Si sólo tienes dos perspectivas no puede haber ecuanimidad; entonces sólo existe el maltratador y el maltratado. Puedes tratar de mantenerte armonioso -porque ésa es la característica de una persona que trata de ser un buen hombre-, pero ésa es sólo una manera de consolarte a ti mismo: "No importa, si alguien abusó de mí ¿qué daño me hace?". Pero esto es sólo un autoconsuelo, y tú estás sintiendo el abuso, de ahí este autoconsuelo. Dices: "El hombre se ha hecho daño a sí mismo al usar palabras abusivas; ¿qué he perdido yo con todo esto?". Pero sí has perdido algo, de ahí este autoconsuelo.

Un buen hombre vive consolándose. Piensa: "Está bien, abusó de mí, así que está creando su propio mal karma, cosechará sus frutos. ¿Por qué debería decir algo? Ha abusado de mí, sufrirá e irá al infierno porque ha pecado". Este hombre se está consolando a sí mismo. Él mismo no puede crear el infierno para el maltratador, así que deja que Dios complete el trabajo. Esta empleando a Dios a su servicio - pero solo se esta consolando a si mismo. Esta diciendo que aquellos que siembran las semillas equivocadas cosecharan los frutos equivocados.

Quien siembra buenas semillas, recogerá buenos frutos. "Y yo sembraré sólo buenas semillas, para cosechar buenos frutos. Este hombre está sembrando semillas equivocadas, así que que tenga sus frutos equivocados". Incluso puede llegar al extremo de decir: "Aunque alguien me siembre espinas, yo sólo le sembraré flores, porque en el futuro el otro cosechará espinas y yo cosecharé flores". Pero este tipo de pensamiento sólo refleja una mente empresarial calculadora. Es una especie de mente prudente, negociadora, no es ecuanimidad.

¿Dónde está la ecuanimidad? La ecuanimidad es sólo cuando más allá de la dualidad, más allá de los dos puntos opuestos, se empieza a ver la tercera perspectiva: "Aquí está el maltratador, aquí está mi cuerpo y mi nombre que están siendo maltratados, y aquí estoy yo, la tercera persona, que lo está observando todo. Si estoy a la misma distancia tanto del maltratador como del maltratado, entonces hay ecuanimidad. Si hay incluso una pequeña diferencia en la distancia -si el que abusa de mí aparece a una distancia mayor que yo, el abusado- la ecuanimidad ya se ha perdido; la desarmonía se ha instalado".

La ecuanimidad significa que la balanza está equilibrada y tú te conviertes en el tercero en medio, como el puntero de la balanza: firme, sin inclinarte ni hacia un lado ni hacia el otro; sin inclinarte ni hacia el maltratador ni hacia el maltratado, permaneciendo más allá y limitándote a observar.

Este presenciar es ecuanimidad. Y un jivanamukta vivirá en ecuanimidad, porque el jivanamukta surge del presenciar.

Entiende bien este segundo sutra: a través del autoconsuelo nace un hombre bueno, a través del testimonio nace un santo. Y hay una gran diferencia entre un santo y un hombre bueno. Un hombre bueno es un santo sólo en la superficie, por dentro no hay diferencia entre él y un hombre malvado. Un hombre malvado es malvado tanto por fuera como por dentro. Un buen hombre es bueno por fuera y malvado por dentro. Por lo tanto, hay una gran diferencia entre un hombre bueno y un santo.

En cierto sentido, el santo y el malvado son similares. El malvado es malvado por fuera y por dentro. El hombre bueno es bueno por fuera y malo por dentro, y un santo es bueno tanto por fuera como por dentro.

La similitud es que el malvado es uniforme tanto por dentro como por fuera y el santo es uniforme tanto por dentro como por fuera. Sus formas son diferentes pero su uniformidad es la misma. Y un buen hombre está colgado entre estos dos; por lo tanto no hay fin a la miseria de un buen hombre porque su mente es como la de una persona malvada pero su comportamiento es como el de un santo. Por lo tanto, un buen hombre vive en un gran dilema. En su mente siempre hay una dualidad.

La gente viene a verme y me dice: "Yo nunca he hecho nada malo, nunca he cometido un robo ni he engañado a nadie, y estoy sufriendo mucho. En cambio, los que han cometido robos y han engañado a otros están bien y disfrutan. Así que no hay justicia en este mundo".

O el hombre bueno se consuela a sí mismo de que cualquiera que sea su condición ahora, hay una ley divina que prevalece; puede haber algún retraso en ella, pero la ley está ahí.

Se consuela: "Hay un pequeño retraso y por ahora los deshonestos están triunfando, pero al final seré yo quien triunfe". Se consuela de que hay retraso, pero no de la falta de la ley divina. Pero un punto está claro, que está experimentando un retraso. Y también le acecha una duda: "¿No será que algo no está bien en mi suposición de la existencia de una ley divina?

¿Será que voy a perder por los dos extremos, ni la ganancia material aquí ni ninguna meta espiritual alcanzada allí? ¿Podría ser que esté perdiendo riqueza material ahora sólo para descubrir más tarde que Dios simplemente nunca existió? ¿Que el que ha logrado obtener riqueza material aquí también gana al final?".

Esta duda persistente es una compañera constante del hombre bueno. Y tener dudas sobre la bondad de uno, claramente significa sólo una cosa, que los deseos internos de uno no son diferentes de los de un hombre malvado. En tu interior deseas hacer y ganar lo mismo que el hombre malvado está haciendo y ganando, pero de alguna manera has mantenido el comportamiento de un hombre bueno. Tu codicia es doble. Tu carro tiene bueyes enjaezados en ambos extremos y está siendo tirado en dos direcciones. Estás codicioso de tener dinero y fama para satisfacer tu ego - todas las codicias de cualquier hombre malvado son también tus codicias - y también estás codicioso de alcanzar a Dios, el alma, la liberación, la paz y la dicha; todas las codicias de cualquier santo son también tus codicias.

Tu codicia es doble y sufres entre las dos codicias. Y es por eso que un buen hombre a menudo se encuentra menos en paz que cualquier otro.

Si un hombre bueno está en paz, se convierte en santo. Si un buen hombre no está en paz, entonces si no hoy, mañana se convertirá en un hombre malvado. No puede seguir así mucho tiempo. Desde esa posición intermedia tiene que bajar o subir, pero no hay forma de permanecer en el medio.

Un jivanamukta es un santo. No hace ningún mal a nadie, pero no porque no hacer el mal se vuelva en su contra algún día; no, no puede hacer ningún mal porque está parado en ese tercer punto donde nunca se ha hecho ningún mal.

Alejandro Magno quiso llevarse a un sannyasin indio a su propio país. El nombre de ese sannyasin era Dandami. Pero Dandami no estaba dispuesto a ir. Alejandro sacó su espada y le amenazó diciendo: "Te cortaré en pedazos si no aceptas. Incluso el Himalaya tendría que venir conmigo si yo lo ordenara".

Dandami dijo: "Quizá el Himalaya vaya contigo, pero no podrás llevarme a mí".

Alejandro no podía entender la fuente de la fuerza de este flaco faquir que permanecía desnudo sobre las arenas de la orilla del río y hablaba con tanto valor. Ordenó a sus soldados y, de repente, Dandami se vio rodeado de espadas desnudas a su alrededor. Dandami se rió a carcajadas y dijo: "No me estáis rodeando, estáis rodeando lo que yo no soy. No tenéis capacidad para rodearme, porque mi tamaño se ha hecho uno con el tamaño de la vasta existencia".

Alejandro dijo: "No entiendo esta charla filosófica, sólo entiendo el lenguaje de la espada, y pronto tu cabeza rodará por el suelo".

Dandami dijo: "Será muy divertido. Usted verá rodar la cabeza por el suelo y yo también la veré rodar por el suelo: los dos veremos el mismo acontecimiento".

Esta es la tercera perspectiva: "También veré la cabeza rodando por el suelo".

Si puedes ver tu propia cabeza cortada y rodando por el suelo, significa que no tienes identificación alguna con tu cuerpo, que te has convertido en testigo de tu cuerpo, que estás fuera y lejos de tu propio cuerpo.

Sólo en este punto es el nacimiento de la santidad, y sólo en este punto es la liberación mientras se vive.

PARA EL QUE HA CONOCIDO LA ESENCIA BRAHMA, ESTE MUNDO YA NO SIGUE SIENDO EL MISMO DE ANTES. SI NO ES ASÍ, NO HA CONOCIDO EL ESTADO DE SER BRAHMA Y SIGUE SIENDO UN EXTROVERTIDO.

El mundo seguirá siendo el mismo. Por tu cambio, el mundo no cambiará, pero por tu cambio, tu mundo cambiará.

Como he dicho antes, todos tenemos nuestros propios mundos. Si soy ignorante, las montañas de Mount Abu seguirán siendo las mismas, y cuando despierte, también las montañas de Mount Abu seguirán siendo las mismas.

El cielo seguirá siendo el mismo, la luna seguirá siendo la misma, la tierra seguirá siendo la misma, el mundo entero seguirá siendo el mismo. Pero cuando soy ignorante, la forma en que veo el mundo, la forma en que elijo que sea para mí, la forma en que elijo que aparezca ante mí .... Puede que me guste sentir que la montaña es mía, cuando soy ignorante la montaña no es sólo una montaña, es mi montaña. Pero en el momento del despertar, en la experiencia de la liberación, la montaña será sólo una montaña, no será mía.

Ese "mío" que se le impuso desaparecerá. Y al desaparecer el "yo", la belleza y la grandeza de la montaña se revelarán plenamente. Mi propio "yo", mi propio apego era mi miseria y mi dolor. Era mi propio intelecto el que se interponía. Así que cada vez que miraba la montaña, sentía: "Mi montaña". Esa mi-dad se interponía y yo veía a través de esta pantalla. Ahora la montaña es una montaña y yo soy yo.

En Japón, los maestros zen han creado diez imágenes. Estas imágenes se han utilizado durante siglos para la meditación. Merece la pena comprender estas imágenes, serán útiles para entender este sutra.

En la primera imagen no se ve nada, pero si se mira más de cerca se puede ver en ella una montaña, un árbol y un toro escondido detrás del árbol. Sólo se ve la espalda del toro, sus dos patas y su cola.

En la segunda imagen, la persona que busca y rebusca el toro aquí y allá también ha aparecido en escena. Es de noche, está oscureciendo y no puede ver con claridad.

El árbol está ahí, algunas enredaderas están ahí y el toro se esconde detrás de todo; sólo se ve un poco de la cola y las patas traseras, de las que también sólo se ve el contorno.

En la tercera foto, puede ver claramente al toro. En la segunda foto parecía triste y sus ojos estaban llenos de una búsqueda ansiosa sin brillo en ellos. Pero ahora que ha visto al toro, sus ojos brillan y sus pies se mueven.

En la cuarta foto, se ve el toro entero y la persona que lo busca se ha acercado al toro. En la quinta imagen, ha cogido el rabo del toro.

En la sexta foto, ha cogido al toro por los cuernos. En la séptima foto, ha conseguido girar al toro para que mire hacia casa.

En la octava foto, está montando al toro.

En la novena imagen, domina al toro y regresa a casa, y en la décima no hay nada: ni el toro ni el jinete, su dueño, están allí. El bosque está ahí, la montaña está ahí, pero el toro y su dueño han desaparecido.

Estas diez imágenes se utilizan para la meditación en la tradición Zen. Son representaciones de la búsqueda del alma. En la primera representación, no se ve al buscador. En la segunda, el buscador está despierto, ha surgido el deseo de conocer el alma, de buscarla. En la tercera representación, comienza a vislumbrarse el alma. En la cuarta imagen, el alma aparece en toda su plenitud. En la quinta representación, no sólo se ve el alma en toda su extensión, sino que también se ha atrapado su cola, lo que significa que se ha establecido el derecho de propiedad en un pequeño rincón de ella.

En la siguiente representación, se ha producido un encuentro frontal, el alma ha sido atrapada por sus cuernos. En la representación siguiente, el alma no sólo ha sido atrapada por sus cuernos, sino que también ha dado media vuelta en el viaje de vuelta a casa, hacia Brahma. En las dos imágenes siguientes, no sólo el alma se ha vuelto hacia el hogar, sino que el buscador tiene el control de sí mismo -ahora está montando al toro- y ha comenzado a moverse hacia el hogar. Y en la última representación ambos están perdidos; ni el buscador ni la búsqueda están allí, el mundo se ha convertido en un vacío. Las montañas siguen en pie, los árboles siguen en pie, pero el buscador y la búsqueda han desaparecido.

Este es el descubrimiento. La forma en que este mundo aparece hoy cuando uno emprende la búsqueda no es la forma en que es después del despertar. Todo lo mío desaparecerá. Todos los conceptos acumulados desaparecerán.

Se destruirán todas las proyecciones dentro del mundo; caerán todas las expectativas del mundo.

No quedarán exigencias; todas las ideas de encontrar felicidad en el mundo se desvanecerán, incluso la ilusión de que el mundo da infelicidad será destruida. Cualquier sentimiento de que uno tiene alguna transacción con el mundo también terminará.

Así que este sutra dice que para aquel que ha conocido a Brahma, la esencia suprema, el mundo no permanece igual que antes. El mundo permanece, pero no igual que antes. Y si el mundo sigue siendo el mismo que antes, entonces entiende que Brahma aún no es conocido. Esto es para probarse a uno mismo. Uno tiene que seguir comprobándose a sí mismo. Está la esposa .... La gente viene a mí y me dice.

"La mujer está ahí, los hijos están ahí, la familia, los conflictos, los negocios; nada es posible en este lío.

¿Debo dejarlo todo y huir?"

Yo les digo: "No huyáis. Después de todo, ¿a dónde huiréis? - el mundo está ahí, en todas partes.

Y si te quedas como estás ahora, otra persona se convertirá en tu esposa, se creará algún otro hogar, se iniciará algún otro negocio. Hay negocios de muchos tipos, incluso hay negocios de tipo religioso: puede que no abras una tienda, puede que abras un monasterio, algo o lo otro está destinado a suceder. ¿Qué puedes hacer? Si la persona que reside dentro de ti permanece inmutable, está obligada a hacer sólo aquello que conoce".

No huyas. Quédate donde estás y sigue profundizando y buscando en tu interior. Considera que la búsqueda se ha completado el día que estás sentado en el mercado, y el mercado está ahí pero ya no es un mercado para ti. Tu mujer puede estar sentada cerca de ti -en la mente seguirá siendo una mujer, déjala estar- pero para ti no debe seguir siendo tu mujer. Ese sentimiento de mi-dad debe desaparecer, sólo queda la mujer.

Y aparecerá como mujer sólo mientras exista el deseo sexual. A medida que la meditación se profundice, el deseo sexual también se desvanecerá; entonces ella ni siquiera seguirá siendo una mujer para ti, dejará de ser un cuerpo. Así como el sentimiento de mi-dad dentro de ti se va marchitando, tus proyecciones externas sobre la mujer, tus sentimientos sobre la mujer como esposa, como mujer, también irán desapareciendo. Llegará un día en que, dondequiera que estés sentado, te volverás vacío. A tu alrededor, el mundo seguirá siendo el mismo, pero tú no seguirás siendo el mismo. Toda tu perspectiva cambiará.

Uno tiene que seguir buscando constantemente en su interior: "¿Es para mí todo igual que antes? ¿Todo sigue igual en mi vida?". Los nombres pueden cambiar, las cosas pueden cambiar, pero si la actitud interior de uno hacia todo sigue siendo la misma que antes, y todo parece igual que antes, entonces entiende que el jivanamukta está lejos, el vislumbre de la verdad está lejos.

El significado mismo de vislumbrar la verdad es que la relación entre tú y tu mundo cambia. El mundo seguirá siendo el mismo que antes, y la relación con él sólo cambiará cuando cambies tú.

EN CUANTO A LA FELICIDAD, ETC., QUE SE EXPERIMENTA, SE LLAMA PRARABDHA, IMPRESIONES DE ACCIONES PASADAS ACUMULADAS, PORQUE EL SURGIMIENTO DE CUALQUIER FRUTO ES DE ACCIONES EN EL PASADO. NO HAY FRUTO EN NINGUNA PARTE SIN ACCIÓN.

AL IGUAL QUE LA ACTIVIDAD ONÍRICA CESA AL DESPERTAR, DEL MISMO MODO LAS ACCIONES PASADAS ACUMULADAS DURANTE MILES DE MILLONES DE EONES SE DISUELVEN INSTANTÁNEAMENTE AL SABER "YO SOY BRAHMA".

La felicidad y el sufrimiento ocurren debido a nuestras acciones pasadas. Así que no pienses que el sufrimiento físico o la felicidad no sucederán a aquellos que se han liberado mientras viven.

Ramana Maharshi murió de cáncer. Fue muy doloroso, naturalmente. Era una enfermedad profunda; no había forma de escapar de ella. Vinieron muchos médicos, y estaban muy desconcertados porque todo el cuerpo estaba desgarrado por el dolor, pero no había ninguna señal de dolor en sus ojos. Sus ojos seguían siendo los mismos lagos serenos de siempre. A través de sus ojos sólo surgía el yo testigo; era el yo testigo el que miraba, el que observaba.

Los médicos le preguntaban: "Debes de estar sufriendo mucho". Ramana respondía: "Sí, hay un gran dolor, pero no me está ocurriendo a mí. Soy consciente de que el cuerpo está sufriendo un gran dolor; sé que está sufriendo un gran dolor. Lo estoy viendo, pero no me está ocurriendo a mí".

Muchas personas se preguntan cómo un hombre como Ramana, liberado e iluminado, puede contraer una enfermedad como el cáncer.

Este sutra tiene la respuesta. La felicidad y los sufrimientos le sucederán al cuerpo, incluso a los que se liberan mientras viven, porque están relacionados con las acciones pasadas y sus impresiones, están relacionados con lo que se ha hecho antes de despertar.

Entiéndelo así: si he sembrado unas semillas en un campo y luego me despierto, las semillas están destinadas a brotar. Si hubiera permanecido dormido, también las semillas habrían brotado, florecido y fructificado. Ahora también brotarán, florecerán y fructificarán. Sólo habrá una diferencia: si hubiera seguido durmiendo, pensaría que es mi cosecha y la guardaría cerca de mi pecho. Ahora que estoy despierto, comprenderé que las semillas ya estaban sembradas y ahora alcanzan su destino; nada de ello es mío, sólo seguiré siendo testigo. Si hubiera permanecido dormido habría recogido la cosecha y conservado las nuevas semillas para poder sembrarlas el año que viene. Ahora que estoy despierto, seguiré dando testimonio: las semillas brotarán, vendrán las flores, crecerán los frutos, pero no los recogeré. Esos frutos crecerán y se caerán por sí solos y morirán. Mi relación con ellos se romperá. Mi relación con ellos antes era la de haberlos sembrado; ahora no volveré a hacerlo. Por lo tanto, no se formará ninguna otra relación.

Así que la felicidad y el sufrimiento siguen llegando al liberado también, pero tal persona sabe que estos son parte de la cadena de sus acciones pasadas y ahora no tiene nada que ver con ellos: sólo va a seguir siendo testigo.

Cuando alguien viene y ofrece flores a los pies de Ramana, él se limita a mirar - debe ser parte de alguna cadena de acciones pasadas que impulsan a esta persona a darle felicidad. Pero Ramana no toma la felicidad; la persona da, pero él no la toma. Si la toma, comenzará el viaje de una nueva acción. No impide que la persona le ofrezca flores - "No me des felicidad, no me ofrezcas flores, no toques mis pies"-, no se lo impide, porque esa prevención también sería una acción y comenzaría otra cadena de acciones.

Intenta comprender esto. Este hombre ha venido a ofrecer flores a Ramana; se ha puesto una guirnalda alrededor del cuello, ha puesto la cabeza a sus pies. ¿Y qué está haciendo Ramana en su interior? Se limita a observar:

"Debe haber una transacción pasada con este hombre, algunas impresiones pasadas de acción; el hombre la está completando ahora. Pero ahora la transacción debe llegar a su fin, no debe crearse ninguna otra cadena.

Este asunto ha terminado aquí, no continuará".

Así que simplemente se sentará allí y no impedirá que ese hombre haga nada... porque ¿qué significará realmente "impedir"? Significará primero, que usted no está listo para tomar detrás la acción pasada donde usted había dado, y que usted tendría que tomar detrás al prevenir la acción de este hombre.

Y en segundo lugar, estás creando otra cadena de relaciones con este hombre al pedirle que no haga determinada cosa. ¿Cuándo terminará esta nueva relación? Estás creando otra acción; estás reaccionando.

No, Ramana seguirá observando, tanto si un hombre le lleva flores como si aparece un cáncer. Incluso observará la aparición del cáncer.

Ramakrishna también murió de cáncer. Tenía cáncer de garganta. Incluso el agua no bajaba por su garganta; la comida no bajaba por su garganta. Un día, Vivekananda le preguntó a Ramakrishna: "¿Por qué no se lo dices a la madre Kali? Es sólo cuestión de que se lo digas y en un momento tu garganta se curaría".

Ramakrishna se rió y no dijo nada.

Un día, cuando Vivekananda había insistido demasiado, Ramakrishna dijo: "No lo entiendes. Es necesario terminar con lo que sea que uno haya hecho, de lo contrario uno tendrá que volver otra vez sólo para terminarlo. Así que lo correcto es permitir que suceda lo que esté sucediendo; no es correcto obstaculizarlo".

Entonces Vivekananda dijo: "Muy bien, si no quieres pedir que te cure, al menos pídele que mientras estés en el cuerpo dejes que la garganta sea lo suficientemente buena como para permitir el paso del agua y la comida.

De lo contrario, es insoportablemente doloroso para nosotros verte en tal condición".

Ramakrishna accedió a preguntar. Cuando se despertó a la mañana siguiente, dijo: "Fue muy divertido. Cuando se lo conté a la madre, me dijo: '¿Tiene esta garganta el monopolio de hacer tu trabajo? ¿Qué dificultad tienes en comer por la garganta de los demás?".

Ramakrishna dijo además: "Por escuchar tus consejos, actué como un gran tonto. Me acosaste innecesariamente. Y así es, ¿tiene esta garganta algún monopolio? Así que a partir de hoy, cuando tomes alimento, comprende que yo también estoy tomando alimento a través de tu garganta."

Ramakrishna no paró de reír en todo el día. Cuando llegó el médico, le dijo: "¿Por qué te ríes? El cuerpo está en una condición tan dolorosa, y ninguna otra condición puede ser más dolorosa que ésta."

Ramakrishna dijo: "Me río porque no sé qué le ha pasado a mi mente que no he recordado que todas las gargantas son mías, que ahora puedo tomar alimento por todas las gargantas. ¿Por qué obsesionarse con esta única garganta?".

Por muy supremo que sea el estado que alcance un individuo, el pasado que está unido al cuerpo se completará por sí mismo. La felicidad y los sufrimientos irán y vendrán, pero la persona liberada sabrá que sólo se trata de las acciones pasadas acumuladas. Sabiendo esto, se apartará también de ellas y su testimonio no se verá afectado por ellas en modo alguno: su testimonio es ahora firme.

DEL MISMO MODO QUE LA ACTIVIDAD ONÍRICA CESA AL DESPERTAR, LAS ACCIONES PASADAS ACUMULADAS DURANTE MILES DE MILLONES DE EONES SE DISUELVEN INSTANTÁNEAMENTE AL CONOCERLAS:

"YO SOY BRAHMA".

Ya hemos hablado de ello anteriormente. Así como al despertar del sueño los sueños desaparecen, del mismo modo al despertar de verdad se hace evidente que todo lo que uno había hecho en el pasado, no lo había hecho en realidad - todo desaparece. Pero incluso después de llegar a saber esto, el cuerpo no llega a saberlo.

El cuerpo sigue avanzando mecánicamente, completa su destino. Del mismo modo que una flecha que ha abandonado el arco no puede volver, del mismo modo que una palabra que ha abandonado los labios no puede volver, el cuerpo no es más que una disposición mecánica. Todo lo que ha sucedido a través de él en el pasado se completará. Hasta que la flecha no alcance su objetivo, hasta que la palabra no toque los límites más lejanos del cielo, no se destruirá. Así que el cuerpo tendrá que sufrir y soportar.

Sería bueno decirles una cosa más a este respecto. Quizá hayas pensado también que es extraño que Ramakrishna y Ramana tuvieran cáncer, una enfermedad tan siniestra.

Buda murió por culpa de una comida venenosa, su sangre se llenó de veneno. Mahavira murió de una disentería mortal: sufrió un dolor abdominal insoportable durante seis meses, que no pudo curarse. Así que uno empieza a preguntarse por qué tales enfermedades mortales se apoderan de las almas más puras. ¿Cuál podría ser la razón? Si estas enfermedades nos atrapan a nosotros, los pecadores, la gente ignorante, uno puede entender que: "Sí, estamos cosechando los frutos de nuestras malas acciones". Pero cuando le ocurre a Mahavira, a Buda, o a Ramana, o a Ramakrishna, empezamos a preguntarnos cuál es el problema. Pero tiene una razón.

La persona que se convierte en jivanamukta, el liberado mientras vive, no tiene más viaje; esta vida es su última vida. Pero tú tienes un largo viaje por delante, aún tienes mucho tiempo. Puedes acabar con todos tus sufrimientos en pequeñas dosis, poco a poco; tienes mucho, mucho tiempo para ello. A Buda, Mahavira o Ramana no les quedaba tiempo. Puede que sólo les quedaran diez, veinte o treinta años. A ti puede que te queden vidas y vidas por delante.

Así que en un período tan corto de tiempo todas las acciones e impresiones pasadas acumuladas se compactan intensamente y dan sus frutos. Así que los acontecimientos suceden de una manera doble. Por un lado, Mahavira tiene el honor y el respeto de un tirthankara - eso también es una experiencia intensamente compactada de toda la felicidad acumulada. Y por otro lado, tiene que sufrir un dolor insoportable - eso también es un impacto intensamente compactado de todos los sufrimientos acumulados.

Miles y miles de personas sienten un inmenso respeto por Ramana en sus corazones. Es una colección de toda la felicidad. Y luego tiene una enfermedad como el cáncer. Eso es una colección de todos los sufrimientos.

El tiempo es muy corto: todo se completa en su totalidad, a plena intensidad y a gran velocidad. Así, tales personas pasan por experiencias de extrema felicidad y extremo sufrimiento simultáneamente. Debido a la falta de tiempo, todo se vuelve concentrado e intenso. Pero hay que pasar por ellas: no hay otro camino que pasar por ellas.

MA ANAND MADHU SE LEVANTA DE REPENTE Y PREGUNTA: "¿PUEDE ALGUIEN QUE TIENE MÁS TIEMPO ABSORBER ESAS ENFERMEDADES DE ELLOS O NO? EN CASO AFIRMATIVO, ¿CUÁL ES EL MÉTODO?"

No, no hay método ni manera, y no se pueden compartir, porque si la enfermedad puede ser tomada por alguien, eso significaría que alguien más puede tomar el fruto de mis obras. Entonces habrá anarquía. Y si alguien mas puede tomar el fruto de mis acciones, entonces no habra ley, no habra rit - la ley natural. Entonces mi libertad también la puede tener otro, mi liberación también la puede tener otro. Mi felicidad, mi sufrimiento, mi experiencia, mi conocimiento, mi dicha, todo es transferible.

No, nada en este mundo se transfiere. No hay manera de hacerlo, sencillamente no hay manera, y lo correcto es que no haya manera. Sí, tal sentimiento de compartir surge en el corazón de uno; eso también es bueno, eso también es correcto. Alguien que ama a Ramana puede desear llevarse su cáncer. Este deseo crea felicidad, y de este deseo la persona ganará frutos de bondad. Esto se convierte en una buena acción acumulada por parte de esta persona. Trata de entender esto.

Ramana se está muriendo de cáncer: alguien puede rezar con toda sinceridad y sentimiento de corazón para que absorba la enfermedad de Ramana. Aun así, no puede hacerlo, pero el mero hecho de que haya sentido así, de que haya sentido deseos de asumir esa enfermedad, se convierte en una acción, en una buena acción, y recibirá felicidad por ello.

Esto es muy extraño: esta persona había pedido sufrir, pero está haciendo una obra maravillosa y virtuosa.

Recibirá sus frutos de felicidad, pero nada de la enfermedad de Ramana puede ser transferido. Este sentimiento que está teniendo se está convirtiendo en su propia impresión de acción por la que obtendrá el beneficio.

AHORA OTRA PERSONA SE LEVANTA Y EMPIEZA A

PREGUNTAR: "SOBRE ARVIND...."

No. Madhu, has creado un mal precedente. Esto será perjudicial.

Tus intenciones son buenas, pero aquí hay tanta gente sentada... no empieces nada de eso, lo dificultará todo. Creará desorden.

Suficiente por hoy.

Volar es tu derecho de nacimiento

CONOCIÉNDOSE A SÍ MISMO TAN DESAPEGADO E INDIFERENTE COMO EL CIELO, UN YOGUI NO SE APEGA EN ABSOLUTO DESPUÉS DE ESO A NINGUNA ACCIÓN FUTURA.

AL IGUAL QUE EL CIELO PRESENTE EN UNA OLLA LLENA DE LICOR NO SE VE AFECTADO POR EL OLOR DEL LICOR, EL ALMA PERMANECE INALTERADA POR TODOS LOS ACONTECIMIENTOS A PESAR DE ESTAR PRESENTE DURANTE TODOS ELLOS.

AL IGUAL QUE UNA FLECHA LANZADA NO SE DETENDRÁ ANTES DE ATRAVESAR EL OBJETO APUNTADO, LAS ACCIONES REALIZADAS ANTES DE QUE SUCEDA LA ILUMINACIÓN NO DEJARÁN DE DAR FRUTOS DESPUÉS DE QUE SUCEDA LA ILUMINACIÓN.

UNA FLECHA LANZADA PENSANDO QUE UN ANIMAL ES UN TIGRE, NO PUEDE DETENERSE A MITAD DE CAMINO SI MÁS TARDE SE COMPRENDE QUE EL ANIMAL ERA EN CAMBIO UNA VACA. LA FLECHA DARÁ EN EL BLANCO CON TODA SU FUERZA. DEL MISMO MODO, LA ACCION YA REALIZADA SE REALIZA INCLUSO DESPUES DE LA ILUMINACION.

QUIEN COMPRENDE QUE ES INMORTAL Y SIEMPRE JOVEN PERMANECE UNO CON EL ALMA Y NO TIENE RELACIÓN CON LOS FRUTOS DE SUS ACCIONES PASADAS.

En este sutra se dan algunas pistas profundas sobre la naturaleza de la conciencia. Sólo un jivanamukta, una persona liberada mientras vive, pasa por tales experiencias. Sólo un jivanamukta llega a experimentar estos sutras. No tenemos ninguna experiencia directa de la consciencia, todo lo que sabemos sobre la consciencia es por sus reflejos en la mente. Primero dejemos que esto se entienda correctamente.

Luego entraremos en los sutras.

La mente es un mecanismo maravilloso. Ahora la ciencia también ha confirmado que la mente no es más que un mecanismo. Un ordenador funciona incluso con más eficacia que la mente. No es necesario enviar un ser humano a la Luna, se pueden enviar ordenadores en su lugar. Rusia ya ha enviado este tipo de ordenadores a la Luna, que recogen datos y los transmiten a las estaciones terrestres rusas. Son máquinas, pero receptivas y sutiles como nuestras mentes, y todo lo que ocurre a su alrededor se acumula y se transmite.

Te dije antes que cuando un jivanamukta regresa del samadhi, el suceso de la iluminación....

Un amigo me ha preguntado que, puesto que cuando la conciencia entra en la experiencia del samadhi la mente queda muy atrás -y puesto que sólo la mente puede recordar-, ¿quién recuerda las experiencias que le han sucedido a la conciencia? Era la conciencia la que había entrado en la experiencia, pero la conciencia ni guarda ningún recuerdo ni permite que quede ningún rastro de recuerdo sobre ella; y la mente no entró en la experiencia, quedó atrás. ¿Quién recuerda entonces? Entonces, ¿quién contempla la experiencia retrospectivamente?

Sí, aunque la mente no haya entrado en la experiencia y se haya quedado parada en la puerta, sigue siendo capaz de vislumbrar lo que ocurre en la puerta. Vislumbra lo que sucede en el mundo exterior y en el mundo interior. Observa por ambos lados lo que está en su periferia. No es necesario que la mente entre en la experiencia en sí. Si una cámara se mantiene a distancia, seguirá captando todo lo que ocurre aquí. O si una grabadora se mantiene a distancia, seguirá grabando todo lo que estoy diciendo: el canto de los pájaros, el susurro del viento al pasar entre los árboles, el sonido de las hojas secas al caer.

Entiende bien que la mente es sólo una máquina; no tiene alma, es sólo una máquina biológica desarrollada por la naturaleza. La mente es algo entre nuestra alma y el mundo exterior. La mente registra todo lo que sucede en el mundo. Para ello tiene cinco sentidos como puertas.

Los sentidos son las puertas de la mente. Por ejemplo, este micrófono colocado ante mí puede transmitir el sonido a una grabadora situada a cientos de kilómetros de distancia. Tus sentidos son como este micrófono que transmite varios tipos de información a la mente. Los cinco sentidos son como las cinco puertas de la mente.

Para transmitir todo lo que sucede en el mundo exterior de la luz, el color y la forma, la mente tiene los ojos como su extensión en el exterior del cuerpo; van grabándolo todo como una cámara.

Todo lo que ocurre en el mundo del sonido, como la música, las palabras o el silencio, es captado a cada instante por los oídos. Y lo que se capta también se transmite a la mente, que acumula esta información. Las manos tocan, la lengua saborea y la nariz huele, y todo esto se transmite a la mente.

Los cinco sentidos son las puertas de la mente. Hay un sentido más, que es tu sentido interno. Este sentido capta todo lo que ocurre dentro de ti. También es un sentido. Todo lo que ocurre dentro de ti, por ejemplo en el estado de samadhi, este sentido interno va registrando todo lo que ocurre. ¿Paz? ¿Silencio? ¿Bendición? ¿Realización de Dios? Lo que sea que esté sucediendo, lo registra.

Este sentido interior es como un micrófono que se dirige hacia dentro. Es la receptividad del interior.

En el interior, basta con un sentido, no se necesitan cinco. Afuera, se requieren cinco sentidos porque hay cinco elementos básicos y para registrar cada uno se requiere un sentido separado. En el interior, sólo hay un Brahma - no se requieren cinco sentidos, sólo un sentido es suficiente para registrar las experiencias internas.

Así, el hombre tiene seis sentidos -cinco extrovertidos y uno introvertido- y la mente es el mecanismo intermedio conectado a todos ellos. Sólo esta rama va hacia el interior y capta todas las experiencias internas.

Todo lo que sucede en el interior es transmitido por este sentido interno a la mente. La mente no necesita ir a ninguna parte. Así, cuando una persona regresa de samadhi, la mente misma le entrega todos los registros, que tal y tal cosa sucedió cuando tú no estabas aquí.

Si dejas aquí el magnetófono y te vas, cuando vuelvas al cabo de una hora el magnetófono te dará una grabación completa de todas las palabras que se han dicho aquí y de los diversos sonidos que se han producido. No es necesario que un magnetófono tenga vida. La mente no es conciencia; es materia y un mecanismo sutil. Este mecanismo va recogiendo datos de un lado y de otro. De ahí que un buscador que regresa del samadhi infiere a través de la mente lo que ha sucedido.

Cuanto mayor es la claridad de la mente, más auténtica es la información que proporciona. Cuanto más confusa sea la mente, más incorrecta será la información. Por ejemplo, si tu grabadora está defectuosa, puede grabar cosas pero la grabación no será clara. El sonido estará distorsionado, mezclado o deformado.

Algunas partes pueden ser claras, otras no.

De ahí que la mente deba purificarse primero mediante la escucha correcta, la contemplación correcta y la asimilación.

Cuando la receptividad de la mente se vuelve pura, de modo que puede producir una copia auténtica de lo que está sucediendo, sólo entonces se produce la entrada en samadhi.

Así que el sentido interno lo registra todo. Pero es por su lealtad a la verdad que los videntes han dicho que es inferencia de la mente, porque la mente no estaba presente allí y lo que está diciendo ahora es información que le suministra su sentido interno. Y la mente es consciente de que existe la posibilidad de fallos en esa información.

Por lo tanto, hay otro punto interesante que debe entenderse correctamente. Cuando un hindú regresa del samadhi, o cuando un mahometano o un cristiano o un jaina regresan del samadhi, sus mentes dan una versión ligeramente diferente de la información porque hay diferencias en la composición de los dispositivos que son sus mentes. La experiencia del samadhi es la misma, pero la composición de las mentes es diferente.

Una persona que nace en una familia Jaina tiene una conciencia desarrollada a la manera del Jainismo, y su ser Jaina ha entrado en el mecanismo de su mente. Ha oído desde su sunfancia que Dios no existe, por lo que se ha convertido en un proceso incorporado en su mente que Dios no existe. Su mente también ha oído que la experiencia última es la del alma y no la de Dios. Esta mente está fabricada y condicionada, así que cuando ocurre el samadhi es esta misma mente la que registrará el evento.

Samadhi es lo mismo para quienquiera que ocurra, pero nuestras mentes son diferentes - y es la mente la que registrará la experiencia. Una mente Jaina sabe que no hay Dios, la experiencia última es la del alma, no hay experiencia más allá de ella; o, esta experiencia misma es Dios, no hay otro Dios que esta experiencia misma. Ahora bien, tal mente registrará inmediatamente la experiencia samadhi como: "La experiencia última del alma está sucediendo".

Un hindú ha oído hablar de la experiencia de Dios y tiene la información de que lo que experimenta cuando el alma se disuelve en su interior es la experiencia de Dios. Su mente registrará: "Esto es ver a Dios".

El acontecimiento es el mismo, pero en este caso es Dios el que se experimenta.

La mente de un budista que no cree ni en el alma ni en Dios no registrará ninguna de las dos cosas. Su mente dirá: "El Nirvana ha sucedido, te has convertido en un vacío, en la nada".

Esta es la razón por la que las escrituras difieren, porque las escrituras son registros de diferentes mentes, no de las experiencias reales. Por eso habrá diferencias entre las escrituras hindúes, las escrituras jaina y las escrituras budistas. A veces las diferencias parecerán incluso contradictorias, porque la mente está limitada por las palabras disponibles y éstas son algo aprendido. La mente es conocimiento, algo aprendido, algo fabricado.

Entendámoslo así, dejando a un lado la religión. Digamos que has aprendido sánscrito, o griego, o árabe, de modo que tu mente ha conocido una lengua. Ahora ni siquiera se plantea la cuestión de ninguna lengua durante la ocurrencia del samadhi, sino que la mente registrará la experiencia en la lengua que conoce.

El que sabe árabe nunca puede decir que fue el acontecimiento de samadhi - la misma palabra samadhi no es conocida por esa mente. Entonces un sufi dirá fana - no ha permanecido más. Pero el significado es el mismo.

Sabes que la tumba de un sannyasin se llama samadhi por la misma razón. No la tumba de todo el mundo se llama samadhi, sólo la tumba de una persona que se ha aniquilado a sí misma.

Ha aniquilado su ego mientras vivía; no queda nada que la muerte pueda aniquilar cuando llegue, la persona se ha aniquilado a sí misma por sí misma.

Así que un sufí lo llamará fana, un hindú lo llamará samadhi y un budista lo llamará nirvana. Estas palabras están en la mente. Así que cualquier cosa que ocurra dentro de la mente, la traducirá inmediatamente a su propio lenguaje. Nos resulta difícil entender cómo un mecanismo puede traducir. Pero esto solo dice que no sabes mucho sobre mecanismos.

Los últimos descubrimientos en mecanismos e instrumentos son muy sorprendentes. Todo lo que la mente puede hacer también lo pueden hacer las máquinas. No hay nada que pueda hacer una mente que no pueda hacer un mecanismo.

Esto ha traído consigo una actitud muy peligrosa: si una máquina puede hacer todo lo que hace una mente, entonces la mente no es más que una máquina. Así que para aquellos que creen que no hay nada más allá de la mente, que no hay alma, entonces el hombre se convierte en una máquina, no queda nada más. Si es cierto que no hay alma, entonces el hombre no es más que una máquina, y tampoco muy eficiente. Puede haber máquinas más eficientes que el hombre.

Pronto los discursos se traducirán simultáneamente. Si yo hablo aquí en hindi, mi discurso se traducirá simultáneamente a las cinco lenguas principales. No se necesitarán traductores humanos, sólo máquinas. Cuando pronuncie la palabra prem en hindi, la máquina traductora de inglés la traducirá inmediatamente como love. El impacto del sonido de la palabra prem en la máquina la convertirá electrónicamente en otras ondas sonoras que producirán los sonidos de la palabra love.

Así que hay máquinas que hablan, máquinas que calculan y máquinas que tienen memoria; las máquinas han empezado a hacer todo lo que la mente del hombre puede hacer. Cuando los yoguis, los tantrikas y los Upanishads dijeron por primera vez que la mente del hombre es igual que una máquina, la gente de todo el mundo no lo entendió. Ahora la ciencia ha ideado máquinas que hacen un trabajo similar al de la mente, y no hay ningún problema en comprenderlo.

La mente humana almacena datos de ambos lados: tanto del mundo como del samadhi. Es la mente la que da información tanto sobre el mundo como sobre Brahma.

Ahora entraremos en el sutra.

Cuando uno llega a experimentar que todos los reflejos se forman sólo en la mente, y a medida que uno se mueve más profundamente dentro de sí mismo hasta su centro mismo, que no hay impresiones, que todos los condicionamientos se forman sólo en la mente, no en el yo, sólo entonces se comprenderá este sutra.

CONOCIÉNDOSE A SÍ MISMO TAN DESAPEGADO E INDIFERENTE COMO EL CIELO, UN YOGUI NO SE APEGA EN ABSOLUTO DESPUÉS DE ESO A NINGUNA ACCIÓN FUTURA.

Hay muchas cosas que entender aquí. CONOCERSE A UNO MISMO TAN DESAPEGADO E INDIFERENTE COMO EL CIELO.... Vemos el cielo todos los días. Un pájaro vuela en el cielo, pero no deja huellas en él. Cuando uno camina por el suelo, deja huellas. Si el suelo está mojado, las huellas son más profundas. Si el suelo es rocoso, las huellas son muy ligeras, pero si se intenta, también pueden ser más profundas. Pero en el cielo, cuando un pájaro vuela, no quedan huellas. El cielo sigue igual que antes de que el pájaro pasara volando. No hay forma de saber por el cielo que un pájaro ha volado por él. Las nubes se acumulan en el cielo, van y vienen; el cielo sigue siendo el mismo.

No hay forma de contaminar el cielo, de dejar huellas, marcas. Podemos dibujar líneas en el agua, pero desaparecen en cuanto las trazamos; sin embargo, si las trazamos en piedra, duran miles de años. No se pueden trazar líneas en el cielo, por lo que es imposible que desaparezcan.

Por favor, comprenda esta diferencia. No se pueden dibujar líneas en el cielo - puedo mover mi dedo por el cielo, el dedo pasa pero la línea no se dibuja y la cuestión de la desaparición de la línea simplemente no se plantea. El día en que una persona va más allá de la mente, cuando la conciencia trasciende la mente, experimenta que, al igual que el cielo, hasta ahora nunca se han dibujado marcas ni líneas en el alma. Es eternamente pura, eternamente iluminada, nunca le ha ocurrido ninguna contaminación.

SIN ATADURAS, ASANGA, COMO EL CIELO.... La palabra ASANGA es muy valiosa. Asanga significa que uno está en el mundo pero sin ataduras, sin que nada le afecte. El cielo está presente en todas partes; abarca a los árboles, te abarca a ti; abarca tanto al hombre piadoso como al impío; está presente donde se realiza una buena acción, está presente donde se realiza una mala acción. Pecas o ganas virtud, vives o mueres - el cielo está presente, pero sin ataduras. Está presente contigo, pero no es tu compañero. No tiene ninguna relación contigo. Está presente, pero no tiene ataduras. Siempre está presente, pero no se crea ninguna amistad contigo, no se forma ninguna relación contigo.

Asanga significa no relacionado. Está ahí, pero no está relacionado. Si desapareces, el cielo ni siquiera se da cuenta de que desapareciste o de que alguna vez estuviste. Cuántas tierras aparecen y vuelven a desaparecer, cuántas personas nacen y mueren, cuántos palacios se construyen y vuelven a convertirse en polvo... Cuántas cosas han sucedido bajo el cielo, pero el cielo no lleva la cuenta. Tú preguntas y el cielo no ha guardado ninguna historia; está vacío. El cielo está como si nunca hubiera pasado nada.

Puedes echar la vista atrás millones de años: se dice que nuestra Tierra nació hace unos cuatro mil millones de años. Cuántas guerras, cuántos amores, cuántas amistades, cuántas enemistades, cuántas conquistas, cuántas derrotas y cuántas personas han sucedido en esta pequeña Tierra durante estos cuatro mil millones de años. Es como si nunca hubiera ocurrido nada; en el cielo no quedan huellas de ningún acontecimiento.

Los indios nunca se han preocupado por la historia. Los occidentales se preguntan por qué es así, por qué los indios no tienen sentido de la historia. No sabemos exactamente cuándo vivió Rama, no sabemos la fecha exacta del nacimiento de Krishna. Nada es seguro. Tenemos relatos míticos sobre ellos, pero no registros históricos.

El mérito de que la historia forme parte del mundo humano corresponde al cristianismo. En el sentido de que Jesús es histórico, Buda, Krishna o Parashuram no lo son. Con Jesús, la historia humana se divide en dos partes: el mundo anterior a Jesucristo se considera sin importancia y el mundo posterior a Jesucristo se considera importante. Por tanto, es lógico que el método cristiano de datación se haya impuesto en todas partes, porque es con Jesús cuando la historia entra en el mundo del hombre. Así que decimos antes de Cristo y después de Cristo; se traza una línea.

India nunca ha escrito ninguna historia; hay una razón para ello. La razón fundamental es que la India ha considerado que, cuando el mismo cielo en el que todo sucede no lleva ninguna cuenta, ¿por qué habríamos de llevar nosotros una cuenta tan inútil? Cuando aquel en cuyo interior todo sucede no se molesta en llevar ninguna cuenta, ¿por qué deberíamos llevar innecesariamente la cuenta de quién nació cuándo y quién murió cuándo?

Así que no escribimos ninguna historia, creamos los puranas, la mitología. La mitología es un fenómeno indio. Significa que no nos preocupamos por fechas y años, cumpleaños y días de defunción, nos preocupamos por la esencia - que un Rama pudiera suceder. No nos preocupábamos de cuándo había nacido, en qué año y fecha, dónde había estudiado, cuándo se había casado, etcétera, porque llevar un registro de todo ello parecía no tener ninguna importancia. Pero el fenómeno interior que convirtió a Rama en Rama, el hecho de que un individuo se convirtiera en Rama, que se encendiera una lámpara y hubiera una llama, se recordaba. No teníamos en cuenta lo que le ocurría a su envoltura, a su cuerpo. Sólo recordamos esto: que una lámpara apagada puede encenderse; sólo recordamos esto: que la vida de un hombre no es sólo un hedor, sino que también puede tener una fragancia. Todos los demás detalles inútiles han sido omitidos.

Así pues, no consideramos esencial haber conservado un registro histórico preciso de Rama; eso carece de importancia. Un Rama es posible, eso es suficiente. El fenómeno de ser un Rama puede suceder - esto es lo que hemos recordado, y ese recuerdo es suficiente. Un Krishna es posible - si ha existido históricamente o no es secundario. Incluso cuando mantenemos un registro histórico de este tipo de persona es sólo para recordarnos a nosotros mismos que tal persona es posible, que tal flor puede florecer dentro de nosotros también, que tal manantial de dicha puede fluir dentro de nosotros también.

Purana significa, sólo lo que es esencial.

Al entrar en la conciencia se descubre que en el cielo no se dibuja ninguna línea, ninguna huella, sino que se deja en el cielo lo que hay de esencia en ti.

Intenta entenderlo bien.

No quedan rastros en el cielo, pero sí tu fragancia esencial. Y eso ocurre porque esa fragancia esencial no es en absoluto ajena al cielo; es el cielo que hay en ti. Cuando mueres, es el cielo que hay en ti el que se libera en el cielo; el resto de ti se pierde. A ese cielo exterior lo llamamos cielo, pero a nuestro cielo interior lo llamamos alma.

Hay una extensión exterior y otra interior. En el cielo exterior también se acumulan nubes y se cubre. En la estación de las lluvias, en las tardes de julio y agosto, todo se cubre de nubes y uno ni siquiera puede concebir que una vez hubo un cielo azul, concebir que uno pueda ser capaz de ver ese cielo azul de nuevo. Cuando las nubes oscuras cubren el cielo, el cielo azul no puede verse, sólo pueden verse las nubes.

Del mismo modo que las nubes oscuras cubren el cielo exterior, el cielo interior también se cubre de nubes. Las nubes del cielo interior se llaman pensamientos, elecciones, deseos, o como queramos llamarlos.

Cuando tales nubes cubren el cielo interior, también allí se tiene la sensación de que detrás no existe un cielo despejado.

Eliminar estas nubes interiores y ver el cielo azul interior es meditación.

Ver en este cielo interior es el logro, la realización última.

Este sutra dice: CONOCERSE A UN MISMO TAN INEXISTENTE E INDIFERENTE COMO EL CIELO.... El cielo ni ríe contigo ni llora contigo. Cuando mueres, el cielo no derrama ninguna lágrima; si vives y te alegras, el cielo no se ata tobilleras en los pies y baila por tu alegría. El cielo es absolutamente indiferente. No expresa ninguna opinión sobre lo que ocurre. Tanto si se lleva un cadáver al crematorio como si se celebra una gran fiesta por el nacimiento de un niño, el cielo permanece indiferente. Tanto si se está celebrando una ceremonia matrimonial y las casas están decoradas con flores y guirnaldas, como si acaba de morir un ser querido y vivir más te parece carente de sentido, el cielo permanece indiferente. No tiene nada que ver con lo que ocurre.

Del mismo modo, cuando uno entra en el cielo interior se vuelve indiferente. No tiene ninguna relación con lo que sucede; comienza a ver el mundo tal como lo ve el cielo.

Cuando tal experiencia suceda, debes saber que te has convertido en un jivanamukta, uno liberado mientras vive. Esto es cuando no se forma ningún rastro en tu cielo interior, cuando cualquier cosa que suceda fuera sigue siendo sólo un drama para ti, cuando todo sucede sólo en la circunferencia y tu centro permanece intacto.

Cuando se deja a un lado la mente, sucede algo así.

CONOCIÉNDOSE A SÍ MISMO TAN DESAPEGADO E INDIFERENTE COMO EL CIELO, UN YOGUI NO SE APEGA EN

ABSOLUTO DESPUÉS DE ESO A NINGUNA ACCIÓN FUTURA.

Ahora la segunda parte de este sutra: cuando una persona llega a saber que ninguna de sus acciones le ha tocado jamás.... Si ha sido derrotado, su alma no ha sido derrotada, y si ha ganado, su alma no ha ganado; si ha sido honrado, su alma no ha tenido nada que añadirle, si ha sido insultado, su alma no ha tenido nada que quitarle - con tal comprensión las acciones futuras pierden naturalmente su preocupación para tal hombre. Él sabe que si sus acciones en el pasado no pudieron tocarlo, sus acciones en el futuro tampoco lo tocarán. Por lo tanto, toda planificación para el futuro se detendrá. Ya no le preocupa si tendrá éxito o fracasará, si su prestigio le sostendrá o si alguien le deshonrará. Para el que se ha visto a sí mismo, todo su pasado se disocia de él y también todo su futuro.

El futuro no es más que una prolongación del pasado. Todo lo que hemos conocido en el pasado, ya sea como agradable o como doloroso, lo seguimos planeando igual para el futuro. Lo que hemos encontrado agradable, deseamos repetirlo en el futuro; y lo que hemos encontrado desagradable, deseamos evitarlo en el futuro.

¿Qué es nuestro futuro? No es más que una proyección de nuestro pasado, una versión un poco mejorada de él. Ayer hicimos algo que nos produjo infelicidad: no queremos volver a hacerlo en el futuro. Ayer hicimos algo que nos dio felicidad: queremos volver a hacerlo en el futuro.

Si uno ve que en todo su pasado, sus placeres y sus dolores, sus cosas buenas y sus cosas malas, que nada le ha tocado, ha permanecido tan vacío como el cielo, completamente vacío, el futuro carece de sentido. Nada ha dejado huella en él, ha permanecido incondicionado; ahora todo este viaje se ha completado y él ha permanecido intacto y virgen en su interior, ahora todo el futuro carece de sentido para él.

Recuerda, para un jivanamukta no hay futuro. Incluso si un poco de tu futuro ha permanecido, comprende que el cielo interior aún no ha sido experimentado. Si algún meditador todavía está pensando cómo alcanzar la iluminación o cómo ver a Dios, comprende que la experiencia del cielo interior todavía no le ha sucedido. Estos son todavía planes para el futuro; el futuro todavía está ahí. Incluso una pulgada de futuro restante es suficiente. Incluso una pulgada de futuro restante indica que uno todavía no ha experimentado que ninguna acción toca el alma. Ni la iluminación ni Dios pueden tocar el alma. De hecho, esta intocabilidad, esta eterna intocabilidad es la realidad. Esta conciencia que permanece eternamente, intocable, es la piedad, es Dios. No hay otro significado de Dios.

Si llamamos a Krishna, Mahavira o Buda bhagwan, el bendito, ¿qué queremos decir con ello?

¿Buda ha creado este universo y por eso es bhagwan? ¿Cuál es el significado de "bhagwan"?

Buda también enferma, envejece, muere, su cuerpo llega a su fin - ¿qué clase de bhagwan es? Los sufrimientos le llegan, la enfermedad, la vejez y la muerte le llegan. Un bhagwan no debería envejecer, un bhagwan no debería contraer ninguna enfermedad, un bhagwan no debería morir. Buda también tiene hambre y sed. Si uno cortara su cuerpo con un cuchillo saldría sangre - ¿qué clase de bhagwan es él? ¿Qué significa ser un bhagwan?

Lo que significa ser un bhagwan es que todo esto puede suceder y el que está oculto dentro del cuerpo sabe que nada lo toca. Todo esto puede suceder: si se corta una mano, la sangre saldrá sin duda; el cuerpo tendrá hambre y sentirá sed, llegará la vejez y también la muerte; pero el cielo interior del buda que está dentro sabe que nada lo toca. Ni la muerte ni la vida lo tocan. La vida pasa, la muerte pasa -tanto la juventud como la vejez-, pero la virginidad interior permanece intacta; no hay ruptura en ella, ni siquiera le llegan noticias de lo que ocurre fuera.

El nombre de esta experiencia es piedad.

Así que si alguien busca ver a Dios, tiene un futuro. El que tiene un futuro nunca tiene un encuentro con Dios. El futuro significa el mundo. El futuro significa que aún no se ha visto la verdad del pasado, que aún no se ha experimentado que uno es como el cielo.

Este sutra dice que para un yogin, un meditador, no queda interés alguno en ninguna acción futura.

Para un yogin no existe el mañana, solo el hoy. Incluso hoy es mucho tiempo, uno debería decir que sólo existe este momento. Aqui y ahora es toda la existencia; no queda nada en el que se mueva hacia el futuro.

AL IGUAL QUE EL CIELO PRESENTE EN UNA OLLA LLENA DE LICOR NO SE VE AFECTADO POR EL OLOR DEL LICOR, EL ALMA PERMANECE INALTERADA POR TODOS LOS ACONTECIMIENTOS A PESAR DE ESTAR PRESENTE

DURANTE TODOS ELLOS.

Cuando una vasija de barro está llena de licor, se ve afectada por el licor. La arcilla de la vasija realmente bebe el licor, todos los poros absorben el licor. Y si una vasija se ha utilizado durante mucho tiempo para almacenar licor, uno puede intoxicarse incluso masticando la arcilla de esa vasija. La arcilla de una vasija se ve afectada por el licor, se empapa de él. ¿Por qué? Porque la arcilla es porosa.

Trata de entender esto. La arcilla de la olla tiene muchos poros, el licor llena esos poros y se esconde allí. La vasija de barro bebe el licor y se emborracha... la vasija se intoxica. Pero la vasija está llena de un elemento más, y es el cielo: el vacío de la vasija.

Esto es muy interesante. Uno está vertiendo licor en el vacío de la vasija, no en la arcilla de la vasija. El licor no se acumula en la arcilla de la vasija, sino en el vacío, en el cielo de la vasija. ¿Estamos vertiendo licor en la arcilla de la olla? No, la arcilla está ahí sólo para rodear el vacío por todos lados. El cielo es muy grande, el licor es muy pequeño. Por eso elegimos una pequeña zona del cielo y la rodeamos con paredes de arcilla, con lo que acabamos teniendo un pequeño cielo en su interior. Luego vertemos licor en él.

Así, el licor se vierte en el cielo, no en la arcilla. Pero lo interesante es observar que la arcilla se intoxica y se emborracha y el cielo en el que realmente se vierte el licor permanece intocado por él. Si se saca el licor de la vasija, el vacío de la vasija no retiene el olor del licor, pero la vasija de arcilla sí. La arcilla se emborracha debido a la proximidad -sólo el satsang, estar en compañía cercana, trae resultados- y todo está realmente contenido en el cielo pero el cielo permanece intocado.

Así que todo lo que has hecho sólo ha tocado tu cuerpo, nada más. Ha entrado en tu arcilla, el cuerpo, pero no ha tocado tu cielo interior, el alma. Puedes haber cometido pecados o haber hecho buenas acciones -cosas buenas o cosas malas; todo ha tocado sólo tu arcilla, el cuerpo.

Tu mente es arcilla y tu cuerpo también. El vacío, el vacío entre estos dos es tu alma - nada ha llegado nunca allí.

Haber conocido esto, haberlo experimentado, es ir más allá de todas las perturbaciones. Todas las perturbaciones son del cuerpo y de la mente, no de ti. Pero todo lo que la arcilla ha absorbido, la arcilla tendrá que vivirlo.

Incluso el cuerpo de la persona iluminada tendrá que vivir todo lo que ha sido absorbido por él. Lo bueno, lo malo, las penas; todo lo que se ha hecho y todo lo que ha sucedido - todo el pasado está ahí en cada célula del cuerpo. Por eso, incluso cuando se produce la iluminación y la persona despierta y se vuelve como el cielo, todo lo que le ocurría al cuerpo completará su viaje.

Es como si fueras en bicicleta y dejaras de pedalear porque te das cuenta de que todo viaje es inútil y que no tienes adónde ir. Pero la bicicleta ha cobrado impulso.

Llevas miles de kilómetros pedaleando y la bicicleta ha adquirido fuerza propia.

Aunque hayas dejado de pedalear, la bicicleta no se detendrá en ese momento. Incluso sin seguir pedaleando, avanzará una cierta distancia, porque la bicicleta tiene impulso.

Hasta que ese impulso no se agote por completo, la bicicleta seguirá moviéndose. Una vez agotado el impulso, se caerá, pero si sigues dándole impulso nunca se caerá. Si dejas de darle impulso, no se caerá inmediatamente, sino al cabo de un tiempo.

Hemos estado cabalgando sobre nuestros cuerpos y mentes durante innumerables vidas: si hoy nos despertamos y nos separamos del cuerpo y la mente, no caerán inmediatamente. El cuerpo y la mente tendrán que agotar el impulso que han adquirido.

AL IGUAL QUE UNA FLECHA LANZADA NO SE DETENDRÁ ANTES DE ATRAVESAR EL OBJETO APUNTADO, LAS ACCIONES REALIZADAS ANTES DE QUE SUCEDA LA ILUMINACIÓN NO DEJARÁN DE DAR FRUTOS DESPUÉS DE LA ILUMINACIÓN....

Así que, ya sea Buda, Krishna o cualquier otro, todo lo que se haya hecho en el pasado tiene que dar sus frutos; la flecha llegará hasta el final.

Significa que los frutos de las acciones anteriores tienen que ser soportados incluso después de la iluminación. Las acciones pasadas no son destruidas por la iluminación.

La iluminación trae la experiencia de que uno no es el hacedor, pero no destruye las acciones pasadas.

Todo lo que se ha hecho dará sus frutos.

Se puede explicar con el ejemplo de una flecha que se ha soltado después de apuntar. Después de soltar la flecha, aunque uno se dé cuenta de que está ejerciendo violencia y de que no debería hacerlo, ya no se puede hacer nada, la flecha completará su recorrido.

Pronuncio una palabra, e inmediatamente después de pronunciarla me doy cuenta de que no debería haberla pronunciado, pero ya es demasiado tarde, la palabra completará su viaje. El impulso que la palabra ha recibido al pronunciarla la mantendrá en movimiento hasta que el impulso se disipe.

Cuando lanzamos una piedra, estamos dando nuestra energía a la piedra; la piedra se mueve mientras dura esa energía y luego cae. Después de tirar la piedra, aunque nos demos cuenta de que no deberíamos haberla tirado, no hay forma de hacerla volver.

Las acciones son como flechas lanzadas desde el arco. Cualquier pensamiento posterior es inútil, las flechas completarán su viaje. Hasta que no termine el viaje de todas las acciones anteriores, sólo habrá jeevanamukti, nirvana mientras se vive, pero no mahanirvana, la fusión definitiva con la existencia.

Intenta comprender esto. Un jivanamukta vivirá en un estado de liberación pero a su alrededor las actividades de su cuerpo y mente continuarán. Nada nuevo será alimentado, pero hasta que los viejos sentimientos se agoten las actividades continuarán.

Entiéndelo de esta manera. Supongamos que decides abandonar tu cuerpo ayunando. No morirás el mismo día en que comiences tu ayuno, pasarán al menos unos noventa días -puede que incluso más, pero noventa días son un mínimo- antes de que se produzca la muerte.

¿Por qué? Hoy has ayunado, hoy deberías morir. Pero no, tu cuerpo tiene una acumulación de carne del pasado y tardará unos tres meses en consumirse. Para entonces te habrás convertido sólo en un esqueleto de huesos, toda la carne almacenada en el cuerpo se habrá consumido. Así es como cuando ayunas durante un día pierdes peso en casi medio kilo.

Así que cuanto más gorda esté una persona, más durará en ayunas, porque tiene una mayor acumulación de grasa. Así se va perdiendo un kilo o así cada día, y no se morirá mientras dure la reserva de carne acumulada. Tardará unos tres meses.

Del mismo modo, cuando la conciencia está completamente despierta, uno debería alcanzar el mahanirvana, la fusión última, de inmediato. Pero eso no ocurre. De vez en cuando ha sucedido así, pero es muy raro -tan bueno como inexistente- que una persona haya muerto inmediatamente después de iluminarse. Sería como si alguien fuera ya un esqueleto, no hubiera acumulado nada en absoluto, y la persona muriera el primer día que ayunó. Significaría que esa persona estaba a punto de morir, no tenía ningún ahorro. Pero es difícil encontrar a una persona así; incluso el cuerpo de un mendigo hambriento guarda ahorros, algunas reservas acumuladas necesarias para cualquier emergencia.

Tal coincidencia puede ocurrir alguna vez que las acciones de una persona también lleguen a su fin en el mismo momento que la iluminación. Sin embargo, es un fenómeno muy raro. Normalmente se han quedado y han vivido durante muchos años después de la iluminación, ya sea Buda o Mahavira o cualquier otra persona. ¿Cuál es la razón para seguir viviendo? - Porque la liberación ya se ha producido. Es la carga de la acción pasada, su impulso, lo que sigue empujando al cuerpo en el viaje durante algún tiempo. Cuando ese impulso se disipe, jeevanamukti, la liberación mientras se vive, se convertirá en mahanirvana.

Pero también es necesario y útil que esas personas vivan después de la iluminación, porque si mueren inmediatamente después de la iluminación, todo lo que hayan conocido no podrán contárnoslo. Una persona liberada mientras vive es capaz de contarnos, compartir con nosotros, porque existe este intervalo de tiempo.

Buda vivió cuarenta años después de su iluminación, Mahavira también vivió cuarenta años después de su iluminación. Son estos cuarenta años los que se volvieron útiles para nosotros. En estos cuarenta años sus mentes pudieron comunicarnos todo lo que habían experimentado y conocido.

UNA FLECHA LANZADA CREYENDO QUE UN ANIMAL ES UN TIGRE NO PUEDE DETENERSE A MITAD DE CAMINO SI MÁS TARDE SE COMPRENDE QUE EL ANIMAL ERA EN CAMBIO UNA VACA. LA FLECHA DARÁ EN EL BLANCO CON TODA SU FUERZA. DEL MISMO MODO, LA ACCIÓN YA REALIZADA LLEGA A BUEN TÉRMINO INCLUSO DESPUÉS DE QUE SE HAYA PRODUCIDO LA ILUMINACIÓN.

Así que si ves que una persona iluminada sufre a veces, no te preguntes por qué la existencia debería torturar a una persona tan pura y pacífica, tan iluminada. Nadie está torturando a nadie.

Por muy gran iluminado que uno sea, aún tiene tras de sí un largo viaje de ignorancia. El hecho mismo de que uno esté iluminado significa que ha viajado mucho tiempo en la ignorancia.

Cualquier suciedad y polvo que se haya acumulado durante ese largo viaje tendrá que ser tratado. El iluminado lo vive ahora con su naturaleza celeste. Pero es posible que las personas que se reúnen a su alrededor no puedan afrontarlo de la misma manera.

Cuando Ramakrishna padecía cáncer, Vivekananda aún solía llorar. Vivekananda no había alcanzado la iluminación, su naturaleza celeste. Cuando Ramana Maharshi tuvo cáncer, la gente de su ashram estaba descontenta porque los que se habían reunido allí no habían conocido la naturaleza celeste.

En el momento de su muerte, casi cuando exhalaba el último suspiro, alguien preguntó a Ramana: "¿Y ahora qué nos pasará?". Ramana respondió: "¿Qué pasará? Yo estaré aquí".

Las lágrimas de la gente cesaron. Les habían asegurado que se quedaría. Pensaban que no iba a morir, ¡y murió! La gente había malinterpretado la afirmación. Cuando Ramana decía: "Yo estaré aquí", se refería al cielo que él era. ¿Adónde puede ir el cielo aunque se rompa la vasija?

Es sólo la vasija la que se rompe. Ramana dice: "Yo estaré aquí; ¿por qué lloráis?". Pero éstas eran las palabras del cielo, no de la vasija. Los que estaban a su alrededor comprendieron que las palabras eran de la vasija, que la vasija permanecería, pero entonces la vasija se rompió. Pensaron: "¿Nos ha engañado Ramana? ¿Dijo todo eso sólo para consolarnos? ¿Era sólo un consuelo?".

Esto no era un consuelo, era una verdad. Pero no tienes forma de experimentar a Ramana como el cielo mientras no te hayas experimentado a ti mismo como el cielo. Mientras pienses que eres sólo la vasija, para ti Ramana ha desaparecido.

Cuando Ramakrishna se estaba muriendo, su mujer, Sharda, empezó a llorar y a lamentarse. Ramakrishna le dijo: "¿Por qué lloras? No te convertirás en viuda". Y Ramakrishna murió, dejando el mensaje: "No serás viuda, ¿y cómo, en primer lugar, voy a morir?". Pero Sharda no era una mujer corriente. Ramakrishna murió, su cuerpo fue incinerado, pero no había ni una lágrima en sus ojos.

La gente se reunió y, según la tradición de Bengala, quiso romper y quitar los brazaletes de las muñecas de Sharda. Pero ella les pidió que no lo hicieran, "porque", dijo, "no soy viuda". La gente le pidió que se pusiera la ropa tradicional de una viuda, pero Sharda les pidió que ni siquiera lo mencionaran, que ella confiaba en las palabras que le había dicho Ramakrishna, que no se las habían dicho para consolarla.

Lo que ocurrió es una historia muy dulce. Mientras Sharda vivió después de su muerte, nunca aceptó, ni siquiera en sueños, que Ramakrishna había muerto. La gente se preguntaba si se había vuelto loca. Pero no estaba loca, no había otros signos de locura. Al contrario, la verdad es que desde el mismo día en que Ramakrishna murió y Sharda no aceptó que había muerto, ella misma se volvió inmortal y celestial.

Para Sharda, la experiencia de la muerte de Ramakrishna seguía siendo sólo una experiencia de la muerte de la vasija, del cuerpo. Y nunca había existido transacción alguna entre las vasijas: el matrimonio de Ramakrishna y Sharda fue un matrimonio extraordinario. Durante su vida matrimonial, las vasijas nunca se encontraron. Ramakrishna siempre trató a Sharda como a su madre. No hubo en él ninguna transacción corporal.

Su matrimonio no fue más que el encuentro de dos cielos.

Es realmente una historia muy hermosa y asombrosa. Sharda vivió muchos años después de la muerte de Ramakrishna, pero solía preparar la comida como lo había hecho en el pasado y luego se acercaba a la cama de Ramakrishna y decía: "Paramahansadeva, la comida está lista"; todo continuaba como antes. Seguía preparando la comida, se acercaba a la cama -donde no había nadie- y se dirigía a Ramakrishna como de costumbre.

La gente veía esto y lloraba por su estado. Ella le llamaba para pedirle comida e incluso esperaba como de costumbre a que se levantara, y luego, cuando empezaba a andar, le seguía. Sólo ella podía ver lo que ocurría, nadie más podía verlo. Le hacía sentarse para comer, le abanicaba mientras comía. Le hacía dormir por la noche y le despertaba por la mañana.

Todo continuó como de costumbre.

Alguien preguntó a Sharda a quién despertaba, a quién daba de comer y a quién acostaba: ¿qué estaba pasando? Sharda respondió que era la misma persona a la que había servido antes. Ahora el cuerpo se había ido, pero el cielo ha permanecido.

Sharda no enviudó ni siquiera después de la muerte de su marido. Fue una experiencia única para cualquier esposa en toda la historia de la humanidad. Es el único acontecimiento de este tipo. Es difícil encontrar otra mujer como Sharda.

Las acciones pasadas llegan a su fin incluso después de la iluminación, pero tras esta experiencia del vacío interior la persona observa todo lo que sucede como un testigo. No tiene deseos, ni voluntad en cuanto a lo que debería suceder y lo que no debería suceder. Acepta todo lo que sucede.

Ser testigo significa ser tal. Todo lo que sucede o no sucede es bueno. La confianza interior en la experiencia está constantemente presente, que nada ha sucedido ni puede suceder al cielo interior.

QUIEN COMPRENDE QUE ES INMORTAL Y SIEMPRE JOVEN PERMANECE UNO CON EL ALMA Y NO TIENE NINGUNA RELACIÓN CON SUS ACCIONES PASADAS QUE LLEGAN A BUEN TÉRMINO.

Entiendan esto. Este sutra parece un poco contradictorio, pero no lo es. Las acciones pasadas continúan, pero la persona iluminada permanece ajena a ellas. La persona iluminada llega a saber que es como el cielo: inmortal, siempre joven, despreocupado, desapegado, indiferente y neutral. Sabe: "Nunca he salido de mí mismo, nunca ha entrado nada en mí, ni he nacido ni moriré; sólo ser es mi estado". Para tal persona las acciones siguen sucediendo debido a su cadena en el pasado, pero la persona no tiene ninguna relación con ellas. Cuando la infelicidad y el dolor o la edad llegan al cuerpo, no se identifica ni dice: "Estoy envejeciendo", sólo dice que está viendo que el cuerpo envejece, o que está viendo que el cuerpo enferma, o que ha llegado la felicidad o que ha llegado la infelicidad.

Quien está asentado en el yo no se identifica. Y cuando uno no se identifica, las acciones pasadas se disuelven tras agotar su impulso, el cuerpo cae tras completar su viaje, sus deseos, y se cansa, y el testigo se hace uno con el cielo vacío.

Mientras el cuerpo esté ahí, sólo hay jeevanamukti, la liberación en vida, y cuando el cuerpo también cae, hay mahanirvana.

Suficiente por hoy.

¡Despierta! Esto es un sueño

EL KARMA, LAS ACCIONES PASADAS, SÓLO DAN FRUTOS CUANDO TENEMOS UN SENTIMIENTO DE MÍ MISMO PARA NUESTRO CUERPO. NUNCA ES DESEABLE TENER UN SENTIMIENTO DE MÍ MISMO PARA EL CUERPO.

ASÍ, AL RENUNCIAR AL SENTIMIENTO DE MI-DAD POR EL CUERPO UNO RENUNCIA A LOS FRUTOS DE LAS ACCIONES PASADAS.

ESTA FALACIA DE QUE EL CUERPO SOY YO MISMO ES LA CAUSA DE CREAR EN LA IMAGINACION LA IDEA DE ACCIONES PASADAS. ¿PERO COMO PUEDE SER VERDAD ALGO QUE SE IMPONE O SE IMAGINA SOBRE UNA FALACIA?

¿DE DÓNDE PUEDE NACER ALGO QUE NO ES REAL EN PRIMER LUGAR? ¿CÓMO PUEDE DESTRUIRSE LO QUE NO HA NACIDO? ¿CÓMO PUEDE TENER ACCIONES PASADAS ALGO QUE ES IRREAL?

LA MI-DAD CON EL CUERPO ES EL RESULTADO DE NUESTRA IGNORANCIA Y ES DESTRUIDA TOTALMENTE POR LA ILUMINACION. ¿ENTONCES CÓMO PERMANECE EL CUERPO? ES PARA SATISFACER ESTA DUDA DEL IGNORANTE QUE LAS ESCRITURAS HAN ATRIBUIDO EXTERIORMENTE LA PERMANENCIA DEL CUERPO A ACCIONES PASADAS.

Se han planteado una o dos preguntas. Será bueno discutirlas antes.

Un amigo me ha dicho que lo que he dicho lo entiende, pero sigue sin entenderlo.

Entonces, ¿qué se supone que debe hacer al respecto.

Esta pregunta es valiosa. Todo el mundo debe sentirse así, porque la comprensión tiene dos niveles. Uno es que lo que estoy diciendo es comprendido por tu intelecto; parece lógico para tu intelecto y tu intelecto piensa que esto debe ser así. Esta comprensión es superficial. No puede penetrar en el núcleo interno de tu ser. Esta comprensión no proviene de tu ser, no proviene de tu alma.

Por fuera parece que entiendes, y mientras me escuchas sentado aquí sientes que has entendido completamente. Pero entonces te alejas de este lugar y la comprensión comienza a desvanecerse. Esto es así porque mientras lo que se ha comprendido no se practique también, no puede convertirse en parte de tu ser. Lo que se ha comprendido, si no se asimila en la sangre, la carne y los huesos, se desvanecerá como la coloración de una superficie exterior.

Toda tu comprensión pasada yace debajo de lo que ahora has comprendido, y tan pronto como te alejes de aquí comenzará a crear conflicto con esta nueva comprensión. La vieja comprensión luchará contra ella y la apartará. Las viejas ideas se resistirán a la entrada de la nueva idea, lo pondrán todo patas arriba, plantearán miles de dudas y objeciones. Si te pierdes en esas objeciones y dudas, el vislumbre de la nueva comprensión será destruido.

Sólo hay una manera - que todo lo que ha sido entendido por el intelecto debe ser transformado en tu energía vital, debe ser practicado. Debe crearse una armonía con ello. No debe permanecer sólo como un pensamiento, sino que en el fondo debe convertirse también en tu acción. Y no sólo tu acción, sino todo tu ser interior debe ser recreado por ella. Sólo entonces, lentamente, lo que ha llegado a la superficie profundizará en ti y se convertirá en una verdad practicada que tus viejas ideas no podrán destruir. Más bien, debido a su presencia, las viejas ideas retrocederán lentamente y se desvanecerán por sí solas.

Así que esta es la pregunta natural de un buscador. Aunque comprendamos, seguimos siendo como éramos. Y si permanecemos como éramos, esta nueva comprensión no durará mucho. ¿Dónde, en qué espacio puede permanecer? Si sigues siendo la misma persona de siempre, toda la nueva comprensión será eliminada, pronto olvidada.

Y así lo habéis entendido muchas veces, no es la primera vez. Muchas veces has retrocedido desde el mismo umbral de la verdad. Muchas veces has encontrado la puerta y sólo era cuestión de llamar cuando de nuevo te has alejado hacia la pared. Aquí es donde se comete un error, que lo que se comprende no se traduce inmediatamente en la vida.

En este contexto conviene recordar que si alguien te insulta te enfadas inmediatamente, pero si alguien te da a entender la verdad no empiezas a meditar inmediatamente. Si hay que hacer algo malo, lo hacemos inmediatamente; si hay que hacer algo bueno, lo pensamos. Ambas cosas son trucos muy profundos de la mente, porque lo que haya que hacer sólo se puede hacer si se hace de inmediato; no importa si se trata de enfadarse o de meditar. Queremos expresar la cólera, por lo tanto lo hacemos inmediatamente. Ni siquiera esperamos un momento, porque si esperamos no seremos capaces de hacerlo.

Si alguien te insulta y le dices que volverás y le responderás dentro de veinticuatro horas, nunca podrás responderle. Veinticuatro horas es mucho tiempo, incluso si esperas veinticuatro momentos en silencio quizás no tengas ningún deseo de enfadarte. Tal vez te rías; tal vez veas la estupidez de esa persona; o tal vez incluso veas que los nombres que te estaba poniendo eran correctos. Entonces piensas que no está bien perder tiempo, que es necesario desquitarse con ira de inmediato cuando las palabras abusivas golpean. En cuanto al arrepentimiento, ya lo harás más adelante.

¿Te has dado cuenta de que todas las personas enfadadas se arrepienten más tarde? Se arrepienten después del acto de ira. Si hubieran esperado un poco, el arrepentimiento habría llegado antes que la ira, y entonces la ira nunca habría ocurrido. Quien se arrepiente después de la ira nunca podrá liberarse de la ira. Sólo aquel cuyo arrepentimiento precede a la ira puede liberarse de la ira, porque lo que ya ha sucedido no puede deshacerse.

¿Pero dónde está la brecha? Allí me insultaste y aquí me enfado. ¿Dónde está el espacio de tiempo entre las dos cosas para que pueda pensar, considerar y reflexionar, para que pueda examinar todos los votos que hice en el pasado para no volver a enfadarme, para que pueda buscar en mi pasado y ver cuántas veces me he arrepentido después de enfadarme? Pero no hay tanta oportunidad, tiempo ni espacio.

Allí alguien me insultó y aquí escupe el fuego de la ira.

Crea una pequeña brecha y la ira se volverá difícil. Sin embargo, no creamos una brecha cuando se trata de la ira, pero sí la creamos cuando se trata de la meditación. Entonces la meditación se vuelve difícil.

Cuando hay un impacto sobre algo que es bueno y correcto, no nos comprometemos inmediatamente a hacerlo, sino que esperamos. Ese tiempo intermedio lo estropea todo. Es necesario golpear mientras el hierro está caliente. Mientras pensamos en ello, el hierro se enfría y entonces no da resultados.

Hoy ha venido un amigo. Me ha dicho que quería tomar sannyas, pero que necesitaba tiempo para pensárselo. Le pregunté en cuántos otros asuntos de su vida había pensado primero antes de actuar. Si hubiera pensado antes en otros asuntos, sannyas habría ocurrido hace mucho tiempo, porque sannyas no es más que el resultado final de pensar. Toda indulgencia en la vida va a dejar de tener sentido para cualquiera que piense y delibere.

Así que le pregunté en qué otras cosas de la vida había pensado antes. ¿Cuántas otras cosas había hecho después de pensar en ello? ¿O era sólo sobre tomar sannyas sobre lo que quería pensar y deliberar?

¿Cuánto tiempo piensas depender de estas deliberaciones? Y eres tú, después de todo, quien delibera: ¿crees que vas a ser más inteligente mañana? Basta con echar la vista atrás; puede que su inteligencia incluso se haya vuelto menos aguda, pero desde luego no parece crecer.

Los científicos afirman que, normalmente, entre los catorce y los dieciocho años la inteligencia de las personas deja de crecer. Y sólo en el caso de individuos especiales la inteligencia crece hasta los dieciocho años, de lo contrario deja de crecer mucho antes.

Durante la última guerra mundial, se sometió a los reclutas del ejército a pruebas de inteligencia y se comprobó que la edad media de la inteligencia era de trece años y medio. Después de los trece años y medio, la inteligencia no sigue desarrollándose en la persona media.

Puede que digas que eso no te parece bien, porque sientes que sin duda te has vuelto más inteligente que cuando eras más joven. Incluso si no te sientes así, definitivamente sigues haciendo sentir a tus hijos que eres más inteligente. Eres un hombre mayor, con experiencia... sin duda eres más inteligente.

Puede que tengas más experiencia, pero no más inteligencia por tu edad.

La experiencia es sólo una acumulación de información. La inteligencia es el uso de esa acumulación, y eso es completamente diferente.

Un niño tiene menos acumulación de experiencia, tú tienes más, pero la forma en que utilizas esa acumulación es la inteligencia. La inteligencia no es experiencia. Así que puede ocurrir que un niño tenga más inteligencia que un anciano, pero nunca puede ocurrir que un niño tenga más experiencia que el anciano. El niño tiene menos experiencia, pero puede tener más inteligencia. El anciano tiene más experiencia.

Le dije a aquel amigo: "¿Crees que mañana, o pasado mañana, tendrás más inteligencia? No, lo único que ha ocurrido es que ahora mismo ha surgido en ti un impulso en esta atmósfera, en las olas de meditación que te rodean, bajo el impacto de la dicha y la libertad de tantos sannyasins que hay aquí, pero para cuando estés bajando del monte Abu -mientras tu autobús desciende hacia las llanuras- tú también estarás descendiendo de tu idea de tomar sannyas. Será asombroso si esta idea permanece contigo hasta la estación de tren de Abu Road, al pie del monte Abu. Al bajar de tu autobús en la estación de tren darás un profundo y fresco suspiro de alivio de que es bueno que regreses igual que habías venido, que no perdiste nada aquí, que no te aventuraste en nada que creará problemas innecesarios. Al cabo de un mes ni siquiera podrás recordarlo.

Esta atmósfera, la presencia de tanta gente, el esfuerzo colectivo de tanta gente, te eleva también a una altura desacostumbrada. Estás bailando en la meditación kirtan: ¿estás seguro de que serás capaz de bailar con la misma totalidad y la misma sensación de ahogo tú solo? No es tanto que estés bailando, sino que el baile de tanta gente se vuelve contagioso, te conmueve.

Sus vibraciones comienzan a estimular tu corazón; su movimiento, sus pasos crean una oportunidad para el movimiento de tus pasos también. Y, sobre todo, el patrón de tu pensamiento es siempre el mismo que el de los demás. Así que donde todos están bailando, una cosa es segura, que nadie va a decir nada al que está bailando - pero alguien puede decir algo al que sólo está de pie. Así que se crea un estímulo; te sientes libre - está bien, no hay problema, se puede bailar aquí.

Cuando bajes del autobús entre la multitud del mercado, ese atisbo que tuviste de cierta altura, ese salto que habías dado y que elevó tus ojos hacia el cielo se desvanecerá: ahora tus ojos volverán a estar enfocados hacia la tierra. Entonces, ¿por qué esperas que mañana o pasado mañana puedas tomar una decisión? Eres tú quien tiene que tomar la decisión, y eso puede hacerse hoy.

Pero aquel amigo dijo: "No es que no me haya esforzado por tomar una decisión. El 99% de mi mente está decidida, sólo es cuestión del 1% más".

Le pregunté: "¿No has hecho nada en tu vida en lo que el noventa y nueve por ciento de tu mente estuviera preparada y el uno por ciento no? ¿Alguna vez no has tomado una decisión por culpa de ese uno por ciento?". También le pregunté: "¿Entiendes lo que estás diciendo? Tu mente está decidida en un noventa y nueve por ciento a tomar sannyas, sólo el uno por ciento no lo está, y tú estás decidiendo a favor del uno por ciento."

Y no pienses que puedes evitar tomar una decisión. No hay forma en este mundo de evitar tomar una decisión. Puedes decidir en contra, pero eso también es una decisión. Puedes decidir posponerla para mañana, eso también es una decisión. En el mundo tienes la libertad de tomar cualquier decisión, pero no tienes la libertad de no tomar una decisión. Eso no es posible.

Uno está obligado a tomar una decisión. Pero una cosa interesante es que pensamos que nuestra decisión de no hacer algo no es una decisión. Es un concepto muy sorprendente. Ese amigo no comprendia que tomar sannyas es una decision y que no tomar sannyas tambien es una decision. Si ambas son decisiones entonces la mente es muy asombrosa cuando se pone del lado del uno por ciento y no reúne valor para ir con el noventa y nueve por ciento a favor.

Somos muy listos para engañarnos a nosotros mismos. Incluso si la comprensión es sólo en la superficie, la mente entiende lo que significa sannyas y tenemos miedo. Así que pensamos que si de alguna manera se puede ganar algo de tiempo... no tiempo para permitir que uno sea capaz de tomar una mejor decisión, sino tiempo para que el impacto se desvanezca de manera que el noventa y nueve por ciento se convierta en uno por ciento y ese uno por ciento entonces se habrá convertido en noventa y nueve por ciento.... Y cuando era noventa y nueve por ciento a favor y uno no se decidía por sannyas, ¿crees que te decidirás por ello cuando el impulso siga siendo sólo del uno por ciento?

Tu comprensión nunca puede ser profunda porque nunca la trasladas a la vida, nunca la conviertes en una decisión.

Entiéndelo bien. Muchas veces escuchas, comprendes, pero sigues siendo el mismo que eras. Esto incluso tiene un peligro propio, y es que: cuando has escuchado muchas veces, entendido muchas veces, si sigues siendo el mismo que eras te vuelves gradualmente como una vasija resbaladiza. Cuantas más cosas resbalan sobre ti, más resbaladiza se vuelve la superficie. Tantos pensamientos hacen impacto en ti, pero tú sigues siendo como eras. Esos pensamientos resbalan y se alejan de ti, y tú, la vasija, permaneces sentado sin inmutarte. La vasija se ha vuelto demasiado resbaladiza.

Así que cuanto más a menudo permaneces inmutable después de escuchar, más difícil se va haciendo tu transformación, porque ahora el impacto resbala de ti casi en cuanto te toca. La olla se ha vuelto absolutamente resbaladiza, se han desarrollado formas de resbalar por todas partes.

Es mejor que no sólo escuches cosas buenas, sino que cuando escuches seas valiente y tomes la decisión de transformarte. Entonces descubrirás que tu comprensión no se ha quedado sólo en la superficie, sino que se ha convertido en la melodía de tu ser.

Pero hasta el día en que la comprensión se convierta en tu propia respiración, no tendrá ningún valor. Sólo tiene un valor: que hayas aprendido a hablar inteligentemente. Todos lo sabemos - nuestro país es muy inteligente en hablar piadosamente. Estamos dispuestos a hablar de espiritualidad en cualquier momento. Pero es sólo palabrería, nada más profundo que eso. Uno puede preguntar a cualquiera en este país; todo el mundo tiene conocimiento de Dios. Todo el mundo.

La condición de la mente de todo este país se ha vuelto como la de una vasija resbaladiza. Durante miles de años el único uso que hemos hecho de los tirthankaras, las encarnaciones y los sabios, es que al escucharlos repetidamente nos hemos convertido en vasijas resbaladizas.

En una ciudad alguien me decía que la India es realmente una tierra sagrada porque todas las encarnaciones de dios, todos los tirthankaras y todos los budas han sucedido aquí. Le pedí que reconsiderara su afirmación. ¿Es realmente la India una tierra sagrada, o es que los pecadores de esta tierra son tan asombrosos que a pesar de la existencia de todas estas personas han permanecido inmutables? ¿Han ido y venido todas las encarnaciones sin poder trazar una sola línea en nuestras escurridizas vasijas? ¿O es que han venido los tirthankaras y les hemos dicho: "Pueden ir y venir, pero no somos tan tontos como para que nos molesten con su palabrería"?

¿Qué significa en realidad? Si todos los médicos de la ciudad vienen a visitar una sola casa, significará que esa casa tiene el máximo número de pacientes y es la más enferma de todas las casas. Lo mismo ocurre cuando todas las encarnaciones tienen que encarnar aquí. Y Krishna ha dicho en el Gita: "Siempre que la religión decaiga y los pecados aumenten y los malhechores estén en alza, yo vendré". Y todas estas encarnaciones sólo vinieron aquí a la India. Entonces, ¿qué significa? ¿Significa que esta es una tierra sagrada?

Si la afirmación de Krishna es correcta, entonces donde él no tuvo que encarnarse debe ser la tierra sagrada.

Pero todas las encarnaciones sólo ocurrieron aquí, en esta tierra. Está muy claro que el alma de este país se ha vuelto muy resbaladiza. Hemos oído palabras tan hermosas durante tanto tiempo y nos hemos adormecido tanto que nunca nos hemos molestado en hacer nada.

Ninguna comprensión será completa y profunda hasta que penetre en tu interior. Sólo cuando tomas una decisión, la comprensión penetra en tu interior. La decisión es la puerta.

Incluso las pequeñas decisiones son muy revolucionarias. Lo importante no es lo que has decidido, sino que has tomado una decisión. Al tomar una decisión, tu ser se integra. En el momento en que tomas una decisión te conviertes en un hombre diferente. Esa decisión puede ser muy trivial.

Le pido que no tosa durante diez minutos. Parece muy inhumano: tienes ganas de toser y yo te lo impido. Parece una maldad. Estás en una reunión y te digo que no tosas, que dejes de hacerlo. Pero no tienes ni idea... incluso una decisión tan pequeña por tu parte hace nacer el alma dentro de ti. Si decides no toser durante diez minutos y consigues no toser, una oleada de alegría recorre todo tu cuerpo; llegas a saber que puedes llevar a cabo una decisión hasta el final.

Estornudar y toser son cosas muy desagradables: si intentas evitarlos, persisten con más fuerza. Si intentas evitarlos, toda tu atención se centra en ellos. Si intentas evitarlos, se rebelan. Parecen decirte: "Esto no lo has hecho nunca. ¿Qué es este nuevo capricho? ¿Cuál es el problema? Hasta ahora nuestra relación ha consistido en que nunca me lo has impedido cuando he venido. Antes, aunque yo no hubiera venido y otra persona estuviera tosiendo, tú también empezabas a aclararte la garganta. Aunque no estuvieras tosiendo, te contagiabas de los demás, por así decirlo. ¿Qué ha pasado ahora?"

Pero si puedes evitar la tos aunque sea durante diez minutos, tu relación con tu cuerpo ya empezará a cambiar, con esta pequeña decisión.

Por ejemplo, te grito: "¡Alto!" Gurdjieff ha hecho un gran uso de ella en las meditaciones. Él le había dado un nombre aparte: la meditación de parada. Cuando estés listo alguna vez haremos ese experimento completo. Cuando te pida que pares....

En esta parada no te estoy presionando mucho. Gurdjieff también solía decir: "¡Para!", pero significaba que cualquiera que fuera la posición, la situación de tu cuerpo, tenía que quedarse como estaba. Si estabas bailando y tenías un pie en el aire y otro en el suelo, tenías que parar así. O si tu cuello estaba doblado de una manera, o tu cuerpo estaba torcido, tenía que permanecer en esa posición, no había que hacer ningún cambio o ajuste del cuerpo en absoluto. El cuerpo puede caer plano, pero no debes hacer ningún cambio en su posición. Y si sucede que un pie está un poco torcido y te caes, lo enderezas y luego te acuestas, no, tampoco hagas ningún cambio en su posición.

Gurdjieff llamaba a esto la meditación de parada. Miles de personas tuvieron experiencias profundas a través de ella.

Este es un experimento muy valioso, detenerse de repente. Y si uno engaña, no se trata de nadie más, es puramente engañarse a uno mismo. Si una de tus piernas está en el aire y la bajas silenciosamente, ¿quién te está mirando? Nadie observa a nadie. Pero has perdido una oportunidad. No hay necesidad; es tu pierna, puedes ponerla donde quieras. Pero dentro de ti has perdido una oportunidad. Aquí era posible cambiar la relación entre el alma y el cuerpo, donde el alma podría haber ganado al cuerpo y confirmado que el alma es el amo. Si cuidadosamente bajaste la pierna a una posición cómoda y declaraste al mundo: "Mira, estoy haciendo la meditación de parada", entonces no estás engañando a nadie más, tu propio cuerpo te ha engañado a ti.

Las pequeñas decisiones, las decisiones muy pequeñas, también pueden dar grandes resultados. La cuestión no es el tamaño, sino tu decisión, tu firmeza. Entonces tu comprensión se irá profundizando poco a poco en tu interior.

Así que todo lo que te diga, no sólo debes escucharlo, sino también ponerlo en práctica.

Los Upanishads son lecciones muy prácticas. No tienen nada que ver con teorías, sino con la alquimia de transformarte. Son sutras sencillos y directos capaces de crear un hombre nuevo a partir de ti.

Pero la dificultad estriba en que nadie más puede crearte con un martillo y un cincel. Tú eres el escultor, tú eres la piedra y tú eres el martillo y el cincel. Las tres cosas tienes que hacerlas tú.

Con el martillo y el cincel de tus propias decisiones, con tu propia fuerza de voluntad, tienes que esculpir tu propia piedra. Tienes que esculpir tu propia estatua según tu propio entendimiento. Incluso un momento de aplazamiento se convierte en un aplazamiento para siempre: el que dice que lo hará mañana lo aplaza para siempre. Habría sido mejor que hubiera dicho que nunca lo haría, porque eso habría sido una decisión.

Así que le sugerí a ese amigo que había venido que al menos tomara la decisión de que nunca tomaría sannyas, nunca. Entonces también se habría beneficiado. Pero él dice que pensará si tomar sannyas o no - esto es indecisión. Incluso si toma una decisión clara a favor del no, al menos tomó una decisión. O si quiere tomar sannyas, debería tenerlo claro, y entonces también habrá tomado una decisión. Su sentimiento interno es que no debe tomar sannyas, pero tampoco permite que esta sea una decisión clara. Sobre esto también dice: "No, definitivamente tomaré sannyas pero necesito algún tiempo". De esta manera se engaña a sí mismo.

Sannyas es una decisión, una resolución que trae resultados. Es beneficioso. La gente me pregunta qué va a pasar por cambiar a la ropa naranja. Yo digo: "Si crees que no va a pasar nada, llévalas durante tres meses".

Dicen: "La gente se reirá de nosotros".

Yo le digo: "Desde luego que ocurrirá. Y si puedes tolerar sus risas durante tres meses con la mente fría, te sucederán muchas cosas. No te molestes por la risa de los demás... y desencadena el principio de muchas cosas".

La gente me pregunta: "¿Qué va a ocurrir con estos cambios externos? Por favor, muéstranos cómo puede ocurrir la transformación interior".

Les digo: "No tenéis valor ni siquiera para la transformación de lo exterior, ¿y os atrevéis a hablar de transformación interior? Empezáis a morir, por así decirlo, cuando sólo hay que cambiaros la ropa; será muy difícil si empiezo a cambiaros la piel. ¿Y tú hablas de lo interior?". Pero somos hábiles engañándonos a nosotros mismos. Y quien se engaña a sí mismo nunca puede llegar a ser religioso.

Recuerda, una persona que engaña a los demás puede llegar a ser religiosa, pero quien se engaña a sí mismo nunca puede llegar a ser religioso porque entonces no queda camino para la transformación.

Otro amigo me ha preguntado: "Dices que las buenas acciones no anulan las malas, sino que las encubren. Así que es inevitable soportar los frutos tanto de las malas como de las buenas acciones. ¿Dan fruto las malas y las buenas acciones en el mismo orden en que ocurrieron? ¿O no hay orden en la entrega de frutos? Si las malas acciones no pueden ser destruidas por las buenas, no puede haber ninguna razón para hacer buenas acciones. ¿Es útil tal doctrina para la sociedad?".

Entendamos esto. Si las buenas acciones no pueden destruir las malas acciones, eso hace que este amigo se angustie - ¿por qué entonces alguien haría buenas acciones? Esto realmente crearía un gran peligro para la sociedad.

La situación es justo la contraria. Si sabes que las malas acciones pueden ser destruidas por las buenas, seguirás haciendo malas acciones sin ninguna preocupación - porque en cualquier momento se pueden hacer buenas acciones y contrarrestar las malas. Cuando la medicina está contigo, ¿dónde está el miedo a la enfermedad?

"Iremos a darnos un baño sagrado en el Ganges y todos nuestros pecados serán lavados. Recibiremos las bendiciones de algún santo y se borrarán todas las malas acciones. Si he cometido un robo, haré una donación", con el mismo dinero. Aparte de eso, ¿de dónde saldría el dinero?

Un gran ladrón se convertirá en un gran donante. Robará cien mil rupias y donará diez mil rupias. Entonces no habrá miedo a robar, porque puedes donar para destruir el efecto del robo. Puedes asesinar a alguien y luego dar a luz a un niño. Has quitado una vida y estás devolviendo una vida.

Este mundo se ha vuelto tan malo sólo porque piensas que las malas acciones pueden anularse con buenas acciones. Cuando digo que no hay forma de anular las malas acciones con buenas acciones, entonces tendrás que pensártelo dos veces antes de hacer una mala acción. Cada acto dará su fruto y habrá que soportarlo, es inevitable; no se puede anular. No hay salida; ni ninguna buena acción, donación o virtud ayudará, ni ninguna peregrinación al sagrado Ganges, maestro, dios o bendición serán de ninguna ayuda. Lo que se ha hecho, habrá que soportar sus frutos.

Así que en el momento de hacer cualquier cosa tienes que pensar con claridad, porque el trato se está sellando y no habrá manera de salir de él. No se trata de que llores y clames delante de Dios: "Tú eres el salvador de los pecadores, y nosotros somos pecadores. Ahora haz algo. Si no lo haces no nos perjudicará mucho, pero tu nombre se echará a perder porque eres el salvador de los pecadores. Y hemos estado cometiendo pecados sólo por ti, porque a menos que lo hagamos, ¿cómo puedes seguir siendo el salvador de los pecadores? Así que ahora demuestra tu salvación".

Anteayer vino a verme una mujer. Había mucha gente y en esa multitud ella dijo bruscamente: "¡Bendíceme!".

Dije: "Bien".

Al día siguiente volvió de nuevo y preguntó: "¿Se cumplirán las bendiciones? - porque las bendiciones de los santos buenos sí se cumplen, y tú me has bendecido".

Le dije: "Esto parece difícil. Parece que vas a llevarme ante un tribunal si no se cumplen. Al menos déjame tener una idea de en qué sentido quieres que mis bendiciones se hagan realidad".

Me dijo: "Pero debes saber que siempre que un buen santo bendice a alguien, la bendición se hace realidad".

Le dije: "Hay una escapatoria para mí en ello, que al menos no puedas arrastrarme a los tribunales. Si las bendiciones no hacen realidad lo que deseas, puedes comprender que ni soy bueno ni santo, y se acabó el asunto.

De esta manera me has creado una vía de escape. Ahora ni siquiera quiero saber para qué querías mis bendiciones. Si no se hace realidad puedes comprender que ni yo era bueno ni un santo, y asunto terminado."

A esto lo llamamos ser religioso. La mujer cree que es religiosa.

En este universo hay una ley, una disciplina interior que hemos llamado rit en los Vedas, y Lao Tzu llamó Tao. No hay excepciones bajo esa ley. Hagas lo que hagas, tendrás que soportar sus frutos. Si esta comprensión se profundiza en ti, tendrás que cambiar tu forma de vivir y tus acciones. Es una verdad. Y si esta verdad se hace evidente, será bueno para la sociedad. Durante cuánto tiempo os habéis estado predicando esto unos a otros, pero la sociedad no parece estar cambiando. Al contrario, los pecados aumentan, porque somos conscientes de la laguna, de que hay una salida. Si cometo un pecado, la casa del pecado no sólo tiene una puerta de entrada, sino también una puerta de salida. También es posible salir; no hay que tener demasiado miedo a entrar.

El significado de lo que te he dicho es que no hay salida, tendrás que vivir el desenlace.

Sólo puedes ser libre después de vivir el resultado. No hay manera de anular, vivir el resultado es la anulación. Sólo hay una forma de ser limpiado, y es vivir el resultado. No hay otra forma de liberarse de él.

Lo segundo que dice es: ¿cuál es la razón de hacer buenas acciones? De su propia pregunta se desprende claramente que, en su opinión, las buenas acciones sólo se realizan para anular las malas. El que pregunta dice que cuando digo que no es posible aniquilar las malas acciones con buenas acciones, se pierde toda la razón de hacer buenas acciones, se pierde la única razón para hacer buenas acciones. Su mente también cree, como se desprende claramente de su pregunta, que las buenas acciones, como dar a la caridad, sólo sirven para compensar los robos cometidos. En este caso el robo se convierte en lo más importante, el dar caridad es secundario. Si no hubiera robos en el mundo, la caridad no sería posible.

Un supuesto pensador, Karapatri, ha escrito en su libro que si el socialismo tiene éxito la religiosidad decaerá, porque si nadie es pobre, ¿a quién darás caridad? Eso significa que la pobreza debe permanecer para que la caridad sea posible, y sin caridad no hay entrada al paraíso.

¿Entiendes el significado? Significa que el infierno debe permanecer y el mendigo desnudo y hambriento en el camino también debe permanecer... porque si no hay gente hambrienta, ¿a quién le darás comida?

Y si nadie toma la comida que ofreces como caridad, estás en problemas; entonces, ¿cómo ganarás el paraíso?

Entonces, según usted, ¿la razón para hacer buenas acciones depende de la existencia de malas acciones?

Esto significaría que una buena acción se está beneficiando de una mala acción, que es un hombre bueno el que está explotando a un hombre malo.

No, la razón para hacer buenas acciones no es anular los efectos de las malas. Las malas acciones producen infelicidad y las buenas, felicidad. Una buena acción trae felicidad, esa es su razón de ser. El que quiere la felicidad hace buenas acciones. Quien piensa que alcanzará la felicidad haciendo malas acciones es un insensato. Va en contra de la ley y tendrá que sufrir.

La razón de ser de las buenas acciones está en sus frutos, y las malas acciones dan lugar a sus frutos. ¿Cómo puede estar la razón de ser de las buenas acciones en las malas? No tienen ninguna relación.

Una buena acción trae su fruto y eso es felicidad; una mala acción trae su fruto y eso es infelicidad.

Si podemos comprender esto correctamente, y si esta comprensión cala hondo en la mente, entonces quien desee la felicidad tendrá que hacer buenas acciones, entonces será beneficioso para la sociedad.

Quien realiza malas acciones tendrá que sufrir la miseria resultante. Si piensa que haciendo algunas buenas acciones después será posible borrar las malas, se equivoca.

Puedes entenderlo así. Si he abusado de ti, te he herido y te he hecho infeliz. Esa infelicidad ya ha sucedido. Después te pido perdón y te hago feliz.

¿Piensas que debido a los buenos sentimientos y a la felicidad que ahora creo por mi petición de ser perdonado, puede decirse que la infelicidad anterior que ya había sucedido no ha sucedido nunca? No, ya ha sucedido; esa infelicidad que te causé ya ha sucedido. Este vendaje sobre la herida, al traer ahora algo de felicidad, no aniquila la infelicidad que ocurrió antes, sólo trae un poco de alivio.

Abusé de ti, hice una mala acción - sufrí la infelicidad que conlleva. Pedí perdón, hice una buena acción - disfruté de la felicidad que conlleva.

La mala acción conduce a la infelicidad, la buena acción conduce a la felicidad. Cuantas más buenas acciones, más crece la felicidad. Cuantas más malas acciones, más crece la infelicidad. El que quiera seguir siendo feliz tiene que ir dejando poco a poco las malas acciones y seguir haciendo buenas acciones.

Pero la religión tampoco tiene nada que ver con la felicidad porque, de ordinario, evitar la infelicidad es el deseo de todo el mundo. Mientras estés lleno del deseo de evitar la infelicidad eres una persona ordinaria, no una persona religiosa. Hasta ahora tu deseo es sólo la felicidad - ésta es la razón para hacer buenas acciones. Si deseas la felicidad, la tendrás.

No quieres la infelicidad; entonces no hagas malas acciones porque eso trae infelicidad.

Si la inevitabilidad de una mala acción que resulta en infelicidad se ve tan claramente como que la mano de uno se quema si se sostiene en el fuego, la gente dejará de poner sus manos en el fuego. Si la inevitabilidad de volverse feliz por haber hecho buenas acciones también se percibe tan claramente como que las manos de uno se vuelven fragantes si se sostienen flores con ellas, la gente hará buenas acciones.

Pero la religión todavía no tiene nada que ver con esto; sigue siendo moral, sigue estando en el plano de la moral de la sociedad. Pero una persona que experimenta la felicidad poco a poco llega a darse cuenta de algo nuevo, que no sólo la infelicidad carece de sentido, sino que también la felicidad carece de sentido. Mientras que la infelicidad hace a uno infeliz, incluso la felicidad disponible en toda su medida comienza a dar infelicidad. La felicidad también es aburrimiento. La infelicidad de la felicidad es aburrimiento.

¿Has visto alguna vez a algún animal aburrido: un burro aburrido o un búfalo aburrido? Excepto el hombre, ningún otro animal de la Tierra se aburre jamás. ¿Por qué? Porque los animales pasan el día satisfaciendo sus necesidades cotidianas. Nunca es capaz de acumular tanta felicidad y comodidad como para aburrirse. La cuestión del aburrimiento surge sólo cuando hay excesiva felicidad.

Por eso un pobre tampoco se aburre, sólo los ricos. Si miras la cara de un rico, parece aburrida, como si declarara que no hay sentido, que uno se arrastra pero no hay propósito.

Las piernas de un pobre tienen una especie de movimiento. Puede que estén débiles, cansadas y anémicas, pero el movimiento está ahí. Tiene alguna meta que alcanzar, hay una esperanza en sus ojos de que mañana tendrá una casa, o pasado mañana tendrá una tienda, de que su hijo podrá completar su educación - tiene un cielo proyectado en el futuro. Pero aquellas personas cuyos hijos han llegado a casa debidamente educados saben las cosas que siguen, cómo él también trae la infelicidad. Aquellos que tienen sus palacios construidos llegan a darse cuenta de que se han convertido en una prisión.

Cuando se alcanza toda la felicidad uno se da cuenta por primera vez de que la felicidad también está creando aburrimiento.

Nuestra mente también se aburre con la felicidad. Así, Mahavira, Krishna y Rama nacieron como hijos de reyes. No es posible llegar a ser un tirthankara o una encarnación de dios naciendo en la casa de un pobre. La razón es que no hay posibilidad de aburrirse de felicidad.

Los veinticuatro tirthankaras de los jainas son hijos de reyes. Buda, Rama, Krishna, todos son hijos de reyes. Es en la opulencia de los palacios de los reyes cuando uno se da cuenta de que todas las cosas carecen de sentido. Sólo llegas a darte cuenta de esto si tienes todo lo que quieres; ¿cómo ibas a darte cuenta antes? Cuando Buda se dio cuenta de que no había nada que valiera la pena en el cuerpo de una mujer fue porque su padre había reunido en su harén a todas las muchachas más bellas del reino. Sólo entonces se dio cuenta de que no había nada en ellas.

Una cosa sólo te parece inútil cuando la tienes en abundancia. Por eso Estados Unidos es hoy el país más aburrido del mundo. Y los chicos y chicas jóvenes de América corren por todo el mundo con la esperanza de librarse de este aburrimiento. No importa cómo -puede ser marihuana, opio o drogas, lo que sea que funcione- pero el aburrimiento tiene que desaparecer.

Cuando uno se aburre de la felicidad y todo su ser se llena de la búsqueda de ir más allá de la felicidad, nace la religión.

Así que las razones para hacer buenas acciones son dos: una, el resultado de las buenas acciones es la felicidad. Así que aquellos que desean la felicidad -y todo el mundo la desea, sea ateo o teísta, sea hindú o mahometano, sea quien sea- la razón para hacer buenas acciones es que traen felicidad.

La segunda razón para realizar buenas acciones es que, una vez alcanzada la felicidad, también se ve su futilidad. Y cuando la felicidad se vuelve inútil, entonces el hombre emprende el viaje hacia la religión.

El viaje hacia la religión significa también cómo ir más allá de la felicidad. El viaje hacia el mundo significa cómo librarse de la infelicidad, y el viaje hacia el nirvana significa también cómo librarse de la felicidad.

Ahora entramos en el sutra:

EL KARMA, LAS ACCIONES PASADAS, SÓLO DAN FRUTOS CUANDO TENEMOS UN SENTIMIENTO DE MI-MISMO POR NUESTRO CUERPO. NUNCA ES DESEABLE TENER UN SENTIMIENTO DE MI-MISMO POR EL CUERPO.

ASÍ, AL RENUNCIAR AL SENTIMIENTO DE MI-DAD POR EL CUERPO, UNO RENUNCIA A LOS FRUTOS DE LAS ACCIONES PASADAS.

Las acciones se nos pegan sólo cuando sentimos que este cuerpo es "mío". Todas las acciones se adhieren al cuerpo, no a nosotros.

Pero cuando nos aferramos a nuestro cuerpo, las acciones naturalmente también se aferran a nosotros. Las acciones se aferran al cuerpo desde el exterior y nosotros nos aferramos al cuerpo desde el interior, así nos conectamos con las acciones.

Las acciones no pueden aferrarse al alma, siempre se aferran sólo al cuerpo. Es como si alguien quisiera cortar algo con un cuchillo; un cuchillo sólo puede cortar materia. Si quieres cortar el cielo con un cuchillo no es posible. El cuchillo hará la acción de cortar, pero el cielo permanecerá sin cortar.

El efecto de las acciones, o el resultado de las acciones, o el cuchillo de las acciones, sólo pueden cortar la materia. El cuerpo es materia, la mente también es materia. La materia puede encontrarse con la materia. Pero la conciencia dentro de ti, ese cielo vacío dentro de ti, no puede ser cortado o tocado por ninguna acción. Pero una cosa puede suceder: si la conciencia dentro de ti cree que el cuerpo es "mío", lo cual es libre de hacer, entonces todos los sufrimientos del cuerpo comenzarán a sucederte a ti también.

Entendámoslo así. He oído que una vez se incendió una casa. Su dueño, al verlo, empezó a llorar amargamente. Pero uno de sus vecinos le dijo que ayer había visto a su hijo en la oficina de seguros contra incendios; el edificio ya estaba asegurado contra incendios. ¿Dónde estaba su hijo? Había salido a trabajar. Pero mientras tanto, el padre había dejado de llorar, porque la casa estaba asegurada, no había razón para llorar.

Se le secaron las lágrimas, y la casa seguía ardiendo, la misma casa. Pero ahora que pensaba que estaba asegurada, la relación de "lo mío" había pasado de la casa al dinero del seguro. Pero entonces el hijo llegó corriendo al lugar y vio a su padre de pie frente a la casa en llamas riéndose. El hijo dijo: "Definitivamente fui a la oficina del seguro contra incendios, pero la transacción nunca se completó".

Inmediatamente, el hombre volvió a llorar amargamente: "¡Estoy arruinado, estoy acabado!". La casa es la misma, pero ¿qué ocurrió entre medias? El yo se desprendió de la casa y luego volvió a unirse a ella.

El sentimiento de mi-dad con el cuerpo es la causa de todas nuestras miserias, o de nuestra felicidad, de todos nuestros frutos del karma. Si se elimina ese "yo", los efectos de todas las acciones sobre el cuerpo dejan de estar relacionados con nosotros.

Este sutra dice que mantener el sentimiento de mi-dad es ayudar a crear el proceso de todas las acciones, es cooperar con este proceso. Cuando ese sentimiento de "yo" desaparece, cuando te das cuenta de quién eres, de que no eres el cuerpo, entonces te despreocupas, del mismo modo que el hombre se despreocupó de la casa en llamas cuando supo que no era su casa. Buda y Mahavira se dieron cuenta de que el cuerpo, la casa, no era suya y se despreocuparon de su incendio.

Entraron. Habían llegado a conocer al que vive en la casa. Habían llegado a conocer al que ciertamente vive en esta casa, pero no es la casa misma.

La desaparición de mi-dad es la renuncia a los frutos de todas las acciones pasadas. Entonces las acciones pasadas no tienen importancia, la renuncia ha sucedido.

ESTA FALACIA DE QUE EL CUERPO SOY YO MISMO ES LA CAUSA DE CREAR EN LA IMAGINACION LA IDEA DE ACCIONES PASADAS. ¿PERO COMO PUEDE SER VERDAD ALGO QUE SE IMPONE O SE IMAGINA SOBRE UNA FALACIA?

Todo es impuesto, imaginado; sólo parece que es tuyo. Está tu hijo, haces todo lo que está en tu mano para educarlo. Estás dispuesto incluso a dar la vida por tu hijo. Y un día, de repente, encuentras una carta escondida en un viejo libro por la que te enteras de que tu mujer estaba enamorada de otro hombre. Esto crea dudas sobre si el hijo es tuyo o no, y todo se altera.

Un padre siempre queda un poco en duda, porque el padre es un fenómeno muy irrelevante en el nacimiento de un niño - no muy importante. El padre no es más importante que una inyección. Sólo la madre sabe con certeza que el niño es suyo; el padre siempre tiene la duda acechante de no ser el padre. Sólo para deshacernos de ese sentimiento de duda hemos creado unos sistemas matrimoniales tan estrictos para que no surja la cuestión de esa duda, de lo contrario causará problemas durante toda la vida. Si uno siguiera dudando de si los hijos por cuya crianza tiene que trabajar duro son suyos o no, habría un gran caos en la vida. Por eso se ha desarrollado un código matrimonial muy estricto y se ha restringido todo movimiento de las mujeres para que no entren en contacto con otros hombres. Si se impide el contacto, entonces no hay miedo.

Por eso también hay tanto alboroto en torno a la virginidad de la chica: que el matrimonio debe ser sólo con una chica virgen. Y esta es también la razón por la que aquellos que estaban extremadamente preocupados por tales asuntos iniciaron el matrimonio infantil, de modo que simplemente no queda lugar para ningún temor: "Es seguro que el niño es mío".

Si el niño es mío, el "yo" se proyecta fácilmente; si hay alguna duda, la proyección se vuelve difícil. Dondequiera que haya proyección de "mío", me he identificado y ahora puedo hacer todo por él, incluso sufrir dolor por él. Cuando la proyección de lo "mío" se aleja, me he desidentificado, me he separado de ello.

Todo este sentimiento de "mío" es sólo una proyección. En este mundo no hay nada que sea mío. Ni siquiera mi cuerpo es mío. El suyo tampoco es suyo, lo recibieron de sus padres. Si profundizamos en nuestra búsqueda, el diminuto átomo con el que se crea nuestro cuerpo tiene un viaje de miles de millones y billones de años a sus espaldas. Ni el hueso es tuyo, ni la carne, ni el tuétano, ninguno de ellos es tuyo, ni tampoco lo es la mente. Sólo tú eres tuyo. Pero no tienes ni idea de ese "tú".

¿Quién es eso dentro de mí a quien puedo llamar mío, o yo? Si vas eliminando tu idea de lo mío, dejándola caer, eliminándola -los Upanishads llaman al proceso neti, neti, "no soy esto, no soy aquello"... sólo sigue haciendo esto, rompiendo con todo tipo de lo mío, entonces de repente un día experimentarás, igual que una llama de luz puede saltar de la oscuridad, quién eres.

Al liberarse de lo mío, se experimenta el yo. Al aumentar la extensión de lo mío, la sensación del yo disminuye. Por lo tanto, cuanto mayor es la expansión de lo mío, menor es la experiencia del yo.

Esta es la razón por la que Buda y Mahavira huyeron de sus familias y de sus casas. El problema no era la casa, tenían extensos imperios, tenían montones de cosas que podían llamar mías, pero la extensión de lo 'mío' era tan vasta que su yo se perdía irrastreablemente; no podían rastrear: "¿Quién soy yo?". Así que huyeron de todo el imperio de lo "mío".

Mahavira ha hecho el máximo esfuerzo en esta huida. Incluso dejó caer sus ropas y se desnudó para no tener nada que llamar suyo; ahora ni siquiera su ropa es "mía".

¿Y por qué? Por una sola razón: porque en esta vasta extensión de "lo mío" el yo no se experimenta ni se siente en absoluto, y si huyo de todo ello y permanezco totalmente solo, tal vez pueda saber quién soy.

Es fácil conocer el yo cuando te separas de todo lo que llamas "mío". Es cada vez más difícil conocerse a uno mismo cuando se añade más a lo que se llama "mío". Así que cuantas más cosas acumulas, cuantas más posesiones aumentan, cuanto más se expanden, más desaparece y se cubre el centro del yo.

Toda la red de lo mío es imaginaria. El yo es la verdad, "mío" es una falsedad.

¿DE DÓNDE PUEDE NACER ALGO QUE NO ES REAL EN PRIMER LUGAR? ¿CÓMO PUEDE DESTRUIRSE LO QUE NO HA NACIDO? ¿CÓMO PUEDE TENER ACCIONES PASADAS ALGO QUE ES IRREAL?

En este sutra se han dicho cosas que invitan a la reflexión. LO QUE NO ES REAL... lo que no existe. ¿De dónde nace el sentimiento de "mío"? ¿Cuándo nace? ¿Cómo acabará? Es un asunto difícil, porque sentimos que cuando existe este "mío" debe haber nacido en alguna parte, de lo contrario, ¿cómo podría ser? Y si algo es mío, también debe morir en algún momento, de lo contrario, ¿cómo podría liberarme de ello?

Para entenderlo, tendremos que volver a la categoría de lo "casi verdadero" de la que he hablado antes con usted. Compréndelo una vez más.

Hay una cuerda; parecía una serpiente. Luego te acercaste y descubriste que sólo era una cuerda, no una serpiente. Ahora la cuestión es que, puesto que la cuerda se veía como una serpiente, una serpiente ciertamente nació de la cuerda, ¿de qué otra forma se vería allí? Pero sabemos que allí no nació ninguna serpiente. ¿Cómo puede nacer algo que no existe, una falsedad? Después, cuando te acercaste con una lámpara encendida, pudiste ver claramente que no había ninguna serpiente. Así que la serpiente murió, pero ¿dónde está el cadáver de esa serpiente?

Lo que se ve pero no existe en realidad no tiene nacimiento ni muerte, es sólo una ilusión. Pero las ilusiones pueden ocurrir, ocurren. Una ilusión es una proyección. En esa cuerda no había nacido ninguna serpiente; tu propia mente acababa de proyectar la serpiente en la cuerda y tú eras capaz de verla.

Cuando te sientas en una sala de cine nunca te giras para ver nada detrás de ti. En realidad, no hay nada que ver. Todo se ve en la pantalla que tienes delante. El flujo de colores, formas, canciones y música está todo en la pantalla de delante. Pero lo interesante es que en realidad no hay nada en la pantalla, la pantalla está vacía, son sólo rayos proyectando luz y sombra en la pantalla. La propia pantalla está vacía, todo está a tus espaldas, donde está instalado el proyector.

Esta palabra proyección es muy buena. Es la traducción al inglés de la palabra sánscrita kalpit o prakshepit, que significa imaginario o proyección.

El proyector está instalado detrás de ti. Desde allí se proyectan cosas en la pantalla, y las vemos en la pantalla donde en realidad no están. Y no miras dónde están, te mantienes de espaldas a ellas.

Viste una serpiente en una cuerda, pero la cuerda está funcionando sólo como una pantalla, es tu mente la que está proyectando una imagen de una serpiente en la cuerda. Y entonces huyes de esa serpiente.

Cuando se hicieron por primera vez películas tridimensionales ocurrieron cosas muy interesantes en todo el mundo. En Londres, en una de las primeras películas tridimensionales, se muestra a un hombre montado a caballo que se precipita hacia delante y luego lanza una larga lanza. Una imagen tridimensional muestra las cosas en su forma real. Si se trata de un caballo, aparece tan natural como un caballo de verdad, en sus tres dimensiones.

El caballo viene a la carga, el sonido de sus cascos se hace cada vez más fuerte, y entonces el jinete lanza una lanza.... Todo el público agacha la cabeza y se inclina hacia los lados para intentar esquivar la lanza que se aproxima y cederle el paso. Se oyeron gritos de miedo y algunas mujeres quedaron inconscientes.

¿Qué ocurrió? En realidad no había ninguna lanza. Pero en la pantalla parecía tan real. Como la imagen era tridimensional, parecía que la lanza iba a atravesarlos. En ese momento se produjo el esquive instintivo, porque la mente no sabía si la lanza era real o irreal.

Sólo parecía real, pero no lo era. Las cabezas se apartaron por costumbre instintiva, para evitar hacerse daño. Esto sucedió en una fracción de segundo, uno no necesita tiempo para pensar.

Después uno se habría reído de sí mismo: "¡Debí parecer loco!" Pero ocurrió.

Cuando un buda se ilumina, también se ríe de su locura anterior.

Hay una historia sobre Rinzai. Cuando se iluminó, empezó a reír ruidosamente. Cuando sus discípulos le preguntaron por qué se reía, él respondió que se había iluminado. Los discípulos, asombrados, preguntaron: "¿Iluminado? Nunca hemos oído que una persona se ría así cuando está iluminada. ¿Por qué te ríes?".

Rinzai se retorcía de risa e intentaba decir cómo le habían engañado, y eso también sin sentido. No había nada. Lo que había estado agarrando no estaba allí, y lo que había estado intentando abandonar tampoco estaba allí. Sólo estaba él. Era como si se hubiera agarrado a algo y se hubiera cogido la mano.

A veces ocurre por la noche que tienes las manos apoyadas en el pecho y empiezas a soñar que alguien te sienta a la fuerza en el pecho, y cuando te despiertas y abres los ojos, estás temblando y transpirando por la pesadilla.

Tus propias manos estaban sobre tu pecho, y es su peso el que ha creado el sueño. Durante el sueño todos los sentidos se vuelven muy sensibles, de ahí que un pequeño peso parezca muy pesado. Las propias manos... y parece como si alguien estuviera sentado sobre el pecho.

Puedes probarlo alguna vez. Cuando alguien en tu casa esté durmiendo, frota lentamente un trozo de hielo en la planta de sus pies. Pronto empezará a tener un sueño, algo así como escalar una montaña cubierta de nieve y quedarse helado, hace mucho, mucho frío... habrá empezado una verdadera crisis dentro de la persona. O acercar la llama de una lámpara encendida a la planta de los pies y la persona empezará a soñar con el infierno: llamas salvajes, enormes calderos llenos de aceite hirviendo, y la persona es sacada de ellos y luego arrojada de nuevo.

¿Qué ocurre en nuestro interior? La mente ya tiene sus conceptos e ideas: un leve indicio y empieza a proyectarlos... una pantalla cualquiera y su proyector se enciende.

Incluso cuando estamos despiertos, lo que hacemos es lo mismo. Cuando alguien se despierta de verdad -no nuestro estado de vigilia, sino el despertar de un buda o de los videntes de los Upanishads- se ríe; y esa risa se debe a que se da cuenta de lo tonto que ha sido. Ha estado viendo lo que nunca existió. Se ha aferrado a algo que nunca existió. Incluso ha intentado renunciar a lo que nunca existió. Y todo el juego fue su propia creación. Era sólo él -su mente- desde todos los ángulos. Si analizas adecuadamente cualquier acontecimiento de tu vida, llegarás a experimentar la verdad de lo que estoy diciendo. Si no analizas, las actividades de tu mente continúan estando a tu espalda, el mundo permanece como una pantalla y todo el juego continúa - lo cual es visible en la pantalla.

No, esta ilusión no tiene ni nacimiento ni muerte. Lo falso ni nace ni muere.

LA MI-DAD CON EL CUERPO ES EL RESULTADO DE NUESTRA IGNORANCIA Y ES DESTRUIDA TOTALMENTE POR LA ILUMINACION. ¿ENTONCES COMO PERMANECE EL CUERPO? ES PARA SATISFACER ESTA DUDA DE LOS IGNORANTES QUE LAS ESCRITURAS HAN ATRIBUIDO EXTERIORMENTE LA PERMANENCIA DEL CUERPO A ACCIONES PASADAS.

Es un asunto muy difícil. Y lo que te decía hace dos o tres días te habría complicado aún más el asunto. Te dije que Buda tiene que decir una mentira, Mahavira tiene que decir una mentira por tu culpa, porque tú sólo entiendes el lenguaje de la mentira, no entiendes ningún otro lenguaje.

Este sutra dice que en la realidad no hay ni cuerpo ni acciones pasadas. De hecho, la verdad no contiene ni cuerpo ni acciones pasadas en ella, ni buenas acciones ni malas acciones en ella, ni felicidad ni miseria en ella. De hecho, el mundo no es.

Esta es la realidad, pero no se puede decir. Este sutra dice que no se puede decir a la gente ignorante. Si le dices a la gente ignorante que no eres el cuerpo, te dirán: "¡Aléjate! ¿Está bien tu mente? Ve a que te traten la mente".

Si le dices a la gente ignorante que no existe el mundo, te enviarán a un manicomio.

Un iluminado entre gente ignorante está en la misma situación que un hombre con ojos entre una raza de ciegos. Si dice que hay mucha luz, todos los ciegos se reirán de él. Dirán: "¿De qué estás hablando? ¿Tu mente está bien? ¿Qué luz?" Si dice: "Estoy viendo la luz", los ciegos volverán a reírse y le preguntarán qué quiere decir con ver. Nunca han oído hablar de algo como ver. ¿Existe algo como ver? Ni a sus padres ni a sus abuelos les había sucedido nunca una cosa como ver; ciertamente la persona con ojos se ha vuelto loca.

¿Comprendes cuál sería la condición de un hombre con ojos entre los ciegos? Si tiene algo de inteligencia, no hablará ni por error de cosas que los ciegos no pueden ver. Y si quiere llevar a los ciegos a los caminos de las personas con ojos, tendrá que crear y utilizar muchos dispositivos. No será bueno para él decirles directamente: "Yo tengo ojos y vosotros sois ciegos, y voy a tratar vuestros ojos. Lo que sois es falso; hay algo más, que sólo se ve cuando se abren los ojos: vivís en una especie de falsedad."

Si se hace tal cosa, en lugar de que él trate sus ojos los ciegos conspirarán para tratar sus ojos. Esto ha sucedido muchas veces. Crucificamos a Jesús, despedazamos a Mansoor, envenenamos a Sócrates. La unica razon por la que esto se hizo fue que estas personas empezaron a decir la verdad directamente pero no fueron entendidas. Si seguimos lo que dicen, no podremos sobrevivir como estamos.

Así que nosotros tampoco tenemos la culpa.

Te sorprenderá saber que en la India no hemos crucificado a ningún Buda, Mahavira o Ramakrishna. Jesús fue crucificado en Jerusalén. Mansoor fue asesinado por mahometanos. Sócrates fue envenenado por los griegos. En este país no hemos matado, crucificado, envenenado o ahorcado a ningún Buda, Mahavira o Krishna.

¿Conoces la razón? La razón es muy sorprendente. La razón es que Krishna, Buda y Mahavira son más hábiles que Jesús y Sócrates para hablar con los ciegos. Esta es la única razón - que son más hábiles. Y hay una razón para esta habilidad. Durante miles y miles de años en este país, Budas y Mahaviras han hablado con ciegos, por lo que han desarrollado métodos y dispositivos para ello.

Jesús se encontraba en una gran dificultad. Toda la enseñanza de Jesús tuvo lugar en la India - no tenía ni idea de lo que estaba pisando cuando regresó de aquí. Cuando volvió y empezó a hablar en Jerusalén, no había lugar para él en las tradiciones de allí. Jesús parecía totalmente extraño; lo que decía parecía una locura.

En el Antiguo Testamento se dice que si alguien te quita un ojo, le quitas los dos.

Este es el lenguaje de los ciegos. Y Jesús, al llegar allí, empezó a hablar en el lenguaje de la gente con ojos - de repente, de la nada, no había puente de por medio. Dijo: "Si alguien te pega en la mejilla izquierda, ofrécele también la derecha; si alguien te quita el abrigo, dale también la camisa; si alguien te pide que lleves su equipaje durante una milla, llévalo durante dos millas - tal vez sea por timidez que te ha pedido que lo lleves sólo una milla."

Este lenguaje de la gente con ojos era completamente incomprensible donde la regla era responder a un ladrillo con una piedra. En realidad, Jesús cometió un error al hablar clara y directamente de las experiencias de la gente con ojos a los ciegos.

Buda y Mahavira eran más hábiles. Y no puede haber comparación con ellos en lo que se refiere al arte de inventar la "casi verdad". Y esto es lo que este sutra del Upanishad está diciendo, muy claramente. Está diciendo que ni tú eres el cuerpo ni hay acciones pasadas, pero para la satisfacción de la gente ignorante la mención del cuerpo y las acciones pasadas se hace externa y superficialmente. En realidad, ni hay cuerpo ni acciones pasadas.

Ahora bien, esto es muy difícil. Todas las escrituras son noventa y nueve por ciento falsas. Esto tiene que ser asi por el bien de los ciegos, para explicarles las cosas. De lo contrario, no entenderían nada y se confundirían si se les dijera la verdad directamente.

Es igual que cuando enseñamos el alfabeto a los niños les hacemos repetir la 'g', de dios. La letra "g" no es monopolio de Dios; "g" también puede significar cabra. Pero ahora que la India se ha vuelto laica, oigo que la "g" significa cabra en los libros de texto. Cuando yo era estudiante, significaba Dios... La cabra es un animal más laico. Dios pertenece a ciertas religiones, la cabra no, se encuentra en todas las religiones.

Esta técnica de hacer hincapié en la "g" en la mente de un niño con la ayuda de la imagen de una cabra es buena, pero si el niño se queda atascado con ella y siempre pronuncia la palabra cabra cada vez que lee "g" creará un problema.

La imagen de una cabra era sólo una ayuda para entender algo abstruso como la letra "g".

Como un niño puede entender fácilmente "cabra" pero no la letra "g", la imagen de una cabra se asoció a la "g". La imagen de la cabra era sólo simbólica. Con el tiempo, los símbolos desaparecerán, las imágenes desaparecerán y el niño empezará a leer la letra "g" directamente.

Así pues, si hay que hacer comprender a los ignorantes, al principio hay que hablarles en el idioma que conocen. Hay que decirles: "Esto es felicidad, aquello es miseria. Si deseas la felicidad, haz buenas acciones; sólo si deseas la miseria debes hacer malas acciones. Aunque no quieras la miseria, las malas acciones te la traerán. Si las trasciendes, no cosecharás frutos. Y cuando no cosechas frutos, estás liberado".

En todo esto partimos del supuesto de que todo es real. Pero cuando una persona despierta, cuando es totalmente consciente, cuando se desidentifica del cuerpo y se destruye su ignorancia, no puede evitar reírse. Ve que todo lo que había dejado atrás no era real, sino un gran sueño. Y los métodos y dispositivos que se le han dado eran también sueños dentro de sueños.

Será más fácil entenderlo así. Ramakrishna era un devoto de la diosa madre Kali, y también era muy humilde. Si alguien quería enseñarle algún camino distinto al de la devoción, él estaba dispuesto a aprender y a seguir.

Una vez le visitaba un maestro vedantin llamado Totapuri. Comenzó a interrogar a Ramakrishna sobre la superficialidad de bailar, cantar y entonar canciones devocionales. No servían de nada, dijo. Si Ramakrishna realmente quería conocer lo último, debía buscar el único absoluto. Esta dualidad entre un devoto y su dios era incorrecta.

Ramakrishna era una persona muy humilde y singular. Inmediatamente inclinó la cabeza a los pies de Totapuri y le pidió que le enseñara este camino de no dualidad. Entonces Totapuri le enseñó a sentarse en meditación. Ramakrishna se sentaba con los ojos cerrados y pronto se sentía muy dichoso.

Totapuri le preguntó qué estaba pasando. Le dijo que estaba viendo a la diosa madre. Totapuri no aceptó esto como una derrota. Dijo que si Ramakrishna estaba viendo a la diosa Kali, ¿qué había en ello para alegrarse tanto? "Todo esto es imaginación - esta madre y esta diosa - todo esto es tu propia proyección".

Ramakrishna dijo: "Puede ser, pero es inmensamente dichoso". Totapuri dijo que si quería permanecer satisfecho con esta dicha nunca conocería la dicha última. Ramakrishna le preguntó entonces qué debía hacer. Totapuri sugirió que había un método: "Cuando empieces a ver a Kali, coge inmediatamente una espada y córtala en dos pedazos". Ramakrishna le preguntó de dónde sacaría una espada.

Es natural preguntarse de dónde sacaría uno de repente una espada de su interior. Incluso si hubiera una espada realmente fuera, ¿cómo podría llevarse dentro para matar a Kali cuando la viera? Totapuri dijo que la mente que producía a Kali en su interior también podía producir una espada: "Cuando hayas logrado producir a Kali en tu interior, ¿no serás capaz de producir una cosa tan diminuta como una espada?".

Esta es una técnica de un sueño dentro de un sueño. ¿Me entiendes? Kali también es imaginación dentro. Un sueño extático, pero imaginación. Es la propia proyección mental, son los propios sentimientos que han tomado forma; son los propios deseos, los propios colores que uno ha difundido en su interior. Kali de pie dentro de él y Ramakrishna tumbado a sus pies también dentro de sí mismo... curiosamente todo eso son los propios sentimientos imaginados de Ramakrishna.

Así que Totapuri le preguntó con razón: "¿Tendría que sacarse la espada del exterior cuando ya has sacado a Kali de tu interior? Cuando has creado una Kali en tu interior también puedes crear una espada en tu interior. Y pareces ser muy hábil en ello. Cuando te pones tan extasiado al ver a Kali dentro de ti, eso sólo significa que has creado una Kali muy sólida en tu interior, tanto que no tienes ninguna duda de que es real; así que crea una cosa más: ¡una espada!".

Ramakrishna se puso muy triste: "¿Cómo puede suceder esto, cómo puedo yo mismo matar a la madre Kali?". Totapuri dijo: "Si la espada no puede matar a Kali, pensaremos en otra cosa, pero al menos haz un intento".

Ramakrishna volvió a preguntarse cómo se las arreglaría para cortar a Kali. Totapuri amenazó entonces con marcharse.

"Has aceptado aprender el camino del Vedanta, la no-dualidad, deberías reunir algo más de valor.

¿De qué sirve llorar como un niño?".

Totapuri trajo un trozo de cristal y pidió a Ramakrishna que se sentara a meditar. Le dijo: "Cuando sienta que has empezado a ver a Kali en tu interior, para que no te olvides -porque tan hipnotizado como te has quedado con ella te olvidarás de usar la espada..... Incluso si lo recuerdas, parece que no tendrás el valor de levantar la espada. Pareces tan lleno de amor por ella: ¿cómo vas a levantar la espada? Entiendo lo difícil que será para ti, casi como una madre que tiene que cortar a su propio hijo. Así que te ayudaré, no te preocupes.

"Cuando sienta que has empezado a ver a Kali en tu interior, te haré una herida profunda con este trozo de cristal en el lugar de tu tercer ojo. Tan pronto como sientas el corte y la sangre comience a fluir y sientas el dolor - y yo continuaré cortando con el cristal - justo en ese momento tú también tienes que armarte de valor y, levantando la espada, cortar a Kali en dos pedazos."

Así es. Si se hace un corte en el lugar del tercer ojo con un trozo de vidrio desde el exterior -porque es a través de ese tercer ojo que uno ve las visiones de Kali o Rama o Krishna o quienquiera que sea- y simultáneamente uno se arma de valor, entonces con esta experiencia del corte del tercer ojo cualquier imagen interior se vendrá abajo.

Ramakrishna se armó de valor, y la imagen cayó en pedazos. Ramakrishna, tras salir de su experiencia, dijo: "La última barrera ha caído".

Pero todo esto son artimañas. Lo que estaba explicando es que Kali es una falsedad interior y la espada es otra falsedad interior, pero una falsedad corta a la otra falsedad.

Todos los videntes de los Upanishads están dando dispositivos para cortar lo que no es, porque mantenemos una creencia en lo que realmente no es, como si fuera. Así que se nos están dando algunos dispositivos que pueden cortar lo que no existe. Una enfermedad falsa requiere una medicina falsa. Todo nuestro mundo psicológico es falso, por eso se necesitan tantos dispositivos. Y por esa misma razón cualquier dispositivo puede funcionar...

cualquier dispositivo, siempre que le cojas el truco.

Hay un sueño dentro de un sueño: el sueño tiene que matar al sueño, no hay otra manera. La verdad no se mata con la verdad: no es posible. La falsedad tampoco se mata con la verdad: tampoco es posible, porque la verdad y la falsedad nunca pueden encontrarse en ningún sitio, así que ¿cómo puede una matar a la otra? Sólo la falsedad mata a la falsedad. Una falsedad mata a la otra falsedad, y cuando ambas caen lo que queda es la verdad.

Entiéndelo así: tienes una espina clavada en el pie. Recoges otra espina del suelo y te quitas la del pie con su ayuda. Luego tiras las dos.

Así que este sutra dice que ni tú eres el cuerpo, ni existe el karma, la acción, ni el karma acumulado, las acciones pasadas, ni el mundo en realidad. Sin embargo, no te pide que creas eso, porque si lo haces caerás en dificultades, ahora mismo.

No, para ti todavía lo es, porque aún no lo eres. Aún no conoces la verdad, de ahí que todas las falsedades sean verdades para ti. El día que conozcas tu propia verdad, todas las falsedades desaparecerán.

Al conocerse a sí mismo, el mundo se vuelve falso. El mundo falso parece verdadero porque no nos conocemos a nosotros mismos.

Suficiente por hoy.

Sólo esto

No ES PARA EXPLICAR A LOS CONOCEDORES SINO PARA SATISFACER A LOS IGNORANTES QUE LAS ESCRITURAS DICEN QUE "EL CUERPO ETCÉTERA ES VERDAD" Y QUE HAY KARMA ACUMULADO, ACCIÓN PASADA.

EN REALIDAD NO EXISTE NADA MÁS QUE EL ÚNICO Y NO DUAL BRAHMA, QUE ES PERFECTO, SIN PRINCIPIO NI FIN, INCONMENSURABLE, INMUTABLE, MORADA DE LA VERDAD, MORADA DE LA CONCIENCIA, MORADA DE LA DICHA, ETERNO, INDESTRUCTIBLE, OMNIPRESENTE, UNIFORME, ENTERO, INFINITO, CON CABEZA EN TODAS DIRECCIONES, IMPOSIBLE DE PERDERSE O ENCONTRARSE, SIN APOYO, INDEPENDIENTE, DESPROVISTO DE TODOS LOS ATRIBUTOS, SIN ACCIÓN, SUTIL, SIN ELECCIÓN, SIN MANCHA, INDEFINIBLE, MÁS ALLÁ DE LA MENTE Y EL HABLA, VERDADERAMENTE AFLUENTE, AUTOEVIDENTE, PURO, CONSCIENTE Y DIFERENTE A TODO LO QUE CONOCEMOS.

ASÍ, SABIENDO POR EXPERIENCIA PROPIA QUE EL ALMA ES INDIVISIBLE, SIÉNTETE REALIZADO Y MORA DICHOSO EN EL ALMA INMUTABLE.

NO ES PARA EXPLICAR A LOS CONOCEDORES SINO PARA SATISFACER A LOS IGNORANTES QUE LAS ESCRITURAS DICEN "CUERPO ETCETERA ES VERDAD" Y QUE HAY KARMA ACUMULADO, ACCION PASADA.

Lo que se dice no se relaciona sólo con quien lo dice, sino también con aquel a quien se dice.

De hecho, el destinatario es lo más importante. Tiene que ser algo que él pueda entender, que no le sobrepase, que no le confunda sino que le aporte claridad, que se convierta en un camino para él, no en una perturbación mental, algo que no se convierta sólo en un viaje por el pensamiento sino que pueda convertirse en una disciplina para transformar su vida.

Este sutra dice que las escrituras hablan a los ignorantes en un idioma y a los conocedores en otro distinto. La realidad es que los iluminados hablan con cada individuo en un idioma diferente. Por eso se encuentran tantas incoherencias en las escrituras, porque las declaraciones se dirigían a individuos diferentes. Buda dice una cosa hoy, otra mañana y una tercera pasado mañana, y resulta difícil comprender cómo el mismo individuo podría haber dicho estas tres cosas que son contradictorias y opuestas. No hay incoherencia, pero un creyente en Buda se esfuerza por lograr algún tipo de conexión entre ellas para que Buda no parezca incoherente. Pero el hecho real es sólo éste: que el orador en todas ellas era el mismo, pero los oyentes eran diferentes, y las declaraciones se hicieron teniendo en cuenta al oyente.

El médico puede ser el mismo, pero si los pacientes son diferentes, las medicinas serán diferentes. Las declaraciones de Buda, las declaraciones de los budas, no son doctrinas sino medicinas. De ahí que siempre sea necesario saber a quién se hizo la declaración.

Las escrituras dicen una cosa a los ignorantes y otra a los conocedores. A los conocedores les dice que no hay nada como un cuerpo, sólo tú eres; a los ignorantes les dice que el cuerpo está ahí, pero tú no eres el cuerpo. Ahora bien, estas afirmaciones son contradictorias. Si no hay cuerpo, entonces no hay cuerpo; tiene que ser así tanto si hablas con un conocedor como con un ignorante. Y si hay cuerpo, entonces ¿qué diferencia hay si el oyente es un conocedor o un ignorante? Analicemos esto más detalladamente.

Hay algunas verdades que son hechos objetivos, como por ejemplo: "Esta es la mañana". No importa si una persona es conocedora o ignorante, la mañana es mañana para ambos. O si el sol se ha puesto y ahora es de noche, es de noche tanto para el conocedor como para el ignorante.

La ciencia explora hechos, de ahí que tenga que hablar en un lenguaje coherente. La ciencia se ocupa de cosas que están fuera, de ahí que tenga una gran coherencia. La religión es un fenómeno subjetivo. Utiliza un lenguaje acorde con lo interno; su énfasis está más en la subjetividad, menos en los hechos.

Así pues, según quién mire, surgen diferencias. Cuando un conocedor mira, el cuerpo no es visto por él en absoluto. Cuando una persona ignorante mira, el alma no es vista en absoluto. El ignorante mira de tal manera que sólo ve el cuerpo, un conocedor mira de tal manera que sólo ve el alma. Para el conocedor es imposible ver el cuerpo y para el ignorante es imposible ver el alma.

Esta es la razón por la que sabios como Shankara podían decir que el mundo es falso, no existe en absoluto... y materialistas como Brahaspati podían decir que el alma y Dios son falsos, sólo existe la materia. No hay incoherencia entre estos dos, porque no hay terreno de encuentro para ellos. Son dos afirmaciones vistas desde perspectivas diferentes. Toda la forma de ver la vida es diferente. No se ve el mundo desde el punto en que lo ve Shankara; sólo se ve el mundo desde el punto en que lo ve el materialista Charwak. Se trata de una diferencia de perspectivas. Son afirmaciones de personas que han mirado de forma totalmente separada y cuyas formas de mirar son diferentes.

Es así: si el olfato es el único modo de detección para ti, si sólo tienes la nariz como órgano sensorial... hay algunos animales, pájaros e insectos que viven sólo a través del olfato, que encuentran su camino a través del olfato. Ahora bien, esos insectos que sólo encuentran su camino a través del olfato no tienen forma de saber qué es el sonido, qué es la música, porque no hay forma de detectar la música a través del sentido del olfato.

La música no huele: si es buena, no huele; si es mala, no apesta. El olor no tiene nada que ver con el sonido.

Por lo tanto, alguien que sólo esté equipado con el sistema de detección del olfato no conocerá el sonido. Para él, el sonido no existe. Algo sólo existe en nuestro mundo cuando tenemos los medios para detectarlo.

Recordemos que tenemos cinco sentidos, de ahí que seamos capaces de reconocer cinco elementos. Si tuviéramos diez sentidos, podríamos reconocer diez elementos. Por debajo del hombre en la escala de la evolución están los animales; algunos tienen cuatro sentidos, otros tres y otros sólo dos. Su mundo está limitado al número de sentidos que tienen.

Para un animal que no tiene oídos, aunque tenga el resto de los sentidos, no existe el sonido. No es que el sonido no exista, pero si no tienes el medio para captarlo, el sonido se vuelve inexistente para ti, este mundo carece de sonido para ti. Si no hay ojos, no hay luz en el mundo. Así que sólo conocerás aquello para lo que tengas un medio.

Tu mundo son tus medios.

Una persona ignorante busca a través de su medio corporal. Esta es la razón por la que una persona ignorante siempre pregunta: "¿Dónde está Dios? Muéstramelo". Lo que está diciendo es: "Mientras mis ojos no vean, no creeré". Cuando dices que mientras no veas a Dios con tus propios ojos no creerás, ¿qué es lo que estás diciendo en realidad? Estás diciendo que mientras Dios no se convierta en un objeto que puedas ver, no podrás estar de acuerdo sobre su existencia. Pero, ¿quién te ha dicho que Dios es un objeto que los ojos pueden ver? Y si Dios no es un objeto que se pueda ver con los ojos, entonces nunca lo encontrarás, porque tu misma insistencia en verlo a través de los ojos se convertirá en la barrera.

La forma es lo que se ve con los ojos, y todos los conocedores dicen que Dios no tiene forma. Pero tú dices que creerás sólo después de verlo con tus ojos. Esto significa que has decidido no verlo. Simplemente no hay manera de que puedas verlo a través de los ojos. Porque ¿cómo puedes ver la forma de lo que es, por su naturaleza, informe? Y recuerda, si alguna vez ves a Dios en una forma, inmediatamente diras que eso no puede ser Dios porque las escrituras dicen que Dios no tiene forma.

Marx ha dicho en broma que no cree ni puede creer en Dios porque sólo puede creer en las cosas que pueden demostrarse científicamente. Si puede examinar a Dios en un tubo de ensayo en un laboratorio, si puede diseccionar a Dios colocándolo sobre una mesa de laboratorio, si puede investigar a Dios desde todos los ángulos, sólo entonces puede creer en la existencia de Dios. Pero inmediatamente hace una broma: que si Dios cometiera alguna vez el error de materializarse en un tubo de ensayo o de disponerse a ser examinado en la mesa del laboratorio, dejaría de ser Dios.

Ciertamente, todo lo que pudieras capturar y ser capaz de examinar en un tubo de ensayo se convertiría en menos que tú. Lo que puedas diseccionar y analizar en un laboratorio se convertirá sólo en materia, no puede seguir siendo Dios.

Así que nuestra exigencia es tal que hay dificultad si se cumple y hay dificultad si no se cumple.

La gente dice: "No creeremos en Dios hasta que lo veamos ante nuestros ojos". Significa que han decidido que lo que está ante sus ojos es todo su mundo, y lo que no está ante sus ojos no existe.

Pero el mundo es inmenso. Entonces, ¿qué debe hacer el conocedor? El que ha visto lo que no se ve con los ojos, el que ha oído con los oídos cerrados lo que no se oye con los oídos abiertos, el que ha tocado en lo más íntimo de su ser lo que no se puede tocar, ¿qué lenguaje hablará para que incluso el ignorante pueda comprenderlo? Tendrá que decirlo de una determinada manera.

Si le habla a un conocedor de la misma manera, el conocedor se reirá.

Un faquir mahometano, Sheikh Farid, y Kabir se encontraron una vez. No hubo conversación entre ellos. Estuvieron juntos dos días, rieron, se abrazaron, se sentaron juntos durante horas, pero sin decir ni una palabra. Se había reunido una gran multitud de devotos tanto de Farid como de Kabir y muchos otros curiosos. Pensaron que cuando dos santos tan eminentes se reunieran habría una conversación muy valiosa, que todos se beneficiarían de ella. Pero dos días pasaron sin más.

Entonces llegó el momento de su partida. Todos se sintieron muy decepcionados. Los que se habían reunido para escuchar se entristecieron mucho. No podían comprender lo que ocurría. Dos hombres de enorme experiencia se habían encontrado; si hubiera tenido lugar alguna conversación entre ambos, habría sido muy beneficiosa. Pero nadie tuvo el valor de preguntar nada en presencia de ambos.

Cuando Farid emprendió de nuevo el viaje, sus devotos le preguntaron por qué no habían conversado entre ellos. Farid respondió: "Quien hubiera hablado habría demostrado su ignorancia. ¿Y entonces qué había que decir? Lo que yo sé Kabir también lo sabe; desde donde Kabir está viendo yo también estoy viendo".

A Kabir también le preguntaron sus devotos, los internos de su ashram. Kabir respondió: "¿Estáis locos? A lo sumo podríamos habernos reído de que se reúnan los dos que no están; de que se reúnan los dos que ya se han encontrado dentro. ¿Con quién iba a hablar uno?".

Kabir ha explicado el fenómeno del habla. Dos personas ignorantes hablan mucho entre sí, aunque ninguna de las dos se entiende en absoluto. Dos personas ignorantes debaten sin parar, interminablemente, sin ningún resultado - sólo la discusión, sin conclusiones, sin nada que compartir.

La conversación entre dos personas ignorantes se hace con palabras, aunque las palabras no llevan a ninguna parte. Dos iluminados también se encuentran, pero el uso de palabras se hace imposible. Su encuentro se produce en silencio, sin intercambio de palabras, porque lo que han visto es lo mismo, lo que han conocido y experimentado es lo mismo. ¿Qué hay que decir?

¿Cuándo se habla con sentido? Ocurre cuando un iluminado y un no iluminado se encuentran. Entonces uno sabe y el otro no; hablar tiene algún sentido. Cuando ambos saben, hablar carece de sentido. Cuando ambos no saben, no se puede evitar hablar. Se dirá mucho, pero sin ningún sentido ni propósito.

Estas son las tres únicas posibilidades.

Cuando un conocedor se encuentra con alguien que no sabe, ¿qué le dice? Una forma es que siga diciendo todo lo que sabe sin preocuparse de con quién está hablando. En ese caso, se dirige a las paredes.

Nadie escuchará, nadie entenderá, como mucho se malinterpretará. Se entenderá justo lo contrario de lo que se ha dicho. Causará algún daño. Habría sido mejor permanecer en silencio, o decir sólo lo que una persona ignorante puede entender. Una persona ignorante lo malinterpretará.

Entonces, ¿existe algún método para decir algo de tal manera que se pueda hacer que el ignorante se vuelva hacia la verdad? Es necesario tener presente todo esto. No hay cuerpo, pero para el ignorante no hay nada más que cuerpo. Entonces, ¿qué hay que hacer? Hay que encontrar, idear, un camino intermedio para que se le pueda decir a un ignorante: "El cuerpo es y tú también eres, pero tú no eres el cuerpo y debes ponerte a buscar para descubrir esta verdad".

Si le dices a un ignorante que no se parece en nada al cuerpo, cesa su búsqueda. Él dirá: "Ahora cállate. Tú dices que yo no soy el cuerpo. Pero yo no experimento nada más que el cuerpo. Siento que sólo hay cuerpo, no hay nada como el alma". No está diciendo nada malo, está hablando de su experiencia. El conocedor habla de su experiencia, el ignorante habla de su experiencia.

¿Alguna vez has sabido que no eres el cuerpo? ¿Has tenido alguna vez algún atisbo que te haga darte cuenta de que no eres el cuerpo? ¿Estás completamente seguro de que si te cortan la cabeza, no serás tú el cortado? ¿Comprendes siquiera un poco que cuando tu cuerpo sea quemado en una pira funeraria no serás tú quien arda? Imposible. Porque cada vez que una pequeña espina se clava en el pie, te clava a ti; si la mano se quema, sientes que te quemas, así que cuando todo tu cuerpo se queme, es una esperanza imposible que sientas que no te estás quemando. Cuando incluso la herida más leve, incluso un pequeño abuso te atraviesa y te afecta, entonces no puedes pensar que cuando la muerte te penetre permanecerás inafectado, intacto.

No tienes ninguna experiencia de que seas otra cosa que el cuerpo; tu única experiencia es que eres el cuerpo. Sí, puedes creer que eres el alma y que no morirás, pero eso es sólo tu creencia - y una creencia que es muy engañosa y una creencia que es parte de nuestra ignorancia.

A todo hombre le gusta creer que no morirá. Nadie quiere morir. Fíjate en esto tan sencillo: nadie quiere morir. Y el que no quiere morir sabe con certeza que tendrá que morir - esa es la razón por la que surge en primer lugar el sentimiento de que no quiere morir.

El conocedor quiere morir, el ignorante no quiere morir. El conocedor quiere morir porque sabe que nada muere al morir. El conocedor quiere entrar en la muerte porque sabe que al entrar en la muerte tendrá la experiencia más pura de la inmortalidad.

Cuando ocurre lo contrario, la experiencia resulta más fácil. Dibujas una línea blanca en una pizarra: brilla con más claridad. Cuando hay nubes oscuras y relampaguea, se ve más claramente. Deja que parpadee en las nubes blancas durante el día: puede que ni siquiera lo veas.

Un conocedor quiere entrar en la muerte -insistentemente, dichosa y celebérrimamente- para que esa línea blanca de inmortalidad que se oculta en su interior pueda destellar claramente contra el telón de fondo de las oscuras nubes de muerte que vienen a rodearlo, y para que la experiencia quede muy clara de que la muerte sucede siempre alrededor de uno y nunca dentro de uno. El hombre ignorante teme entrar en la muerte, porque está convencido de que la muerte significa el fin de todo, que nada permanecerá.

Ahora bien, esto es algo muy interesante: una persona ignorante cree que el alma es inmortal para no ser aniquilada por completo. Esta creencia no se debe a su conocimiento sino a su miedo.

Esta es la razón por la que un joven no cree mucho en los asuntos del alma, etcétera. Pero a medida que envejece empieza a creer cada vez más en ello, porque a medida que la muerte se acerca el miedo se hace mayor. Una persona que yace en su lecho de muerte normalmente se vuelve religiosa. Quien permanece irreligioso incluso en su lecho de muerte es un hombre de cierto valor. Incluso el mayor ateo se vuelve un poco tembloroso en el momento de la muerte al darse cuenta de que no sabe lo que es la realidad, y entonces viene el miedo a la muerte, a entrar en esa oscuridad. Por miedo vuelve a caer en todas las viejas creencias y doctrinas.

También crees que el alma es inmortal, aunque sabes que no eres más que un cuerpo.

Pero, ¿qué es esa alma que dices que es inmortal cuando no tienes ninguna experiencia de ella? Dices que es inmortal, pero es algo sobre lo que no tienes experiencia alguna. Tu miedo se convierte en tu doctrina.

Cuanto más temerosas son las personas, más se convierten en creyentes en el alma. Por eso este fenómeno sólo se ve en la India, que todo el país cree en el alma y, sin embargo, todo el mundo tiene miedo de adentrarse en la oscuridad. Creen firmemente en la existencia del alma. Todo su ser tiembla por miedo a la muerte y, sin embargo, creen firmemente en la existencia del alma.

Este país de creyentes en el alma permaneció en esclavitud durante mil años. Sobre esta raza de creyentes en el alma podía gobernar cualquier pequeña comunidad exterior. Y estos creyentes en el alma siguieron creyendo en la inmortalidad del alma y también siguieron temiendo la guerra.

El miedo, no la experiencia ni el conocimiento, está en la base de tu creencia. De otro modo sería imposible convertir en esclavo a un creyente en la inmortalidad del alma. Un conocedor no tendrá miedo, y la esclavitud sólo surge del miedo: "Si no nos convertimos en esclavos, nos matarán". Así, un hombre prefiere seguir vivo aun a costa de convertirse en esclavo.

Si este país hubiera creído realmente en el alma como todo el mundo sigue afirmando, nunca habría entrado en la esclavitud. Todo el país habría preferido ser asesinado, y habría citado las escrituras: "El alma no puede ser atravesada por las armas ni quemada por el fuego", así que que maten y quemen.

Habría sido imposible colocar a este país en la esclavitud si hubiera sido un creyente en el alma. Pero este país es un completo creyente en el cuerpo, no en el alma. Sólo por miedo sigue diciendo que cree en el alma.

Tu convicción es que tú eres el cuerpo, y la comprensión del conocedor es que tú no eres el cuerpo. Entonces, ¿dónde, sobre qué base, es posible encontrarse para entender el lenguaje del otro?

Las escrituras han encontrado un dispositivo, una técnica; así que al principio no te niegan completamente y dicen que no hay cuerpo en absoluto, esa negación te cerraría las puertas y se te haría aún más difícil de entender - así que por tu bien dicen que hay un cuerpo. Esto hace que el ignorante esté un poco seguro de que no está del todo equivocado, de que el cuerpo existe, de que su creencia también es correcta.

Esto crea en él un estado de ánimo positivo.

Un pensador estadounidense, Dale Carnegie, ha trabajado mucho sobre este estado de ánimo del sí. No tiene nada que ver con la religión, es un experto en ventas: cómo vender mejor las cosas, cómo ganar amistades. Su

El libro Cómo ganar amigos e influir sobre las personas, sólo es superado por la Biblia en ventas en todo el mundo. ¿Cómo ganar amigos y cómo influir en la gente? Es una fórmula secreta para crear el estado de ánimo del "sí" en el otro. Una vez que se ha creado ese estado de ánimo del sí, cada vez es más difícil decir que no.

Por eso Dale Carnegie dice que si quieres influir en alguien, o convertirle o hacerle cambiar de opinión, no digas nada al principio que esa persona pueda negar de inmediato. Si ha dicho que no a algo desde el principio, su estado de ánimo de no se vuelve fuerte. Entonces, a la segunda cosa que se mencione, a la que podría haber dicho que sí si se hubiera mencionado antes, sólo dirá que no.

Por lo tanto, al principio hable de algunos de esos asuntos a los que él naturalmente dice que sí y luego sólo plantee el asunto al que normalmente habría dicho que no.

Después de decir sí tres o cuatro veces, el sentimiento de decir no se debilita. Una vez que estamos de acuerdo en cuatro cosas y decimos que sí, surge la tendencia a decir que sí a cualquier cosa que diga una persona también en el quinto caso.

Pero si hemos dicho que no a las cuatro primeras cosas que mencionó la persona, el sentimiento de decir que no por quinta vez también se hace más fuerte.

Dale Carnegie escribió en sus memorias que una vez fue a una ciudad y se quedó con un amigo que era agente de seguros. Ese amigo le dijo: "Hablas y escribes mucho sobre cómo influir en la gente y ganar amigos. Hay una anciana en este pueblo: si puedes venderle una póliza de seguros estaré de acuerdo con tu teoría, de lo contrario todo es mera palabrería."

Dale Carnegie comenzó sus investigaciones sobre aquella anciana. Fue un trabajo duro, porque era muy difícil incluso entrar en su despacho. En cuanto alguno de sus empleados sabía que un visitante era un agente de seguros, lo echaban. Aquella anciana era una viuda de ochenta años, multimillonaria, tenía todo lo que se podía desear y estaba totalmente en contra de los seguros. Donde era difícil incluso entrar, la cuestión de influir en ella parecía imposible.

Dale Carnegie ha escrito: "Después de reunir toda la información posible sobre la anciana, fui a las cinco a dar un paseo matutino cerca del muro de su jardín. Aquella anciana solía levantarse a las seis. Salió a su jardín y, al verme de pie junto al muro mirando las flores, me preguntó: "¿Le gustan las flores? Le contesté: "No sólo me gustan las flores, sino que soy un experto. He visto muchas rosas en todo el mundo, pero las que tiene usted en su jardín no tienen parangón.

La anciana me pidió que entrara por la puerta. Me paseó por el jardín, mostrándome todas y cada una de las flores. Me enseñó las gallinas, las palomas y las mascotas que tenía en el jardín". Dale Carnegie consiguió crear en ella un estado de ánimo positivo.

Esto se convirtió en una rutina cada mañana. Aquella anciana se quedaba en la puerta dispuesta a darle la bienvenida. Un día le ofreció té y desayuno. Al día siguiente, mientras paseaban por el jardín, la anciana le dijo: "Parece usted un hombre muy inteligente y experto en muchos temas, ¿qué opina de los seguros? Los del seguro siempre andan detrás de mí. ¿Asegurarse es algo correcto o no?".

Entonces Dale Carnegie trató el tema con ella, pero siguió sin permitirle que supiera que era agente de seguros porque eso podría crearle mal humor. Al séptimo día, Carnegie consiguió asegurarla.

Una vez que comienza una relación de sí con una persona, empieza a crecer una especie de confianza en esa persona. Cuando se crea un sentimiento de confianza, decir que no a esa persona se hace cada vez más difícil. Es posible coger la mano sólo después de haber cogido los dedos.

Así que las escrituras hablan a los ignorantes de tal manera que se crea un estado de ánimo de sí; sólo entonces es posible seguir adelante. Si a uno le dijeran directamente que ni existe el cuerpo, ni tú, ni el mundo, el ignorante diría: "¡Basta ya! No hay nada fiable en lo que dices".

Por eso las escrituras dicen al ignorante que "EL CUERPO ETCETERA ES VERDADERO". El ignorante se sienta inmediatamente con la espalda erguida, seguro de que no está absolutamente equivocado y de que este hombre no es peligroso. Es muy doloroso para cualquiera saber que está absolutamente equivocado. A uno le gusta sentir que también tiene un poco de razón. Y es sobre la base de este poco de razón que es posible seguir avanzando en el viaje.

Pero estás absolutamente equivocado. La experiencia de todos los conocedores es que estás completamente equivocado, cien por cien equivocado. Pero decirte esto significaría que no podría haber más relación contigo; por lo tanto, el conocedor dice que estás en lo cierto en gran medida. El cuerpo está ahí, el mundo está ahí, todo está ahí - no estás equivocado en absoluto. El malentendido es sólo un pequeño malentendido, que has tomado tu cuerpo como el alma.

De esta manera se crea un estado de ánimo de sí en el ignorante. Él siente: "Yo también tengo razón en gran medida. La diferencia entre el conocedor y yo es muy pequeña, y es que yo he tomado mi cuerpo por el alma." Y el ignorante también quiere que no se entienda que el cuerpo es el alma, porque el cuerpo no da nada más que sufrimiento. Y el cuerpo también tiene que morir. Así que él también quiere buscar y conocer aquello que no es el cuerpo, de modo que también llegue a conocer la inmortalidad. Entonces el conocedor dice que hay dicha suprema en conocer el alma, que no es el cuerpo. Esto también despierta la codicia de la persona ignorante. Se vuelve ansioso por conocer esa dicha suprema, y así comienza el viaje.

Pero el viaje es tal que, a medida que la persona ignorante avanza, se da cuenta de que el cuerpo cuya existencia el conocedor había confirmado anteriormente en realidad no existe; el mundo cuya existencia el conocedor había confirmado anteriormente en realidad no existe. A medida que el ignorante avanza, el conocedor va añadiendo condiciones. Le dice que si se vuelve codicioso de dicha, nunca la tendrá, aunque, en primer lugar, este hombre había emprendido el viaje por codicia.

Pero todo esto viene después, cuando ya se ha emprendido el viaje, cuando ya se ha recorrido cierta distancia y volver atrás se ha vuelto imposible. Este camino es tal que no es posible volver atrás; lo que has llegado a conocer en el camino no se puede deshacer. No hay vuelta atrás en el conocimiento. Sólo es posible avanzar desde donde se ha llegado, no retroceder.

Y lo más interesante es que a medida que el ignorante avanza en el camino, cae en aguas más turbulentas de las que nunca estuvo, porque todo lo que sabía antes, aunque erróneo, estaba todo claro. A medida que avanza, todo el conocimiento anterior se vuelve borroso e inútil, y se queda colgado en un limbo. No puede volver atrás, no le queda más remedio que seguir adelante, por lo que debe cumplir todas las condiciones impuestas por el conocedor. Ahora el conocedor dice que abandones la codicia y habrá dicha, aunque al principio el conocedor sólo había despertado tu codicia: "Hay dicha suprema.

¿Por qué yaces aquí en el infierno? ¿Por qué sufres en la miseria? La fuente de néctar está cerca - ¡ven!"

Así que con la esperanza de deshacerse de sus miserias, con la esperanza de conseguir la felicidad, se compromete felizmente en la empresa. Habrá gran felicidad allí - en esta esperanza él procede adelante. Esto es codicia. Pero sólo algún tiempo después el conocedor dice: "Abandona la codicia. No pidas la dicha, de lo contrario nunca la obtendrás". Ahora uno está en un aprieto. Uno no puede volver atrás. La mente piensa que uno estaba mejor con la felicidad anterior - pero ahora uno no puede ver ninguna felicidad allí, la infelicidad de todo lo que existía antes es ahora tan claramente visible. Así que lo que estaba en sus manos se cae, y lo que estaba esperando no parece estar llegando a su alcance, y encima de todo el conocedor ahora le pide incluso que abandone la esperanza de conseguir algo. ¡Hay que abandonarla! No se puede volver atrás, sólo hay que dejarlo.

Así, el conocedor destroza tus falsas ilusiones palmo a palmo y, despacio, despacio, te lleva a un lugar al que, si te hubieran pedido que fueras desde el principio, no habrías ido.

Buda cometió tal error. Ha habido muy pocas personas que pudieran decir la verdad tan directa y sencillamente como Buda. Por eso el budismo no pudo sobrevivir en la India. Hay una razón para ello, que es sólo ésta: que Buda no adoptó esa habilidad que debe adoptarse al tratar con los ignorantes. Buda había alcanzado la experiencia y la expresó en términos directos. Y la razón es que Buda no nació en una familia brahmánica.

Los brahmanes son los antiguos inteligentes, la tradición de su profesión es larga - la más antigua. En este mundo, desde tiempos inmemoriales, han estado en este negocio del conocimiento. Son expertos en ello.

Saben por dónde empezar el asunto. Buda era hijo de un kshatriya, la casta guerrera; sus antepasados nunca se habían dedicado a este negocio. No tenía experiencia en ello, acababa de entrar en el negocio. Era una tienda nueva; no tenía la menor idea de qué decir al cliente, de cómo persuadirlo. Así que se metió en un lío. Dijo la verdad clara y directamente.

¿Sabes lo que dijo Buda? Si alguien viniera a Buda y dijera: "Quiero realizar el alma".

Buda diría: "No hay alma, ¿cómo puedes darte cuenta?".

El hombre huiría. Se preguntaría sobre toda esta situación. Al menos el alma tiene que estar ahí. Uno podría haber entendido si le hubieran dicho que no había cuerpo, ¡pero usted está diciendo que ni siquiera hay alma!

Alguien vendría a Buda y le diría: "Debe haber gran dicha en la iluminación". Buda diría: "¿Qué iluminación? ¿Qué dicha? Sólo permanece la nada. No hay dicha y no hay iluminación, porque mientras uno sea capaz de experimentar dicha, la miseria también permanecerá. Tiene que estar ahí, porque son sólo los contrastes de los que uno se hace consciente".

Por eso Buda dice que allí no hay dicha. Así, esa persona que había acudido a él con algo de codicia, algo de esperanza, quedó completamente destrozada en la puerta misma. Simplemente no entra. Se dice a sí mismo: "Cuando ni siquiera hay dicha allí, entonces estos placeres pasajeros que tengo no son tan malos. Aquí no hay felicidad eterna, pero al menos tengo estos placeres pasajeros". Los conocedores siempre le habían tentado a renunciar a sus placeres pasajeros para conseguir esa felicidad permanente.

Buda dijo que simplemente no hay felicidad permanente. La felicidad como tal no existe. Tampoco existe la felicidad pasajera ni la felicidad permanente: estás en una ilusión acerca de su existencia.

Ese hombre pediría que le excusaran y pensaría que es mejor conservar lo poco que tenía. Medio

hogaza de pan aquí es mejor que una hogaza de pan entera en el cielo: "Y luego decís que no hay cielo ni hogaza de pan. ¿Por qué he de renunciar entonces al medio pan que tengo?".

La gente acudía a Buda y le preguntaba si alcanzarían a Dios. Buda respondía que Dios no existe. Cuando Sariputta, que era hijo de un brahmán, erudito y entendido, acudió a Buda por primera vez, le dijo: "Si no hay nada, si no hay nada y sólo nada, entonces deberíamos intentar salvar el mundo que tenemos, donde al menos tenemos algo. Estás diciendo cosas muy sorprendentes. Quieres arrebatarlo todo y no prometes nada. ¿Quién vendrá a ti?"

Aquel hijo de brahmán preguntó: "¿Quién vendrá a ti? Quieres que renunciemos a todo. Y cuando preguntamos qué obtendremos a cambio, nos dices que no hay nada que obtener. Entonces, ¿por qué iba alguien a renunciar a algo? La gente renuncia a algo en su codicia por conseguir otra cosa".

Buda dijo: "Quien renuncia para conseguir algo no ha renunciado en absoluto". ¿Cuál es el significado de la renuncia? Si se renuncia para conseguir algo, se trata de una transacción comercial, no de una renuncia. Una persona renuncia a su palacio para conseguir un palacio en el cielo - es un negocio. Una persona hace un acto virtuoso para ser feliz - es un negocio. Una persona hace donaciones, presta servicios, se vuelve religiosa, sólo con la esperanza de tener una próxima vida mejor en algún mundo. Es un negocio, ¿dónde está la renuncia?". Buda dijo: "Sólo hay renuncia si no hay expectativa de obtener nada a cambio".

Sariputta dijo: "Tal vez sea así, pero ¿dónde encontrarás tales renunciantes?".

Todos somos gente de negocios. Incluso cuando deseamos tener una relación con Dios, se trata de negocios. Una persona ignorante no puede hacer otra cosa.

Así que el budismo no pudo sobrevivir en la India. Y cuando no pudo sobrevivir en la India, ¿dónde más podría hacerlo?

Sobrevivió en otros países, pero ¿cuándo? Cuando los seguidores de Buda aprendieron todos los trucos que conocían los brahmanes, entonces sobrevivió.

Quizá te sorprenda saber que el propio Buda era un kshatriya, pero todos sus discípulos más antiguos eran brahmanes... y ellos se encargaron de la supervivencia. Pero en la India Buda ya había estropeado el asunto; en la India ya había dicho las cosas directamente, así que ni siquiera los discípulos brahmanes podían imponer nada diferente. El budismo no pudo sobrevivir en la India. Sobrevivió en Sri Lanka, Birmania, Japón, China, Tíbet, Tailandia y Corea -en toda Asia-, pero no en la India, porque el propio Buda había dicho directamente que no había nada que ganar. De ahí que en la India fuera difícil reavivar esa esperanza de obtener algo. Pero eso podía conseguirse fuera de la India.

La religión budista que existe fuera de la India no es más que otra versión de la religión hindú. No son las palabras originales de Buda, no es real, por eso sobrevivió. Donde era real no sobrevivió en absoluto. Sabes que Mahavira era un kshatriya, pero sus once discípulos principales eran brahmanes.

Ellos son los responsables de la supervivencia de las enseñanzas de Mahaviras. Estaba más allá de la capacidad de Mahavira ser.

Un kshatriya no tiene ni idea, no es su profesión. Puede que sea bueno en el arte de la esgrima, pero este mundo de las escrituras, el juego de palabras... no tiene conocimientos en esta área. Así que todos los once

Los principales discípulos de Mahavira que eran brahmanes ayudaron al jainismo a sobrevivir. Y había un resquicio para ellos. Buda hablaba él mismo, por lo que ni siquiera sus discípulos podían estropearlo. Mahavira no hablaba, permanecía en silencio; sólo hablaban los discípulos principales. Esto proporcionó un resquicio legal. Como Mahavira no hablaba, todo lo que sus discípulos principales decían como interpretación de su silencio se tomaba como religión jaina. Así, la religión de Mahavira sobrevivió de algún modo. Pero no parece haber conseguido una amplia base.

Sólo hay alrededor de dos millones y medio de jainas, veinticinco siglos después de que Mahavira viviera. Incluso si veinticinco personas hubieran sido influenciadas por Mahavira y si entonces se hubieran casado, se habrían multiplicado hasta el número actual de jainas en estos veinticinco siglos. Así que este número actual no habla muy bien de su supervivencia. ¿Cuál es la razón? La misma - que un kshatriya no conoce el lenguaje que debe utilizar con la gente ignorante. Se necesitan siglos para que se desarrolle.

Este sutra dice: NO ES PARA EXPLICAR A LOS SABIOS SINO PARA SATISFACER A LOS IGNORANTES QUE LAS ESCRITURAS DICEN QUE "EL CUERPO ETCETERA ES VERDADERO" Y QUE HAY KARMA ACUMULADO, ACCIÓN PASADA.

EN REALIDAD NO EXISTE NADA MÁS QUE EL ÚNICO Y NO DUAL BRAHMA, QUE ES PERFECTO, SIN PRINCIPIO NI FIN, INCONMENSURABLE, INMUTABLE, MORADA DE LA VERDAD, MORADA DE LA CONCIENCIA, MORADA DE LA DICHA, ETERNO, INDESTRUCTIBLE, OMNIPRESENTE, UNIFORME, ENTERO, INFINITO, CON CABEZA EN TODAS DIRECCIONES, IMPOSIBLE DE PERDERSE O ENCONTRARSE, SIN APOYO, INDEPENDIENTE, DESPROVISTO DE TODOS LOS ATRIBUTOS, SIN ACCIÓN, SUTIL, SIN ELECCIÓN, SIN MANCHA, INDEFINIBLE, MÁS ALLÁ DE LA MENTE Y EL HABLA, VERDADERAMENTE AFLUENTE, AUTOEVIDENTE, PURO, CONSCIENTE Y DIFERENTE A TODO LO QUE CONOCEMOS.

Todo lo demás es en realidad irreal. Vemos una cosa como verdadera sólo porque no tenemos los ojos que pueden ver la verdad. Sólo tenemos la mente que da origen a la falsedad. Tenemos la mente que produce sueños, pero no tenemos los ojos que ven la verdad. Por lo tanto, somos capaces de ver lo que es falso y lo que no existe y nos perdemos lo que realmente existe. ¿Cómo hacer nacer ese ojo, el tercer ojo, a través del cual podemos ver la verdad?

Hay un niño pequeño: vive en el mundo de los juguetes, los juguetes son una realidad para él. Por eso, si la pierna de su muñeco se rompe, llora igual que si se la rompiera una persona de verdad. No puede dormir por la noche si el muñeco no está con él en la cama. Siente la misma falta que cualquier amante por su amada.

Para un niño, sus juguetes son una realidad. Cuando sea adulto se reirá de sí mismo por lo tonto que fue. Cuando crezca, los olvidará por completo. Esos juguetes pueden estar tirados en algún rincón de chatarra; ni siquiera cuando los tiren llorará por ellos. ¿Qué ha ocurrido? Esos juguetes son los mismos, pero ¿qué le ha pasado a este hombre? Su inteligencia ha aumentado, es capaz de ver más.

Pero esto por sí solo no supondrá una gran diferencia. Otros juguetes vivos sustituirán a estos juguetes, las muñecas. Antes abrazaba la muñeca contra su pecho mientras dormía, ahora dormirá abrazando

una mujer viva a su pecho. Las muñecas habrán cambiado, ¿pero la mente? Pero también hay métodos para elevarse por encima de esta mente. Muy pocos lo hacemos. Todo el mundo crece desde la infancia hasta la juventud. ¿Por qué?

Porque para crecer en tu juventud no hace falta que hagas nada, es un crecimiento natural.

Si tuvieras que hacer algo para llegar a la juventud, sólo unos pocos la alcanzarían en este mundo, y todos los demás seguirían siendo niños. Pero no tienes que hacer nada para ello; la juventud es inevitable, simplemente sigues creciendo. De hecho, no puedes detenerla, no puedes evitarla, por eso alcanzas la juventud. Pero la conciencia espiritual no crece así, para eso tienes que hacer algo. Ese crecimiento depende de tu decisión. La naturaleza no te impone ese crecimiento, se deja a tu propia libertad y elección. De ahí que sólo un puñado de personas sean capaces de convertirse en un Buda, un Krishna o un Cristo... porque es una cuestión de trabajo duro y esfuerzo.

El día que mires con ojos despiertos, el mundo entero te parecerá un juego de niños. En ese nivel de madurez, todas las cosas del pasado se vuelven falsas para ti.

Este sutra dice que en realidad sólo hay un Brahma. Y sobre este Brahma se dan en este sutra unos cuantos atributos muy importantes. Muchos de estos atributos nos son familiares, y de ellos no hablaré.

PERFECTO, SIN PRINCIPIO NI FIN, INMENSURABLE, INMUTABLE, ÁMBITO DE LA VERDAD, ÁMBITO DE LA

CONSCIENCIA, ÁMBITO DE LA ALEGRÍA, ETERNO, INDESTRUCTIBLE, OMNIPRESENTE, UNIFORME, INTEGRAL, INFINITO, CON CABEZA EN TODAS LAS DIRECCIONES... son palabras familiares que hemos utilizado para referirnos a Brahma. Pero dos o tres de ellas son atributos maravillosos.

IMPOSIBLE PERDERLO O ENCONTRARLO... es una afirmación muy importante. Algo que no se puede dejar caer ni coger: ¿qué significa esto?

La gente viene y me dice: "Queremos buscar a Dios". Yo les pregunto: "¿Dónde y cuándo lo habéis perdido?". Porque todo lo que está perdido se puede buscar, pero si algo no está perdido en absoluto, es una pregunta difícil. Dicen que no saben si se ha perdido del todo o cuándo y dónde. Yo les pido que primero averigüen si lo han perdido alguna vez, porque si no lo han perdido y yo les digo cómo buscarlo, tendrán más dificultades. Habríais emprendido un viaje para buscar lo que nunca habéis perdido; ¿cómo podríais tener éxito? Tu misma búsqueda te llevará por mal camino.

Dios es nuestra naturaleza, ¿cómo podemos perderlo? Podemos olvidarlo, pero no perderlo.

Intenta comprender la diferencia. Es posible que lo hayas olvidado, que no hayas prestado atención a quien está oculto en tu interior durante mucho tiempo. Está tan cerca de nosotros que es posible que no haya habido necesidad de prestarle atención. Puede que la atención se haya centrado en objetos lejanos, olvidando lo que hay dentro. Todo esto es posible, pero perder al que está dentro no es posible.

Por eso todos los santos han dicho que basta con el recuerdo, no es necesaria la búsqueda.

Esta es la razón por la que Nanak, Kabir, Dadu, Raidas, todos han puesto énfasis en nam smaran, recordar su nombre. Nam smaran sólo significa que simplemente no se trata de buscar lo que nunca se ha perdido, sólo tratar de recordarlo. Ni siquiera es un recuerdo, es más bien como recordarse a uno mismo aquello que siempre está ahí.

Este sutra es muy revolucionario.

IMPOSIBLE PERDERSE O ENCONTRARSE...

Lo que nunca puede perderse es nuestra naturaleza esencial. Si puede perderse, no puede ser nuestra naturaleza esencial. Si el fuego puede perder su fogosidad, su calor, entonces no era su naturaleza esencial. Si el fuego se enfría, es otra cosa, no es fuego.

Estar caliente es la naturaleza del fuego. Estar vacío es la naturaleza del cielo. La naturaleza es algo que no puede separarse de nosotros, pase lo que pase. Cualquier cosa de la que podamos separarnos no es nuestra naturaleza. Deja que esta verdad cale hondo en ti.

Algo de lo que podemos separarnos no es nuestra naturaleza. Algo con lo que podemos estar unidos no es nuestra naturaleza. Podemos separarnos de aquello con lo que podemos estar unidos. Nuestro propio ser es aquello de lo que no podemos separarnos ni unirnos. Brahma es nuestro ser. No hay forma de escapar de él, no hay forma de evitarlo, no hay forma de perderlo, no hay forma de encontrarlo.

Pero si se le contaran estas cosas al ignorante, diría: "Está bien; entonces, ¿dónde está la necesidad de buscar lo que nunca se ha perdido? ¿Y dónde está la necesidad de encontrar lo que siempre está ahí?

Está bien - entonces permanezcamos en nuestra vida mundana. ¿Cuál es la necesidad - por qué intentar cualquier idea loca? "

No, no se le puede decir al ignorante. Al ignorante habrá que decirle: "Lo has perdido; has perdido tu verdadero ser: búscalo. Mientras no lo encuentres, permanecerás en la miseria. Mientras no encuentres a Dios tu vida no será más que angustia, preocupación, una agonía".

La persona ignorante entiende este lenguaje de búsqueda, se siente bien con él. Ha estado buscando todo -dinero, posición, prestigio- así que dice: "Bien, al menos la búsqueda continuará; ahora buscaré religión en lugar de dinero."

El ignorante entiende este lenguaje. A lo largo de esta vida, de hecho de muchas muchas vidas, sólo ha hecho una cosa, buscar; sólo ha conocido una profesión: hoy busca esto, mañana busca aquello. Entonces dice: "Muy bien: antes buscaba dinero, prestigio y posición; y tú dices que no hay felicidad en ellos -y yo también experimento que no hay felicidad en ellos-, así que ahora buscaré a tu Dios. Encaja".

Después de haber comenzado la búsqueda, más tarde se le dirá: "Dios no puede ser alcanzado; a menos que abandones toda búsqueda no podrás encontrarlo". Ahora se encuentra en dificultades. Abandonó su búsqueda de dinero, posición y prestigio porque eran inútiles, y con la esperanza de que ahora estaría buscando algo significativo, entró en la búsqueda de Dios. Y cuando ha llegado bastante lejos en esta búsqueda y no puede volver atrás -ahora no puede volver a la búsqueda de dinero, todo eso ha perdido sentido, de hecho por eso se volvió en la dirección de esta nueva búsqueda con sentido- su maestro le dice que abandone toda búsqueda.

Primero renunció al dinero, la posición y el prestigio, pero se ahorró la mitad de la moneda: la propia búsqueda. Había renunciado al dinero, pero se había ahorrado la búsqueda. El dinero estaba fuera, la búsqueda estaba dentro.

Era fácil renunciar a lo que estaba fuera, pero ahora el maestro le pide que renuncie a toda búsqueda, porque le dice: "Lo que buscas nunca lo has perdido en absoluto."

Cuando alguien abandona también la búsqueda, entra inmediatamente en aquello en lo que siempre ha estado. Dios es nuestro propio ser. De ahí que este sutra sea muy revolucionario y muy valioso.

IMPOSIBLE PERDERSE O ENCONTRARSE.

Cuando Buda se iluminó, alguien le preguntó: "¿Qué has conseguido?". Buda respondió: "No he conseguido nada. Sólo he llegado a saber lo que ya tenía". Decirte: "No he alcanzado nada" fue un error de Buda. Ante tal afirmación, reaccionarás inmediatamente y dirás: "Vamos, volvamos a nuestro trabajo. Desperdiciamos innecesariamente nuestros ocho días con este hombre... y ahora dice que no alcanzó nada cuando se iluminó. ¿Por qué estamos entonces haciendo este duro trabajo, todo este trotar y saltar y cansarnos?... y este hombre dice que al final no se alcanza nada".

Buda dijo: "No he logrado nada". El interrogador dijo: "¿No has logrado nada? Entonces, ¿qué enseñas a la gente?". Buda respondió: "Esto mismo, que llegues a un estado tal en el que no quede nada que alcanzar o que perder y esto se convierta en tu propia experiencia: que nada puede alcanzarse y nada puede perderse."

Pero esto es algo que sólo puede comprender un conocedor.

SIN APOYO, INDEPENDIENTE, DESPROVISTO DE TODOS LOS ATRIBUTOS, SIN ACCIÓN, SUTIL, SIN ELECCIÓN, SIN MANCHA, INDEFINIBLE, MÁS ALLÁ DE LA MENTE Y EL HABLA, VERDADERAMENTE AFLUENTE, AUTOEVIDENTE, PURO Y CONSCIENTE...

También hay palabras que nos resultan familiares. DIFERENTE A TODO LO QUE CONOCEMOS.... No se puede comparar con nada; es único, inigualable. Las comparaciones que se hacen son arreglos improvisados. Decimos: "Está vacío como el cielo". Pero esto tampoco es correcto, porque el cielo también está contenido en él. Es más grande que el cielo, ni siquiera puede compararse con el cielo.

Decimos: "Brilla como un supersol". Pero esto también es palabrería, porque incluso los super-soles no son más que pequeñas lámparas ante él. No se puede comparar con los soles.

Decimos: "Es la dicha misma". Cuando decimos esto en algún lugar de nuestra mente lo estamos midiendo con la felicidad. No tiene nada que ver con la felicidad. Decimos: "Es pacífico". Entonces en alguna parte de nuestra mente tenemos la idea de que la paz es algo opuesto a la falta de paz. No, nunca ha experimentado la falta de paz; por lo tanto no tiene ninguna idea de nuestra paz.

Nuestras comparaciones no sirven de nada. Para esa experiencia todas las analogías son inadecuadas. Los videntes la han descrito sólo como ella misma, no como nadie ni como nada, sino sólo como ella misma. No hay forma de describirla utilizando la analogía de nada conocido por nosotros. Pero aún así se describe para el ignorante que es como tal y tal. Sólo al final de la búsqueda se descubre que no es como nada.

EN REALIDAD NO EXISTE NADA MAS QUE EL UNO Y NO DUAL BRAHMA...

ASÍ, SABIENDO POR EXPERIENCIA PROPIA QUE EL ALMA ES INDIVISIBLE, SIÉNTETE REALIZADO Y MORA DICHOSO EN EL ALMA INMUTABLE.

De esta manera ... SABIENDO POR EXPERIENCIA PROPIA QUE EL ALMA ES INDIVISIBLE, SE CUMPLE.... No basta con conocer las escrituras. Las escrituras pueden decir cualquier cosa - eso no servirá.

La solución no te llegará escuchándoles, no pasará nada. Tienes que realizarte a través de tu propia experiencia.

Una persona realizada, un siddha, es alguien para quien no hay más viaje, ni más movimiento, alguien para quien ha llegado el último campamento, el último destino. Todos los caminos terminan aquí.

Una persona insatisfecha, un asiddha, es la que somos ahora. Un asiddha significa, el que todavía tiene algo más que hacer, algo todavía tiene que suceder para que sea feliz, algo todavía tiene que lograrse después de lo cual se espera que la felicidad siga.

La felicidad del insatisfecho depende de algo más. Tiene que conocer a cierta mujer, a cierto hombre; tiene que poseer cierta casa, cierto terreno; tiene que tener cierta posición, tiene que llegar a ser presidente, primer ministro, o esto o aquello. Su felicidad está en algo, en algún objeto, y cuando lo consiga será feliz.

Un siddha, el realizado, significa aquel que es feliz en su propio ser. La cuestión no es si obtiene algo o no. Si algo viene a él o algo le es quitado... su felicidad no depende de nada más que de su propio ser: es suficiente con que "yo sea". No hay ninguna otra condición de ningún tipo. Aquel cuya felicidad es incondicional es un siddha. Su felicidad es aquí y ahora.

Tu felicidad siempre está en algún momento y en algún lugar del futuro; tu felicidad nunca está aquí y ahora. ¿Has visto alguna vez a una persona que diga: "Soy feliz aquí y ahora"? Aquí y ahora todo el mundo es infeliz, su felicidad está en algún lugar en el futuro.

Tengo un amigo que fue viceministro de un Estado. Estaba muy triste. Le pregunté: "¿Qué te pasa?".

Dijo: "Hasta que no sea ministro, no seré feliz".

Después de un tiempo se hizo ministro. Más tarde, cuando me reuní con él, seguía descontento. Le pregunté: "¿Qué te pasa ahora? Ya te has convertido en ministro; ahora deberías sentirte realizado".

Dijo: "¿Cumplido? Hasta que no me convierta en ministro principal no habrá felicidad. Me estoy esforzando al máximo, algún día lo conseguiré".

También llegó a ser ministro principal. Volví a preguntarle si ahora se sentía realizado. Me dijo: "¿Por qué me persigues? La plenitud no parece estar cerca. Me he convertido en ministro principal, pero no he resuelto nada en mi vida. Al mismo tiempo, muchos otros puestos se han hecho visibles, tal vez cuando llegue allí....".

La felicidad siempre se aleja de ti. Esa es la característica de una persona insatisfecha. La característica de una persona satisfecha es que la felicidad está aquí y ahora. No importa cuál sea la situación, no importa lo que suceda en el exterior, no hay ningún cambio en el flujo de la corriente interior de la felicidad.

Y no tiene condiciones. Quien pone condiciones está destinado a ser infeliz.

Nunca se cumple ninguna condición. E incluso si las condiciones establecidas se cumplen, esa mente creadora de condiciones crea nuevas condiciones.

Es como las hojas de un árbol. Las hojas viejas se caen, no importa, porque vienen nuevas. De hecho, como las hojas nuevas quieren salir, las viejas caen. Las nuevas empiezan a empujar desde dentro para salir, y las viejas empiezan a caer. En cuanto cae la hoja vieja, brota la nueva.

La vieja condición cae sólo cuando una nueva condición empieza a empujar desde dentro para salir a la superficie.

En los árboles crecen las hojas; en la mente del hombre crecen las condiciones.

Si la vida de alguien es condicional, el resultado será la infelicidad. La vida de quien es incondicional, de quien es feliz aquí y ahora sin ninguna razón, es decir, cuya felicidad no viene de fuera sino de dentro, cuya corriente de felicidad fluye desde dentro de sí mismo, la fuente, el manantial, es una vida plena. No es algo que haya que mendigar a los demás. Incluso si todo este mundo desapareciera, incluso si todas las estrellas y las lunas se desintegraran, incluso si toda la humanidad se acabara, no habría ningún cambio en la felicidad de una persona plena.

Pero para ti no habrá ninguna diferencia en tu infelicidad aunque el mundo entero se haga como tú deseas. Tal vez te vuelvas más infeliz. Cuando todas las demandas de uno son satisfechas uno se da cuenta... toda esa labor, todo ese trabajo duro y nada ha sido realmente ganado.... Uno se vuelve más infeliz.

Para ser una persona realizada, el sutra dice: CONOCIÉNDOTE A TRAVÉS DE TU PROPIA EXPERIENCIA QUE EL ALMA ES INDIVISIBLE, LLÉNATE DE PLENITUD Y HABITA BIEN EN EL ALMA INMUTABLE.

Sé en él, permanece en él, quédate en él y establécete en él. Sé uno con ello. No mires fuera. Sólo recuerda, levantándote o sentándote, busca la felicidad incondicional. Caminando, durmiendo, despertando, comiendo y bebiendo, cualquiera que sea la situación, busca la felicidad incondicional.

Simplemente sé feliz.

Nos parece muy extraño decirle a alguien: "Sé feliz". La persona preguntaría: "¿Cómo ser feliz?". Porque todos tenemos la idea de que la felicidad viene de fuera. ¡Ser feliz desde dentro! - esto es algo que somos incapaces de comprender. Nunca hemos conocido la felicidad interior.

Sólo tienes que buscarla. Tu interior está lleno de felicidad. Ármate de valor y entra en tu interior. Quita ese velo de condiciones y verás que te llenas de felicidad... tanto que si quieres puedes llenar el mundo entero con tu felicidad. Se extenderá por todas partes y alrededor.

Siempre somos exigentes con los demás. Exigimos a los que a su vez nos exigen a nosotros. Es una muchedumbre de mendigos, de pie unos frente a otros con nuestros cuencos de mendicidad esperando recibir algo, y todos están mendigando. ¿Has pensado alguna vez que el mundo entero es una comunidad de mendigos?

Yo vengo a ti para que me des algo de felicidad, tú vienes a mí para que yo te dé algo de felicidad. Ni yo he encontrado nunca la felicidad en mí, ni tú has encontrado nunca la felicidad en ti.

felicidad dentro de ti. De ahí que todas nuestras relaciones sólo den infelicidad. Nadie da felicidad, nadie puede, porque ¿cómo puedes dar algo que no tienes? Nosotros damos a los demás lo que no tenemos.

El padre da felicidad al hijo. La mujer da felicidad al marido. El hijo da felicidad a la madre. En el mundo entero, todos se dan felicidad unos a otros y todos se lamentan amargamente de que son infelices. Nadie parece ser feliz. ¿Tú mismo no tienes felicidad y vas por ahí dándosela a los demás?

En este mundo, sólo hay una forma de ser feliz y es no acudir a nadie pidiéndoselo.

No está con los demás, está dentro de ti. Abandona todas tus exigencias y deja de buscarlo. Aunque te sientas infeliz, quédate ahí, espera; no vayas a mendigar a los demás. Un día, de repente, te darás cuenta de que por haber abandonado el hábito de mendigar, una piedra de tu interior se ha removido y el torrente se derrama, llenando de felicidad cada célula de tu cuerpo.

Esta felicidad no tiene causa. Nadie te la puede quitar, viene de tu interior. Y entonces es posible que otros que entren en contacto contigo puedan ser tocados por la corriente de tu felicidad.

Es muy interesante observar que exigimos felicidad y también queremos dar felicidad.

No somos capaces de dar felicidad y no somos capaces de obtener felicidad. Una persona así, cuya propia corriente de felicidad ha estallado, cuya propia fuente se ha abierto, no exige felicidad a los demás, ni desea dar felicidad a los demás; sino que de esa persona la felicidad es simplemente recibida - por muchos.

Ningún buda sale a dar felicidad a nadie, sino sólo a su presencia.... Las flores que han florecido en él, su fragancia, la fuente de felicidad que se ha abierto en su interior, su murmullo, todo ello resuena y llega a cualquiera que se acerque a él, que esté abierto y no esté sentado con las puertas de su corazón cerradas.

Y cualquiera que se siente cerca de alguien como Buda con los ojos abiertos también es capaz de ver que la felicidad de Buda no parece venir de algún lugar exterior, no parece depender de nadie, parece fluir de su propio interior. Sus rayos no son prestados, son suyos. No es como la luna que refleja los rayos del sol. Es como el sol que tiene su propia luz, sus propios rayos que emanan directamente de él.

A esto lo hemos llamado satsang. Sentarse cerca de una persona como Buda es satsang. Tal vez esto nos sacuda también a nosotros de nuestra necedad, tal vez nuestra piedra que nos obstruye llegue también hasta el punto de desplazarse, tal vez al ver que alguien puede ser feliz por sí mismo se haga añicos nuestra ilusión de que otros pueden darnos la felicidad. Seguimos exigiendo la felicidad a los demás y seguimos aferrándonos a la ilusión de que algún día llegará -si no hoy, mañana o pasado mañana-, pero vendrá de los demás.

Hazte incondicional, abandona toda exigencia, renuncia a toda esperanza de que la felicidad te venga de los demás, entonces un día se alcanza la felicidad. Este es el estado de un siddha, el que se siente realizado, cuando alcanza su propia corriente de felicidad.

Suficiente por hoy.

¡Yo soy esto!

Escuchando estas enseñanzas del maestro, el discípulo se iluminó y empezó a decir: acababa de ver el mundo, ¿dónde se ha ido? ¿Quién se lo ha llevado? ¿En qué se ha disuelto? ¡Es una gran sorpresa! ¿No existe?

En este gran océano de Brahma que está lleno del néctar de la dicha infinita, ¿a qué tengo que renunciar ahora y qué tengo que tomar? ¿Qué es lo otro ahora y qué es lo extraordinario?

Aquí no veo nada, no oigo nada y no se nada, porque siempre estoy en mi alma dichosa y yo mismo soy mi propia naturaleza.

Soy libre, sin cuerpo, sin género; soy Dios mismo; soy absolutamente silencioso, soy infinito, soy el todo y el más antiguo.

Yo no soy el que hace, yo no soy el que sufre, yo soy inmutable e inagotable. Yo soy la morada del conocimiento puro, yo estoy solo y yo soy la piedad eterna.

Este conocimiento fue dado por el maestro a Apantaram, Apantaram se lo dio a Brahma, Brahma se lo dio a Ghorangiras, Ghorangiras se lo dio a Raikva,

Raikva se lo dio a Rama y Rama se lo dio a todos los seres vivos. Este es el mensaje del nirvana y esta es la enseñanza y la disciplina de los Vedas.

Así termina este Upanishad.

ESCUCHANDO ESTAS ENSEÑANZAS DEL MAESTRO, EL DISCÍPULO SE ILUMINÓ...

Lo que se afirma en este sutra no sólo es difícil de entender, sino que puede parecernos imposible. ¿Cómo puede uno iluminarse con sólo escuchar? Nuestras mentes lógicas no pueden entenderlo. Si escuchar ha ocurrido realmente no es imposible, pero como no sabemos escuchar parece imposible que sólo escuchando el discípulo se iluminara.

Comprendamos esto antes de entrar en el sutra. Hay una diferencia fundamental entre la era actual de la ciencia y la era en que nacieron los Upanishads. En aquellos días, cuando nacieron los Upanishads, la base de la mente era la confianza. Ahora la base de la mente es la duda.

En aquellos tiempos la confianza era tan natural como la duda lo es hoy. La mente ha experimentado un cambio revolucionario. Con el nacimiento de la ciencia, la duda ha ganado una especie de dignidad. ¿Por qué? Porque la ciencia nace de la duda.

La ciencia sólo duda. La duda correcta es la clave para el desarrollo de la ciencia. Sólo se pueden descubrir hechos científicos si se sigue dudando.

La duda es un proceso de descubrimiento de las verdades de la ciencia. Cuando los descubrimientos de la ciencia empezaron a ser útiles al hombre, cuando se extendió por todas partes desde la aguja más pequeña hasta la bomba atómica, la ciencia empezó a adquirir prestigio. Y cuando al hombre se le hizo imposible vivir sin la ciencia y ésta empezó a triunfar en todos los campos y su bandera de victoria empezó a ondear en el mundo material, naturalmente la duda también adquirió prestigio porque la ciencia nace de la duda.

Cuando la ciencia triunfó en el mundo material, la duda también ganó prestigio. Hoy, en todo el mundo, la educación que impartimos es la educación de la duda. Desde el primer curso hasta los últimos grados de la universidad enseñamos a dudar, porque sin duda no hay pensamiento. Si uno tiene que pensar, debe dudar. Cuanto más agudo debe ser el pensamiento, más agudo debe ser el filo de la duda.

Toda la estructura del mundo moderno se ha creado en torno a la ciencia. La ciencia ha entrado en todo: en nuestro comer, beber, sentarnos, levantarnos, caminar y vivir. Pero como la ciencia existe sobre los cimientos de la duda, la duda también se ha convertido en la piedra angular de la mente del hombre actual.

Hoy nadie puede aceptar nada tranquilamente. Confianza no es la palabra del día.

Cuando se escribieron los Upanishads, la confianza tenía el mismo prestigio que tiene hoy la duda. Así como la duda es la base de la ciencia, la confianza es la base de la religión. Que esto se entienda bien. Así como el pensamiento no puede existir sin la duda, el estado de no-mente no puede surgir sin la confianza.

La duda y la confianza son opuestas. Si se quiere pensar, es necesario dudar correctamente. Entonces hay que dudar con valentía, poner a prueba cada palmo de terreno y no aceptar nada sin que pase por la prueba de la lógica. Cualquiera que sea la consecuencia, la lógica debe seguir siendo el único refugio y la duda el único barco si hay que avanzar en los procesos de pensamiento. Y si hay que llegar a alguna conclusión a través del pensamiento, la duda es el camino.

Pero la religión no tiene nada que ver con el pensamiento. El proceso mismo de la religión es lo contrario. La religión dice que uno tiene que ir más allá de los pensamientos. Y porque uno tiene que ir más allá del pensamiento, no hay lugar para la duda, no hay uso para la duda; el bote de la duda es inútil aquí. Si uno tiene que ir más allá de la mente, algo que es lo opuesto a la duda sería de utilidad, porque la duda es la base del pensamiento.

La confianza es lo contrario de la duda; es aceptación, fe. Son dos barcos diferentes, sus viajes son diferentes.

Si alguien quiere convertirse en científico, no puede hacerlo sin confianza. Si alguien quiere ser religioso, no puede hacerlo sin confianza. Así como hoy la ciencia está en su apogeo y se ha extendido por toda nuestra vida, del mismo modo, en los viejos tiempos, la religión estaba en su apogeo y había entrado en cada célula y tejido de nuestra vida. En aquellos días, la meta era alcanzar el éxito en la religión. No importaba lo gran científico que uno llegara a ser en aquellos días, todavía no atraía a la gente como un estatus que valiera la pena alcanzar. El mayor logro en aquellos días era el de un Buda, un Krishna, un Angirasa, un Raikva. En aquellos tiempos, teníamos en gran estima a esas personas. Al igual que hoy la ciencia está en la cima de su gloria, en aquellos días la religión estaba en la cima de su gloria.

Cuando la ciencia está en su apogeo, aumenta el número de cosas, aumenta el número de máquinas, aumenta la eficacia y aumentan los medios de disfrute. Cuando la religión tiene éxito, aumenta la conciencia, se desarrolla el alma y se alcanzan los misterios únicos de la ausencia de deseo.

Cuando se desarrolla la ciencia, aumenta el viaje hacia los objetos externos; cuando se desarrolla la religión, aumenta el viaje interior. Estos dos son opuestos, sus direcciones son opuestas. En aquellos primeros días había altas luces de faro de la religión y las mentes de las masas enteras estaban influenciadas por estas luces. Existían las escuelas, las universidades, las universidades de los maestros en los bosques - todas enseñaban confianza. Así que la confianza fluía en nuestra sangre. Era natural aceptar, la no aceptación era muy difícil. Había que hacer un gran esfuerzo para rechazar algo, pero aceptar no suponía ningún esfuerzo.

Hoy la situación es justo la contraria. Hoy no es necesario ningún esfuerzo para rechazar algo; ésa es nuestra tendencia natural. Para aceptar algo hay que hacer un esfuerzo incansable, y aun así algo dentro de ti sigue diciéndote continuamente que puede estar bien, que puede no estar bien; que puede ser un truco, un engaño. "No lo he conocido yo, lo ha conocido otra persona, ¿quién sabe hasta qué punto es verdad?".

Cuando gana la ciencia, gana la duda. Por eso la ciencia no pudo nacer en la India. No ha podido ser. Donde la confianza es profunda, simplemente no puede haber ningún viaje en la ciencia. Esta es la razón por la que los días de los Upanishads fueron los días en los que no hubo ciencia; no hubo desarrollo de la ciencia. Por eso tampoco puede haber desarrollo de la religión en Occidente hoy en día, porque la ciencia ha triunfado allí y la duda ha ganado. Los dos caminos son opuestos.

Oriente ha dado la religión, porque dio a la mente la base de la confianza; Occidente ha dado la ciencia, porque dio a la mente la base de la duda. No digo que la duda esté mal, ni digo que la duda esté bien. No digo que la confianza esté bien, ni digo que la confianza esté mal. Comprended bien mi punto de vista.

Si alguien usa la confianza para la ciencia, está mal. Si alguien utiliza la duda para la religión, está equivocado. Si alguien utiliza la confianza en la religión, es correcto; si alguien utiliza la duda en la ciencia, es correcto. La duda tiene sus propias capacidades.

Para conocer la materia, la duda tiene su uso aceptado; para conocerse a sí mismo es impotente. La confianza no tiene capacidad para conocer la materia, pero para conocerse a sí mismo sólo la tiene la confianza. Cuando intentamos utilizar un medio de un mundo en el mundo opuesto nos encontramos en dificultades. No hay necesidad de hacer tal cosa. Si quiero salir de mi casa tengo que mantener mi cara hacia el exterior de la casa y mi espalda hacia la casa. Si quiero entrar en mi casa, mi cara tiene que estar hacia la casa y mi espalda hacia el exterior de la casa.

Confiar es mirar hacia la casa, dudar es mirar hacia otro lado. La confianza y la duda son las dos caras de la misma moneda, pero sus usos son diferentes y sus logros también. Quien se confunde entre las dos cae en la dificultad.

En la época en que nacieron los Upanishads, la confianza era el fundamento; lo que se escuchaba se asimilaba al instante. Confianza significa receptividad, confianza significa aceptación amorosa.

Esta aceptación era intrínseca a la sociedad. No era que alguien contara algo casualmente a alguien mientras caminaba por la calle; uno tenía que sentarse con el maestro durante muchos años. Había que beber en el maestro durante años, había que vivir con el maestro durante años. Lenta, lentamente el ritmo de la respiración del maestro se convertiría también en el ritmo de la respiración del discípulo. Lenta, lentamente el sentarse y levantarse del maestro, los movimientos del maestro, se convertirían también en el sentarse y levantarse del discípulo. Lenta, lentamente se crearía una sintonía, una armonía interior entre los dos, y entonces el discípulo sabría desde lo más profundo de su ser que el maestro tenía razón.

Este reconocimiento solía comenzar lentamente. No era como preguntar a alguien que pasaba por la carretera: "¿Existe Dios?".

Me encuentro con gente así. Voy a coger algún tren y me paran en mitad del mismo, en el andén, y me dicen: "Un momento, por favor, ¿existe realmente Dios?".

¿Qué están diciendo realmente? - como si se pudiera dar una respuesta a si Dios es o no es. Como si no fuera necesaria ninguna preparación para recibir una respuesta a esta pregunta. Como si se tratara de una pregunta rutinaria sobre algún asunto cotidiano, como preguntar a un tendero: "¿Tiene un paquete de cigarrillos?".

¿Existe Dios? Para preguntar esto se necesitan años de espera; para preguntar esto se necesita una especie de aptitud y valía. Hay que crear una mente adecuada para que, cuando llegue la respuesta, uno pueda oírla y comprenderla.

Este acontecimiento se refiere a una época en la que un discípulo solía sentarse cerca del maestro durante muchos años. Sólo sentado, sólo observando al maestro.... Si el maestro decía algo, él lo escuchaba pero no preguntaba. Sólo preguntaba cuando estaba convencido de que estaba en sintonía con el maestro, cuando sentía que se había desarrollado alguna relación interior entre ellos, cuando se había establecido un puente entre ellos:

"Lo que diga ahora el maestro no se detendrá en mis oídos, calará hondo en mi corazón".

Hasta que no se establezca una conexión con tu corazón y el corazón del maestro no tiene sentido decirte nada. Pero este Upanishad debe haber sido dicho en tal momento. Por eso

este sutra dice que la intimidad con un maestro puede convertirse en una disciplina espiritual. Pero hoy en día desconocemos tal cosa. Hoy no tenemos intimidad ni siquiera con aquellos a los que queremos mucho. Sentimos distancia incluso de aquellos que pueden estar muy cerca de nosotros. Hoy todo el mundo se ha encerrado en sí mismo, y la razón de ello es la duda. ¿Cómo podría haber intimidad con aquellos sobre los que dudamos? La intimidad sólo puede darse con aquellos sobre los que no se duda. La duda cierra las puertas, se encierra en sí misma; necesita seguridad.

La confianza es inseguridad. La confianza no necesita seguridad. El significado mismo de la confianza es: "Si me empujas a una zanja, caeré felizmente en ella. Si me empujas a una zanja debe haber alguna razón secreta para ello".

Lo que importa no es la zanja, sino quién te arroja a ella. Si el maestro empujara al discípulo a una zanja, un discípulo de la época de los Upanishads simplemente tocaría los pies del maestro y caería felizmente en ella. La cuestión no es que sea una zanja, la cuestión es quién es la persona que te arroja.

Si alguien a quien has amado tanto, alguien con quien se ha producido tal intimidad, te empuja a la cuneta, debe ser por algún beneficio y por tu bienestar: esta actitud se llama confianza. Cuando algo se escucha con esta actitud, se hunde hasta lo más profundo de uno mismo. Y entonces no es necesaria ninguna otra disciplina espiritual.

Las disciplinas espirituales son en realidad una forma de compensar la falta de confianza. Ese espacio vacío, que existe debido a la ausencia de confianza, tiene que ser llenado por medio de esfuerzos espirituales. Son sustitutos, de lo contrario no serían necesarios, porque el punto de vista de los Upanishads es que todo lo que hay que alcanzar ya está dentro de ti. No es cuestión de buscar y rebuscar, no es necesario ningún esfuerzo, porque lo que hay que alcanzar ya existe, sólo tienes que mirar hacia ello.

Si tienes una profunda confianza y si estás dispuesto a abrir los ojos a lo desconocido ante la insinuación de tu maestro, se acabó el asunto.

Marpa, un asombroso monje del Tíbet, ha dicho: "Nunca medité, nunca hice ningún esfuerzo, sólo hice una cosa, confiar en mi maestro".

La historia de Marpa es muy interesante. Cuando se acercó a su maestro le dijo: "He venido dispuesto a confiar en usted".

El maestro le preguntó: "¿Esta confianza es total?".

Marpa replicó: "Nunca había oído que la confianza también pudiera ser fragmentaria, ¿cómo es posible?".

Si hay confianza es total, de lo contrario no la hay. Que esto se entienda bien.

Algunos dicen: "Tenemos un poco de confianza". No saben lo que dicen. La confianza no puede ser por partes. Si le dices a alguien: "Tengo un poco de amor por ti", ¿qué significa? O si dices: "Digo un poco de verdad", ¿qué significa? ¿Un poco de verdad?

Estas cosas son indivisibles, nadie puede dividirlas. O hay confianza o no la hay. Un poco significa nada. Pero ni siquiera eres lo bastante honesto para aceptar que no tienes confianza, así que dices: "Tengo un poco".

Marpa dijo: "La confianza es siempre completa. No he oído hablar de confianza incompleta. Yo tengo confianza".

Así que su amo le dijo: "Entonces salta del acantilado a este valle que tenemos delante".

Marpa corrió inmediatamente y saltó al valle. El maestro se preocupó por la pérdida innecesaria de una vida. No había pensado que Marpa fuera a saltar. El maestro y todos sus discípulos bajaron corriendo al valle y vieron a Marpa sentado en profunda meditación al pie del acantilado.

El valle era muy profundo y aterrador y no había posibilidad de sobrevivir tras la caída, pero Marpa no tenía ni un rasguño en el cuerpo. El maestro pensó que probablemente se trataba de una coincidencia: habría que hacer alguna otra prueba.

Había una casa en llamas y todo el pueblo corría hacia ella. El maestro fue con Marpa y le pidió que entrara en el fuego. Marpa corrió hacia el fuego, se adentró en la casa y allí se sentó a meditar. Toda la casa quedó reducida a cenizas. El maestro y sus discípulos pensaron que Marpa también debía de haberse reducido a cenizas. Cuando el fuego se extinguió, entraron y allí estaba Marpa, sentado entre cenizas humeantes. No había sido tocado en absoluto por el fuego. El maestro le preguntó entonces: "¿Qué es este truco que has hecho? ¿Qué poder tienes para poder hacer todo esto?".

Marpa respondió: "¿Poder? Todo lo que tengo es confianza en ti".

Entonces el maestro le pidió que caminara sobre el agua. Él también caminó sobre el agua. El maestro pensó entonces: "Cuando Marpa puede hacer tales milagros en mi nombre, ¿qué hay que yo no pueda hacer?". Así que el maestro intentó caminar sobre el agua y ¡comenzó a ahogarse!

No se trata de ser un maestro. El maestro no confiaba en que uno pueda caminar sobre el agua, en que pueda salvarse en el fuego, en que una caída en un valle tampoco le haga daño. El propio maestro no entendía cómo estaba ocurriendo todo. Pensaba que Marpa debía conocer algún truco que él ignoraba, de lo contrario, ¿cómo se podía caminar sobre el agua?

Incluso después de ver a Marpa caminar sobre el agua, el maestro no confiaba en que alguien pudiera hacerlo. Pensó que debía haber algún misterio, algún truco que él desconocía: "Marpa sólo me engaña diciendo que lo hace todo gracias a su confianza. Y si hay algo de verdad en ello, en que puede caminar sobre las aguas debido a su confianza en mí, entonces yo mismo debería ser capaz de hacerlo sin duda."

Ese fue el error. Marpa caminaba sobre las aguas gracias a su confianza. La cuestión no es en quién confiaba, sino en su corazón. Todo lo que sentía era que si el maestro le pedía que caminara sobre las aguas, sería capaz de hacerlo; no había ni un ápice de duda al respecto. Si hubiera dudado siquiera un momento, Marpa se habría ahogado.

La confianza es un barco, pero si hay un pequeño agujero en él, el barco se hundirá. El maestro intentó caminar y empezó a ahogarse. El maestro dijo entonces a Marpa: "Me estás engañando; ciertamente sabes algunos trucos. Caminaste sobre el agua en mi nombre y yo mismo no pude hacerlo".

Marpa dijo: "Ahora has hecho dudar incluso de mi caminar sobre el agua. Desde que te vi ahogarte se acabó el asunto, mi confianza se ha roto. Ahora ni siquiera por error me ordenes que haga tales cosas, porque ahora no podré llevarlas a cabo. Si lo hiciera, no volvería con vida. Te he visto ahogarte, ahora será difícil para mí. La barca en la que me movía está rota". Desde entonces Marpa no pudo caminar sobre el agua.

Esta es una historia muy bonita, y útil. La confianza tiene su propio poder. Si hay confianza, las disciplinas espirituales son innecesarias: la confianza es suficiente. Si no hay confianza, las técnicas son absolutamente necesarias.

Sucedió algo muy interesante.... En la Edad Media, los santos de la India pensaban que la gente era cada vez más atea y, por tanto, nadie se interesaba por la religión.

Nadie quería hacer las largas prácticas espirituales, realizar las austeridades, practicar yoga o seguir el tantra. Vieron que la gente se estaba desinteresando de la religión. Así que dijeron que, en este kaliyuga, la era de la oscuridad, cantar el nombre de Rama era suficiente. Pensaron que en esta era de Kaliyuga la gente al menos haría esto. Este acto no les costaría nada.

Pero fue un gran error. Este consejo iba en contra de la ciencia de la religión. En Kaliyuga, las disciplinas espirituales son las más necesarias porque no hay confianza.

Entendamos esto, porque lo que os estoy diciendo es una afirmación muy contraria. Digo que en este Kaliyuga las prácticas espirituales son muy necesarias; en satyuga, la era de la verdad, no lo eran. Puesto que ahora no hay confianza, ¿cómo se puede compensar? El nombre de Rama puede funcionar, pero sólo para aquellos que tienen confianza. Así que cantar el nombre de Rama habría sido lo correcto en satyuga, pero ahora no.

Así que afirmo que en este Kaliyuga nada va a suceder sólo por repetir el nombre de Rama, porque el corazón confiado que podría ser útil no existe. Ahora habrá que hacer un gran esfuerzo, ahora habrá que pasar por rigurosas prácticas espirituales, habrá que poner mucho empeño, sólo entonces podrá suceder algo. ¿Por qué? Porque ¿qué otra cosa puede compensar la falta de confianza?

Confianza significa fe en otra persona: en un maestro, en Dios o en otra cosa. Confianza significa una fe tan profunda en que lo que el otro dice debe suceder. Cuando no hay confianza, uno tiene que tener fe en sí mismo.

El esfuerzo espiritual consiste en confiar en uno mismo: "Nada sucederá con la ayuda de los demás. Tendré que esforzarme yo mismo".

En este Kaliyuga son necesarias prácticas espirituales rigurosas; nada sucederá por cantar el nombre de Rama. Sucedía en Satyuga - simplemente tomar el nombre de Dios era suficiente entonces.

Todo eso eran excusas, y cualquier excusa habría servido porque la gente estaba preparada y confiaba: bastaba una chispa para que la pólvora seca explotara. Ahora esa pólvora seca de la confianza no está en el hombre para que una chispa del nombre de Rama pueda hacerla explotar. Ahora sólo existe el agua fría de la duda dentro del hombre. Que decir de una chispa - podrias tirar una gran bomba ahi y se extinguiria en esa agua.

Vale la pena comprender este sutra.

ESCUCHANDO ESTAS ENSEÑANZAS DEL MAESTRO, EL DISCÍPULO SE ILUMINÓ Y COMENZÓ A DECIR....

Lo que el maestro ha dicho se ha hecho evidente para él. Lo que el maestro ha dicho no solo lo ha escuchado, sino que ha empezado a experimentarlo. Todo lo que el maestro había dicho, no lo pensaba ni lo reflexionaba, había empezado a verlo así. Empezó a decir: AHORA MISMO HABÍA VISTO EL MUNDO, ¿A DÓNDE SE HA VUELTO?

Había oído que el mundo es una ilusión, había oído que la belleza es nuestra propia proyección, había oído que toda atracción es nuestro propio sueño... Pero si uno hubiera oído de verdad, se daría cuenta inmediatamente de que todos los sueños que había estado viendo hasta ahora habían desaparecido. Se habrían roto.

Un sueño se rompe en el momento en que sabes que es un sueño. Aunque oigas a alguien despierto que te dice que es un sueño, se romperá. El maestro dice que el mundo es una ilusión, un sueño; tú lo oyes pero dices: "Déjalo estar, ¿quién sabe?". ¿Cómo puedes creer que el mundo es un sueño, cuando está tan claramente presente a tu alrededor? No parece convincente que el mundo sea un sueño. Aunque parezca convincente, no queremos que nuestra propia mente se convenza porque tenemos una gran inversión en nuestros sueños, hemos invertido una fortuna en ellos.

Toda nuestra felicidad está en nuestros sueños. Si el mundo es un sueño, ¿qué será de nuestras felicidades? ¿Y qué será de nuestras inversiones de toda la vida en ellas, con la esperanza de que algún día se hagan realidad? Todo ese capital invertido se convertirá en un desperdicio. Y de repente alguien dice que el mundo es un sueño....

Por ejemplo, en tu sueño te has convertido en emperador y lo estás disfrutando enormemente; estás sentado en un trono tachonado de diamantes, perlas y diamantes te rodean en abundancia. En ese momento tu mujer empieza a zarandearte y te dice que estás soñando. Le dices que se calle, que está estropeando todo el placer. Después de tanto tiempo este sueño ha llegado....

Parece difícil romper esos sueños.

Todos estamos soñando. El maestro sigue diciendo que todo esto es un sueño, una ilusión. Pero, ¿quién quiere estar de acuerdo con esto? Sólo el que esté dispuesto a dejar a un lado sus alegrías e infelicidades, su codicia y sus apegos, y luego mirar esta verdad e indagar si realmente es así. ¿Acaso este mundo no es más que un arco iris que se desvanece a medida que te acercas a él? ¿Es sólo desde lejos que parece tan colorido, como si hubiera robado todos los colores de las mariposas para sí mismo, como si todas las flores hubieran volado por encima para formar un arco iris? Pero cuando te acercas, no está en ninguna parte. Si intentas cogerlo con las manos, sólo consigues unas gotas de agua que no contienen ni colores ni belleza.

El discípulo lo había oído todo y empezó a decir: YO HABÍA VISTO EL MUNDO AHORA MISMO..... Lo había visto antes de oír al maestro, lo había visto antes de conocer al maestro. Lo había visto tanto que había sentido que debía seguir viéndolo más y más y más.... Todo estaba allí hasta ahora, ahora ¿dónde se había ido?

Esta afirmación es muy profunda. El discípulo le está diciendo al maestro: "¿Qué has hecho? Lo has destrozado todo como si fuera un sueño. ¿Dónde se ha ido ese mundo que yo había visto hasta hace unos momentos hace tiempo, que había creído que estaba ahí, que había pensado que estaba ahí? Hoy, de repente, ese mundo se me ha escapado de las manos y me he quedado vacío. ¿Quién me lo ha quitado?". También hay en ello una especie de dolor, el de que te lo hayan quitado. También hay en ello una especie de despertar: que ahora no volverá a tenerlo. Ha aumentado la comprensión. Se ha producido un acontecimiento.

Y ... ¿EN QUÉ SE HA DISUELTO? ¡ES UNA GRAN SORPRESA! ¿NO EXISTE?

Ciertamente, ¿qué mayor sorpresa puede haber que saber que todo lo que habíamos conocido, todo lo que vivíamos y en lo que estábamos ocupados, y todo lo que habíamos acariciado -todos nuestros sueños de felicidad y de cielo- han desaparecido de repente? ES UNA GRAN SORPRESA!... ¿simplemente no existe?

Sin embargo, el discípulo se encuentra en el punto medio. El mundo que había en aquel lado se ha perdido, y aún no se ha asentado del todo en el nuevo. Es como la llegada repentina de la luz y la desaparición de la oscuridad: la oscuridad se disipa, pero los ojos aún no se han adaptado a la luz: parpadean.

Cuando el mundo que hemos conocido nacimiento tras nacimiento desaparece en un instante, el mundo se pierde pero aún no vemos el Brahma. Llevará un poco de tiempo; los ojos tendrán que acostumbrarse a ver la luz. Nuestro largo hábito de ver la oscuridad crea un obstáculo para ver la luz: los ojos se deslumbran. Por esta razón también son útiles las prácticas espirituales, en las que la luz puede llegar gradualmente para que los ojos no se deslumbren.

Si la verdad viene directamente delante de ti, te quedarás ciego porque los ojos no pueden ver la verdad tal como son; tendrán que desarrollar la capacidad de ver la verdad. Es una explosión de luz tan inmensa que tus pequeños ojos no podrán soportarla, perderán la vista y se quedarán ciegos. Es como acercarse al sol con los ojos abiertos.

El discípulo es ahora capaz de ver que lo que creía que estaba ahí ha desaparecido, pero aún no ha sido capaz de ver lo que debería verse en su lugar.

¡ES UNA GRAN SORPRESA! ¿Cómo fue posible un error tan grande? ¿Cómo fue posible una ilusión tan grande, que toda la vida no fuera más que un sueño? También sentiremos esto si algún día nos ocurre lo mismo, que no puede haber mayor sorpresa que ésta. Pero sucede, ha sucedido muchas veces, le ha sucedido a mucha gente. En la época actual, este tipo de sucesos son cada vez menos frecuentes. Hay muchas razones para ello. Una de ellas es la falta de sentido de la maravilla. Nuestra capacidad de asombro ha disminuido. Eso también tiene una razón.

La ciencia nos ha abierto muchos misterios. Y con cada misterio descifrado no sólo disminuyen los misterios, sino también nuestra capacidad de asombro.

Los niños están llenos de asombro. Todo les parece milagroso. Les reñimos y les decimos que se callen y que lo que se preguntan no tiene grandes sorpresas. Les damos explicaciones. Pero ¿sabéis que al hacerlo les estáis arrebatando su mundo de maravillas en el que cada pequeño acontecimiento.... Una pequeña mariposa volando da tanta felicidad a un niño que más tarde ni siquiera todo el mundo de tus ciencias puede darle. Una pequeña flor floreciente, o una estrella fugaz en el cielo, llenan al niño de tal emoción que cuando más tarde toda la riqueza de las

Si se le regala el mundo, o incluso si se le hace dueño de todas las estrellas, esa emoción de la infancia no puede volver.

Un niño lo ve todo con asombro. ¿Por qué? Porque todavía es ignorante, no sabe nada.

Ahora que la ciencia ha dado a conocer tantas cosas, tienes la sensación de que sabes esto, aquello y lo otro, y esto ha reducido tu sentido de la maravilla. No tiene por qué ser así, pero para despertar y mantener vuestro sentido de la maravilla, tendréis que profundizar mucho en la ciencia, no hay otra manera.

En el momento de su muerte, Einstein dijo: "Muero como un místico. Había pensado que sería capaz de desvelar todos los misterios del mundo. Desvelé muchos misterios, pero al desvelar cada misterio, me enfrenté a misterios mayores". Es igual que un mago saca una caja de dentro de otra caja, y sigue sacando caja tras caja: hay misterios dentro de misterios, pero para conocerlos ahora habrá que ir más allá de muchas cajas.

Cuando el genio de un Einstein empieza a cortar por lo sano, descubre que los misterios no han disminuido. Pero nosotros, que hemos acumulado conocimientos insignificantes, nuestro sentido del asombro muere. Empezamos a explicarlo todo, creemos que tenemos todas las respuestas.

Cuando todo se ha definido y se le ha dado un significado, nuestro sentido de la maravilla disminuye. Y cuando el sentido del asombro disminuye, desaparece la posibilidad de que seamos religiosos. La religión es un misterio, el misterio último; es la maravilla suprema. El mayor milagro que puede ocurrir en este mundo es volverse religioso. ¿Por qué? Porque al hacerse religioso, uno empieza a hablar como este discípulo que dice: "¡ES UNA GRAN SORPRESA! ¿El mundo que estaba aquí hace unos momentos, el mundo que yo había conocido hace unos momentos, no está ahí? ¿Adónde se ha ido? ¿En qué se ha disuelto?".

Pero inmediatamente después viene la segunda afirmación. La primera afirmación es de asombro, la segunda es de dicha. La dicha se esconde justo detrás del asombro. Aquel que ha perdido su sentido de la maravilla nunca será capaz de alcanzar la dicha, porque la maravilla es la puerta a la dicha. Aquel cuya puerta del asombro esté cerrada no podrá entrar en el palacio de la bienaventuranza. La segunda afirmación sigue inmediatamente.

EN ESTE GRAN OCÉANO DE BRAHMA QUE ESTÁ LLENO DEL NÉCTAR DE LA DICHA INFINITA, ¿A QUÉ TENGO QUE RENUNCIAR AHORA Y QUÉ TENGO QUE TOMAR? ¿QUÉ ES LO OTRO AHORA Y QUÉ ES LO EXTRAORDINARIO?

"Si el mundo entero ha resultado ser falso, entonces no tengo nada a lo que renunciar. Todo aquello a lo que podría haber renunciado ya ha desaparecido. Ahora tampoco tengo nada a lo que entregarme, porque lo que pudiera haberme entregado también ha desaparecido." No hay que aferrarse a nada ni renunciar a nada. Nada hay que tomar y nada hay que quitar; todo ese mundo de indulgencia y renuncia ha desaparecido.

Que este sutra se entienda correctamente. No pienses que con la desaparición del mundo sólo desaparece la indulgencia; la renuncia también desaparece, porque tanto la indulgencia como la renuncia formaban parte de ese mundo que ya no existe.

Una persona acumulaba dinero, era un indulgente; una persona renunciaba al dinero, era un renunciante - pero para aquél cuyo mundo en sí ha desaparecido, la riqueza en sí ha

desapareció... ¿qué es indulgencia y qué es renuncia? Por lo tanto, los sabios de los Upanishads no eran renunciantes según tus definiciones, según tus definiciones tampoco eran indulgentes. Los sabios de los Upanishads eran de un tipo totalmente diferente, una tercera categoría de personas.

Lo que hoy entendemos por alguien que renuncia se opone a alguien que se complace. Los sabios de los Upanishads que han dado estas declaraciones no eran personas que habían renunciado y huido de todo, yendo por ahí desnudos. No vagaban de aquí para allá.

No eran ni renunciantes ni indulgentes, eran personas extremadamente ordinarias y sencillas, que vivían como niños. Para ellos, todo el mundo en el que se dan la renuncia y la indulgencia había desaparecido. Ninguna de las dos tenía valor alguno.

Cuando la ideología de la renuncia se popularizó en este país, bajo la influencia de las religiones budista y jaina, pasó a entenderse como lo opuesto a la indulgencia y, lenta, lentamente, los sabios de los Upanishads empezaron a desvanecerse de nuestra memoria, porque eran un tipo de gente completamente diferente. No podemos llamarlos indulgentes, porque nunca estaban ansiosos por acumular nada; no podemos llamarlos renunciantes, porque tampoco estaban ansiosos por renunciar a nada. Si alguien les daba algo, lo aceptaban; si alguien les quitaba algo, no iban a perseguirle. Les contaré una anécdota que puede darles alguna idea....

Kabir tenía un hijo llamado Kamal. Kabir no aceptaba regalos ni dinero, mientras que Kamal era como los sabios de los Upanishads. Los discípulos de Kabir le pidieron que echara a Kamal de su lugar. Le dijeron: "Cuando alguien te ofrece regalos o dinero le dices que no lo necesitas, quédate tú con esta basura, pero este Kamal se sienta fuera y acepta todas esas cosas de la gente que tú has rechazado. Los bendice y luego se queda con las cosas. Este chico es un problema".

No sé si Kabir hizo esta declaración - no creo que Kabir pudiera haberlo hecho, debe haber sido algún seguidor de Kabir que también estaba familiarizado con Kamal - la declaración es: "Nace un hijo llamado Kamal y todo el pedigrí de Kabir se ahoga para siempre". La declaración significa que el hijo de Kabir, Kamal, arruinó el nombre de toda su familia.

Así que Kabir le contó a Kamal lo que la gente decía de él y le preguntó qué pensaba al respecto.

Kamal sugirió entonces que se fuera y se quedara en una cabaña aparte, que no había problema.

Kamal se mudó a una cabaña separada. El rey de Kashi se enteró de esto. El rey nunca había pensado que Kamal fuera un indulgente. Que no seguía la renuncia era un hecho evidente, pero el rey también dudaba de que fuera un indulgente. El rey pensó que sería mejor comprobarlo, así que vino con un diamante muy valioso y se lo presentó a Kamal. Kamal dijo: "¿Qué clase de regalo me has traído? No se puede comer ni beber".

El rey se sorprendió al oír el comentario. Había oído a la gente decir que Kamal se quedaba con todo lo que le ofrecían, y aquí le estaba regalando un diamante valorado en millones de rupias y este Kamal lo llamaba sólo una piedra. Pensando que lo que decía la gente no era cierto y que Kamal no aceptaría el regalo, el rey cogió el diamante y empezó a guardárselo en el bolsillo. Kamal le detuvo diciendo: "¿Estás loco? Primero trajiste esta carga hasta aquí, ¿y ahora también la llevarás de vuelta?

¡Déjalo aquí!"

El rey sospechó mucho y pensó que había algo raro en ese hombre. Pero, ¿ves cómo funcionan nuestras mentes? Lo que hizo Kamal fue algo perfectamente lógico: "Si realmente es sólo una piedra, tú

has sufrido la molestia de llevar su carga hasta este lugar, y ahora quieres soportar su carga al llevarla de vuelta. Suéltalo".

Pero la primera idea le había gustado al rey. Cualquier idea de renuncia siempre atrae al indulgente.

El segundo comentario de Kamal sobre desprenderse del diamante no le gustó nada: ahora sospechaba. Aún así, el rey preguntó: "¿Dónde lo dejo?".

Kamal dijo: "Ahora preguntas dónde dejarla, lo que significa que no la consideras una piedra. Entonces será mejor que te la lleves. ¿Por qué te preguntas dónde dejarla? Al fin y al cabo es sólo una piedra, déjala donde quieras".

Para seguir probando el asunto, el rey dijo: "De acuerdo". La choza estaba hecha con un techo de paja, así que el rey introdujo el diamante en el techo y dijo: "Lo dejaré aquí".

Kamal dijo: "Bien. Haz lo que quieras, pero no veo el sentido de intentar llevar la cuenta de una piedra".

El rey volvió al cabo de un mes. Estaba seguro de que al día siguiente el diamante habría sido vendido o escondido en otro lugar. Así que volvió al cabo de un mes y preguntó a Kamal: "Hace un mes dejé aquí un diamante. ¿Sigue ahí?"

Kamal dijo: "Te dije en ese momento que era sólo una piedra. Ahora estás creando dificultades. ¿Dónde la has puesto? Puede que alguien se la haya llevado, puede que esté ahí, averígualo".

El rey pensó que Kamal trataba de hacerse el listo al decir: "Quizá alguien se lo ha llevado". Pero cuando el rey lo buscó, el diamante seguía allí, en el mismo lugar, entre la paja del tejado.

Los sabios de los Upanishads eran así. Para ellos ni la indulgencia ni la renuncia tenían significado alguno. Todo el respeto por la renuncia se debe a la propia indulgencia. Es por eso que un renunciante atrae altamente a un indulgente - porque es lo opuesto lo que atrae. A uno le llama la atención, uno siente que no puede hacer tal cosa, y este hombre lo está haciendo.

Así que los indulgentes tocan los pies de los renunciantes. Y hay una razón para ello. Sienten que no pueden saltarse ni una comida y aquí está este hombre que ha estado ayunando durante un mes. "Inclínate, inclínate a sus pies. No podemos renunciar a nuestras casas, y aquí este hombre ha renunciado a todo. No podemos quedarnos sin ropa, y aquí está este hombre desnudo en el camino. Inclinaos ante él".

Si alguien hace lo que nosotros no podemos hacer, sentimos que merece nuestro respeto. Todo nuestro respeto por la renuncia se debe a nuestra indulgencia. De ahí que ocurra algo muy interesante: cuanto más acomodada es una sociedad, cuanto más indulgente es una sociedad, más respeta a los renunciantes. Los jainas son ricos, tienen todas las comodidades de la vida, por lo que esperan de sus monjes una conducta de renuncia muy estricta. Es muy interesante que una sociedad de indulgentes, de gente acomodada, espere de sus monjes una renuncia de alto nivel, de lo contrario no pueden respetarles.

Los hindúes no enfatizan tanto la renuncia - que los renunciantes deben renunciar a esto, deben hacer esto, deben hacer aquello, por lo tanto ningún renunciante hindú tiene una oportunidad si se le quiere comparar con un renunciante Jaina. La razón de esto es que la sociedad hindú en general no es tan rica como la sociedad Jaina. Comparativamente es un grupo muy pobre, y una sociedad pobre no espera un grado muy alto de renuncia de sus renunciantes.

Así que cuanto más acomodada sea una sociedad, mayor será el criterio de renuncia. Solo con una gran renuncia aceptara que si, este hombre ha hecho algo, ha renunciado a algo. Evaluamos de acuerdo a nuestras propias mentes.

Los Upanishads dicen, mientras haya un valor puesto en la renuncia, sabe bien que hay un valor puesto en la indulgencia también. Mientras haya respeto por la renuncia, entiende bien que también tienes una atracción hacia la indulgencia. Este respeto es sólo un reflejo de la atracción.

Los sabios de los Upanishads dicen que para una persona despierta, para un ser consciente, el mundo entero -tanto la renuncia como la indulgencia- desaparece.

El discípulo dice: "¿A qué renunciaré? ¿Qué tomaré y a qué renunciaré? Ya estoy ahogado en un océano de dicha infinita".

Sucede simultáneamente: tan pronto como se pierde el mundo, se alcanza el nuevo mundo inmortal. Este acontecimiento tiene lugar en el mismo momento, aunque pueda parecer que hay un lapso de tiempo para verlo.

AQUÍ NO VEO NADA, NO OIGO NADA Y NO SÉ NADA....

El discípulo dice: "En este océano de néctar de dicha infinita en el que estoy ahogado, no veo nada. No veo nada porque sólo pueden verse las cosas que están separadas de esto. No oigo nada porque sólo el sonido de lo otro puede ser oído. No sé nada porque incluso el saber es también del otro. Sólo experimento dicha.

SIEMPRE ESTOY EN MI ALMA DICHOSA....

Ni tengo ningún otro conocimiento, ni tengo vista, ni oigo nada; ninguno de mis sentidos funciona ya. Ahora sólo una cosa está sucediendo dentro de mí y es que estoy experimentando constantemente la dicha. Y lo que estoy experimentando hoy es único e incomparable. No hay manera, no hay símbolo con el que explicarlo o definirlo. YO MISMO SOY MI PROPIA NATURALEZA.

SOY LIBRE, SIN CUERPO, SIN GÉNERO; SOY DIOS MISMO; SOY ABSOLUTAMENTE SILENCIOSO, SOY INFINITO, SOY COMPLETO Y SOY EL MÁS ANTIGUO.

El discípulo experimenta esto. Estas experiencias comienzan en el momento en que este mundo desaparece. En el momento en que se rompe el sueño comienza la realización de esta verdad que ... SOY DESAPEGADO, SIN CUERPO, SIN GENERO; SOY DIOS MISMO; SOY ABSOLUTAMENTE SILENCIOSO, SOY INFINITO, SOY EL

TODO Y SOY EL MAS ANTIGUO.

YO NO SOY EL QUE HACE, YO NO SOY EL QUE SUFRE, YO SOY INMUTABLE E INAGOTABLE. YO SOY LA MORADA DEL CONOCIMIENTO PURO, YO ESTOY SOLO Y YO SOY LA PIEDAD ETERNA.

Esta declaración es del discípulo.

El maestro se lo había dicho, le había explicado que era así. El discípulo podría haberlo tomado de dos maneras. Si lo hubiera hecho parte de su conocimiento intelectual y hubiera dicho: "De acuerdo, estoy de acuerdo contigo; todo lo que has dicho tiene sentido para mi intelecto", y luego hubiera dado estas afirmaciones, este Upanishad se habría vuelto inútil. Pero la explicación también se convirtió en la experiencia del discípulo y dijo: "Todo lo que estás diciendo está siendo visto por mí. Yo también lo estoy experimentando". Y el discípulo anuncia además: "Yo mismo soy Dios; yo soy el más antiguo y yo soy la piedad eterna."

ESTE CONOCIMIENTO FUE DADO POR EL MAESTRO A APANTARAM....

No se menciona el nombre del maestro. No se menciona el nombre del primer buscador. No se sabe quién fue la primera persona que lo supo.

Esto es muy interesante y debe entenderse bien, porque la espiritualidad no es algo nuevo. La espiritualidad es muy antigua, eterna. La espiritualidad ha estado aquí desde que el hombre está aquí.

No podemos imaginar una época en la que la espiritualidad no existiera. Podemos imaginar una época en la que no existiera la ciencia, también podemos imaginar una época en la que no existieran las formas artísticas -en la que no existieran miles de cosas-, pero no podemos imaginar una época en la que el hombre pudiera haber estado ahí pero sin espiritualidad, porque la sed espiritual es la característica básica del hombre.

Aunque no haya ciencia, el hombre puede ser hombre. Aunque no haya dinero, el hombre puede ser hombre; aunque no haya educación, el hombre puede ser hombre -un hombre analfabeto también es un hombre y un hombre de una sociedad no científica también es un hombre-, pero si no hay espiritualidad, el hombre no es un hombre, se convierte en un animal.

La espiritualidad es la característica básica del hombre.

Al definir al hombre, Aristóteles ha dicho: "El hombre es un ser racional". Esta definición no es tan correcta porque, después de todo, incluso un hombre irracional tendrá que ser llamado hombre. La racionalidad no es una característica invariable del hombre. Maquiavelo ha dicho: "El hombre es un ser político". Si observamos a los hombres de hoy, su afirmación es correcta; el hombre es un ser completamente político. La política es su comida, la política es su bebida; el periódico es su primera necesidad por la mañana temprano y discutir sobre política hasta altas horas de la noche es su última necesidad - la política parece ser su vida. Pero la política tampoco es la característica fundamental del hombre.

Las investigaciones demuestran ahora que la política existe incluso entre los monos y los animales salvajes. Del mismo modo que hay presidentes, primeros ministros y sus gabinetes en las naciones, también hay jefes, primeros ministros y sus gabinetes en los grupos de monos.

No hay mucha diferencia entre los políticos y los monos. Entre los hombres, son los que tienen más de mono los que se sienten atraídos por la política.

Pero el hombre es un ser espiritual. Y esa es su verdadera característica.

Así que quien descubrió este conocimiento primero, no se da su nombre. Y esto es algo muy bueno.

Significa que este conocimiento es tan antiguo, tan eterno, que no se conoce el nombre del primer hombre que llegó a ser el conocedor. En lugar del nombre del primer hombre todo lo que se ha dicho es que ... EL MAESTRO SE LO DIO A APANTARAM.

Apantaram también es una palabra maravillosa. Significa un discípulo cuyo nombre no se conoce. El maestro dio el conocimiento a un discípulo cuyo nombre no se conoce. El nombre del primer discipulo no es conocido, de ahí que su nombre se dé nominalmente como Apantaram. El primer maestro que vino a conocer no es conocido y el primer discípulo que oyó de él tampoco es conocido, porque cuando es el primer maestro, el primer discípulo tampoco sabe que es un discípulo, o quién es un maestro. Ser maestro y discípulo son cosas posteriores.

Cuando el primer maestro se dio a conocer, la primera persona que acudió a él debió de ser un discípulo.

Le llamamos discípulo sólo por el nombre, pero él no era consciente de ello. Debió haber venido, simplemente atraído hacia el imán, por así decirlo, y el conocimiento fue transferido. De ahí que el sutra diga: ESTE CONOCIMIENTO FUE DADO POR EL MAESTRO A APANTARAM, Y APANTARAM SE LO DIO A BRAHMA....

Brahma es el creador del universo. Es muy interesante que el que creó el universo también es ignorante, también tiene que recibir el conocimiento de alguien. A este respecto resulta difícil comprender la profundidad del pensamiento hindú. Llamamos a Brahma el creador, pero no lo consideramos también un conocedor, porque si fuera un conocedor no habría creado este mundo de ensueño.

Si este mundo es un sueño, su creador no puede ser un conocedor. El trabajo de Brahma es sólo desarrollar el mundo de los sueños - sólo difundir los sueños.

Por eso no hicimos muchos templos de Brahma; sólo hay un templo en la India. Deberían haber sido más que cualquier otro, porque el que creó este mundo debería estar instalado en más templos para su adoración que cualquier otra deidad. Pero sólo hay un templo. ¿Por qué? - Porque llegamos a comprender que este mundo es un sueño, y el que creó este sueño no merece muchos templos.

Hemos hecho el máximo número de templos de Shiva, porque es el destructor de este mundo. En cada ciudad, en cada pueblo, encontrarás un shivalinga -el símbolo fálico de Shiva- instalado prácticamente debajo de cada árbol. Hemos llenado toda la tierra de Shiva y hay una razón. ¿Por qué recordar a Brahma? - Él es quien nos ha metido innecesariamente en este lío. Hemos recordado a Shiva más a menudo, y a propósito, porque es el destructor, lo destruirá todo.

APANTARAM SE LO DIO A BRAHMA, BRAHMA SE LO DIO A GHORANGIRAS, GHORANGIRAS SE LO DIO A RAIKVA, Y RAIKVA SE LO DIO A RAMA....

Así, en esa cadena ha habido miles, pero se han seleccionado unos pocos nombres importantes. Ha habido miles cuyos nombres ni siquiera se conocen. Algunos de los nombres más conocidos han sido seleccionados aquí. Ghorangiras es uno de los más grandes conocedores del período Upanishadic y transmitió el conocimiento a Raikva. Raikva también es un sabio asombroso, él se lo dio a Rama, y Rama a su vez se lo dio a todos los seres vivos.

A través de Rama, este conocimiento se extendió y llegó a las masas. Antes, este conocimiento era esotérico y un maestro sólo lo transmitía a un discípulo en secreto. Rama lo puso a disposición de todos los seres vivos. En las manos de Rama ya no permanecía esotérico, se hizo abierto para todos.

RAMA LO DIO A TODOS LOS SERES VIVOS. ESTE ES EL MENSAJE DEL NIRVANA....

El mensaje del Nirvana es la disolución del yo. Del mismo modo que se apaga una lámpara, se apaga el yo. El que se extingue alcanza la realidad absoluta que no puede extinguirse de ninguna manera.

Lo que puede extinguirse en nosotros es nuestro ego; lo que no puede extinguirse es el Brahma que llevamos dentro.

Así que extingue lo extinguible para poder experimentar lo no extinguible.

Esta es la enseñanza de los Vedas. Esta es la esencia de todos los Vedas. Y esta es la disciplina de los Vedas.

ASÍ TERMINA ESTE UPANISHAD.

Este Upanishad termina de una manera muy singular. No termina con las enseñanzas del maestro, sino con el logro del discípulo. No termina con lo que dijo el maestro, sino con lo que le sucedió al discípulo. Y mientras una enseñanza no se convierta en un fenómeno vivo, carece de valor. Mientras una enseñanza no esté viva, no es más que un juego mental.

Este Upanishad no es un juego mental, es una transformación de la vida.

El maestro se lo dio... A APANTARAM, APANTARAM SE LO DIO A BRAHMA, BRAHMA SE LO DIO A GHORANGIRAS, GHORANGIRAS SE LO DIO A RAIKVA, RAIKVA SE LO DIO A RAMA Y RAMA SE LO DIO A TODOS LOS SERES VIVOS.

... Y hemos vuelto a intentar avivar esta maravillosa enseñanza, esta experiencia y esta técnica espiritual en nuestro interior. Hemos vuelto a avivar la llama moviendo la mecha.

Después de partir de aquí, continúa excitando esta llama. Un día llegará definitivamente ese momento en tu vida en el que tú también podrás decir: AHORA MISMO HE VISTO EL MUNDO, ¿A DÓNDE SE HA VUELTO?... ¿SIMPLEMENTE NO EXISTE? Y el día en que esto sea experimentado por ti, también podrás decir: "Yo mismo soy Dios, yo soy la divinidad eterna, yo soy infinito, yo soy la dicha, yo soy Brahma."

Mientras esto no haya ocurrido dentro de ti, ¿de qué sirve este mensaje del nirvana, de qué sirve esta esencia de los Vedas? Y hasta entonces, aunque este Upanishad termine aquí, no ha terminado para ti.

Ojalá llegue un día en que tú también puedas decir: "Las enseñanzas del Upanishad terminan aquí para mí".